Daniela Knor · Torsten Bieder

Thüringer Wald

mit Naturpark Thüringer Schiefergebirge/Obere Saale

50 ausgewählte Touren

ROTHER
BERGVERLAG

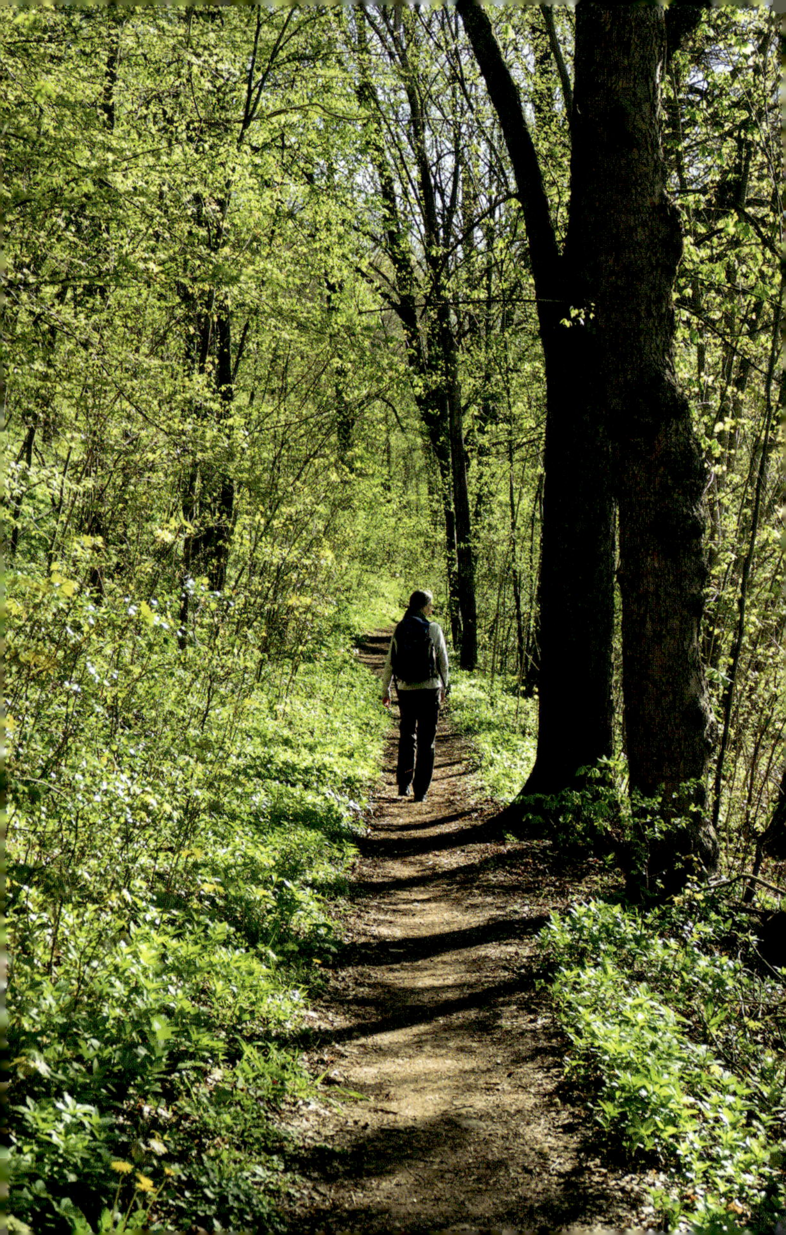

VORWORT

Wer »Thüringer Wald« hört, denkt oft als Erstes an Berge und tief eingeschnittene Täler, die von ausgedehnten, dunkelgrünen Nadelwäldern bedeckt sind. Doch die Region ist weit vielfältiger und sehr erlebnisreich, denn Thüringer Wald und Schiefergebirge sind eine Einheit, deren Rückgrat der legendäre Fernwanderweg Rennsteig bildet. Ganz im Osten überrascht dieses Mittelgebirge mit dem Plothener Land der Tausend Teiche und dem »Thüringer Meer«, das die riesigen Stauseen der Saale bilden. Im blauen Wasser des Flusses spiegeln sich Felsen, Burgen und Wälder, während sich im äußersten Westen bei Eisenach die Wartburg aus altem Eichenwald erhebt, UNESCO-Weltkulturerbe und Luthers Zuflucht.
Dazwischen gilt es, eine markante Landschaft zu entdecken, die viel Natur zu bieten hat: fast 1000 m hohe Berge mit begeisternder Fernsicht, alpin anmutende Täler und enge Schluchten, blühende Bergwiesen, weite Wälder fernab großer Städte und darüber beeindruckende Felsformationen mit herrlicher Aussicht. Schlösser und Parks zeugen vom Prunk vergangener Fürstentümer. Gewaltige Schieferhalden und Steinbrüche, die heute seltenen Arten einen Lebensraum bieten, erzählen vom einstigen Tagebau. In Meura erwarten uns die Herden des größten Haflingergestüts Europas und auf dem Wetzstein geheimnisvolle Bunker aus der DDR-Vergangenheit. Wir wandern auf den Spuren von Wilderern und Kräuterapothekern, finden auf Kalksteinklippen rare Orchideen, fahren mit der Oberweißbacher Bergbahn, einer der steilsten Standseilbahnen der Welt, und bewundern am Rennsteig die Jahrhunderte alten Wappensteine. Zwischendurch verschnaufen wir an Aussichtspunkten, die bereits Goethe und Schiller erfreuten.
Kommen Sie mit und lassen auch Sie sich von dieser Landschaft inspirieren!

Mainz-Kostheim, im Sommer 2023 — Daniela Knor und Torsten Bieder

Im idyllischen Freudental (Tour 41).

INHALTSVERZEICHNIS

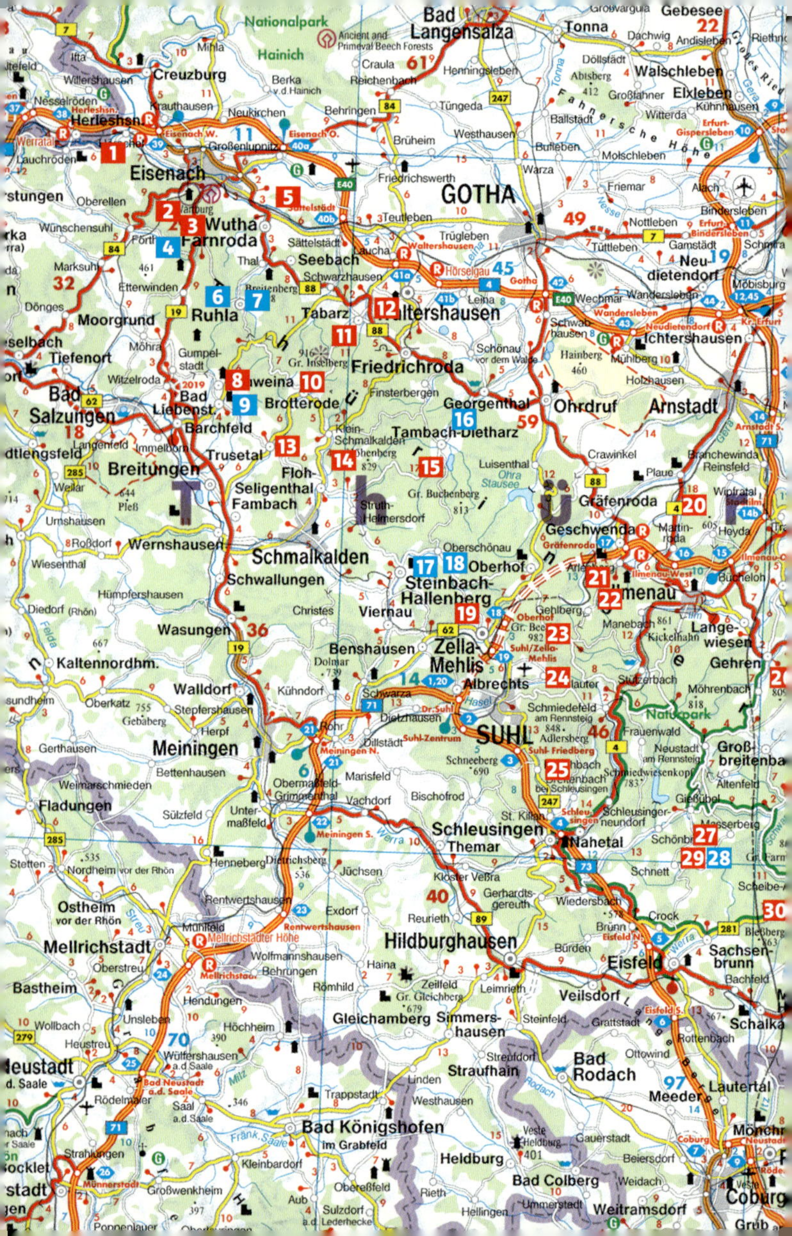
Nationalpark Hainich
Ancient and Primeval Beech Forests
Bad Langensalza
Tonna
Gebesee
Creuzburg
Herleshausen
Eisenach
Wartburg
Wutha Farnroda
Ruhla
Seebach
Tabarz
Waltershausen
GOTHA
Friedrichroda
Gr. Inselberg
Brotterode
Bad Liebenstein
Barchfeld
Bad Salzungen
Tiefenort
Moorgrund
Breitungen
Trusetal
Floh-Seligenthal
Fambach
Tambach-Dietharz
Georgenthal
Ohrdruf
Arnstadt
Neudietendorf
Ichtershausen
Gräfenroda
Geschwenda
Ilmenau
Oberhof
Steinbach-Hallenberg
Schmalkalden
Wernshausen
Schwallungen
Wasungen
Zella-Mehlis
Benshausen
Viernau
SUHL
Schleusingen
Themar
Meiningen
Walldorf
Kaltennordhm.
Fladungen
Ostheim vor der Rhön
Mellrichstadt
Hildburghausen
Eisfeld
Sachsenbrunn
Schalkau
Gleichamberg
Simmershausen
Straufhain
Bad Rodach
Bad Königshofen im Grabfeld
Heldburg
Bad Colberg
Weitramsdorf
Coburg
Neustadt a.d. Saale
Lauterthal
Meeder
Großbreitenbach
Gehren
Langewiesen
Frauenwald
Schmiedefeld am Rennsteig
Nahetal
Naturpark
Thüringer Wald

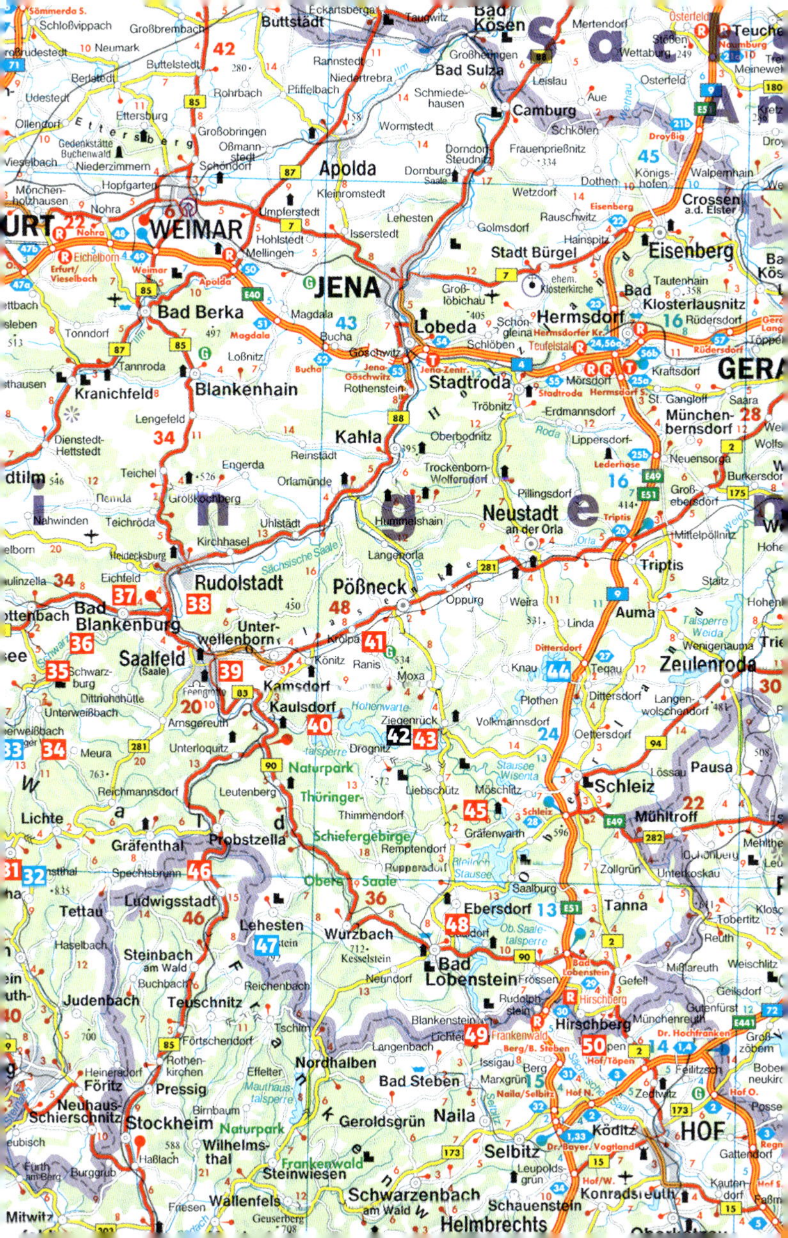

Buttstädt
Bad Kösen
Bad Sulza
Camburg
Apolda
WEIMAR
JENA
Lobeda
Stadt Bürgel
Eisenberg
Hermsdorf
Bad Klosterlausnitz
GERA
Bad Berka
Kranichfeld
Blankenhain
Kahla
Stadtroda
Münchenbernsdorf
Neustadt an der Orla
Triptis
Rudolstadt
Pößneck
Bad Blankenburg
Saalfeld (Saale)
Zeulenroda
Auma
Kaulsdorf
Ziegenrück
Schleiz
Pausa
Mühltroff
Probstzella
Gräfenthal
Lichte
Ludwigsstadt
Lehesten
Wurzbach
Ebersdorf
Tanna
Bad Lobenstein
Hirschberg
Teuschnitz
Nordhalben
Bad Steben
Naila
Geroldsgrün
Selbitz
HOF
Stockheim
Pressig
Wilhelmsthal
Steinwiesen
Schwarzenbach am Wald
Helmbrechts
Schauenstein
Konradsreuth
Naturpark Thüringer Schiefergebirge/ Obere Saale
Naturpark Frankenwald

TOP-TOUREN

1000 Jahre Geschichte
Die Wartburg, eine der schönsten Burgen Deutschlands, dazu die Drachenschlucht, deren senkrechte Wände ganz dicht zusammenrücken, und der alte, urwaldartige Laubwald machen diese Wanderung zu einer Tour der Superlative *(Tour 2, 4.45 Std.)*.

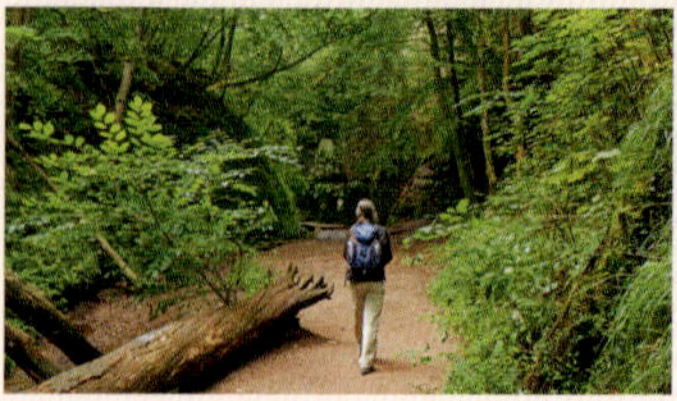

Auf dem Olymp des Thüringer Waldes
Vorgeschichtlichen Überlieferungen zufolge hatte Frau Holle (Freya) ihren Wohnsitz auf den Hörselbergen und ließ es von hier aus schneien. Die Wahl der Göttin hätte kaum besser sein können, denn der Panoramaweg entlang der steilen Kalksteinklippen bietet spektakuläre Ausblicke *(Tour 5, 3.30 Std.)*.

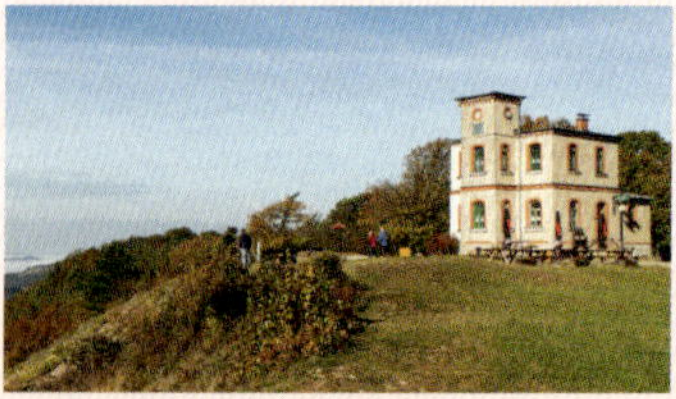

Bizarre Felsen und Blütenpracht
Egal ob Höhlen, Felsbögen oder Felsnadeln: Die faszinierendsten Gesteinsformationen finden sich im Tal der Laucha bei Bad Tabarz. Zudem bezaubert im Mai/Juni der Rhododendron-Garten mit einer unglaublichen Vielzahl an Farben *(Tour 11, 4.15 Std.)*.

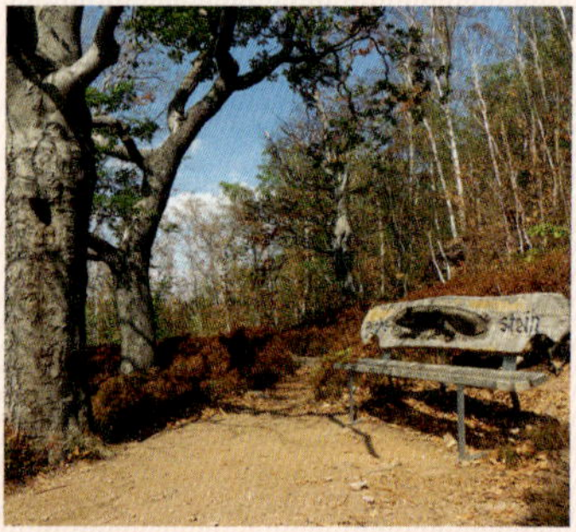

Weite Wiesen und Fernblick
Pfade durch grüne Weiden führen uns zu markanten Aussichtsplätzen. Höhepunkte dieser Wanderung sind der steil aufragende Gebrannte Stein und der Ruppberg mit seiner Berghütte. Sie belohnen mit fantastischen Rundum-Panoramen, die zu den schönsten im Thüringer Wald zählen *(Tour 19, 5.00 Std.)*.

Bergwiesen und Bachtäler wie aus dem Bilderbuch
Auf naturbelassenen Wegen durchstreifen wir die weitläufigen Bergwiesen hinauf zum nahezu baumlosen Gipfel des Simmersbergs mit herausragender Aussicht bis zu den Haßbergen und in die Rhön. Auf dem Rückweg folgen wir einem wildromantischen Bach und passieren die Felsen der Fehrenbacher Schweiz *(Tour 29, 4.30 Std.)*.

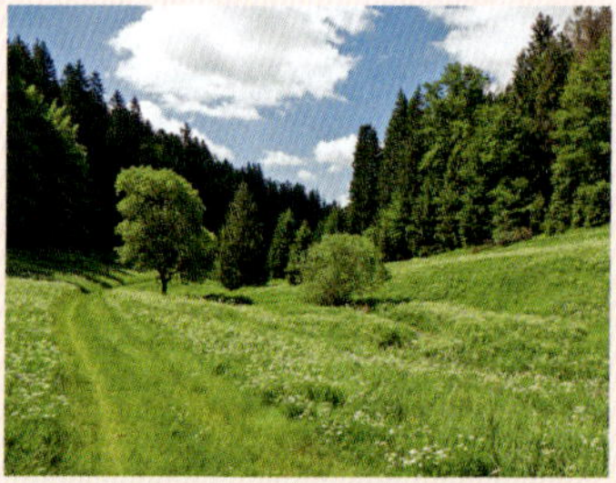

Bergbahn Oberweißbach

Schon allein die Anfahrt mit der Thüringer Bergbahn ist ein Erlebnis. Die Standseilbahn überwindet die 25% Steigung, wenn auch gemütlich, scheinbar mühelos. Die Wanderung führt uns auf aussichtsreichen Panoramawegen über blühende Kräuterwiesen zum Fröbelturm hinauf *(Tour 33, 3.15 Std.)*.

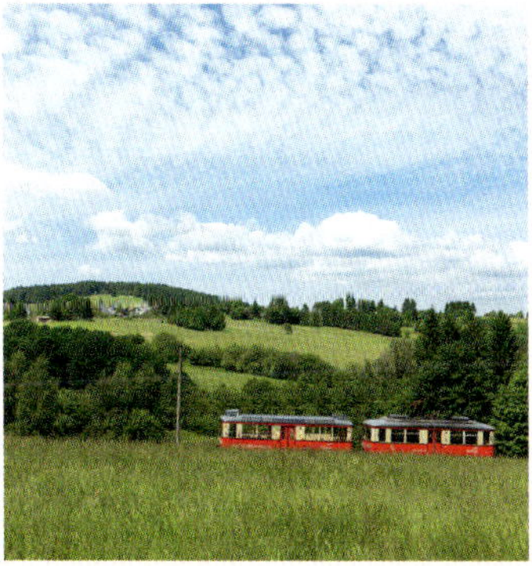

Das Thüringer Meer

Die aufgestaute Saale bildet das größte zusammenhängende Stauseengebiet Europas. Mal wandern wir auf dem »Drachenschwanz« direkt am Ufer, mal genießen wir vom Bockfelsen herrliche Ausblicke über die fjordähnliche Landschaft mit ihren grünen Steilhängen und tiefblauem Wasser *(Tour 42, 4.15 Std.)*.

Jäger an der Saale

Über 40 Meter ragt der Saaleturm empor. Von der eleganten Holzkonstruktion hat man herrlichen Ausblick über die Saale-Schleife und das Schloss Burgk. Auf dem Jäger- und dem Röhrensteig geht es auf schmalen Pfaden durch schönen Laubwald, in dem wir kleine Bäche überqueren und an eine Höhle gelangen *(Tour 45, 2.15 Std.)*.

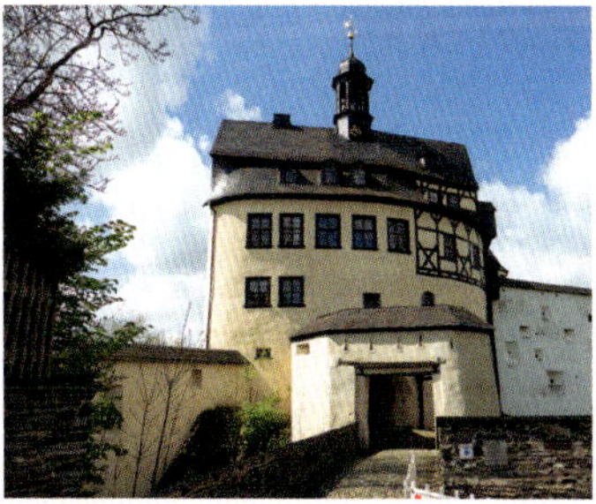

Das Blaue Gold

So wird der Schiefer hier genannt, und bei Lehesten befand sich einst Europas größter Schiefertagebau. Doch erstaunlich, wie schnell die Natur zurückgekehrt ist. Heute stehen die Flächen unter Schutz und die Grube wurde geflutet. In der Sonne funkelt das Wasser in einem unwirklichen Blau, während darüber in den Felsen der Uhu nistet *(Tour 47, 3.45 Std.)*.

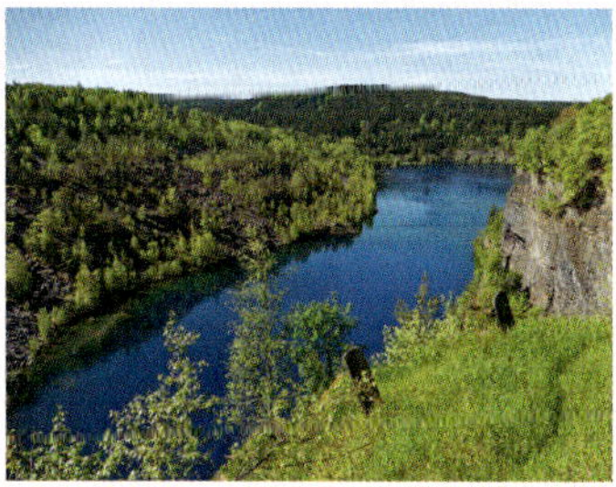

Das Grüne Band entlang der Saale

Einst lag Hirschberg an der innerdeutschen Grenze zu Bayern. Jetzt hat sich der ehemalige Todesstreifen mit seinen Auwiesen und -wäldern in ein Naturparadies verwandelt. Die abwechslungsreiche Wanderung führt zu schönen Ausblicken über die Saale und zu einem Steg, auf dem wir, am Felsen entlang, direkt über dem Wasser wandeln können *(Tour 50, 4.15 Std.)*.

ZUM WANDERFÜHRER

Der erste Teil dieses Buchs ist praktischen Informationen gewidmet, die zu einer gelungenen Wanderung in der Region beitragen. In kurzen Abschnitten geben wir Tipps von der besten Reisezeit bis hin zur Verwendung des Öffentlichen Personennahverkehrs (ÖPNV). Daran schließt sich ein Kapitel mit interessanten Hintergründen zur Wanderregion, ihrer Natur und Geschichte an.
Im letzten Abschnitt wird jede Tour im Detail vorgestellt, wobei der Aufbau immer dem gleichen Schema folgt: Einer kurzen Zusammenfassung der Tour folgen knappe Angaben, wo der Ausgangspunkt der Wanderung liegt und wie dieser ggf. auch mit dem ÖPNV zu erreichen ist. Außerdem informieren wir über die Wegbeschaffenheit und welche speziellen Anforderungen an den Wanderer gestellt werden. Falls vorhanden, werden Einkehrmöglichkeiten entlang der Tour samt Kontaktmöglichkeiten aufgezählt, und wir geben Tipps, die das Wandererlebnis abrunden können. Gelegentlich nennen wir auch Varianten, die eine Tour abkürzen oder um eine Sehenswürdigkeit erweitern.
Schließlich folgt die detaillierte Beschreibung des Wegverlaufs, die wir um vorhandene Beschilderungen und Markierungen ergänzen. Leider können diese manchmal einwachsen, durch Verwitterung unkenntlich werden oder »Souvenirjägern« zum Opfer fallen. Wichtige Wegpunkte sind im Text hervorgehoben und tauchen sowohl im Höhenprofil, als auch im Tourenkärtchen wieder auf, um die Orientierung zu erleichtern. Außerdem führen wir Schutzhütten und zahlreiche (überdachte) Picknickbänke auf.
Ein Stichwortverzeichnis, das die wichtigsten Begriffe und Ortsbezeichnungen enthält, rundet den Wanderführer ab.

SYMBOLE

Symbole im Tourenkopf

- mit Bahn/Bus erreichbar
- Einkehrmöglichkeit
- für Kinder geeignet

Symbole im Höhenprofil

- Ort mit Einkehrmöglichkeit
- Einkehrmöglichkeit
- Schutzhütte
- Parkplatz
- Bushaltestelle
- Bahnhof
- Station Standseilbahn
- Gipfel
- Kirche, Kapelle
- Burg, Schloss, Ruine
- Aussichtsturm
- Aussichtsplatz
- Brücke
- Wasserfall
- Picknickplatz
- Höhle
- markanter Baum

WANDERN IM THÜRINGER WALD

Klima und Wandersaison

Im Herzen Deutschlands liegt der Thüringer Wald zusammen mit dem Schiefergebirge wie eine Barriere aus Fels, an deren Hängen sich feuchte Südwestwinde abregnen. So gehören die Höhenlagen des Kammgebirges zu den regenreicheren Regionen des Landes. Deutlich niederschlagsärmer wird es im flacheren Nordosten, in der Region der Oberen Saale um das Thüringer Meer herum. Daher findet sich mit etwas Flexibilität auch bei schlechterem Wetter oft die Möglichkeit einer trockenen Wanderung.

Entsprechend zweigeteilt verhält es sich auch mit den Temperaturen. Im Winter gilt das Mittelgebirge mit Höhen bis zu 1000 m als relativ schneesicher und ist deshalb bei Wintersportlern sehr beliebt. Während im Mai hier oben noch Schnee liegen kann, hält in den Niederungen bereits der Frühling Einzug. Das frische Grün sprießt und die Frühlingsblumen öffnen ihre Blüten. Im Sommer wird hier es oft schon zu warm für ausgedehnte Wanderungen. Jetzt bieten sich die kühleren Hochlagen mit ihren frischen Winden an. Das Schiefergebirge verzaubert nun mit blühenden Wiesen, während die Bäume im Thüringer Wald angenehmen Schatten spenden. Besonders reizvoll ist aber auch der Herbst. In der ersten Oktoberhälfte verfärbt sich das Laub in alle Schattierungen von Gelb bis Rot und bietet ein fantastisches Farbenspiel.

Frühling im Wald oberhalb des Höllentals bei Blankenstein (Tour 49).

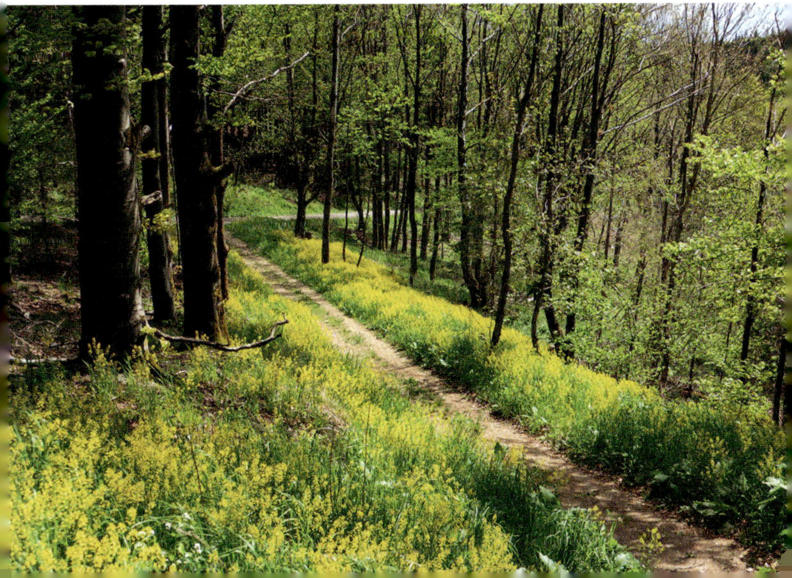

Anforderungen

Für diesen Wanderführer haben wir Touren in verschiedenen Längen und Schwierigkeitsgraden zusammengetragen, sodass für jede Gelegenheit etwas dabei sein sollte. Die Angaben über die Länge der Wanderung und die Höhenmeter sind auch Richtwerte für die erforderliche Kondition. Die Zeitangaben beziehen sich auf die reine Gehzeit, also ohne Pausen oder Fotostopps. Im Allgemeinen sind die Touren so ausgelegt, dass sie alle von durchschnittlich trainierten Wanderern unternommen werden können.

Auch wenn es beim Wandern etwas mehr Aufmerksamkeit erfordert, haben wir bei der Routenführung in der Regel schmalen Pfaden den Vorzug gegeben vor breiten, geschotterten oder asphaltierten Wegen. Knappe Beschreibungen zur Wegbeschaffenheit der jeweiligen Wanderung finden sich im Tourenkopf unter dem Stichwort »Anforderungen«. Hier wird auch aufgeführt, ob zusätzliche Fähigkeiten wie Orientierungssinn oder Trittsicherheit erforderlich sind.

Die farbliche Unterlegung der Tourennummer mit Blau, Rot oder Schwarz erlaubt bereits direkte Rückschlüsse auf den Schwierigkeitsgrad der Wanderung.

Auf jeden Fall sollte man bei der Planung der Wanderung den aktuellen Wetterbericht berücksichtigen. So können sich witterungsbedingt die Anforderungen erhöhen, wenn beispielsweise durch Nässe der Untergrund rutschig oder durch Nebel die Sicht beeinträchtigt wird.

Touren, die wir für besonders kinderfreundlich halten, weil es unterwegs viel Abwechslung oder gezielte Freizeitangebote für Kinder gibt, haben wir als »kindertauglich« gekennzeichnet. Trotzdem bleibt es natürlich den Eltern überlassen, einzuschätzen, wie körperlich geeignet und wandererfahren ihre Kinder sind. Entsprechend geübte, ältere Kinder können jede unserer Wanderungen unternehmen.

Die wenigen schwierigen Stellen sind meist mit Ketten gesichert (Röllchenschlucht, Tour 15).

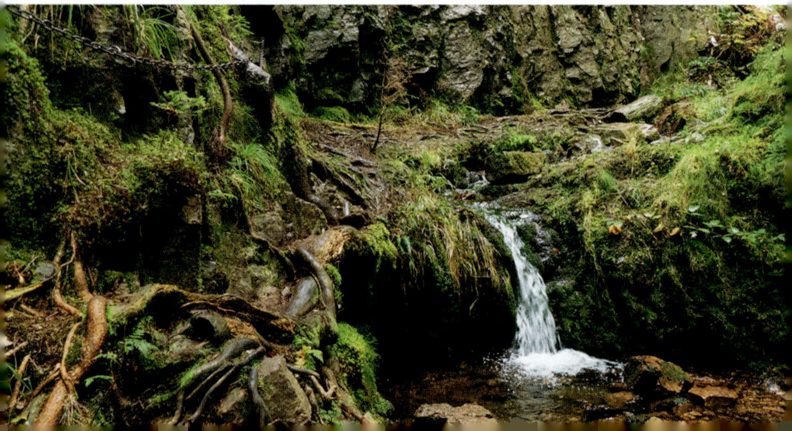

SCHWIERIGKEITSKATEGORIEN

■ = Leicht

Die Wanderung verläuft auf breiten, befestigten Wegen, die sich auch bei schlechtem Wetter noch gut begehen lassen. Die Orientierung ist einfach, und die Tour kann auch von Kindern und älteren Menschen durchgeführt werden. Lediglich kürzere Passagen können steil und steinig sein und etwas mehr Aufmerksamkeit erfordern.

■ = Mittel

Die Pfade sind meist schmaler, der Untergrund kann uneben sein. Es kommen steilere, steinige oder rutschige Abschnitte vor, weshalb Trittsicherheit notwendig ist. Fehlende Markierungen können stellenweise die Orientierung erschweren.

■ = Schwierig

In diesem Wanderführer gibt es nur eine Tour dieser Kategorie. Hier gilt es, eine anspruchsvollere Bachüberquerung zu meistern. Der Bach ist zwar schmal, aber der Hang steil und schlüpfrig, sodass durch ein Abrutschen Verletzungsgefahr besteht. Diese Passage sollte nur von erfahrenen Wanderern mit guter Körperbeherrschung begangen werden.

Ausrüstung

Der wichtigste Ausrüstungsbestandteil sind bequeme, wenn möglich gut eingelaufene Wanderschuhe. Die Sohlen sollten über ein gutes Profil verfügen, um sicheren Halt auf nassem oder steinigem Untergrund zu bieten. Einige Touren führen über weite Strecken auf Wiesenwegen, die bei Tau oder nach Regen sehr nass sein können. Gut imprägnierte Schuhe helfen, die Füße trocken zu halten.

Sowohl der Sonnen-, als auch der Regenschutz sollten nicht fehlen. Wetterumschwünge verbunden mit starken Niederschlägen und Temperaturstürzen können in den Höhenlagen überraschend auftreten und die Kleidung sollte darauf ausgerichtet sein. Am besten hat sich das Zwiebelprinzip bewährt: mehrere Lagen Kleidung, die der Witterung einfach angepasst werden können. Bei Anstiegen sollte man nicht vergessen, rechtzeitig – also bevor man nass geschwitzt ist – entsprechend viele Kleidungsstücke auszuziehen.

Die Mitnahme von Proviant und Getränken muss gut geplant werden, denn ein dichtes Netz an bewirtschafteten Hütten wie in den Alpen darf man nicht erwarten. Leider verschwinden vor allem in kleineren Ortschaften immer mehr Gaststätten, weil es an Nachfolgern oder schlichtweg an Personal mangelt. Zu den jeweiligen Touren nennen wir – so vorhanden – die Einkehrmöglichkeiten. Wenn man diese verlässlich nutzen möchte, empfehlen wir, vorab die Kontaktinformationen zu nutzen, da Öffnungszeiten und Ruhetage oft geändert werden.

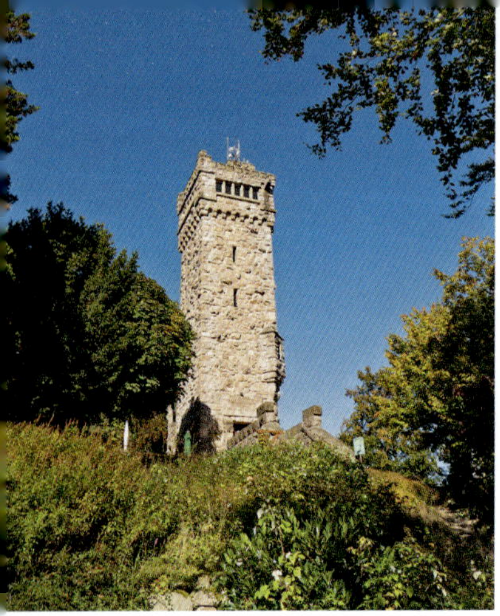

Der Aussichtsturm auf der Hohen Warte wurde 1910/11 erbaut (Tour 21).

Kartenmaterial

Zu jeder Tour in diesem Buch gibt es eine Karte, die – zusammen mit der ausführlichen Beschreibung – für eine sichere Wegfindung im Gelände ausreichend ist. Weiteres Kartenmaterial ist daher nicht zwingend nötig. Wer sich dennoch zusätzliche Papierkarten für mehr Übersicht und Details wünscht, kann auf die Wanderkarten aus den Verlagen »grünes herz« oder »Dr. Barthel« zurückgreifen, die für die Region im Maßstab 1:25.000 bzw. 1:35.000 angeboten werden.

Wandern mit GPS-Geräten

Auch wenn Papierkarten in regelmäßigen Abständen neu aufgelegt werden, vermag keine die Realität 1:1 abzubilden. Vor allem wo Wegmarkierungen fehlen, ist das Wandern mit einem GPS-Gerät entspannter, denn zu jeder Zeit kann man auf dem Bildschirm den aktuellen Standort ablesen. Es gibt robuste Outdoor-Geräte, jedoch sind Smartphones zusammen mit einer passenden App eine kostengünstige Alternative, gepaart mit einfacher Bedienung. Bereits Smartphones aus dem mittleren Preissegment haben meist ausreichend leistungsfähige GPS-Empfänger integriert. Aber auf jeden Fall sollte man sich schon vor der Wanderung mit dem Gerät und den Apps vertraut machen.

GPS-TRACKS UND KOORDINATEN DER AUSGANGSPUNKTE

Auf **gps.rother.de** stehen zu diesem Wanderführer GPS-Tracks und die Koordinaten der Ausgangspunkte zum kostenlosen Download bereit. Dieser QR-Code führt direkt zum Download.
7. Auflage, Passwort: **404707kha**
Die GPS-Tracks können in die **Rother App** importiert werden. In der App kann man unterwegs stets sehen, wo man gerade ist und wo es langgeht. **Anleitungen dazu: rother.de/gps**
Trotz sorgfältiger Prüfung können wir Fehler und zwischenzeitliche Veränderungen nicht ausschließen. Verlassen Sie sich für die Orientierung niemals einzig und allein auf die GPS-Daten, sondern beurteilen Sie die Verhältnisse vor Ort.

Wegenetz, Infrastruktur und Markierungen

Der Thüringer Wald zusammen mit dem Schiefergebirge und der Oberen Saale ist ein beliebtes Wandergebiet mit langer Tradition. Zahlreiche lokale Wandervereine, die wiederum in Dachverbänden organisiert sind, kümmern sich um die Pflege der Wanderwege und die Infrastruktur wie Aussichtstürme, Wegweiser, Picknickbänke und Schutzhütten. Letztere sind in der Regel recht einfach gehalten, aber teils mit viel Liebe ausgestattet. So steht mancherorts ein Blumensträußchen auf dem Tisch oder auch mal eine kleine Stärkung. Überall in der Region findet man an wichtigen Kreuzungen von Wanderrouten Wegweiser, die oft mit einem kleinen Dach, einer Ortsbezeichnung und Höhenangabe versehen wurden, oder es handelt sich um dünne, geschälte Baumstämme, an deren Ästen grüne Schilder mit Orts- und Entfernungsangaben befestigt sind.

Neben den zahlreichen markierten Rundwanderwegen gibt es auch einige Fernwanderwege. Allen voran der Rennsteig, Deutschlands ältester und beliebtester Weitwanderweg, der auf historischen Wegen entlang alter Grenzsteine auf dem Höhenkamm von Thüringer Wald, Schiefergebirge und Frankenwald verläuft. Mehr als ein Dutzend Touren aus diesem Wanderführer kreuzen den mit weißem »R« markierten Rennsteig oder folgen ihm auf einem mal längeren, mal kürzeren Abschnitt. Wer die rund 170 km des Rennsteigs einmal komplett erwandern will, dem legen wir unseren gleichnamigen Wanderführer ans Herz.

Vielerorts stoßen wir auf unseren Wanderungen auf ein grünes »L« auf weißem Grund. Es ist die Markierung des Lutherwegs, der durch sechs Bundesländer führt, davon über 1100 km allein in Thüringen. Wie ein Netz verlaufen

Der Fünfarmige Wegweiser nahe Bad Tabarz (Tour 11).

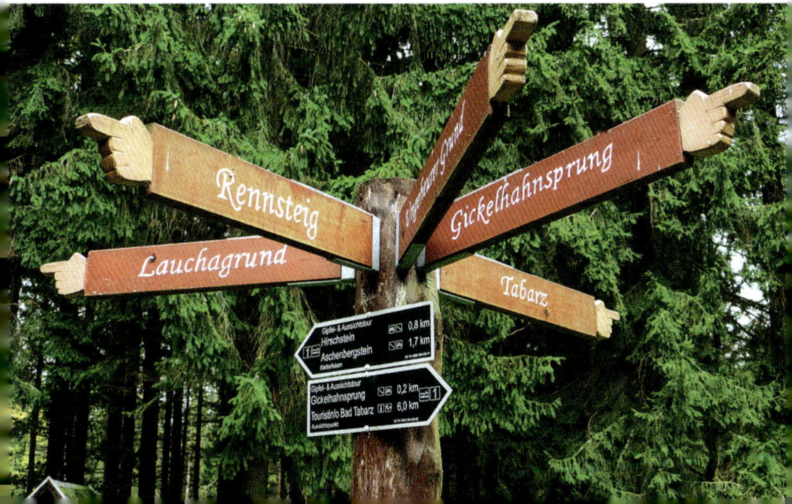

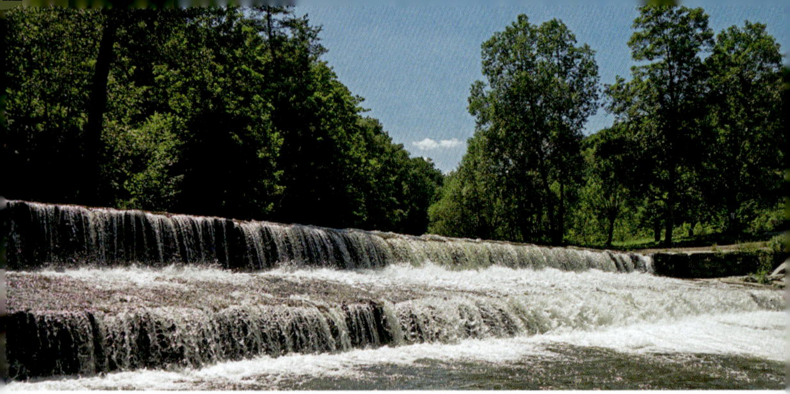

Wo die Schwarza über das Chrysopras-Wehr fließt, brüten Wasseramseln (Tour 36).

sie kreuz und quer über das Bundesland, weshalb wir auf unseren Touren ebenfalls immer wieder den Spuren des Reformators Martin Luther folgen. Besonders schön ist auch der 136 km lange, mit rotem Dreieck markierte Panoramaweg Schwarzatal, der teils unten entlang der Schwarza, teils oberhalb des tiefen Tals führt. Der quirlig sprudelnde Fluss ist ungewöhnlich goldreich, was im 16. Jh. zu einem wahren Goldrausch führte. In diesem Zusammenhang möchten wir auf unsere beiden Touren 35 und 36 hinweisen, die sich auch zu einer Zweitageswanderung kombinieren lassen, sowie Tour 33, denn sie umfassen die schönsten Abschnitte dieses Qualitätswanderweges.

Der Hohenwarte-Stausee-Weg führt auf 75 km durch das größte zusammenhängende Stauseegebiet Europas, das deshalb auch Thüringer Meer genannt wird. In weiten Schleifen hat sich die Saale durch die Felsen gegraben, und das Aufstauen verleiht der Landschaft nun fjordähnlichen Charakter. Die ebenfalls als Qualitätswanderweg ausgezeichnete Route ist mit einem roten Kreis markiert, und in Teilen folgen wir ihr auf den Touren 40, 42 und 43.

Informationen

Die Hauptanlaufstellen für Informationen und Prospektbestellung im Internet sind die Seiten des Regionalverbunds Thüringer Wald e. V. (thueringer-wald.com) bzw. des Tourismusverbunds Rennsteig-Saaleland e.V. (rennsteigsaaleland.de).

Hinzu kommt eine Vielzahl an lokalen Tourist-Informationen. Die wichtigsten sind:

- Eisenach, Tel. +49 3691 79230, eisenach.info
- Suhl, Tel. +49 3681 788405, suhl-tourismus.de
- Ilmenau, Tel. +49 3677 600300, ilmenau.de/de/tourismus
- Saalfeld, Tel. +49 3671 522181, saalfeld-tourismus.de

Im Notfall

Medizinische Versorgung erhält man in den Hütten der Thüringer Bergwacht, die aber meistens nur am Wochenende besetzt sind (drk-thueringen.de/ehrenamt/bergwacht/bergwachten.html). Ansonsten gilt die europaweite Notruf-Nummer 112. Auf Anhöhen ist der Mobilfunkempfang meist ausreichend, kann aber z. B. in tiefen Tälern stellenweise auch komplett ausfallen.

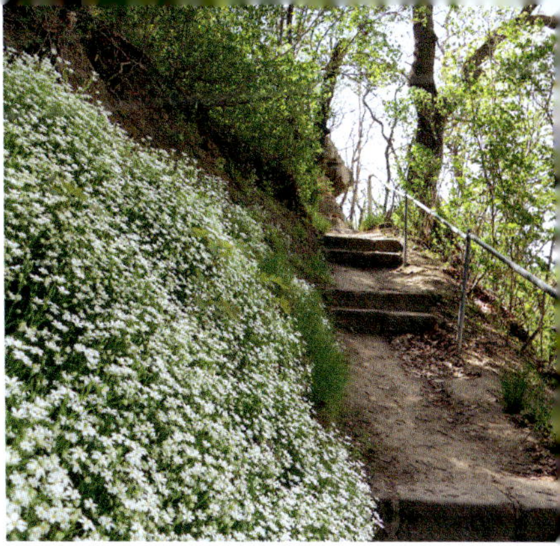

Buschwindröschen im Frühlingswald bei der Schillerhöhe (Tour 38).

An- und Abreise

Mit Eisenach verfügt die Region über einen ICE-Bahnhof und viele weitere Orte sind mit Regionalbahnen erreichbar (bahn.de). Wo die Schiene endet, sorgen Busse für die Weiterfahrt in alle Ecken.

Die Autobahnen A4, A9 und A73 verlaufen um das Gebiet herum, während die A71 den Thüringer Wald u. a. in einem langen Tunnel durchquert. So ist für eine schnelle Anreise gesorgt. Vor Ort führen dann eher schmale Straßen, die oft den kurvenreichen Flusstälern folgen, in die Höhenlagen.

Aussichtspavillon am Themenwanderweg »Klimaweg« (Tour 21).

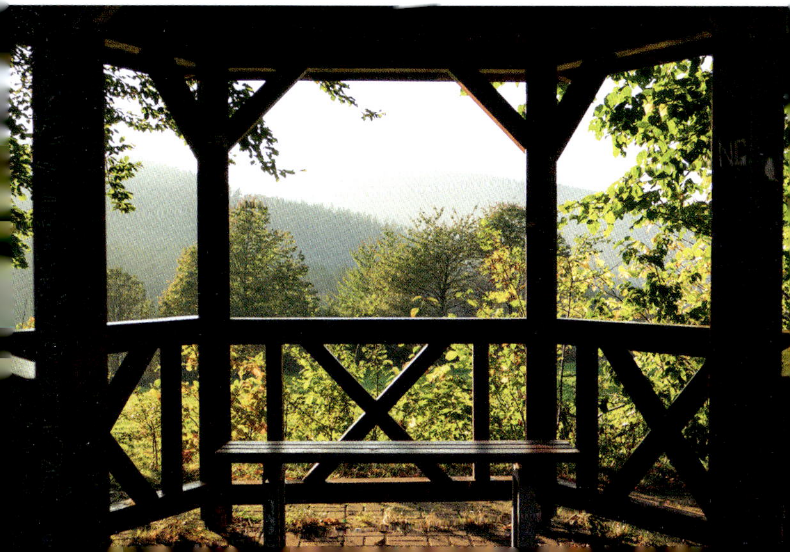

Öffentliche Verkehrsmittel

Jede der hier vorgestellten Touren kann mit öffentlichen Verkehrsmitteln erreicht werden. In der jeweiligen Einleitung haben wir die Informationen zusammengetragen, welche Linien in etwa wie oft am Tag verkehren. Zudem sind Bahnhöfe und Bushaltestellen in den Karten vermerkt. Aber nicht jede Region ist gut angeschlossen und mancher Ort ist am Wochenende per ÖPNV gar nicht erreichbar, was eine gute Planung bzw. Zeitmanagement erfordert. Hierbei unterstützen die Online-Routenplaner des Verkehrsverbunds Mittelthüringen (vmt-thueringen.de) oder bus&bahn thüringen (bus-bahn-thueringen.de).
Etliche Gemeinden im Thüringer Wald erheben bei einer Übernachtung eine Kurtaxe, für die man im Gegenzug eine Gästekarte erhält. Diese beinhaltet gelegentlich nicht nur die Thüringer-Wald-Card (thueringer-wald-card.de) mit ihren Vergünstigungen, sondern auch das Rennsteig-Ticket (rennsteig-ticket.de), das zur kostenlosen Benutzung einiger Busse und Bahnen berechtigt.

Regionale Verkehrsbetriebe:

- VG Wartburgregion, Tel +49 180 7121314, vg-wartburgregion.de
- NVG Gotha, Tel. +49 3621 398270, nvg-gotha.info
- MBB Meininger Busbetrieb, Tel. +49 3683 604067, mbb-mgn.de
- Waldbahn Gotha, Tel. +49 3621 4310, waldbahn-gotha.de
- SNG Suhl/Zella-Mehlis, Tel. +49 3681 39430, sngonline.de
- IOV Ilmenau, Tel. +49 3677 88890, iov-ilmenau.de
- WerraBus, Tel. +49 3685 4049274, werrabus.de
- Ilchmann Tours, Tel. +49 36704 8333, taxi-ilchmann.de
- OVG Sonneberg, Tel. + 49 3675 702550, ovg-son.de
- LWW Bustouristik, Tel. +49 3679 78480, lww.de
- KomBus, Tel. +49 3671 5251999, kombus-online.eu

Der Olitätenwagen auf der Flachstrecke der Thüringer Bergbahn besitzt ein Glasdach und ist auch von innen sehenswert (Tour 33).

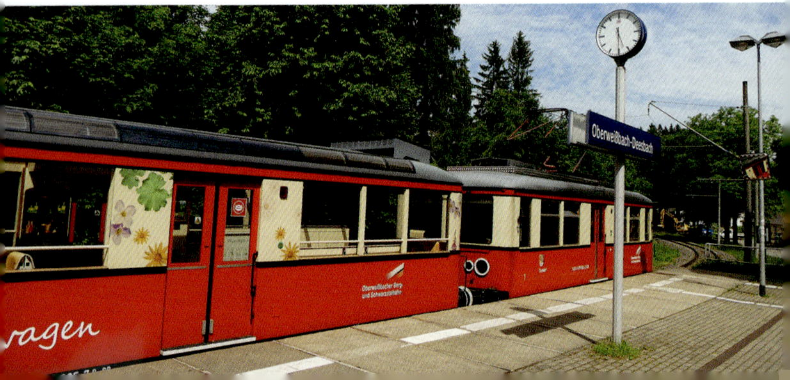

ZUR REGION

Geschichte

Steinzeitliche Funde in der Ilsenhöhle unter Burg Ranis (Tour 41) belegen, dass damals bereits Menschen im Thüringer Schiefergebirge lebten. Auch auf die Bronzezeit gibt es archäolgische Hinweise in der Region, aber selbst Kelten und Hermunduren hinterließen nur wenige Zeugnisse, obwohl die Kelten beispielsweise auf dem Bleßberg eine Siedlung besaßen (Tour 30). Im Jahr 380 n. Chr. wird dann erstmals der Stamm der Thüringer erwähnt, dessen Krieger 451 n. Chr. als Verbündete der Hunnen unter Attila in der Schlacht auf den Katalaunischen Feldern gegen Römer, Franken und Westgoten kämpften. Bald darauf erlangte das Thüringerreich unter König Bisin seine größte Ausdehnung von der Werra bis zur Oberlausitz und von der Magdeburger Börde bis zum Main. Doch schon 531 wurde es von Franken und Sachsen erobert und aufgeteilt. Um das Jahr 725 gelang es Bonifatius, die Bevölkerung zum Christentum zu bekehren. In Ohrdruf gründete er das erste Kloster der Region, die bald darauf dem Erzbistum Mainz zugeschlagen wurde. Das wäre nicht weiter erwähnenswert, wenn nicht der Mainzer Erzbischof Bardo († 1051) eine fränkische Adelsfamilie unter ihrem legendären Stammvater Ludwig dem Bärtigen in Thüringen angesiedelt hätte. Ludwig der Bärtige ließ die heute verfallene Schauenburg errichten (Tour 12), doch bereits unter seinem Sohn Ludwig dem Springer verfügte die Familie über so großen Besitz, dass sie als neue Stammburg die Wartburg erbaute (Tour 2). Bis nach Marburg und Kassel reichte ihr Herrschaftsgebiet ins Hessische hinein und 1131 wurde Ludwig I. von König Lothar III. zum Landgrafen erhoben. Damit nahmen die Ludowinger nun in Thüringen eine herzogähnliche Stellung ein und waren nur noch dem Kaiser unterstellt, während östlich ihres Herrschaftsbereichs bereits der Aufstieg der Wettiner begann.

Thüringer Wald und Schiefergebirge waren damals kaum besiedelt, aber wichtige Handelsstraßen, z. B. zwischen Nürnberg und Erfurt, führten über die Pässe. Man rodete Waldflächen, um Weideland zu gewinnen, das uns heute als Bergwiesen erfreut. Die Ausbeutung von Bodenschätzen wie Eisenerz und sogar Gold (z. B. in der Schwarza) begann. Köhler, Harzer und Pechsieder nutzten die Rohstoffe der ausgedehnten Wälder, an deren Rändern erste, jedoch noch kurzlebige Glashütten entstanden. Im Schiefergebirge legten Mönche zahlreiche Fischteiche an (Tour 44), und für 1267 bezeugt eine Urkunde der Grafen von Schwarzburg Flößerei auf der Schwarza. Auf Saale und Werra wurden Baumstämme von den Flößern Hunderte Kilometer weit transportiert.

Bereits 1247 starb die männliche Linie der Ludowinger aus, und im Thüringisch-Hessischen Erbfolgekrieg unterlag die weibliche Linie in Person der Sophie von Brabant, doch ihr Sohn Heinrich behielt zumindest die hessischen Besitzungen, aus denen die Landgrafschaft Hessen hervorging. Der thüringische Teil ging dagegen an den Wettiner Heinrich III., den Erlauchten, dessen Mutter ebenfalls der Ludowinger-Dynastie entstammte. Der Wettiner war darüber hinaus Pfalzgraf von Sachsen und herrschte nun von der Werra bis zur Oder und vom Erzgebirge bis zum Harz. Seit 1423 besaßen die Wettiner auch das Recht, an der Wahl des deutschen Kaisers teilzunehmen, stiegen also zu Kurfürsten auf. 1485 teilten die wettinischen Herzöge Ernst und Albrecht das Territorium jedoch unter sich auf, woraufhin die Ernestiner über den größeren Teil Thüringens verfügten. In der darauffolgenden Reformationszeit trug auch Luther mit seinen Thesen zum Ausbruch der Bauernkriege 1524 bei, schlug sich allerdings bald auf die Seite des Adels. Sichtbare Spuren hinterließen die aufständischen Bauern in Georgenthal, wo wir die Ruinen des von ihnen zerstörten Klosters besuchen (Tour 16).

Ab 1572 zersplitterten die Ernestiner ihren Herrschaftsbereich durch weitere Erbteilungen in immer kleinere Herzogtümer: Sachsen-Weimar, Sachsen-Gotha-Altenburg, Sachsen-Meiningen sowie Sachsen-Coburg und Gotha. Daneben gab es bis 1583 die hessische Grafschaft Henneberg, die Schmalkalden, Suhl und in einem Ausläufer quer durch den Thüringer Wald auch Ilmenau umfasste. Nach dem Erlöschen der Henneberger teilten die Wettiner den größten Teil unter sich auf, aber Schmalkalden fiel an die Landgrafen von Hessen, sodass ein Teil des Thüringer Waldes hessisches Gebiet blieb, während ein weiterer Teil zum Fürstentum Schwarzburg-Sondershausen gehörte und sich im Schiefergebirge noch Schwarzburg-Rudolstadt und das Fürstentum Reuß befanden. So zerteilten immer mehr Landesgrenzen die Region, was sich heute noch an den zahlreichen Grenzsteinen (Tour 30 und 47) ablesen lässt. Sie wurde zum Paradebeispiel deutscher Kleinstaaterei.

Das Karl-Günther-Denkmal ist dem letzten Fürsten von Schwarzburg-Sondershausen gewidmet und bietet herausragende Fernsicht (Tour 26).

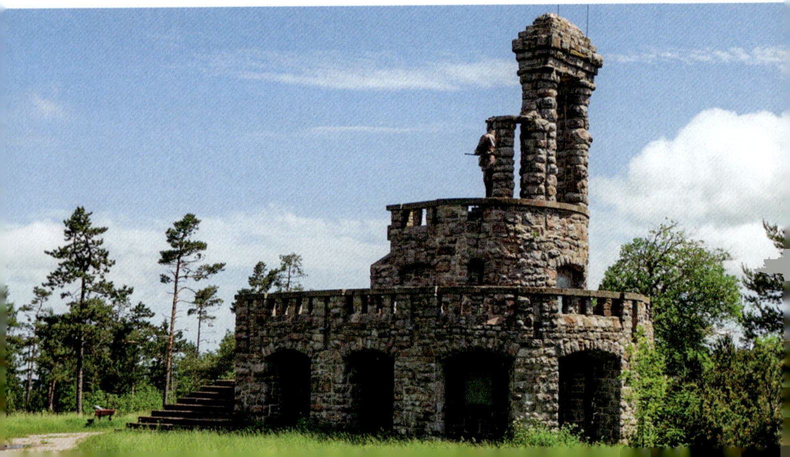

Die Lebensverhältnisse blieben für das einfache Volk immer schwierig. Da die Landwirtschaft trotz harter Arbeit wenig abwarf, verdienten ab dem 18. Jh. fast alle ihr Geld in Fabriken, Tagebauen oder mit Heimarbeit. Parallel dazu versuchte man, den kargen Böden und steilen Hängen mehr Ertrag abzutrotzen, indem Ackerterrassen angelegt und mühsam bewirtschaftet wurden. Wir können sie heute noch z. B. in Gießübel sehen (Tour 27). Selbst das Holz wurde knapp und so wurde der Wald mit Fichten aufgeforstet, was ihm sein heutiges Aussehen verlieh.

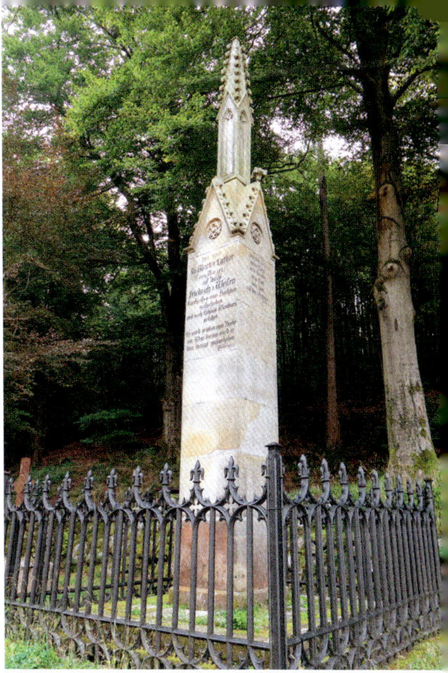

Das Denkmal von 1851 erinnert an die vorgetäuschte Entführung Martin Luthers (Tour 8).

Mit der 1833 erfolgten Gründung des Zoll- und Handelsvereins der Thüringischen Staaten gab es erstmals wieder einen Erfolg versprechenden Versuch, eine größere territoriale Einheit herzustellen. Parallel dazu setzte eine Entwicklung ein, die der Bevölkerung zu neuen Einkommensquellen verhalf: Unter den Bürgern der Städte kam die Reiselust auf, und die Eisenbahn als Transportmittel machte den Tourismus auch im Thüringer Wald möglich. 1830 erschien Julius von Plänckners Buch »Der Thüringer Wald«, mit dem er einen der Grundsteine für einen neuen Mythos legte: den Rennsteig. Plänckner ließ den Rennsteig erstmals in Hörschel beginnen und in Blankenstein enden, womit er die heutige Wegführung begründete (Tour 1 und 49). Viel gelesene Schriftsteller wie Ludwig Bechstein und Victor von Scheffel folgten seinem Vorbild und verfassten eigene Schriften zum Rennsteig. Den Höhepunkt der damaligen Begeisterung befeuerte der Wanderautor August Trinius mit seiner 1889 erschienenen Rennsteigbeschreibung und vielen weiteren Büchern über den Thüringer Wald. 1896 wurde schließlich der Rennsteigverein gegründet und ein regelrechter Rennsteigkult entstand, der bis heute Wanderer, Heimatforscher und Denkmalschützer verbindet und der Region einen stetigen Zustrom an Touristen beschert.

Im Zuge der Novemberrevolution von 1918 sahen sich die Monarchen der Kleinstaaten gezwungen, abzudanken, sodass aus den Fürstentümern Freistaaten werden konnten, die sogleich Verhandlungen über einen Zusam-

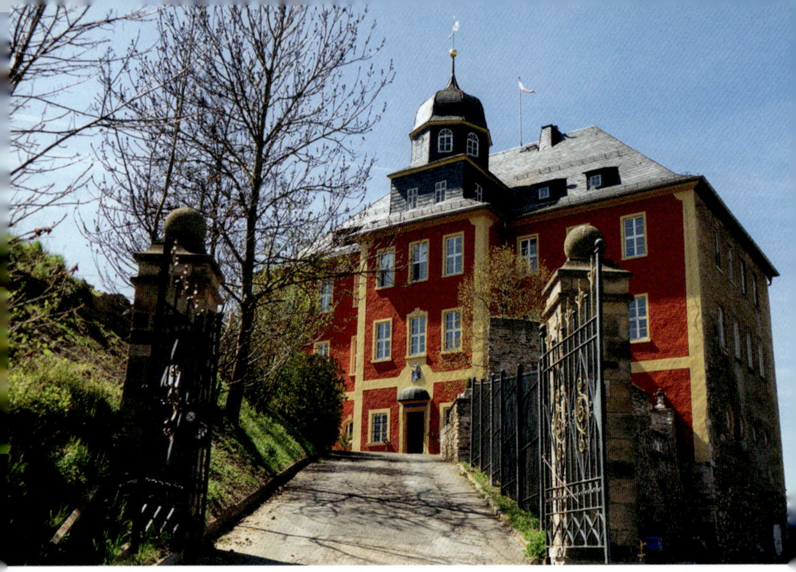

Das Schloss Brandenstein war Burg und Stammsitz eines Rittergeschlechts (Tour 41).

menschluss aufnahmen. Da Preußen nicht bereit war, seine thüringischen Besitzungen aufzugeben, ließ ein gesamtthüringischer Staat bis nach dem Zweiten Weltkrieg auf sich warten. Doch schon 1952 wurde das Land Thüringen als Teil der DDR wieder aufgelöst. Noch 1951 hatte Herbert Roth das Rennsteiglied komponiert, das heute gern als heimliche Nationalhymne Thüringens bezeichnet wird, doch die Teilung Deutschlands machte durchgängige Rennsteig-Wanderungen schwierig und ab 1961 unmöglich. Auf Reste der einstigen Grenzanlagen stoßen wir z. B. an der Werra auf Tour 1 und im Grenzbahnhof-Museum Probstzella (Tour 46). Wer sich ausführlicher darüber informieren möchte, kann auch das Grenz- und Heimatmuseum in Gräfenthal besuchen. Trotz allem blieben der nun abgekürzte Rennsteig und die ganze Region bei Wanderern beliebt. Der Fremdenverkehr im Thüringer Wald wurde ab 1968 sogar offiziell gefördert, große staatliche Ferienheime entstanden ebenso wie Campingplätze und privat betriebene Unterkünfte.

Nach der Wende wurde der Freistaat Thüringen 1990 als Bundesland der BRD neu gegründet. Der Rennsteig durfte erstmals seit 49 Jahren wieder auf den vollen 169 Kilometern Länge begangen werden und ist heute mehr denn je Stolz und Zugpferd für den Tourismus der gesamten Region, die darüber hinaus mit ihren Stauseen zur Strom- und Trinkwasserversorgung Thüringens beiträgt (Touren 15, 42 und 45) und einige traditionelle Handwerke wie die Glasherstellung zu modernen Industrien weiterentwickelt hat.

Grenz- und Wappensteine

Nicht nur der Rennsteig war im Thüringer Wald und Schiefergebirge in früheren Zeiten auch Grenzverlauf. Von der einstigen Grenze zeugen beispielsweise auch am Bleßberg ca. 100 aufgestellte Steine aus den Jahren 1565, 1664, 1751 und 1803, auf denen die Wappen der Stadt Eisfeld, der Herzöge von Sachsen und der Ritter von Sonneberg sowie des Freiherrn von Schaumberg abgebildet sind (Tour 30). Am Rennsteig, der auf 77 Kilometer Länge Grenzweg war, wurden zwischen 1513 und 1976 mindestens 1007 Steine gesetzt, von denen noch knapp 800 vorhanden sind. Es macht Spaß, auf den Wanderungen nach ihnen Ausschau zu halten und ihre vielfältigen Geschichten kennenzulernen. Dabei unterscheidet man mehrere Kategorien:

Die unauffälligsten Grenzsteine weisen nur die Kürzel der Anrainer, oft auch eine laufende Nummer und vor allem das Jahr auf, in dem sie gesetzt wurden. Manche sind so verwittert, dass man selbst diese Angaben kaum noch findet, während andere überraschend frisch aussehen. Die Initialen lauten:

- G für Gotha
- S für Sachsen
- SM für Sachsen-Meiningen (mit den Varianten HSM für Herzogtum Sachsen-Meinigen und HM für Herzogtum Meinigen)
- SG für Sachsen-Gotha
- SC für Sachsen-Coburg (Varianten: SCG für Sachsen-Coburg-Gotha sowie co für coburgisch)
- SHH für Sachsen-Hildburghausen
- SW für Sachsen-Weimar
- H für Landgrafschaft Hessen (Varianten: KH für Kurhessen und CSH für Kursächsisch Hessen)
- SR für Schwarzburg-Rudolstadt (Varianten: schw für schwarzburgisch oder FSchR für Fürstentum Schwarzburg-Rudolstadt)
- SS für Schwarzburg-Sondershausen (Variante: FSS für Fürstentum Schwarzburg-Sondershausen)
- KB für Königreich Bayern
- KP für Königreich Preußen
- FR für Fürstentum Reuß

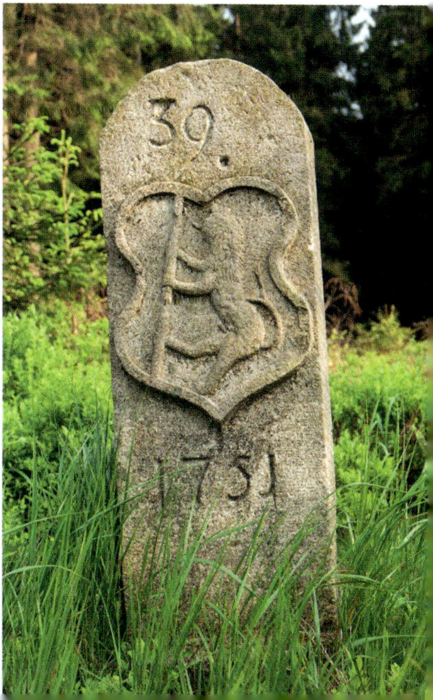

Ein Löwe ziert das Wappen der Stadt Eisfeld (Tour 30).

Dass Grenzsteine aus verschiedenen Jahren unterschiedliche Kürzel aufweisen können, obwohl sie direkt nebeneinanderstehen, liegt an den wechselnden Namen der Fürstentümer, da sich durch Erbteilung, Übertragung und gelegentlich auch durch Annexion die Besitzverhältnisse veränderten. Aufwendiger und schöner sind die Wappensteine, die zusätzlich zu Jahreszahl und Initialen auch das Wappen des Landesherrn zeigen. Sehr oft tauchen die »Schwarzburger Gabeln« auf, die verschieden aussehen können und manchmal einzeln, meistens aber als gekreuztes Paar und seltener in weiteren Variationen dargestellt werden. Es handelt sich dabei nicht um Heugabeln, sondern vermutlich um Werkzeuge aus den Schmelzhütten, denen für die Wirtschaft der Region sehr große Bedeutung zukam. An solchen Wappensteinen lassen sich ebenfalls geschichtliche Entwicklungen ablesen. Zum Beispiel sind die »Schwarzburger Gabeln« meistens ohne Krone abgebildet, gelegentlich aber auch mit. Die Wappen mit Krone stammen aus späterer Zeit, denn die schwarzburgischen Grafen durften sie erst verwenden, nachdem ihnen um das Jahr 1700 herum die Fürstenwürde verliehen worden war. Ähnlich häufig ist das sächsische Wappen zu sehen. Es ist sehr leicht am sogenannten Rautenkranz zu erkennen, der schräg über den gestreiften Grund verläuft. Das Ornament heißt Rautenkranz, weil es einem Kranz aus Blättern der Raute ähnelt, aber es erinnert auch an eine Krone.

Tour 47 führt durch den Schieferpark Lehesten auf den Schönwappenweg.

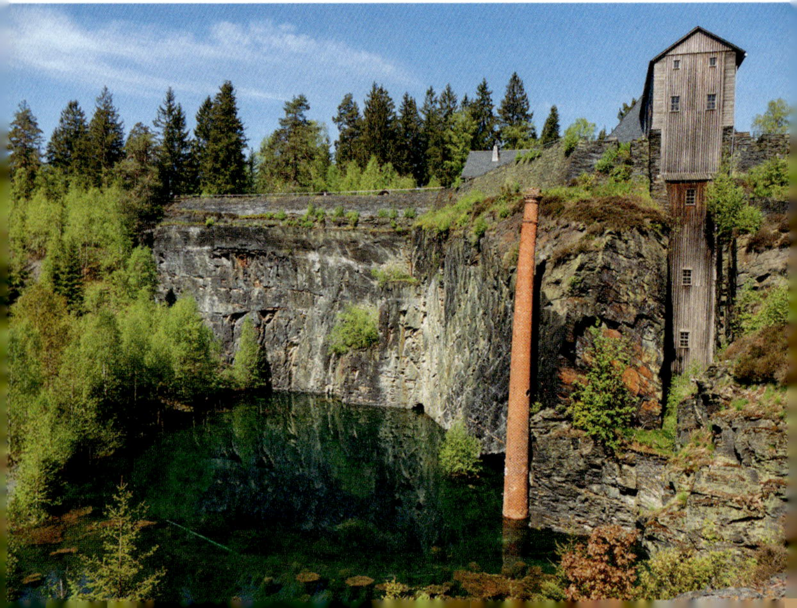

Die prunkvollsten Wappensteine stehen am Schönwappenweg, aber der älteste und zugleich der mit der längsten Inschrift ist der 1513 aufgestellte Kurfürstenstein (beides Tour 47). Er ist sogar der älteste Wappengrenzstein Deutschlands. Auf der Thüringer Seite zeigt er gleich zwei Wappen (das sächsische mit dem Rautenkranz und das kursächsische mit zwei gekreuzten Klingen) sowie die kryptische Inschrift: »von gotts gnade fridri churfürst vn has gbrude herezoche zv sacssen 151«. Vervollständigt bedeutet es wohl: »Von Gottes Gnade Friedrich, Kurfürst, und Hans, sein Bruder, Herzöge zu Sachsen 1513«. Auf der bayerischen Seite sehen wir dagegen das Wappen des Bamberger Fürstbischofs Georg III. Schenk von Limburg, das u. a. zwei Bamberger Löwen zeigt. Hier lautet die Inschrift »g vo gotts gnade 1513«, was für »Georg von Gottes Gnaden 1513« stehen dürfte. Sowohl Bischof Georg, als auch vor allem Fürst Friedrich der Weise waren Martin Luther eng verbunden.

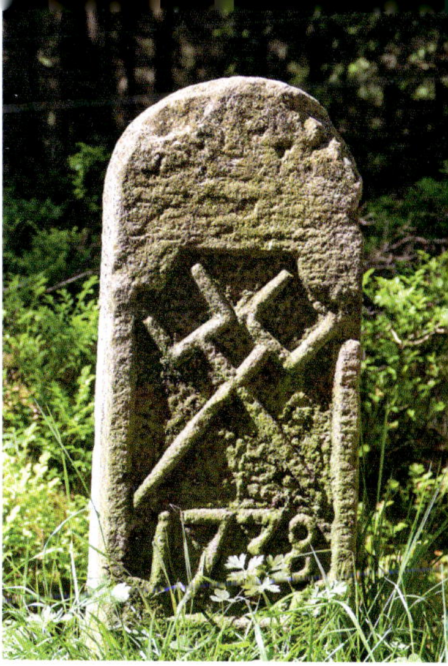

Ein typisches Beispiel für die Schwarzburger Gabeln (Tour 28).

Viel seltener sind die Dreiherrensteine, die nur dort stehen, wo sich früher gleich drei Herrschaftsbereiche berührten. Auf unseren Touren kommen wir an drei Stück vorbei:

- Dreiherrenstein Hoher Lach: Er steht am heutigen Ortsrand von Neuhaus am Rennweg, in der Nähe des Rastplatzes an der Landstraße, und weist durch Verwitterung leider nur noch Reste von Zahlen auf. Hier stießen einst die Herrschaftsbereiche der Schwarzburger, Pappenheimer und Sachsen-Coburger aneinander (Tour 32).
- Dreiherrenstein am Saarzipfel: Beim Drelstromstein findet sich dieser mit Wappen verzierte Dreiherrenstein aus dem Jahr 1733, der jedoch (vermutlich aufgrund der Erbstreitigkeiten unter den sächsischen Herzögen) jahrzehntelang herumlag, bevor er in der zweiten Hälfte des 18. Jahrhunderts tatsächlich aufgestellt wurde. Kurioserweise zeigt er deshalb neben dem Wappen von Schwarzburg-Rudolstadt die von Sachsen-Coburg und Sachsen-Hildburghausen, obwohl die Ländereien auf der Coburger Seite schon 1735 an Sachsen-Meinigen gefallen waren (Tour 30).
- Dreiherrenstein Hohe Heide: Dieser schlichte Stein aus dem Jahr 1846 steht an der Kreuzung bei der Schutzhütte Hohe Heide und weist neben seinen laufenden Nummern und der Jahreszahl nur die Kürzel der angrenzenden Herrschaftsbereiche auf (Tour 28).

Geografie

Thüringer Wald und Thüringisch-Fränkisches Schiefergebirge bilden gemeinsam einen Gebirgszug, der sich keilförmig von Nordwesten nach Südosten erstreckt. Im Nordwesten, bei Eisenach, ist es nur ein ca. 5 km breiter Gebirgskamm. Nach Osten hin wird er immer breiter und geht in ein sogenanntes Massen- oder Rumpfgebirge über, das an seinem südöstlichen Rand – einer gedachten Linie zwischen dem bayerischen Kronach und dem thüringischen Greiz – eine Breite von ungefähr 80 km hat. Gleichsam wie das Rückgrat dieses Gebirgszugs führt der 169 km lange Fernwanderweg Rennsteig über die gesamte Länge auf dem Kamm entlang. Beide Gebirge, aber der Thüringer Wald noch stärker als das Schiefergebirge, werden von engen, tief eingeschnittenen Tälern durchzogen, wodurch sehr große Höhenunterschiede auf engem Raum entstehen. Sie machen den besonderen Charakter dieser Landschaft aus. Hinzu kommen vielerorts Felskanzeln und frei stehende Felsformationen.

An seiner Nordwestspitze wird der Thüringer Wald nur durch die Werra vom Ringgau und dem Hainich getrennt, aber je weiter südwestlich man kommt, desto mehr bergiges Vorland aus Zech- und Sandstein liegt zwischen dem Werratal und dem Kamm des eigentlichen Thüringer Walds. Nur wenige Kilometer nordöstlich des Gebirgszuges erheben sich die Hörselberge (Tour 5) aus Muschelkalk und Buntsandstein sowie die direkt an den Thüringer Wald angrenzenden Waltershäuser Vorberge, die ebenfalls aus Buntsandstein bestehen und geologisch bereits zum Thüringer Becken gezählt werden (Tour 12). Im Südosten geht der Thüringer Wald in das

Bei Fehrenbach entspringt die Vordere Werraquelle (Tour 28).

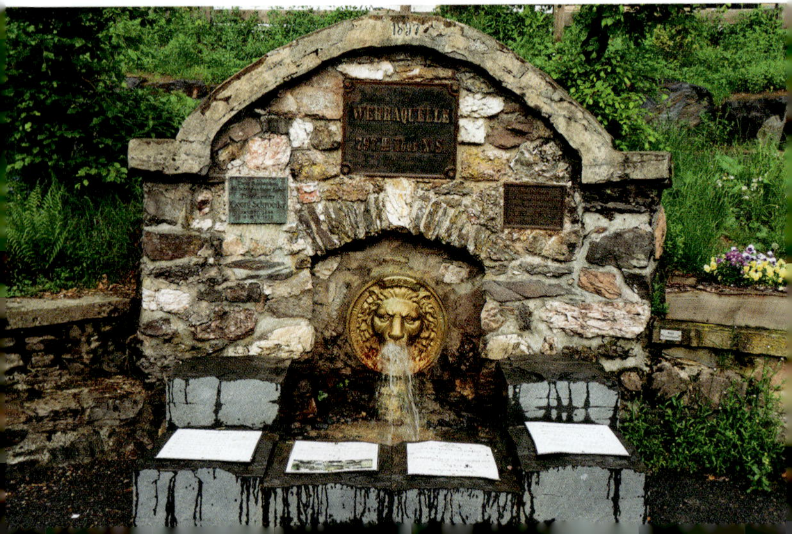

Thüringisch-Fränkische Schiefergebirge über, das weiter südöstlich auch den Frankenwald und im Osten das Ostthüringer Schiefergebirge mit dem sogenannten Thüringer Meer umfasst. Noch weiter östlich schließt sich – ungefähr hinter der Linie Kronach/Greiz – ebenso nahtlos das Vogtland an, denn gemeinsam bilden sie das Thüringisch-Fränkisch-Vogtländische Schiefergebirge. Die Aufspaltung dieser Landschaft in drei unterschiedlich benannte Gebiete ist weniger der Geologie, als historischen Grenzverläufen geschuldet. Wir beschränken uns hier jedoch auf die thüringisch-fränkischen Teile.

Die höchsten Berge unserer Wanderregion befinden sich im Thüringer Wald. Der Große Beerberg ist mit 983 m (Tour 23) zugleich die höchste Erhebung Thüringens. Ihm folgen der benachbarte Schneekopf (Tour 23), 978 m, und der nur wenige Kilometer entfernte Große Finsterberg (Tour 24), 944 m. Auch Thüringens wohl beliebtester Berg, der Große Inselsberg (Tour 10), 916 m, gehört zum Höhenkamm des Thüringer Walds. Im Schiefergebirge dagegen erreicht kein Berg die 900-Meter-Marke. Der Große Farmdenkopf, 869 m, stellt hier die höchste Erhebung dar. Dafür hat das Schiefergebirge mit der Schwarza und vor allem der Saale die längeren Flüsse zu bieten, und die riesigen Stauseen der Saale haben der Region den Beinamen »Thüringer Meer« eingebracht. Die etwa 80 km lange Saalekaskade besteht aus fünf Talsperren, von denen die Bleilochtalsperre mit über 9 Quadratkilometern Wasserfläche und 215 Millionen Kubikmetern Wasser den größten Stausee Deutschlands bildet. Der Hohenwarte-Stausee ist mit 182 Mio. Kubikmetern immerhin noch der viertgrößte des Landes. Auch im Thüringer Wald gibt es insgesamt sechs Stauseen, von denen es der größte an der Talsperre Schönbrunn auf 23 Mio. Kubikmeter Stauraum bringt. Natürliche Seen gibt es weder im Thüringer Wald noch im Schiefergebirge, dafür jedoch Flößteiche in den Wäldern, die angelegt wurden, um mithilfe kleiner, künstlich erzeugter Fluten Baumstämme abtransportieren zu können. Darüber hinaus gibt es zahlreiche Fischteiche, vor allem im mehrere Hundert Teiche umfassenden Gebiet um Plothen und Dreba, in dem sich 40 % aller Teiche Thüringens befinden. Gemeinsam kommen sie auf ca. 500 ha Wasserfläche, die ausschließlich durch Niederschläge gespeist werden.

Zwölf Passstraßen unterschiedlicher Breite führen über den Kamm des Thüringer Walds, darunter allerdings keine Autobahn, denn die A71 unterquert ihn stattdessen durch vier Tunnel. Darunter befindet sich mit dem fast 8 Kilometer langen Rennsteigtunnel der längste Straßentunnel Deutschlands. Auch mehrere Eisenbahnlinien verlaufen durch Tunnel unter dem Gebirge hindurch, die neueste ist die 2017 eröffnete ICE-Strecke Nürnberg-Erfurt. Viele Orte des Thüringer Walds waren mit Nebenstrecken oder Kleinbahnen an das Eisenbahnnetz angeschlossen, von denen die meisten leider stillgelegt wurden. Die Strecke, die von Themar nach Plaue über den Kamm hinwegführt, wird Rennsteigbahn genannt und heutzutage hauptsächlich für touristische Zwecke wie Museumsfahrten und den Rennsteigshuttle genutzt. Großstädte sucht man im Thüringer Wald vergebens, aber in den Randbereichen finden sich mit Eisenach, Suhl und Ilmenau drei geschichtsträchtige Mittelstädte, die auch kulturell einiges zu bieten haben. Auch das Schiefergebirge erfreut den Wanderer mit der Abwesenheit größerer Städte. Größtes Zentrum ist hier das Städtedreieck Saalebogen, zu dem Saalfeld/Saale, Rudolstadt und Bad Blankenburg gehören. Drei Bundesstraßen und zwei Autobahnen (im Westen die A73 und im Osten die A9) erschließen die Region. Außerdem führt die Eisenbahnstrecke München – Berlin durch das Schiefergebirge, von der einige Nebenstrecken abzweigen, z. B. die Schwarzatalbahn, an die wiederum die sehr lohnende Oberweißbacher Bergbahn angeschlossen ist (siehe Tour 33).

Geologie

Der eigentliche Thüringer Wald (also westlich des Schiefergebirges) ist eine längliche Scholle, die sich in drei größere Teilbereiche gliedert: die Eisenacher Mulde, den Ruhlaer Sattel und die Oberhofer Mulde. Naturräumlich wird vereinfachend nur von zwei Gebieten gesprochen: dem Mittleren Thüringer Wald, der den Großteil des Gebirges umfasst, und dem Nordwestlichen Thüringer Wald, der lediglich aus dem niedrigeren Ausläufer bei Eisenach, also der Eisenacher Mulde, besteht. Erdgeschichtlich muss man zwischen jenen Phasen unterscheiden, in denen die vorherrschenden Gesteine entstanden sind, und der Zeit, in der sie zum heutigen Gebirge angehoben wurden.

Im Thüringer Wald sehen wir überwiegend die ältesten ungefalteten Deckschichten, die sich über dem zu unterst liegenden Grundgebirge befinden. Diese Deckschicht besteht aus einer als Rotliegend bezeichneten Gruppe von Gesteinen, die aus dem Unteren und Mittleren Perm stammt und somit ca. 260–300 Millionen Jahre alt ist. Ihren Namen verdanken diese Sandsteine der auffallend roten Färbung, die durch fein verteilte Beimengungen von Hämatit (Roteisenstein) entsteht. Bei Tambach-Dietharz entdeckte man darin sogar Fossilien von Ursauriern (Tour 16). Diese Gesteinsschichten wurden im Bereich des Mittleren Thüringer Walds in der Oberen Kreidezeit, vor ca. 80 Millionen Jahren, durch Bewegungen der Erdkruste angehoben – also zur selben Zeit, als das Aneinanderstoßen kleinerer Kontinentalplatten die Alpen aufgefaltet hat. So entstand der Gebirgszug, den wir heute sehen. Auf dem Ruhlaer Sattel sind aber auch Granit, Gneis und Glimmerschiefer des Grundgebirges an die Oberfläche gelangt, wie wir beispielsweise am Gerberstein sehen können (Tour 8). Diese Gesteine sind bis zu 500 Mio. Jahre alt. Im Bereich des Hauptkamms bilden dagegen widerstandsfähige Vulkanite die höchsten Berge des Thüringer Waldes. In den Hohlräumen dieser Vulkangesteine haben sich Drusen gebildet, die Achat und andere Quarzkristalle enthalten. Unter dem Namen Schneekopfkugeln sind sie recht bekannt, obwohl sie am Schneekopf selbst kaum gefunden werden.

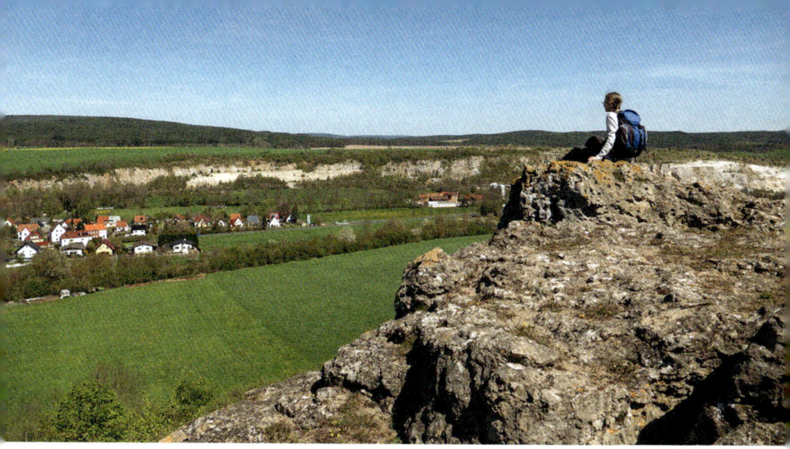

Der Pinsenberg gehört zu den Zechsteinriffen am Rand von Thüringer Wald und Schiefergebirge (Tour 41).

Im Gegensatz zu den Bergen des Mittleren Thüringer Waldes erreichen die Erhebungen des nordwestlichen Ausläufers maximal 470 m. Hier befindet sich die sogenannte Eisenacher Mulde, in der Sandsteine und Rotliegend-Konglomerate dominieren. Letztere sind sehr einfach an ihrer roten Grundfarbe und den vielen hineingemischten, abgerundeten Gesteinsbrocken anderer Art und Farbe zu erkennen. Es handelt sich dabei um abgelagerten Schutt aus dem benachbarten, höheren Ruhlaer Sattel, der sich über Jahrmillionen zu neuem Gestein verbunden hat. Durch Erosion entstanden darin enge Schluchten wie die Drachen- oder die Landgrafenschlucht (Touren 2 und 3).

Vor allem im Nordwesten wird die Scholle des Thüringer Walds von Zechstein gesäumt, einer Gesteinsgruppe, die jünger ist und aus Meeresablagerungen besteht. Dazu gehören riesige Riffe, die einst von Kolonien winziger Moostierchen aufgebaut wurden, denn diese mikroskopisch kleinen, auch Bryozoen genannten Lebewesen bilden ein Kalkskelett aus, eine Art schützende Schale. Der gesamte Landschaftspark von Schloss Altenstein befindet sich auf einem solchen Riff (Tour 8) und das Naturschutzgebiet Buchenberg ebenso wie Burg Ranis (Tour 41).

Auch das Thüringisch-Fränkische Schiefergebirge wird – allerdings ausschließlich im Norden – von Zechstein gesäumt. Es ist einheitlicher beschaffen als der Thüringer Wald und endet – geologisch betrachtet – im Osten mit dem Bergaer Sattel, der etwa von Greiz bis über die bayerische Grenze südlich von Blankenstein reicht, während es im Nordwesten mit dem Schwarzburger Sattel (ungefähr entlang einer gedachten Linie zwischen Schönbrunn und Gehren) an den Thüringer Wald grenzt. Bei Bewegungen der Erdkruste wurde der südliche Teil dieses Sattels höher herausgehoben als der nördliche. Zwischen den beiden Sätteln befindet sich die Teuschnitz-Ziegenrücker Mulde. Dieses Gebirge besteht überwiegend aus 300–500 Millionen Jahre alten Meeresablagerungen, bei denen es sich hauptsächlich um die namensgebenden Schiefergesteine handelt, unter denen der Tonschiefer dominiert. Es gibt aber auch nennenswerte Vorkommen an Grauwacken und Sandstein, während Vulkangesteine wie z. B. Diabase eine seltene Ausnahme bleiben.

Flora

Wie alle deutschen Mittelgebirge waren auch Thüringer Wald und Schiefergebirge ursprünglich überwiegend mit ausgedehntem Laubwald bedeckt. Größere Fichtenbestände gab es wohl nur in den höchsten Kammlagen (über 850 m), doch sogar auf dem Großen Inselsberg, 917 m, wächst bis heute Buchenwald. Wo sich der Laubwald erhalten hat, finden wir Rotbuche, Bergahorn, Eiche, Esche und zahlreiche weitere Arten – zudem die selten gewordene Weißtanne. Bereits im Mittelalter wurde jedoch viel gerodet, teils um Ackerland und in höheren Lagen Bergwiesen als Weideland zu gewinnen und Dörfer zu gründen, aber vor allem um Holzkohle sowie Bauholz für den Bergbau, die Metall- und die Glasproduktion zu erhalten. Als Bäume schließlich knapp wurden, ordneten die Landesherren an, mit der schnell wachsenden Fichte aufzuforsten. So entstand aus der einstigen Wildnis der gleichförmige Nadelwald, der heute im Thüringer und Frankenwald sowie im höheren Teil des Schiefergebirges etwa 80 % der Fläche einnimmt. Wo die Fichten gedeihen, weil sie nicht zu eng stehen und ausreichend Wasser zur Verfügung haben, wachsen sie zu beeindruckenden Bäumen heran und verleihen so manchem wildromantischen Bachtal ein alpines Flair. Beim Thema Fichten kommen uns sogleich die Fernsehbilder von großen Kahlschlagflächen in den Sinn. Es ist nicht zu leugnen, dass es diesen Anblick auf einigen unserer Touren gelegentlich gibt. Die noch vorhandenen Waldflächen überwiegen jedoch bei Weitem und auf vielen Schadflächen wachsen bereits neue Bäume auf! Ältere Einheimische wissen zu berichten, dass es auch in früheren Zeiten schon Probleme mit den Fichten gab. Sie erinnern an die Sturmfront, die im Sommer 1946 große Flächen zwischen Suhl und Oberhof verwüstete, und an die darauf folgende Borkenkäfer-

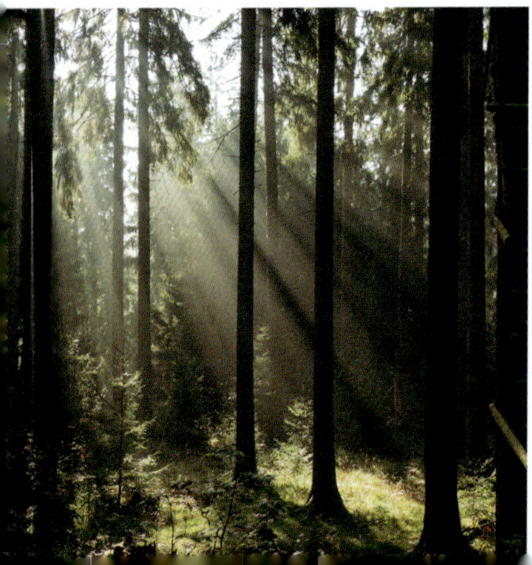

Morgensonne im Fichtenwald.

Der Umwelt zuliebe ...

Auch beim Wandern hinterlassen wir einen ökologischen Fußabdruck, aber im Einklang mit der Natur unterwegs zu sein, ist gar nicht so schwer!

VORBEREITUNG UND ANFAHRT

- Sich vorab informieren, worauf in Bezug auf Natur und Umwelt in der jeweiligen Wanderregion besonders zu achten ist.
- Soweit möglich mit Bahn und Bus anreisen, Wander- und Rufbusse nutzen.
- Ist eine Anfahrt mit dem Auto nötig, Fahrgemeinschaften bilden.
- Bei weiten Anfahrten Mehrtagestouren planen oder von einem Quartier vor Ort aus mehrere Touren absolvieren.
- Flugreisen möglichst reduzieren und durch Beiträge zu Klimaschutzprojekten kompensieren.

KLEIDUNG UND AUSRÜSTUNG

- Beim Kauf von Outdoor-Kleidung auf umweltfreundliche und faire Herstellung achten und Kleidungsstücke möglichst viele Jahre nutzen.
- Ausrüstung kann man eventuell auch gebraucht kaufen oder ausleihen.
- Reparieren statt neu kaufen.

VERPFLEGUNG

- Beim Einkauf Bio-Ware, regionale und saisonale Erzeugnisse bevorzugen.
- Hütten und Gasthäuser auswählen, die regionale Produkte verwenden.
- Auf Einwegflaschen und Plastikverpackungen verzichten, stattdessen wiederverwendbare Trinkflaschen und Brotzeitboxen benutzen.

ÜBERNACHTUNG

- Bei lokalen Anbietern buchen, damit Menschen vor Ort profitieren.
- Auf Hütten und in anderen Unterkünften Strom und Wasser sparen.

UNTERWEGS

- Wege benutzen und Abkürzer vermeiden.
- Sperrungen von Wegen und Schutzgebieten respektieren.
- Keine Blumen pflücken und keine Pflanzen entnehmen.
- Waldbrandgefahr beachten.
- Müll wieder mit nach Hause nehmen und dort entsorgen.
- Toilettengänge in freier Natur möglichst vermeiden.
- Lärm vermeiden.
- Hunde an die Leine nehmen.

ROTHER
BERGVERLAG

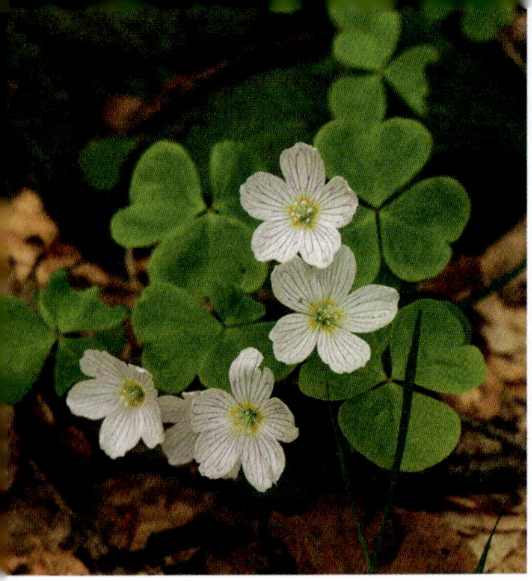

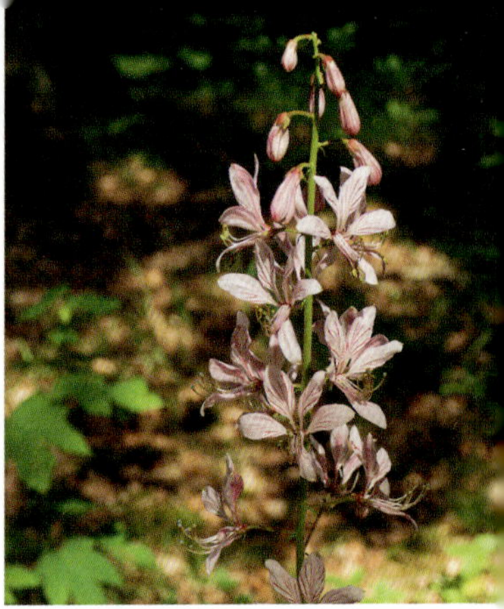

Links: Waldsauerklee. Rechts: Diptam nicht berühren! In Kombination mit Sonnenlicht drohen schmerzhafte Hautreaktionen.

plage 1947–49. Durch warmes, trockenes Wetter konnten sich die Käfer in den geschädigten Bäumen massenhaft vermehren. 21.000 ha Kahlfläche waren die Folge, die mithilfe Tausender Freiwilliger und Sowjetsoldaten geräumt und aufgeforstet wurden. Wie aus historischen Aufzeichnungen hervorgeht, waren Fichtenmonokulturen bereits im 18. Jahrhundert anfällig für Windbruch und anschließende Borkenkäferplagen. Damals bezeichnete man die Insekten als Schwarzen oder auch »Fliegenden Wurm« und das Absterben der befallenen Bäume als »Wurmtrocknis«. Im Unterschied zu den heutigen Phänomenen handelte es sich allerdings um lokal begrenzte, nur selten auftretende Ereignisse, während wir in den letzten Jahrzehnten immer öfter Extremwetterlagen, Dürren und im Anschluss Borkenkäferplagen im ganzen Land erleben.
In den Fichtenwäldern wachsen am Wegrand überwiegend Moose, Farne und Gräser wie die Drahtschmiele und das Wollige Reitgras. An sonnigeren Stellen, aber auf ganz unterschiedlichen Böden gedeihen auch Fingerhut und Besenheide (Heidekraut). Außerdem entdecken wir den weiß blühenden Waldsauerklee und Zwergsträucher wie Heidel- und Preiselbeere. Da er als Halbschmarotzer auf Fichten und Heidelbeeren angewiesen ist, wächst hier auch der Wald-Wachtelweizen. Nicht auf Nadelwald beschränkt sind dagegen Tollkirsche, Himbeere und viele Distelarten, die ganz unterschiedlich geformte Blütenstände hervorbringen: kugelige, eiförmige, sehr kleine und sehr große, farblose ebenso wie solche in leuchtendem Lila. Auf die Gesellschaft von Gräsern am Waldrand, deren Wurzeln er anzapfen kann, ist dagegen der Hain-Wachtelweizen angewiesen, der sich durch violette Hochblätter über den gelben Blüten vom Wald-Wachtelweizen unterscheidet. Im Buchenwald wachsen dagegen Adlerfarn, Waldmeister und der wie

Knoblauch riechende Bärlauch. Im Frühjahr bilden Leberblümchen, Schlüsselblume, Buschwindröschen und Lerchensporn bunte Blütenteppiche unter den noch kahlen Baumkronen. Auf nährstoffarmen Standorten wie im Nordwestlichen Thüringer Wald kommt vielfach auch die Hainsimse vor. Der Nordwestliche Thüringer Wald ist auch deshalb eine Besonderheit, weil hier neben Rotbuchen sehr viele Traubeneichen wachsen, die mit Wärme und Trockenheit gut zurechtkommen. Trockene Standorte auf Schiefergestein, wie zum Beispiel die Abraumhalden einstiger Tagebaue, bieten seltenen Moosen und Flechten eine Heimat (Touren 46 und 47). Wo die Nutzung länger zurückliegt, siedeln sich zunächst Sträucher und Birken an, bevor mit der Zeit ein neuer Laubwald entsteht. Auf dem Muschelkalk der Hörselberge und anderen Kalksteinvorkommen können wir in den sehr artenreichen Wäldern Orchideen wie den Frauenschuh, Rotes und Weißes Waldvöglein sowie den unscheinbaren, da farblos blühenden Nestwurz entdecken. Auch der seltene Diptam oder Brennende Busch ist hier noch zu finden (Touren 5, 20 und 37).

Zwar sind Pilze keine Pflanzen, aber zumindest der Zunderschwamm soll hier trotzdem genannt werden. Denn aus diesem großen Baumpilz, den wir auf unseren Wanderungen häufig entdecken, stellten die Schwammklopfer die sogenannten Zunderlunten her, kleine Lappen aus dem Inneren des aufbereiteten Pilzes. In Neustadt am Rennsteig stieg dieses Handwerk zur Lebensgrundlage eines Teils der Bevölkerung auf. Nachdem 1819 die Glashütte geschlossen worden war, spielte es eine immer größere Rolle. Selbst aus Galizien wurden schließlich Zunderschwämme angeliefert, um im Thüringer Wald verarbeitet zu werden, bis das Streichholz den Zunder überflüssig machte.

In naturnahen Wäldern gedeihen zahlreiche Baumpilzarten.

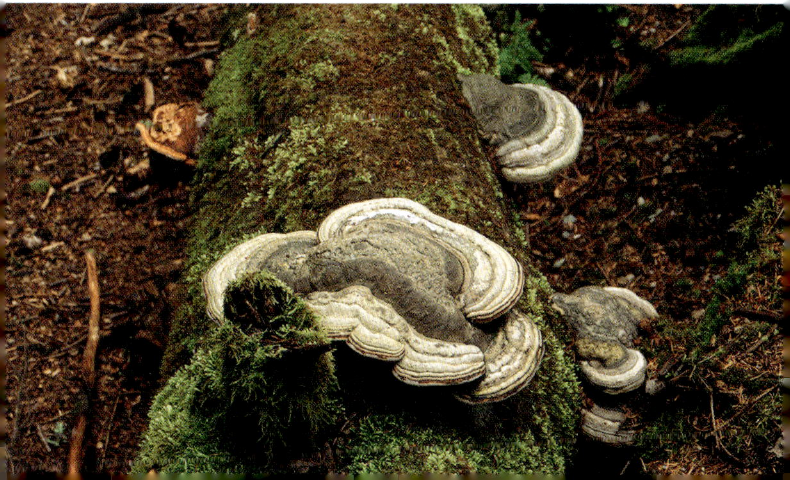

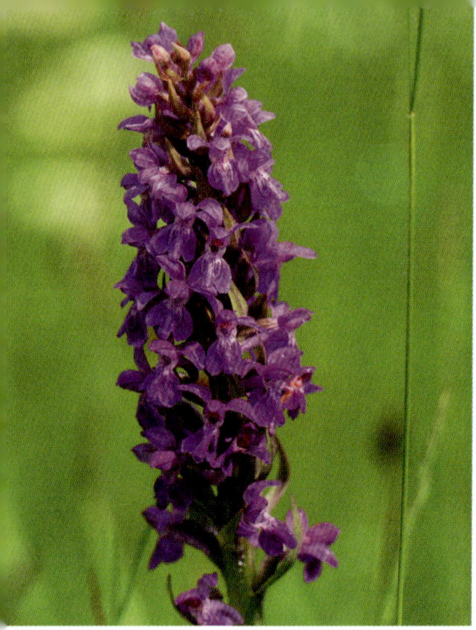

Das Knabenkraut gehört zu den Orchideen.

Eine wahre Augenweide sind die Bergwiesen, die in beiden Gebirgen oberhalb von 600 Höhenmetern vorkommen. Man unterscheidet mehrere Typen, die unterschiedlichen Boden- und Niederschlagsverhältnissen angepasst sind: An schwer zugänglichen Hängen ist der Borstgrasrasen beheimatet, in dem die gelben Blüten der Arnika besonders auffallen. Auch wilder Thymian, Glockenblumen und Blutwurz finden sich hier. Daneben stoßen wir auf Bärwurzwiesen, die an den weißen Blütendolden des Bärwurz' und dessen würzigem Duft zu erkennen sind. Sofern sie extensiv bewirtschaftet und nicht gedüngt werden, gedeihen dort auch Teufelskralle und Habichtskraut. Etwas wärmer und feuchter braucht es die Goldhaferwiese, in der neben dem rosa blühenden Wiesenknöterich und den weißen Margeriten vor allem der violette Waldstorchschnabel auffällt. Auf nasseren Standorten, z. B. der Ebertswiese (Tour 14), finden wir die Feuchtwiesen vor. Für sie sind die seltenen Trollblumen und die Sumpfdotterblume typisch. Auch rare Orchideen, etwa das Breitblättrige Knabenkraut, sind auf diesen Lebensraum angewiesen. In besonders nassen Bereichen – beispielsweise direkt um Quellen herum – wachsen Wollgras, Moose, Binsen und Seggen, während Bachläufe häufig von der Gemeinen Pestwurz gesäumt oder gar völlig überwuchert werden. Sie tritt aber auch auf feuchten Waldwiesen auf und ist als Frühblüherin eine der ersten Nahrungsquellen für Bienen und andere Insekten.
Auch im »Land der Tausend Teiche« bei Plothen gibt es Feuchtwiesen und darüber hinaus um die Teiche herum ausgedehnte Seggen- und Binsenröhrichte, während der Thüringer Wald mit ca. 350 kleinen und größeren Mooren aufwarten kann. Sie bieten Torfmoosen ebenso passende Lebensbedingungen wie Moorwollgras, Moos- und Krähenbeere.

Fauna

So vielfältig wie die Pflanzenwelt der unterschiedlichen Biotope ist auch die Fauna in unserem Wandergebiet. Allein im UNESCO-Biosphärenreservat Thüringer Wald hat man über 2600 Tierarten nachgewiesen – davon fast 250, die in Deutschland oder Thüringen auf der Roten Liste stehen. Obwohl wir ihnen manchmal an unerwarteten Stellen begegnen, sind Tie-

re auf ihre arttypischen Lebensräume angewiesen und dort entsprechend öfter anzutreffen.
So findet zum Beispiel der Feuersalamander im Thüringer Wald und Schiefergebirge besonders viele kühle Quelltümpel und fischfreie Oberläufe von Bächen, in denen seine Larven aufwachsen können. Am wohlsten fühlt er sich in feuchten Laubmischwäldern, kommt aber auch in Fichtenwäldern vor. Doch obwohl er in beiden Thüringer Naturparken auf Hinweistafeln allgegenwärtig ist, bekommt man ihn nur mit etwas Glück zu Gesicht. Als nachtaktives Tier zeigt er sich tagsüber nur bei düsterem Regenwetter. Dank der vielen Kleingewässer gibt es in der Region allgemein noch zahlreiche Amphibien, auch wenn die trockenen Sommer 2018–2020 den Beständen zugesetzt haben. In Tümpeln und Teichen kann man Kammmolch, Fadenmolch und mehrere Froscharten sowie Gelbbauchunken entdecken. Feuchtwiesen bieten Kröten, aber auch Reptilien wie der Ringelnatter eine Heimat. Neben der sehr versteckt lebenden Glattnatter können uns auf den Wanderungen auch Blindschleiche, Kreuzotter und Waldeidechse begegnen.
Dieses Futterangebot lockt einen der seltensten Bewohner deutscher Wälder an: den Schwarzstorch. Er braucht nicht nur Feuchtwiesen und Kleingewässer, sondern auch die Abgeschiedenheit ausgedehnter Wälder, denn im Gegensatz zum Weißstorch, der auch mitten in Dörfern nistet, ist der Schwarzstorch sehr scheu. In den letzten Jahren hat sein Bestand in Thüringen erfreulicherweise zugenommen. Auf klare, schnell fließende Bäche und Flüsse wie die Schwarza ist dagegen die Wasseramsel angewiesen, da sie im Wasser nach Insekten taucht. In den fischreichen Plothener Teichen jagen dagegen Rohrweihe, Weißstorch, Eisvogel und Silberreiher. Sie bieten auch vielen Wasservogeln wie Krick- und Löffelenten, Gänsen und Schwänen ein Zuhause.
Weite Wälder ziehen nicht nur den Schwarzstorch, sondern auch den Schwarzspecht an. Die Bruthöhlen, die er oft in jahrelanger Arbeit in Rotbuchen- und Fichtenstämme zimmert, sind bei zahlreichen »Nachmietern« heiß begehrt: von Hohltaube, Wald- und Raufußkauz über Baummarder, Siebenschläfer und mehrere Fledermausarten bis hin zu Hornissen und anderen Insekten. Sie alle kommen daher auch in den Wäldern unseres Wandergebiets vor. Während der Schwarzspecht Favoriten unter Laub- und Nadelbäumen hat, brauchen andere Vogelarten speziellere Bedingungen. Während Fichten-

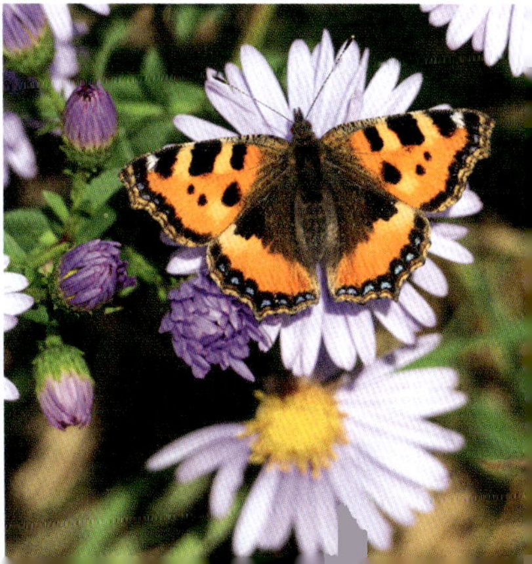

Kleiner Fuchs auf Berg-Astern.

kreuzschnabel und Tannenhäher auf Nadelwald angewiesen sind, hören wir die Rufe von Pirol und Waldlaubsänger nur in Laubbaumbeständen. Dass das Piepen der Baumläufer und der Sommer- und Wintergoldhähnchen nur in der Stille der Fichtenforste zur Geltung kommt, liegt jedoch an dem Chor, der sie an anderen Orten übertönt: Buchfink, Amsel und Zaunkönig, Rotkehlchen, Mistel-, Sing- und Wacholderdrossel, mehrere Meisenarten, Dompfaff, Feldsperling, Kleiber, Kuckuck und Bluthänfling zwitschern und trällern in Gehölzen und an Waldrändern besonders vielstimmig durcheinander. Auch Elstern und Eichelhäher krächzen dazwischen, und der Buntspecht trommelt dazu. Mit etwas Glück entdecken wir sogar eine gut getarnte Waldschnepfe am Wegrand, aber meistens hat sie uns längst entdeckt und sitzt reglos am Boden, sodass wir sie zwischen Laub und Reisig übersehen. Wer den Blick nach oben richtet, kann über den Baumwipfeln und Wiesen auch Schwalben und Raubvögel wie Rotmilan, Mäuse- und Wespenbussard entdecken. Neben Turmfalken brüten auch wieder Wanderfalken in der Region. Raben und Uhus, die in den Felswänden ehemaliger Steinbrüche nisten, haben sich ebenfalls wieder vermehrt und machen sich durch ihre lauten Rufe bemerkbar. Sorgen bereitet dagegen die seltene Bekassine, die auf Feuchtwiesen als Lebensraum angewiesen ist. Noch rarer sind Auerhahn und Haselhuhn, denen außer dem Verlust ihrer Habitate auch die steigende Anzahl an Füchsen, Mardern und Waschbären zusetzt. Um ihnen zu helfen, werden im Thüringer Schiefergebirge Landschaftspflegemaßnahmen durchgeführt und Nachzucht aus Schweden bzw. Österreich ausgewildert.
Neben Eichhörnchen, Dachsen, Wildschweinen und Rehen, die in der ganzen Region beheimatet sind, können wir – vor allem in den höheren Lagen – dem sogenannten König der Wälder, dem Rothirsch, begegnen. Eigentlich bevorzugt er halboffene Landschaften, aber durch Zersiedelung und Jagd wird er immer tiefer in die Wälder gezwungen. Selbst wenn wir ihn nicht sehen, können wir seine großen Hufabdrücke häufig auf weichen Wegen entdecken. Im September ist er in den Abendstunden auch nicht zu überhören, denn in der Brunftzeit, die zwei bis drei Wochen dauert, hallt sein Röhren kilometerweit. Wer das Rotwild garantiert zu Gesicht bekommen will, kann in Frauenwald an der Führung zur Wildbeobachtungskanzel teilnehmen (frauenwald.info/wildbeobachtung.php).

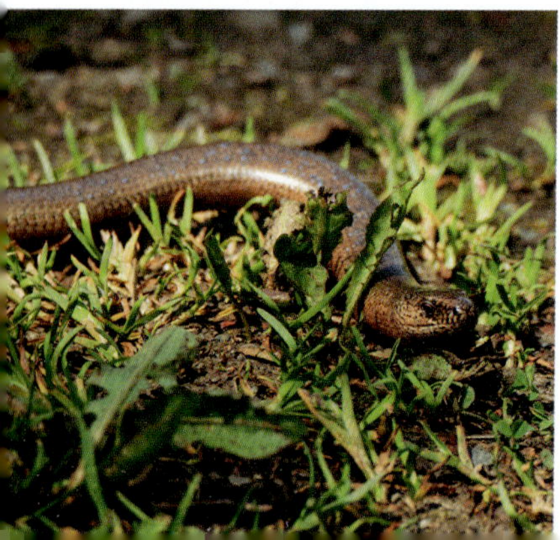

Die Blindschleiche liegt oft unbemerkt auf Wegen.

Noch mehr Glück braucht man, um einem der wenigen Luchse über den Weg zu laufen, die im Lauf der letzten Jahre in den Thüringer Wald eingewandert sind. Auch mindestens ein Wolfsrudel gibt es seit 2020 in der Region sowie mehrere Einzeltiere, von denen man annimmt, dass sie standorttreu sind. Aber da die Wölfe sehr scheu und vorsichtig sind, kommt es nur selten zu einer Sichtung. Auch eine Begegnung mit einem der Fischotter, die sich nicht nur an den Plothener Teichen, sondern auch an einigen Fließgewässern des Schiefergebirges wieder angesiedelt haben, ist ein absoluter Glückstreffer. Viel einfacher ist es, dem Biber auf die Spur zu kommen, der ebenfalls in Thüringen ausgestorben war und sich dank eines Auswilderungsprojekts wieder in freier Wildbahn vermehrt. Wir haben seine Burgen und Baumfällarbeiten zum Beispiel auf Tour 46 entdeckt. In der Dämmerung lassen sich außerdem mehrere Fledermausarten sichten, deren Bestände durch verbesserte Schutzmaßnahmen wieder angestiegen sind. So werden beispielsweise viele Höhlen im Winterhalbjahr gesperrt, um die Tiere nicht aus ihrer Winterruhe aufzuscheuchen. Für gezielte Beobachtungen können an den Feengrotten in Saalfeld (feengrotten.de) und beim Hotel »Am Rennsteig« in Wurzbach (am-rennsteig.de/Fledermausrucksack_0) Fledermausrucksäcke mit Detektoren und Bestimmungsbüchern ausgeliehen werden.
Fledermäuse sind nicht nur auf Höhlen, sondern auch auf Insekten als Beute angewiesen. Auf Bergwiesen, an Gewässern und sonnigen Wegrändern finden die Sechsbeiner reichlich Nahrung. Entlang der Bäche, Flüsse und Feuchtwiesen können wir zum Beispiel zahlreiche Libellenarten entdecken, die zum Teil in kräftigen Farben funkeln wie die rote Feuerlibelle oder die Blauflügel-Prachtlibelle. Auch die Flügel des orange-braunen Kleinen Schillerfalters schimmern blau, wenn er flattert. Noch mehr Schmetterlinge erfreuen uns jedoch auf den blütenreichen Wiesen, wo auch mehrere Bläulingsarten mit schillernd blauen Flügeln die Blicke auf sich ziehen. Mit ihren kräftigen Farben stehlen sie den unscheinbareren Ochsenaugen, Mohrenfaltern und Kleinen Wiesenvögelchen die Schau. Im Frühling eröffnen die Zitronenfalter den Reigen, Aurorafalter und der vielerorts selten gewordene Trauermantel folgen. Ab dem Frühsommer zeigt sich die Schmetterlingswelt in ihrer ganzen Pracht: Im Wald finden wir auf den Stauden am Wegrand Admiral und Waldbrettspiel, den orangefarbenen Kaisermantel, das Tagpfauenauge und den Baumweißling. Der kleine Netzfalter (auch Landkärtchen genannt) ist im Frühjahr übrigens orange und schwarz gemustert, während die Sommergeneration fast ausschließlich schwarz-weiße Flügel mit nur noch zwei feinen orangefarbenen Strichen hat. Auf den unterschiedlichen Wiesentypen gesellen sich C-Falter, Kleiner Fuchs und das schwarz-weiße Schachbrett hinzu, ebenso wie Mauerfuchs und mehrere Perlmutt- und Zipfelfalterarten. Auch der beeindruckend große Schwalbenschwanz ist hier noch erfreulich oft vertreten. Die schwarzen Widderchen mit den blutroten Flecken ziehen dagegen felsigere Hänge vor.

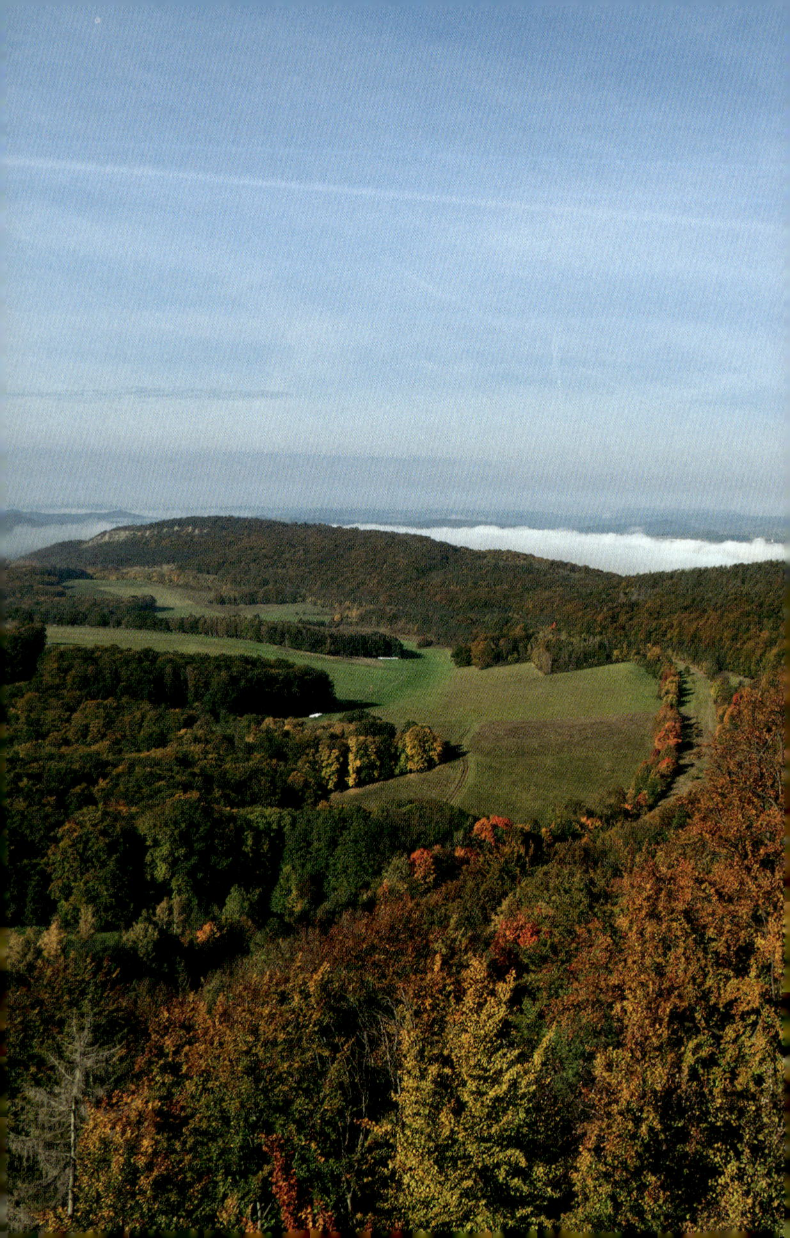

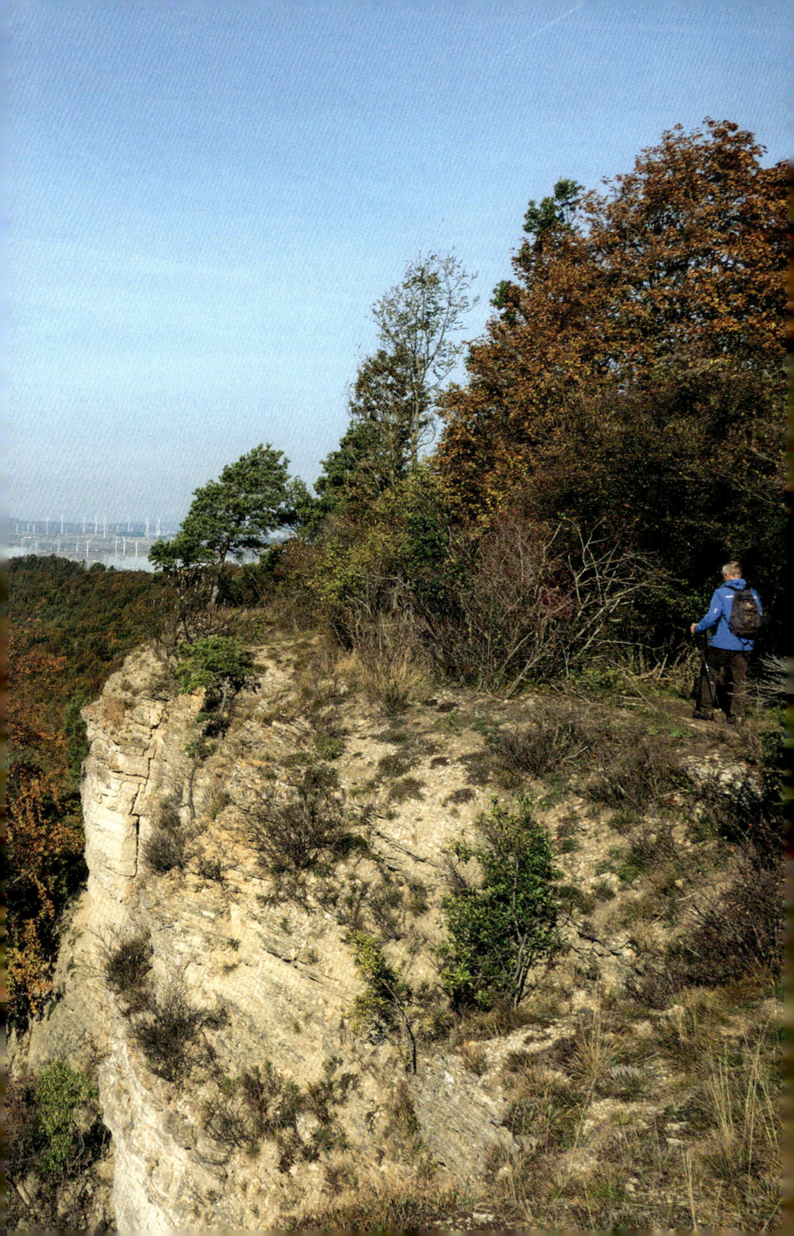

↗ 510 m | ↘ 510 m | 19.6 km

1 Ruine Brandenburg und Werratal

6.00 h

Auf dem Rennsteig durch ein Mosaik aus Wiesen und Wäldern

Vom »Tor zum Rennsteig« in Hörschel geht es in die abwechslungsreiche Hügellandschaft hinauf. Aussichtspunkte locken mit Blick auf die Wartburg und bis in die Rhön. Von der romantischen Burgruine Brandenburg steigen wir ins Werratal hinab und folgen dem Flussufer zurück zum Rennsteigbeginn.

Ausgangspunkt: Parkplatz in Hörschel an der Rennsteigstraße/Hörselbrücke beim Spielplatz, 197 m (Navi: Rennsteigstraße 2, 99817 Eisenach).
ÖPNV: Bahnhof Hörschel (ca. stdl. nach Eisenach bzw. Bebra). Wir folgen der Straße Richtung Ortszentrum Hörschel zum Ausgangspunkt (Parkplatz auf der linken Straßenseite). Bushaltestelle »Hörschel«, VG Wartburg Linie 2 (Eisenach – Lauchröden, Mo–Fr ca. stdl.).
Anforderungen: Überwiegend leicht begehbare Wald- und Feldwege, aber auch zwei abschüssige Pfade rund um die Burg.
Einkehr: Neuenhof: Zur Guten Quelle (Mo Ruhetag, landhotel-gute-quelle.de, Tel. +49 36928 90375). Hörschel: Gasthaus Tor zum Rennsteig (Di Ruhetag, rennsteig-beginn.de, Tel. +49 36928 90605).
Tipp: Burgmuseum und Aussichtsplattform sind von April bis Sept. sonntags 11–17 Uhr geöffnet, sofern Personal vorhanden ist (die-brandenburg.de).

Wir verlassen den Parkplatz am Ortsrand von **Hörschel** ❶, gehen an der Straße nach links (Schild: Eisenach 9 km), überqueren die Hörsel, kommen an der Gaststätte »Tor zum Rennsteig« und der Kirche vorbei und orientieren uns nun bis auf Weiteres an der Markierung weißes »R« (für Rennsteig). An der Kreuzung folgen wir dem Rennsteig halb links (Schild: Vachaer Stein 7,7 km). Die gepflasterte Straße geht in einen Schotterweg über, der uns aus dem Ort hinausführt. An der Gabelung halten wir uns rechts und steigen durch Wald bergauf. Oben am Waldrand gehen wir weiter geradeaus (Schild: Gonnermannseck 0,5 km), an einer Bank mit Blick aufs Werratal vorbei. Zwischen Laubbäumen und Viehweiden hindurch gelangen wir zur Gabelung Gonnermannseck, wo wir rechts abbiegen (Schild: Vachaer Stein 6,5 km). Wir passieren eine Picknickbank und wandern hinter einem Waldstück auf die Feldflur hinaus. Zur Rechten blicken wir über das Werra-

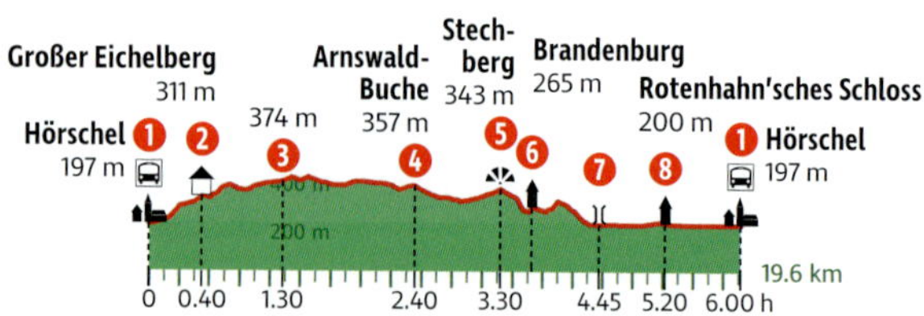

tal, zur Linken grüßt die Wartburg und auf dem **Großen Eichelberg** ❷, 311 m, erwarten uns eine Schutzhütte und eine Picknickbank mit schöner Aussicht.

Nun folgen wir dem Grasweg geradeaus hinunter und schwenken an seinem Ende rechts in den Schotterweg ein, der sich an der Gerichtskiefer sogleich wieder gabelt. Hier halten wir uns links (Schild: Vachaer Stein 6,1 km) und an der folgenden Gabelung rechts hinauf Wald und Wiesen wechseln sich ab und wir erreichen die Kreuzung »Hohes Rod«, wo unser Weg weiter geradeaus verläuft (Schild: Vachaer Stein 5,5 km). Rechts können wir zuvor einen kurzen Abstecher zum Franzosenfelsen machen, einem Zechsteinriff, an dem Napoleon 1813 nach der Völkerschlacht bei Leipzig vorübergekommen sein soll. Die Aussicht von der steilen Felskanzel ist jedoch zugewachsen.

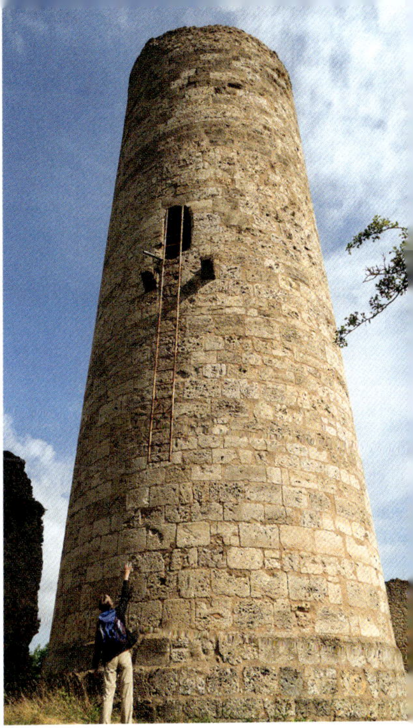

Nicht alle Gebäude der Brandenburg sind zugänglich.

Kurz darauf gabelt sich der Weg am Waldrand und wir gehen rechts hinab in den Wald. Unten an der Kreuzung »Siebertswiese« halten wir uns ebenso geradeaus (Schild: Vachaer Stein 5,1 km) wie am nächsten Wegweiser »Tiroler Platte«. An der folgenden Verzweigung wenden wir uns rechts hoch und kommen an der Schutzhütte »Flüchtiger Hirsch« vorbei. Durch Buchenwald führt der Rennsteig zur Kreuzung **»Weggabel Eisentor«** ❸, an der zu DDR-Zeiten ein Tor die Sperrzone abriegelte. Heute können wir hier unbehelligt nach rechts gehen (Schild: Brandenburg X9), aber es lohnt sich, zunächst einen Abstecher von ca. 250 m (einfache Strecke) nach links zu machen (Schild: Wartburgblick 0,3 km), wo uns eine Schutzhütte samt Picknickbank mit Wartburgblick zur Rast einladen. Zurück auf dem Rennsteig, verengt sich der Weg rasch zum Pfad und gabelt sich am Waldrand. Wir halten uns links (weißes »R«) und schwenken bald darauf rechts in den Querweg ein, um den bereits sichtbaren nächsten Abzweig nach rechts zu nehmen. Auf ihm verlassen wir den Wald und folgen dem nächsten Querweg nach links am Waldrand entlang, bis wir auf einen Wegweiser bei einer überdachten Picknickbank stoßen. Hier verabschieden wir uns vom

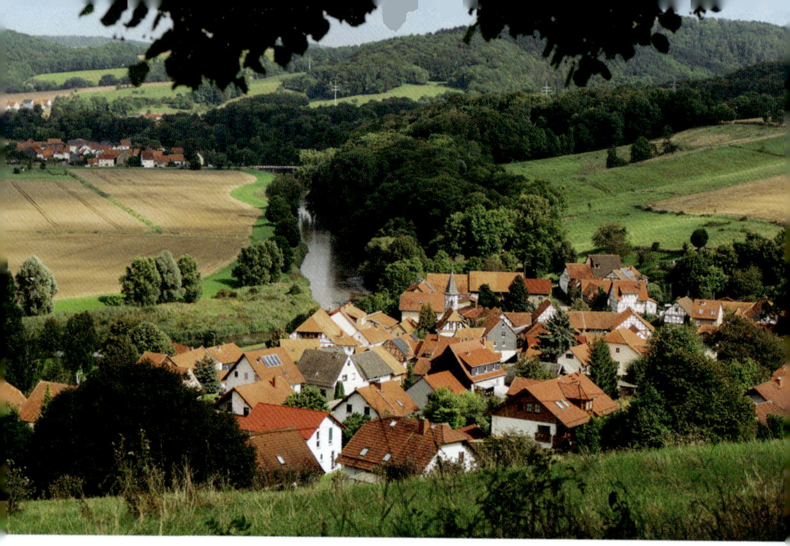

Blick auf Göringen und die Werra.

Rennsteig und biegen rechts ab (Markierung: blauer Punkt; Schild: Brandenburg 6 km). Der Weg führt durch die Feldflur in den Wald und wir ignorieren alle Abzweige. An der ersten Kreuzung wenden wir uns nach links (blauer Punkt; Schild: Oberellen 5 km), kommen an der Schutzhütte »Kielforst Blick« vorbei und halten uns an der nächsten Gabelung rechts. An der Kreuzung folgen wir dem blauen Punkt geradeaus. Der Laub- weicht Nadelwald und an der Kreuzung »An der Bettelbuche« biegen wir rechts ab (Schild: Brandenburg 4,5 km). Wir nehmen an der nächsten Kreuzung den zweiten Abzweig nach links (blauer Punkt; Schild: Wartburgpfad). Er führt uns zur beeindruckenden **Arnswald-Buche** ❹, hinter der wir uns nach rechts wenden (blauer Punkt; Schild: Brandenburg 4 km). Nun geht es stetig bergab. Schließlich stoßen wir auf einen Querweg, dem wir links – an einer Schranke vorbei – auf eine Wiese und geradeaus weiter in die Feldflur folgen. Nach knapp 400 m biegen wir links ab (Schild: X9 Wartburgpfad). Kurz darauf führt der Feldweg steil zu einem Querweg hinunter, auf dem wir ca. 50 m nach links gehen, um (noch deutlich vor dem Waldrand) rechts abzubiegen. Wir folgen dem teils kurvigen Wegverlauf und sehen bald den Pavillon auf dem Stechberg vor uns. Der unbeschilderte Abzweig zum Pavillon befindet sich am höchsten Punkt des Wegs und führt quer über ein Feld auf die Kuppe, in der sich Bunkeranlagen aus DDR-Zeiten verbergen. Vom **Stechberg** ❺, 343 m, haben wir rundum Panoramablick: auf der Wegseite zur Vorderrhön und gegenüber auf die Burgruine Brandenburg und über das Werratal zum Hainich.

Auf gleichem Pfad kehren wir zum Weg zurück, dem wir bis zum nächsten Abzweig nach rechts folgen. Hier biegen wir rechts ab (blauer Punkt; Schild: Wartburgpfad) und gehen auf ein Waldstück zu. Der befestigte Weg schwenkt kurz davor nach rechts, doch wir halten uns geradeaus und durch die Schneise auf die Burg zu (blauer Punkt). Wir steigen den steilen Wiesenpfad hinab in den Wald und stoßen unten auf einen geschotterten Querweg, dem wir – an der Schranke vorbei – bergan folgen (Schild: Hörschel 7,0 km), um nach wenigen Metern bei der Info-Tafel links hinauf abzubiegen. Oben erkunden wir die **Brandenburg** 6 und verlassen sie dann unterhalb des Burgmuseums, nehmen den Weg rechts hinab, zu der mit Rasengittersteinen gepflasterten Kreuzung und entscheiden uns für den breiten Weg links hinunter, nur um sogleich den Pfad links hinaufzusteigen. Er führt uns oberhalb des Burggrabens entlang. Dabei passieren wir eine Bank, hinter der wir bei nächster Gelegenheit rechts hinuntergehen und nach ca. 30 m (auf halber Strecke zum bereits sichtbaren befestigten Weg) auf den Trampelpfad nach links abbiegen. Er führt uns in einem Linksbogen in den Wald hinab, wo wir dem Pfadverlauf folgen, bis wir auf einen breiteren Querpfad stoßen. Hier wenden wir uns nach rechts (blauer Punkt). Es geht stetig bergauf und dann rechts zum Waldrand, wo wir dem Wiesenweg mit weitem Blick geradeaus folgen. Zwischen Viehweiden führt er zu einer überdachten Picknickbank und dort rechts hinab. Wo rechts unter der Henningslinde zwei Bänke stehen, biegen wir links auf einen Pfad ab, der am Ortsrand von Göringen an einer Straße endet; hier gehen wir geradeaus bis zur Querstraße weiter. Der Querstraße folgen wir nach links und überqueren an ihrem Ende die Landstraße, um den Feldweg einige Meter zur Rechten zu nehmen. Er führt uns durch die Auwiesen zur Werra und am Ufer links zur Brücke, die vor der Wende eine **Flusssperre** 7 an der innerdeutschen Grenze war.

An der Schutzhütte vorbei überqueren wir die Brücke und wenden uns am anderen Ufer nach rechts. Auf dem Damm geht es an der Werra entlang, dann nehmen wir die nächste Brücke, um

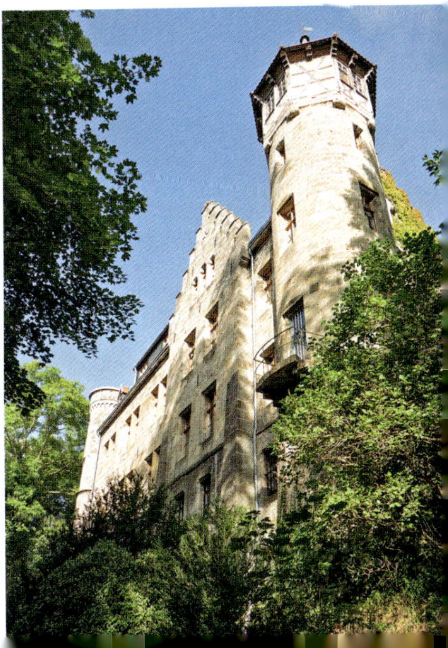

Das Rotenhahn'sche Schloss in Neuenhof.

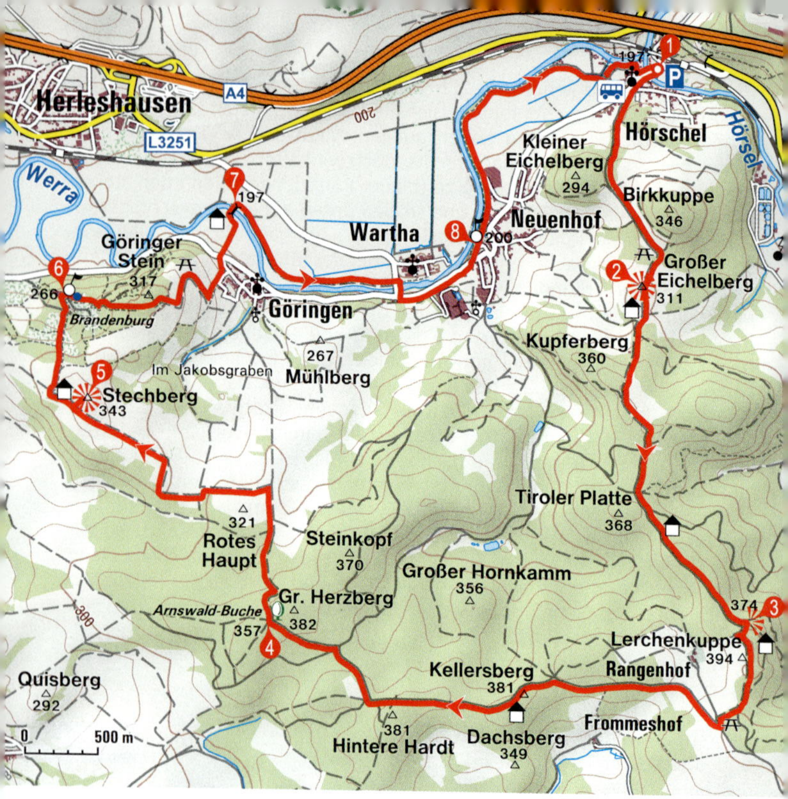

auf der anderen Seite der Landstraße nach links bis Neuenhof zu folgen (Schild: Neuenhof). Im Ort biegen wir links auf den Fußweg ab (Schild: Park) und nach ca. 50 m auf den Pfad links zur Werra hinunter. Er führt uns am Ufer entlang, am **Rotenhahn'schen Schloss** ❽ vorbei. An der Gabelung halten wir uns links, verlassen den Ort und folgen weiter der Werra, bis wir Kleingärten erreichen. Hier wendet sich der Grasweg vom Ufer weg und verläuft als Schotterweg durch Felder, bis wir zwischen blauen Brückengeländern einen Graben überqueren. Dahinter nehmen wir den nächsten Abzweig nach links. Am Ende des Wegs geht es rechts auf den Damm hinauf, der uns zu einem Tor führt, hinter dem wir zur Linken den Startpunkt des Rennsteigs an der Werra erreichen können. Unsere Tour verläuft jedoch nach rechts, an der großen Linde vorbei und über den Hof der Gaststätte zur Straße, die uns auf bekanntem Weg zum Ausgangspunkt in **Hörschel** ❶ zurückbringt.

↗ 480 m | ↘ 480 m | 14.1 km

4.45 h

TOP **2**

Von der Wartburg in die Drachenschlucht

Eine der schönsten Burgen Deutschlands und eine faszinierende Klamm

Vom einstigen Schlosshotel »Hohe Sonne« wandern wir auf dem Rennsteig zum mittelalterlichen Steinkreuz »Wilde Sau«. Durch urwaldartige Wälder führt die Tour zu weiteren Aussichtspunkten und hinauf zur geschichtsträchtigen Wartburg, wo die heilige Elisabeth mit den Armen teilte und Luther das Neue Testament übersetzte. Auf schönen Pfaden geht es, an Felsformationen und Höhlen vorbei, in die Drachenschlucht hinunter, deren moosbewachsene Wände bis auf 69 cm zusammenrücken.

Ausgangspunkt: Parkplatz Hohe Sonne, 434 m, an der B19 zwischen Eisenach und Wilhelmsthal (Hohe Sonne 1, 99817 Eisenach).
ÖPNV: Bushaltestelle »Hohe Sonne« direkt am Ausgangspunkt, VG Wartburg Linie 190 (Eisenach – Bad Liebenstein –Bad Salzungen, Mo–Fr ca. stdl., Sa/So 7x tgl.).
Anforderungen: Etwa zu gleichen Teilen leicht begehbare Waldwege und -pfade, aber auch steile oder abschüssige Passagen, die steinig oder rutschig sein können.
Einkehr: Imbiss Hohe Sonne (Mo Ruhetag, Nov Betriebsferien, Tel. +49 3691 732903); Wartburghotel (Bratwurststand, Café und Restaurant, wartburghotel.de, Tel. +49 3691 7970); Waldhaus Sängerwiese (saengerwiese-eisenach.de, Tel. +49 160 8435163).
Tipp: Die auch von innen äußerst sehenswerte Wartburg hat täglich geöffnet (wartburg.de).

Auf der Teufelskanzel.

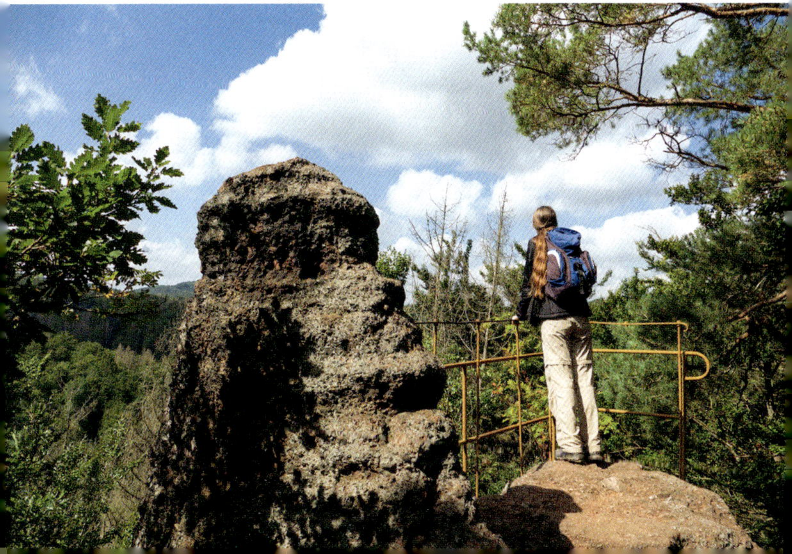

Wir verlassen den **Parkplatz Hohe Sonne ❶** auf der von der Straße abgewandten Seite und folgen bis auf Weiteres dem Rennsteig (Markierung: weißes »R«). Links steht das ehemalige Hotel,

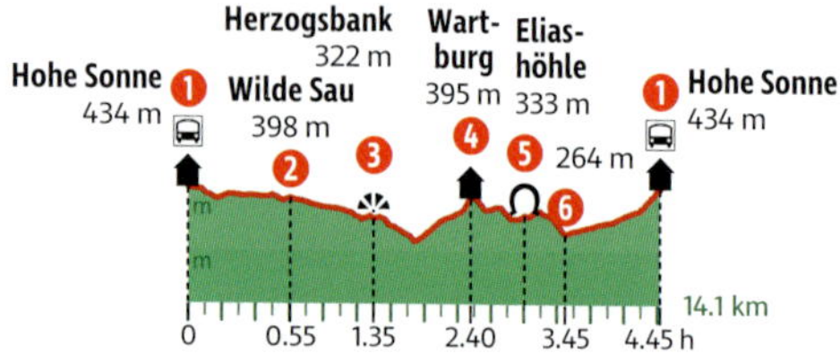

ein 1899 errichteter Nachbau des 1747 an gleicher Stelle erbauten Jagdschlosses der Herzöge von Sachsen-Eisenach, und rechts haben wir, über die Picknickbank hinweg, einen ersten Blick auf die Wartburg. Der Rennsteig führt zunächst geradeaus (Schild: Vachaer Stein 6,3 km). An der Gabelung, an der es rechts nach Eisenach geht, halten wir uns links, ebenso an der nächsten Verzweigung. An der Kreuzung können wir links einen Abstecher von ca. 400 m (einfache Strecke) zur Luisengrotte machen, einem großen Felsüberhang, aber unsere Tour führt geradeaus (Schild: Vachaer Stein 5,4 km). Durch Laubwald geht es nun auf und ab. Wo der Rennsteig den rechter Hand parallel verlaufenden Radweg berührt, bleiben wir links und überwinden eine weitere Anhöhe, bevor der Weg in einen breiteren mündet, dem wir geradeaus folgen. Wir passieren eine Picknickbank und bald darauf gehen wir geradeaus am Abzweig »Am Wallbachtal« vorbei, Richtung Vachaer Stein. Bei der Schutzhütte »Krumme Kahre« überqueren wir die Kreuzung geradeaus (Schild: Vachaer Stein 3,8 km), um direkt dahinter auf den Pfad zur Rechten zu wechseln. Er mündet bald wieder in den Schotterweg, dem wir geradeaus folgen. Wir ignorieren den Abzweig nach links und wenden uns erst an der folgenden Gabelung nach links (Schild: Wilde Sau 0,2 km). Nach nur 50 m biegen wir auf den Pfad rechts hinauf ab. Oben erreichen wir die Schutzhütte und das 1483 aufgestellte Steinkreuz **Wilde Sau ❷**. Unsere Tour führt geradeaus hinunter (Schild: Sängerwiese 1,7 km), aber zunächst entdecken wir die Picknickbank mit Wartburgblick und entziffern den Namen Balthasar Rodechr auf dem Kreuz, das an einen tödlichen Jagdunfall erinnert.

Hier verlassen wir den Rennsteig, über die nächste Kreuzung gehen wir geradeaus (Schild: Wartburg 6 km). Wir passieren eine große Holzliege und mehrere große, alte Eichen. Nach ca. 1 km nehmen wir den Abzweig nach links (ohne Markierung), folgen dem Wegverlauf und ignorieren Abzweige, um den Schotterweg schließlich in einer Linkskurve auf den Pfad geradeaus zu verlassen (Schild: Teufelskanzel). Der Pfad führt auf eine Anhöhe und kurz, bevor er sich wieder senkt, zweigt ein schlecht sichtbarer Wiesenpfad rechts ab. Hier machen wir einen kleinen Abstecher zur steinernen **Herzogsbank ❸** aus dem Jahr 1791, wo wir einen besonders schönen Blick auf die Wartburg haben, bevor wir dem Hauptpfad weiter folgen. Es geht bergab zu einer Gabelung, an der unsere Tour nach rechts führt, nachdem wir

zur Linken dem Aussichtsfelsen Teufelskanzel einen Besuch abgestattet haben. Nun verläuft der Pfad zunächst parallel zu einem alten, zugewachsenen Hohlweg, dann in der Rinne, die bei Regenwetter sehr schlammig wird. Er endet an einem Querweg, der uns rechts hinab zu einer Kreuzung führt. Hier halten wir uns geradeaus und gelangen sogleich an die nächste Kreuzung (mit einer Unterführung zur Linken), an der wir rechts in den Querweg einschwenken, um nach ca. 100 m den Pfad links bergan zu nehmen. Bald queren wir ein Rinnsal und weiter oben einen aus dem grünen Moospolster hervorquellenden Zufluss. Dann folgen wir dem Bach zu unserer Rechten und halten uns immer bergauf, bis der Pfad auf einen breiten Querweg stößt, auf dem wir nach links gehen. Er endet an einer gepflasterten Straße, der wir nach rechts bis zum Kassenhäuschen des Parkplatzes folgen, wo wir den Weg scharf links hinauf nehmen. Er führt uns über Treppen hoch zur **Wartburg** 4. Oben können wir einkehren und Luthers Arbeitszimmer besichtigen, aber auf keinen Fall sollten wir den Aussichtspunkt links oberhalb der Zugbrücke verpassen. Von dort haben wir nicht nur den besten Blick auf den ältesten Teil der Burg aus dem 12. Jh., sondern auch Fernsicht über Eisenach und die Hörselberge hinweg.
Wir verlassen die Burg unter der Zugbrücke hindurch (Markierung: blaues X; Schild: Sängerwiese 1,4 km) und gehen die Serpentinen hinunter, bis wir auf einen Querweg stoßen. Hier nehmen wir die Stufen rechts hinauf (Schild: Sängerwiesen-Hütte). An der Gabelung halten wir uns rechts (Schild: Sängerwiese) und passieren eine Aussichtsbank links oberhalb des Weges. Etwa 150 m nach der Bank, gleich hinter (!) einer Linkskurve wählen wir den Pfad nach rechts hinab. An der folgenden Gabelung geht es links zu einem

Blick auf den ältesten Teil der Wartburg, den Palas.

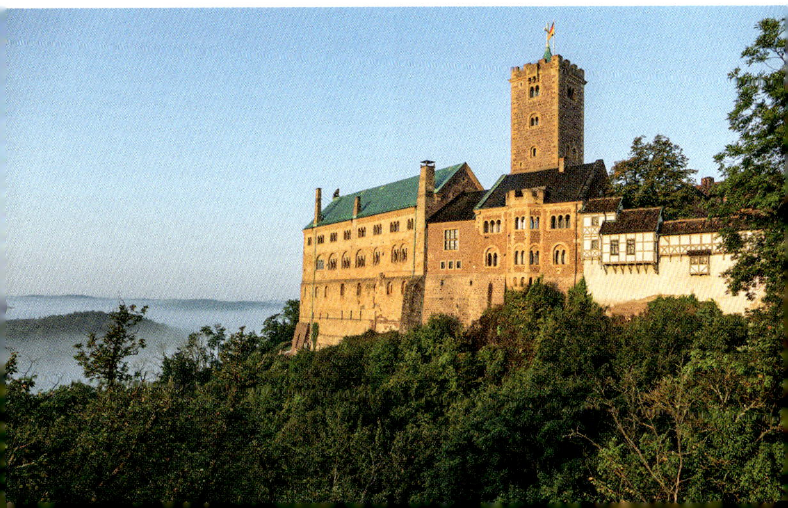

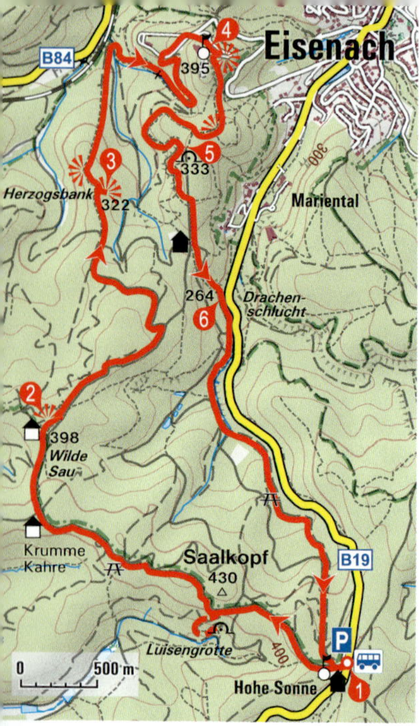

weiteren Wartburgblick, unsere Tour führt jedoch rechts zu einem Querweg hinunter, dem wir nach links folgen. Er wird zum schmalen Pfad, der an Felsformationen entlangführt. Wir kommen an Felsspalten – darunter die **Eliashöhle** ❺ – und mächtigen alten Buchen und Eichen vorbei und steigen schließlich eine Treppe hinauf. Oben halten wir uns geradeaus (scharf rechts gibt es eine Bank) und biegen am befestigten Querweg rechts ab. Er führt uns zur Kreuzung auf der Sängerwiese, wo wir zur Rechten im Waldhaus einkehren können oder direkt geradeaus weitergehen und sogleich den Abzweig nach links nehmen (blaues X; Schild: Drachenschlucht). An der Gabelung wenden wir uns links hinab, kreuzen einen Querweg, folgen einer Schlucht talwärts, erreichen unten eine Kreuzung nahe der Landstraße und gehen rechts des Teichs geradeaus weiter (Markierung: EA1; Schild: Drachenschlucht 0,1 km).

Durch ein geschnitztes Portal betreten wir die **Drachenschlucht** ❻ und bestaunen die immer dichter zusammenrückenden Felsen, zwischen denen wir dem Bach durch mehrere Engstellen folgen. Es geht an Picknickbänken und schmalen Wasserfällen vorbei, dann verlassen wir die Schlucht über mehrere Stufen. Am oberen Ende überqueren wir die Kreuzung geradeaus (EA1) und erreichen oben die Picknickbank am Rennsteig, der uns links zurück zum **Parkplatz Hohe Sonne** ❶ führt.

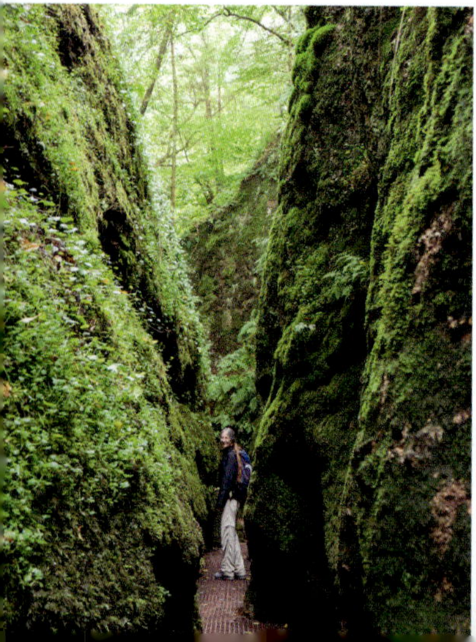

In der Drachenschlucht.

↗ 330 m | ↘ 330 m | 11.7 km

3.45 h

Großer Drachenstein und Landgrafenschlucht

3

Eine verwunschene Grotte, Fernblicke und Felsformationen

Aus der Drachenschlucht steigen wir auf Waldpfaden zur Elfengrotte und zu den Knöpfelsteichen hinauf, haben an der Hohen Sonne Blick auf die Wartburg und schöne Fernsicht vom Großen Drachenstein. Auf dem Rückweg besuchen wir die imposante Herzogeiche und folgen auf schmalem Steig – mal hoch über dem Grund, mal in kühler Tiefe – der Landgrafenschlucht.

Ausgangspunkt: Parkstreifen entlang der B19 südlich von Eisenach im Mariental beim König-Denkmal am Eingang der Landgrafenschlucht, 258 m (Navi: N50.95467, E10.30921). Alternativ auf den Bezahl-Parkplatz P3 an der B19 in Richtung Eisenach ausweichen.
ÖPNV: Bushaltestelle Mariental, VG Wartburg Linie 190 (Eisenach – Bad Liebenstein – Bad Salzungen, Mo–Fr ca. stdl., Sa/So 7x tgl.), Linie 3 (Eisenach ZOB – Wartburg, tgl. ca. stdl.). Auf der linken Straßenseite stadtauswärts zum Parkstreifen, an dessen anderem Ende die Tour startet.
Anforderungen: Etwa zu gleichen Teilen leicht begehbare Waldwege und -pfade, aber auch steile oder abschüssige Passagen, die steinig oder bei Nässe rutschig sein können.
Einkehr: Imbiss Hohe Sonne, Mo Ruhetag, Nov. Betriebsferien, Tel. +49 3691 732903.

Im Schatten der alten Eiche lässt es sich auf dem Großen Drachenstein gut rasten.

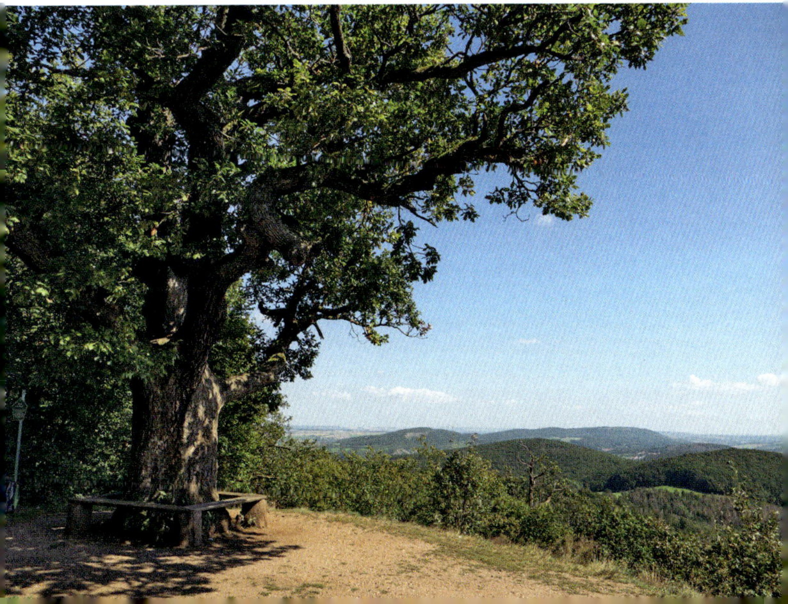

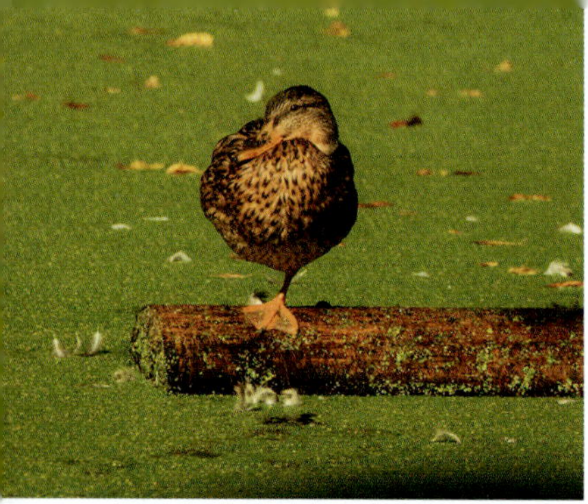

»*Yoga-Übungen*« *an den Knöpfelsteichen.*

Am stadtauswärts gelegenen Ende des **Parkstreifens Mariental** ❶ gelangen wir links zu einem Rastplatz mit überdachter Picknickbank. Zur Rechten befinden sich zwei Teiche, wir gehen über den Steg zwischen ihnen (Schild: Drachenschlucht 0,3 km). An der Gabelung direkt dahinter halten wir uns rechts. Parallel zur Landstraße erreichen wir den in den Leitplanken vorgesehenen Übergang (Markierung: EA1; Schild: Drachenschlucht 0,2 km). Dort kreuzen wir vorsichtig die Straße und folgen ihr wenige Meter nach links, um beim Teich rechts abzubiegen und sogleich an ihm entlang nach links zur Drachenschlucht zu gehen (EA1). Wir betreten sie durch ein geschnitztes Portal und nach ca. 500 m, noch vor der ersten Engstelle, steigen wir rechts die Stufen hinauf (Markierung blaues »X«; das Schild »Sängerwiese« ist kaum noch lesbar). Oberhalb der Stufen halten wir uns geradeaus. Erst unmittelbar vor einer großen Kreuzung biegen wir scharf links auf den Pfad ab (blaues »X«). Er endet an einem Schotterweg, auf dem wir nach links gehen, um sogleich den Pfad nach rechts zu nehmen. Zunächst ist er etwas eingewachsen, wird aber rasch besser sichtbar. Wir stoßen auf einen Querpfad, folgen ihm nach links und halten uns auch an der direkt folgenden Gabelung links (Markierung: EA2). Zwischen hohen Felsen geht es zur **Elfengrotte** ❷ hinab. Von allen Seiten rinnt Wasser von den Felsen in die farnbewachsene Schlucht. Unten biegen wir scharf links ab, gehen am Bach entlang (EA2) und erreichen schließlich die Knöpfelsteiche, wo wir in den breiten Querweg nach rechts einschwenken (Schild: Hohe Sonne). An der Gabelung wenden wir uns nach links (Schild: Hohe Sonne), bei der Picknickbank wählen wir den Pfad rechts hinauf in den Wald (Markierung: gelbes Dreieck). Oben führt er durch eine Felsspalte, die Güldene Pforte genannt wird. Dahinter geht es links hinauf und wir folgen dem geschotterten Querweg weiter bergan. Er mündet in einen breiten Weg, der uns weiter geradeaus führt. Wir ignorieren alle Abzweige und halten uns bergauf, bis wir nach ca. 2 km das einstige Schlosshotel **Hohe Sonne** ❸ erreichen. Hier haben wir bei der Picknickbank guten Blick auf die Wartburg.

Wir befinden uns auf dem Rennsteig, der uns geradeaus zur Landstraße bringt. Am Parkplatz zur Linken gibt es öffentliche Toiletten, zur Rechten können wir beim Imbiss einkehren, bevor wir die Straße vorsichtig überqueren. Auf der anderen Seite wählen wir den linken Weg (Schild: Kleiner Drachenstein 0,8 km) und orientieren uns bis auf Weiteres an der Markierung EA1. Wir passieren eine Picknickbank und gelangen schließlich zum Aus-

Die Güldene Pforte.

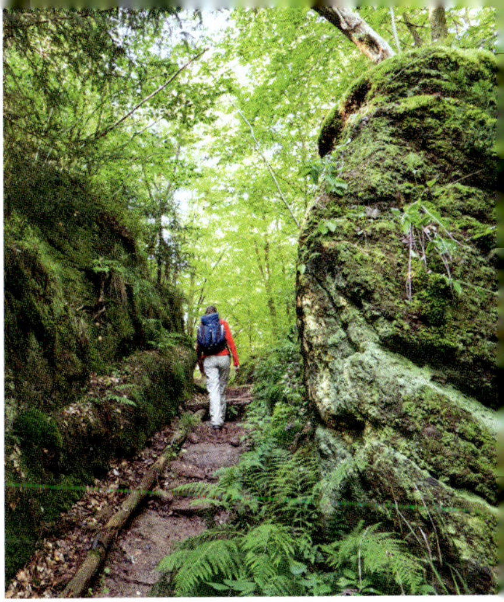

sichtspunkt Marienblick, wo wir Sicht auf die Wartburg haben und geradeaus weitergehen (Schild: Großer Drachenstein 0,6 km). An der nächsten Gabelung halten wir uns rechts bergauf, ignorieren abzweigende Pfade und kommen auf dem Gipfel des **Großen Drachensteins** ❹, 471 m, an. Hier erwarten uns eine besonders dicke, alte Eiche und ein herrlicher Blick auf den Großen Hörselberg sowie den Höhenkamm des Thüringer Waldes mit dem Inselsberg, der an den beiden Türmen erkennbar ist. Wir folgen dem Pfad weiter zur nächsten Kreuzung hinab, wo wir bei der Schutzhütte die Markierung EA1 verlassen und rechts abbiegen (Schild: Mosbach), um nach ca. 70 m den Pfad nach links zu nehmen (Markierung: roter Punkt). Beim nächsten Abzweig zur Linken machen wir einen kurzen Abstecher zu einer Bank mit Fernblick auf die Rhön, bevor wir auf dem Hauptpfad einen Schotterweg erreichen. Auf diesem gehen wir nur wenige Schritte geradeaus, dann wechseln wir auf den Pfad nach links, der sich sogleich wieder gabelt. Wir halten uns links (roter Punkt; Schild: Landgrafenschlucht) und folgen dem schönen Waldpfad zur Kreuzung an der Herzogeiche, wo uns eine Picknickbank zur Rast einlädt. Unsere Tour führt hier scharf links weiter (Schild: Landgrafenschlucht), nachdem wir zuvor einen Abstecher von ca. 150 m (einfache Strecke) nach

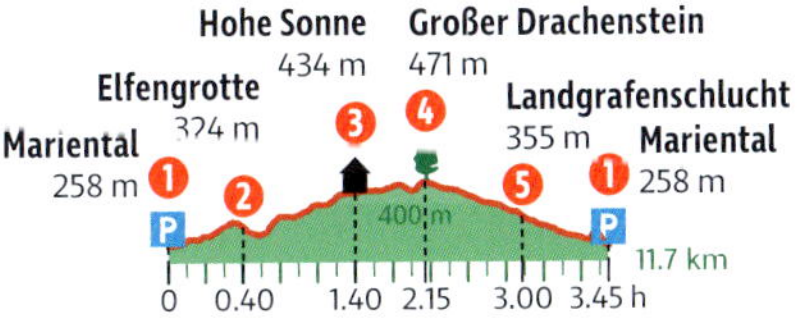

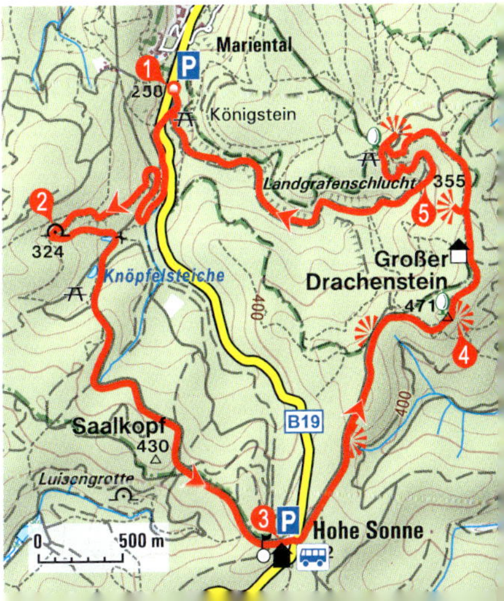

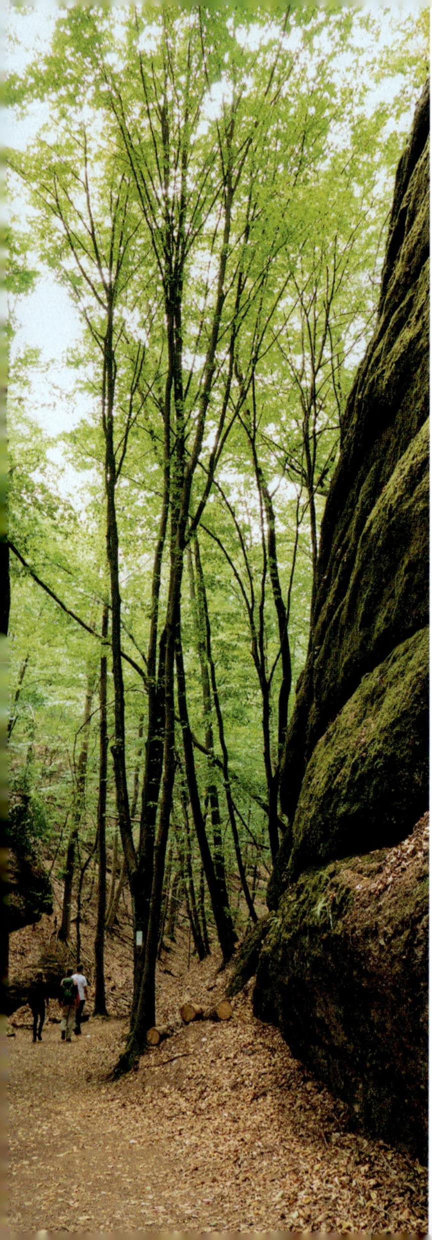

rechts gemacht haben (nach ca. 100 m den Pfad halb rechts hinauf zum Carolinenblick mit schöner Sicht auf die Wartburg). Der Weg zur Schlucht hinab endet bei einer Bank an einem Querweg, in den wir rechts bergab einschwenken (Markierung: EA1; Schild: Landgrafenschlucht–Mariental). Unten geht es um eine 180-Grad-Kurve, dann folgen wir der **Landgrafenschlucht** 5 bachabwärts über Stege und immer tiefer ins enge Tal, bevor der Weg zum Pfad wird und in der Steilwand an Höhe gewinnt. An ausgesetzten Stellen wurden Stahlseile angebracht. Gegen Ende der Schlucht führt der Pfad zum Bach hinunter und die Felsen türmen sich immer höher. Schließlich weitet sich die Schlucht deutlich, links leitet ein Pfad zu einem Steg und dahinter bergauf. Wer im Tal bleiben will, geht geradeaus weiter und gelangt direkt zum Rastplatz beim Ausgangspunkt. Alle anderen nehmen mit uns den Pfad links und steigen über Stufen hoch, an einer Grotte vorbei. Oberhalb der Stufen halten wir uns geradeaus (Schild: Königstein) und an der Kreuzung rechts. Durch den lichten Wald auf dem Höhenrücken erreichen wir den Aussichtsfelsen Königstein; die Sicht ist jedoch weitgehend von Baumkronen verdeckt. Ein abschüssiger Pfad führt hinunter, und über den Steg zwischen den Teichen gelangen wir zurück zum **Ausgangspunkt** 1.

Gegen Ende der Landgrafenschlucht ragen die Felswände immer höher auf.

↗ 290 m | ↘ 290 m | 10.2 km

3.15 h

Hirschstein und Wilhelmsthal

Schöne Laubwälder, Aussichtspunkte und ein Schloss am See

Diese abwechslungsreiche Wanderung führt uns an Felswänden entlang auf den Hirschstein, wo uns ein Fernblick bis in die Vorderrhön erwartet, und an der Luisengrotte vorbei zu den malerischen Teichen im Bärenbachtal. Vom »Schwalbennest« aus sehen wir bereits den See im Park unseres Ziels: des Barockschlosses Wilhelmsthal mit dem Telemann-Saal, dem ältesten frei stehenden Konzertsaal Europas.

Ausgangspunkt: Großer Parkplatz beim Imbiss an der B19 in Wilhelmsthal, 316 m (Navi: N50.92108, E10.30667).

ÖPNV: Bushaltestelle »Wilhelmsthal, Schloss«, VG Wartburg Linie 190 (Eisenach – Bad Liebenstein – Bad Salzungen, Mo–Fr ca. stdl., Sa/So 7x tgl.). Mit dem Rücken zum Haltestellenhäuschen gehen wir an der Straße nach links zur Bundesstraße.

Anforderungen: Überwiegend einfach zu begehende Waldwege und -pfade.

Einkehr: Imbiss Hohe Sonne (Mo Ruhetag, Nov. Betriebsferien, Tel. +49 3691 732903); Imbiss Wilhelmsthal.

Vom Parkplatz in **Wilhelmsthal** ❶ gehen wir – rechts am Imbiss vorbei – zur Bundesstraße, die wir vorsichtig überqueren, und wenige Meter nach rechts, um links abzubiegen und beim Jägerhof die Info-Tafel »Lutherweg« zu passieren. Wir folgen dem Schild »Zum Rennsteig« am Zaun des Wildgeheges entlang bergauf und befinden uns auf dem Prinzessinnensteig.

Goldener Oktober an den Teichen im Bärenbachtal.

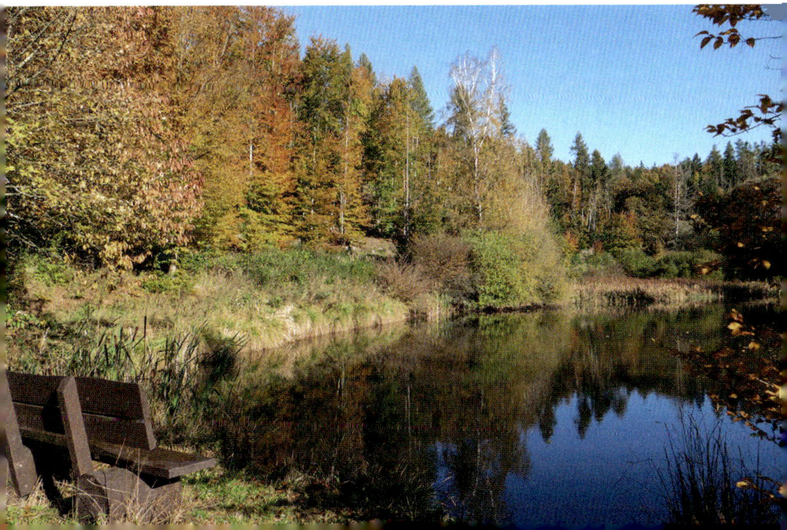

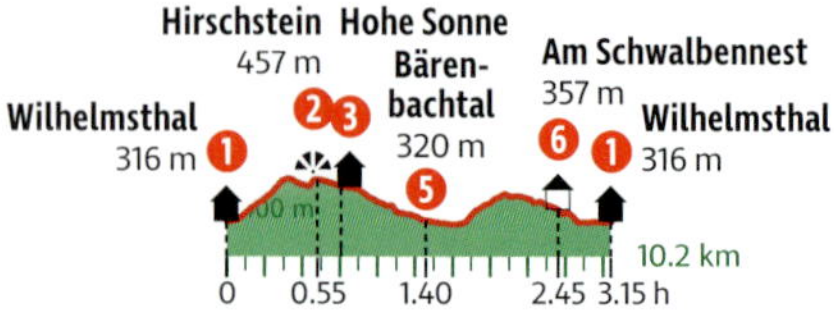

An der Kreuzung nehmen wir den Weg halb rechts (Markierung: gelbes R), an der Gabelung den Pfad links (Schild: zum Rennsteig 1,0 km) und folgen bis auf Weiteres dem markierten Wegverlauf (gelbes R) durch den Buchenwald. Wir passieren eine Felswand, steigen die Stufen hinauf, kreuzen einen Querweg und halten uns auf dem Pfad geradeaus. Erneut geht es an steilen Felswänden entlang. Schließlich stoßen wir auf einen geschotterten Querweg, in den wir kurz nach links einschwenken, um beim Wegweiser »Hoher Bruch« mit dem Rennsteig auf den Pfad links zu wechseln (Markierung: blaues »X«; Schild: Hohe Sonne 1,0 km). Schon bald vereint er sich wieder mit dem breiten Parallelweg, dem wir ca. 250 m folgen, dann biegen wir halb links hinauf (!) ab (Schild: Hirschstein 0,3 km). Oben am Querweg führt unsere Tour nach rechts (Schild: zum Rennsteig), aber zuvor machen wir geradeaus den Abstecher zur überdachten Picknickbank auf dem **Hirschstein** ❷, 457 m, um die Aussicht bis in die Rhön zu genießen: links der Pleßberg mit Turm und Sendemast, rechts der markante Kegel des Öchsen. Zurück auf der Hauptroute stoßen wir wieder auf den Forstweg, den Rennsteig, und folgen ihm links zur Landstraße hinab, die wir vorsichtig überqueren, um die **Hohe Sonne** ❸ zu erreichen. Wir gehen zwischen Imbiss und Parkplatz hindurch und am einstigen Schlosshotel vorbei, wo wir bei der Picknickbank Blick auf die Wartburg haben, halten uns weiter auf dem Rennsteig geradeaus (Markierung: weißes »R«; Schild: Hörschel 14,2 km), ignorieren Abzweige und orientieren uns an der Gabelung nach links (weißes »R«). Erst bei der zweiten (!) mit »Luisengrotte« beschilderten Möglichkeit biegen wir links ab und verlassen den Rennsteig. An der folgenden Ver-

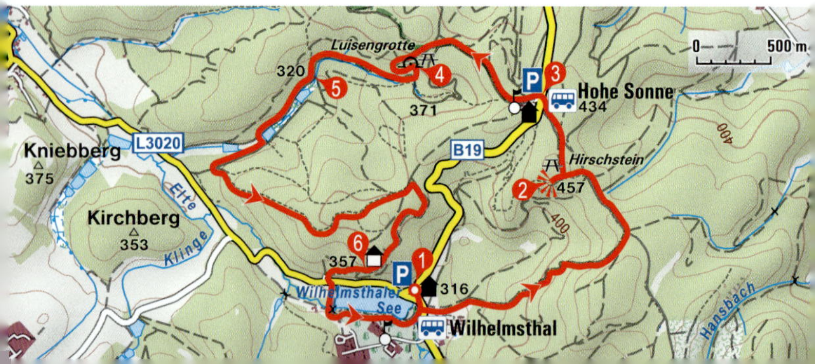

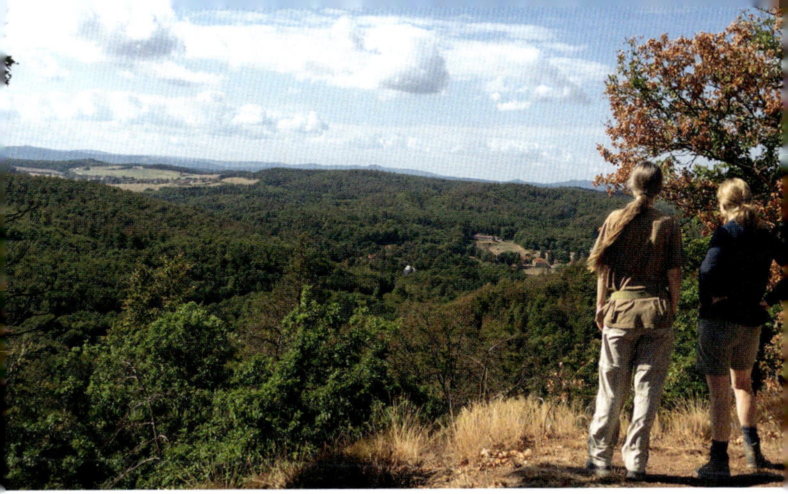

Blick vom Hirschstein auf die Rhön.

zweigung wenden wir uns nach links (Markierung: 4) und gelangen kurz darauf zur von alten Buchen flankierten **Luisengrotte** ❹, vor der uns eine Picknickbank zum Rasten einlädt.

Anschließend folgen wir dem Pfad weiter zu einem befestigten Querweg, auf dem wir nach rechts in ein von Felsen gesäumtes Tal gehen. Auch in den nächsten geschotterten Querweg schwenken wir rechts ein und kommen am ersten Teich im **Bärenbachtal** ❺ vorbei. Hinter dem zweiten Teich biegen wir links ab und sogleich am Querweg rechts. Wir passieren den dritten Teich, der nicht direkt am Weg liegt, und die Info-Tafel »Streuobstwiese«. Nach ca. 100 m wenden wir uns scharf nach links und an der gleich folgenden Gabelung rechts hinauf. Nach kurzem steilen Anstieg schlängelt sich der Weg gemächlicher bergan zu einer Kreuzung, an der wir rechts hinuntergehen (Markierung: »L« für Lutherweg). An der Gabelung nehmen wir den Pfad links (»L«) und passieren die Schutzhütte **Am Schwalbennest** ❻, die uns einen schönen Blick auf den Wilhelmsthaler See und den höchsten Berg der Umgebung, den Kissel, bietet.

Am Querpfad können wir links einen Abstecher von ca. 100 m entlang der Felsen machen, um noch besseren Blick auf See und Schloss Wilhelmsthal zu bekommen, aber unsere Tour führt nach rechts (»L«). Der Pfad endet an einer Landstraße, die wir überqueren, um dem Kiesweg am Seeufer zu folgen. Wir umrunden den See, der zu Goethes Zeit mit Gondeln befahren wurde und dem Dichter als Inspiration für einige Romanszenen in »Die Wahlverwandtschaften« diente. Dabei können wir rechts einen Abstecher zum Schloss mit dem sehenswerten Konzertsaal machen, bevor wir unseren Ausgangspunkt in **Wilhelmsthal** ❶ erreichen.

TOP

5 Die Hörselberge

↗ 380 m | ↘ 370 m | 10.3 km

3.30 h

Auf Naturpfaden über den Kalksteinklippen zu fantastischer Aussicht

Im Sommerhalbjahr blühen auf den Kalkböden der Hörselberge seltene Pflanzen wie die Silberdistel und mehrere Orchideenarten. Im Herbst erstrahlen die Bäume des artenreichen Laubwalds in leuchtenden Farben, sodass diese Tour immer ein Erlebnis ist. Hinzu kommt die geheimnisvolle Höhle, die einst einer heidnischen Göttin geweiht war. Doch den Höhepunkt stellt der herausragende Panoramablick auf dem Großen Hörselberg dar.

Ausgangspunkt: Bahnhof in Wutha-Farnroda, 238 m (Navi: Bahnhofsplatz 1, 99848 Wutha-Farnroda). Dort auch Parkplätze.
ÖPNV: Bahnhof Wutha-Farnroda (ca. stdl. von Eisenach bzw. Leipzig) sowie Bushaltestelle Bahnhof (mehrere VG Wartburgregion Linien).
Endpunkt: Bahnhof in Schönau, 250 m. Rückfahrt mit Zug oder Bus (VG Wartburgregion Linie 152 Mechterstädt – Eisenach) ca. halbstdl.
Anforderungen: Überwiegend Waldpfade, die teilweise sehr steil oder abschüssig sind.

Einkehr: Lokal »Schorschl unterwegs« (witterungsabhängig Sa/So geöffnet); Berggasthaus Großer Hörselberg (Mo–Do Ruhetag, hoerselberg.info, Tel. +49 3622 907320); Gasthof Zapfengrund (Mi Ruhetag, gasthof-zapfengrund.com, Tel. +49 36921 96404 oder +49 172 3636805); mehrere Lokale in Wutha.
Tipps: 1. Für die Venushöhle Taschenlampe nicht vergessen. – 2. Mehr über die hiesige Flora, Fauna, Fossilien und Sagenwelt im kleinen, aber feinen Hörselbergmuseum (wutha-farnroda.de/hoerselbergmuseum).

Am Bahnhof von **Wutha** ❶ nehmen wir die Unterführung (bei Ankunft an Gleis 2 steigt man die Treppen zur Unterführung hinab und biegt unten rechts ab) und folgen der Straße geradeaus auf die bereits sichtbaren Klippen der Hörselberge zu. Wir überqueren die Hörsel und wenden uns an der Querstraße nach links. Nach ca. 100 m wählen wir rechts die Stufen zu einem Pfad, der uns den Hang hinaufführt. Oben erreichen wir über Treppen das Lokal Schorschl und gehen oberhalb der Terrasse auf dem Asphaltweg nach rechts. Bei erster Gelegenheit biegen wir links hinauf ab (Schild: Kleiner Hörselberg 700 m). Wo der Asphalt endet, nehmen wir rechts den Fußpfad bergauf in den Wald (Schild: Gipfel Kl. Hörselberg). Nach ca. 50 m halten wir uns rechts bergan (Schild: Kleiner Hörselberg). Steil führt der Pfad zu einem Wegweiser hinauf, wo wir rechts einen kurzen Abstecher zur Aussichtsbank mit Panoramablick machen können, bevor wir die Tour geradeaus fortsetzen (Schild: Kammweg Hörsel-

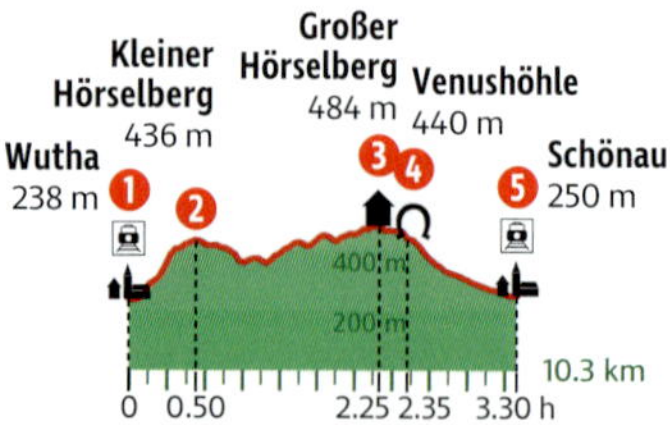

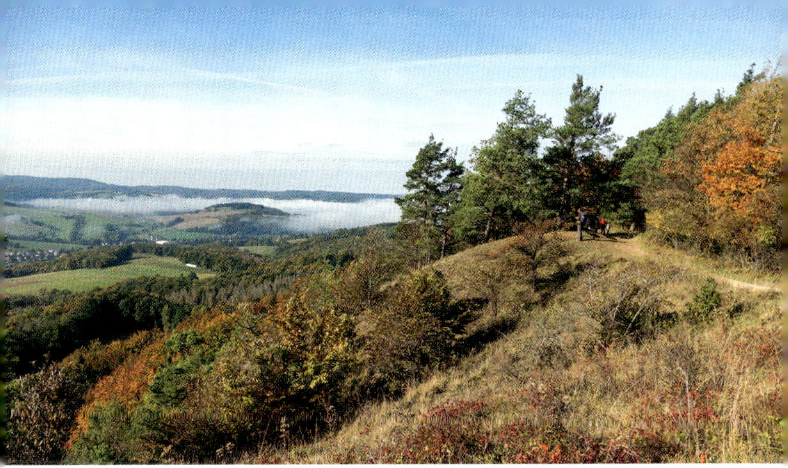

Aussicht über das Hörseltal.

berge). Wir folgen dem Weg, der uns gelegentlich Blick auf den Großen Inselsberg und die Felswände unter uns gewährt, und überschreiten den höchsten Punkt des **Kleinen Hörselbergs** ❷. Entlang des Pfads entdecken wir mal ältere, mal neuere Grenzsteine, auf denen wir die Kürzel für Sachsen-Weimar-Eisenach und Herzogtum Sachsen-Gotha entziffern können.
Beim Abstieg stoßen wir auf einen breiten Querweg, in den wir rechts bergab einschwenken (Markierung: grüner Balken). An dieser Markierung orientieren wir uns bis auf Weiteres. Bei der überdachten Picknickbank »Burbacher Pass« biegen wir rechts ab (Schild: Hörselberge), nicht scharf rechts! Der Pfad wird stellenweise zum grünen Tunnel und verläuft über die Kammlinie der Herrenberge. Den Abzweig »Klitzing Weg« ignorieren wir. Auch über die Kreuzung halten wir uns geradeaus, bis der Pfad schließlich in einen breiten Forstweg mündet, dem wir nach rechts folgen (evtl. fehlt hier die grüne Markierung). Nach ca. 200 m wenden wir uns rechts hinab (Schild: Großer Hörselberg) und sogleich bei der Info-Tafel nach links. Bergauf gelangen wir bei einer Aussichtsbank zu einem Querweg. Hier führt unsere Tour später nach rechts (Markierung: roter Balken; Schild: Venushöhle), aber zuvor machen wir links einen Abstecher von ca. 200 m einfacher Strecke auf den Gipfel des **Großen Hörselbergs** ❸, 484 m, wo wir das breiteste Thüringer-Wald-Panorama mit dem Großen Inselsberg genießen. Um nichts zu verpassen, gehen wir bis zum Sendemast weiter, bevor uns Picknickbänke und Berggasthof zur Rast einladen.
Anschließend kehren wir auf demselben Weg zur Aussichtsbank zurück und folgen dem Panoramaweg geradeaus, der oberhalb der Kalkklippen verläuft. Wir passieren Aussichtsbänke und haben vom Westhorn besonders schönen Fernblick zur Wartburg, auf die Klippen des Kleinen Hörselbergs

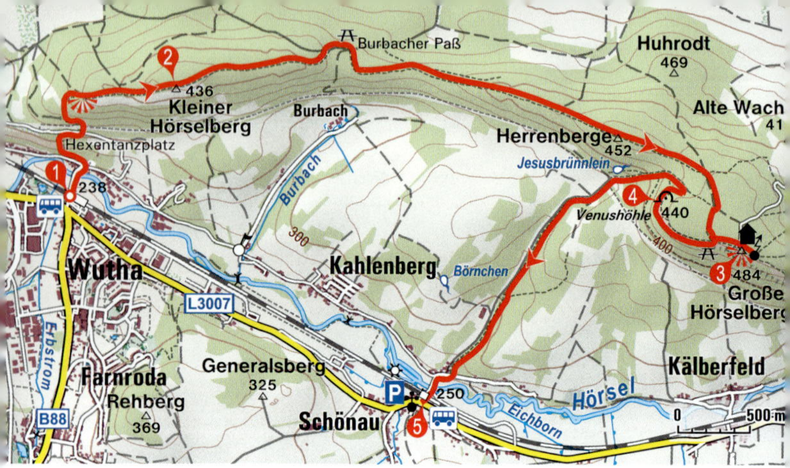

und auf die an zwei parallelen Baumreihen noch erkennbare, zurückgebaute Autobahntrasse, die von 1938 bis 2010 bestand. Kurz darauf machen wir beim Info-Schild links einen kleinen Abstecher zur **Venushöhle** ❹, die der Sage nach mit Frau Holle verbunden ist. Diese Märchenfigur wird als die Göttin Freya, die Gemahlin Wotans, gedeutet. Wir können ein Stück in die Höhle hineingehen, nur im Winter ist sie zum Schutz der Fledermäuse vergittert. Danach setzen wir unseren Weg talwärts fort, halten uns an der Gabelung rechts (roter Balken; Schild: Bhf. Schönau) und am Querweg links (gleiche Beschilderung). An der Gabelung bei der Karte des Naturlehrpfads »Großer Hörselberg« wählen wir den rechten Weg (Schild: Jesusbrünnlein) und beim – zum Zeitpunkt der Recherche leider versiegten – Brunnen gehen wir links hinab. Unten auf der Wiese biegen wir bei den Bänken rechts ab. Wo früher eine Autobahnbrücke den Weg überspannte, führt er uns heute zwischen hohen Dämmen hindurch. Bald darauf kreuzen wir einen Querweg und gehen geradeaus am Wald entlang. Bei erster Gelegenheit, nach ca. 160 m, wechseln wir auf den Pfad links in den Wald hinauf. Er verläuft parallel zum Fahrweg, mündet schließlich in ihn ein und wir folgen dem Weg nach links. Nun ignorieren wir den ersten linken Abzweig und wenden uns erst nach ca. 250 m wieder links in den Wald. Nach wenigen Schritten bergan biegen wir rechts ab (roter Balken; Schild: Ghs Zapfengrund) und gehen weiter parallel zum Fahrweg. An der Gabelung halten wir uns links und bleiben oberhalb des Talgrunds, bis wir am Ende eines Holzzauns die Stufen hinabsteigen (Schild: Haltepunkt Bahn 0,3 km). Unten schwenken wir rechts in die Straße ein, kommen an der Gaststätte Zapfengrund vorbei und nehmen den Abzweig nach links (Schild: Bahnhof 0,2). Wir überqueren die Hörselbrücke, gehen weiter geradeaus und erreichen Gleis 1 der **Bahnstation Schönau** ❺. Hier fährt der Zug zurück nach **Wutha** ❶ ab.

↗ 300 m | ↘ 300 m | 9.9 km

3.15 h

Carl-Alexander-Turm bei Ruhla

6

Über den Rennsteig auf den Wachstein und zum Aussichtsturm

Von Ruhla steigen wir zur Bermerhütte hinauf und wandern ein Stück auf dem Rennsteig, bevor wir auf dem Wachstein erste Fernsicht genießen. Noch weiter reicht der Blick dann vom Carl-Alexander-Turm, der uns in alle Richtungen ein herausragendes Panorama bietet. Zurück am Ausgangspunkt können vor allem Familien mit Kindern den Tag im Freizeitpark mini-a-thür ausklingen lassen.

Ausgangspunkt: Parkplatz Lappengrund in Ruhla beim Freizeitpark mini-a-thür am Ende der Geschwister-Scholl-Straße, 441 m (Navi: N50.89898, E10.35696).
ÖPNV: Bushaltestelle »Ruhla Bahnhofstraße«, VG Wartburg Linien 140 und 142 (Eisenach – Ruhla, Mo-Fr ca. stdl., Sa 5x tgl., So 3x tgl.), Linie 144 (Wutha-Farnroda – Ruhla, ca. 7x an Schultagen). Von dort ca. 100 m Richtung Innenstadt, dann rechts in die Geschwister-Scholl Straße, an deren Ende sich der Ausgangspunkt befindet.
Anforderungen: Überwiegend leicht begehbare Waldwege, aber auch einige Pfade, die etwas Aufmerksamkeit erfordern.
Einkehr: Bermerhütte (Sa/So Mai–Okt. geöffnet, Tel. +49 36929 80348); Waldgasthof Hubertushaus (Dez.–März Mo/Di Ruhetag, hubertushaus-ruhla.de, Tel. +49 36929 746580 oder +49 162 2870796); mehrere Lokale in Ruhla.
Tipps: 1. Die unverglaste Aussichtsplattform auf dem Alexanderturm ist rund um die Uhr zugänglich. – 2. Die schönsten Bauwerke Thüringens im Kleinformat präsentieren sich am Ausgangspunkt (mini-a-thuer.de).

Vom Kreisel am **Parkplatz Lappengrund** ❶ nehmen wir den Forstweg, der mit »Bad Salzungen 25« beschildert ist, und folgen vorerst der Markierung grüner diagonaler Balken. Der Weg verläuft zunächst aufwärts, dann eben, an der Gabelung halten wir uns rechts hinauf. Etwa 100 m dahinter biegen wir auf den Pfad rechts bergauf ab (Schild: Bermerhütte 1,2 km). Rechts oberhalb des Pfads befindet sich der Dichterhain, eine Gedenkstätte für Künstler mit lokalem Bezug. Wir kreuzen einen Querpfad und steigen weiter bergan

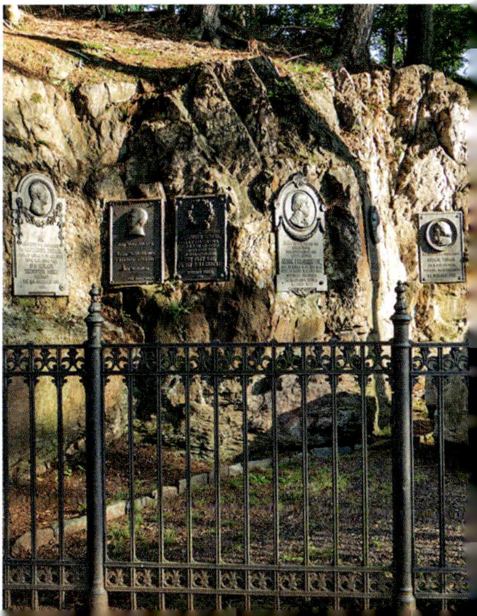

Im Dichterhain wird Ruhlaer Bürgern mit kulturellen Verdiensten gedacht.

(Markierung: gelbes Quadrat; Schild: Bermerhütte Steilaufstieg 1,2 km). An der Kreuzung am Ende des Pfads wählen wir den Schotterweg scharf rechts Richtung Bermerhütte, um nach nur ca. 20 m auf den Pfad links hinauf zu wechseln. Bis zur Hütte folgen wir der Markierung gelbes Quadrat und erreichen auf der Anhöhe die **Bermerhütte** ❷, von der wir bereits Blick auf den Alexanderturm haben. Wir gehen an der Hütte vorbei und links den Weg hinauf, ignorieren die beiden Abzweige nach rechts, halten uns geradeaus an der Kreuzung mit der Bank unter der alten Buche (Schild: Rennsteig) und biegen bei nächster Gelegenheit rechts ab (ohne Markierung). Wer jedoch im Hubertushaus einkehren will, geht hier geradeaus zur nächsten Kreuzung, folgt dort dem Rennsteig links zum Lokal, kehrt danach auf dem Rennsteig zurück, biegt jedoch nicht rechts ab, sondern geht geradeaus weiter, um bei ❸ wieder auf die Tour zu treffen.

Wir folgen derweil dem gewundenen Wegverlauf, bis er an einem breiten Schotterquerweg endet. Hier **Am Jubelhain** ❸ stoßen von links die Gäste der Einkehr zu uns. Wir schwenken rechts hinab in den Rennsteig ein (Markierung: weißes »R«). Er passiert eine Quelle sowie eine Kreuzung mit Picknickbank (Schild: Hohe Sonne 3,9 km), dann führt er uns durch Buchenwald auf und ab, bis wir ihn bei der Schutzhütte »Zollstock« nach rechts verlassen und vorerst der Markierung gelber Punkt folgen (Schild: Wachstein Geotop 1,8 km). Der Weg gabelt sich sogleich und wir wenden uns nach links. Die Beschilderung »Wachstein« findet sich erst einige Meter von der Gabelung entfernt. Es geht stetig bergan, am Gedenkstein für Landesforstmeister Schmid-Burgk vorbei. Den Abzweig rechts hinauf ignorieren wir und erreichen eine überdachte Picknickbank, hinter der wir links zu den Felsen auf dem **Wachstein** ❹ gelangen. Aus DDR-Zeiten steht hier ein Bunker, der zur Aussichtsplattform umgewidmet wurde. Von ihr haben wir links einen schönen Blick auf die Hangsteine genannte Felswand und die Hügel um Eisenach mit der Wartburg. Rechts liegen der Ort Mosbach und in der Ferne der Nationalpark Hainich.

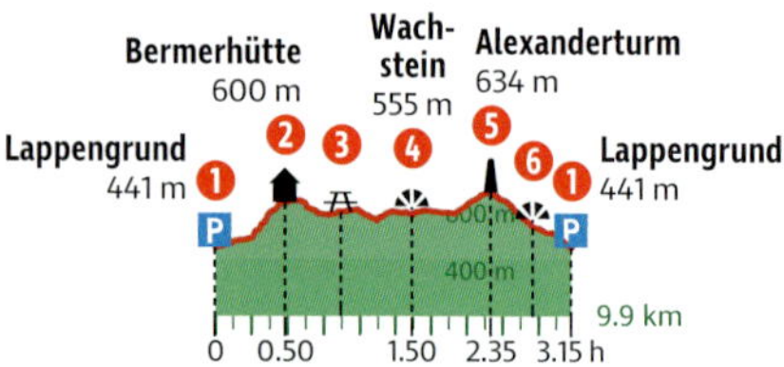

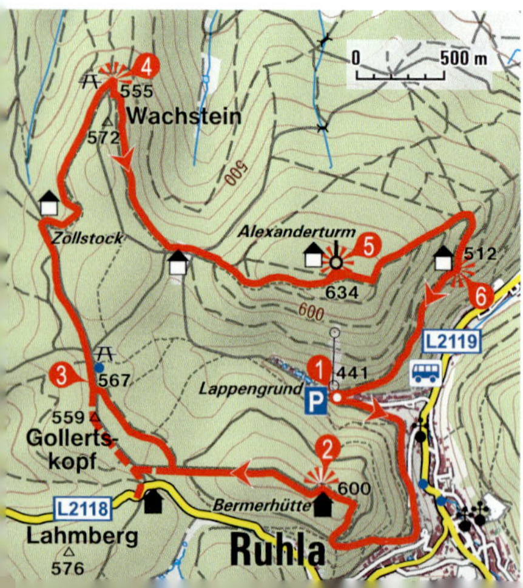

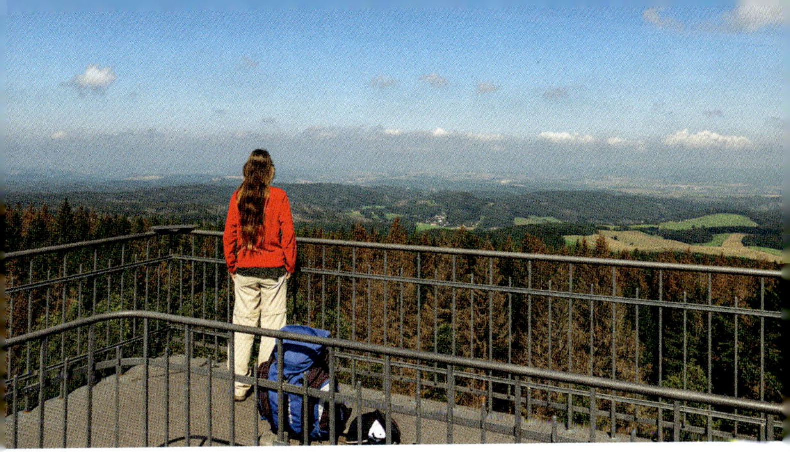

Der 21 Meter hohe Carl-Alexander-Turm wurde 1897 errichtet.

Wenn wir von den Felsen herunterkommen, halten wir uns links und biegen auf dem Wendeplatz sogleich links ab. Der Pfad verläuft, an der Aussichtsbank vor dem Grebestein vorbei, zu einer ca. 800 m entfernten Kreuzung, an der wir in den breiten Weg nach links einschwenken (gelber Punkt; Schild: Ruhla). Hier steht eine kleine Schutzhütte am Wegrand. Über die nächste Kreuzung gehen wir geradeaus bergan (Schild: Alexanderturm Steilaufstieg 500 m), wenden uns aber bei erster Gelegenheit nach rechts (Schild: Alexanderturm Bequemer Aufstieg), um sofort den Pfad links hinauf zu nehmen. Er führt uns zu einem Querweg, den wir kreuzen, um dem Pfad ein Stück nach rechts versetzt weiterzufolgen. Nun kommt der Aussichtsturm bereits in Sicht. Der Pfad endet an einem Querweg, auf dem unsere Tour nach rechts weiterführt, nachdem wir links zum **Alexanderturm** (5) – und bei Bedarf zur nahen Schutzhütte – gegangen sind. Zur Aussichtsplattform steigen wir 111 Stufen hinauf und haben rundum Fernsicht: vom Thüringer Wald weiter zu den Kuppen der Vorderrhön, auf die Wartburg, die Hörselberge und dahinter den Hainich. Wer Glück mit dem Wetter hat, kann sogar den ca. 100 km entfernten Brocken erspähen.
Auf dem Weiterweg (ohne Markierung) geht es bald talwärts und wir biegen am Querweg links ab, Richtung Ruhla. Wir folgen dem Wegverlauf stetig abwärts, bis wir an eine Wegespinne gelangen. Hier wenden wir uns nach rechts (Schild: Ruhla, Lappengrund) und gelangen zum Aussichtspavillon **Emmytempel** (6), wo wir nach rechts gehen (Markierung: grüner diagonaler Balken; Schild: Modellpark mini-a-thür 1,5 km). Der Emmytempel war 1878 achteckig und aus Gusseisen gefertigt worden, heute steht hier ein schlichter Ersatz aus Holz. An der nächsten Gabelung halten wir uns rechts und stoßen bald auf einen Querweg, dem wir links hinab folgen (grüner Diagonalbalken). Er mündet in den Parkplatz **Lappengrund** (1).

↗ 480 m | ↘ 480 m | 15.0 km

7 Meisenstein und Wartberge bei Thal

5.00 h

Viel Wald, ein schöner Aussichtsfelsen und eine Burgruine

Diese Wanderung bietet viel Schatten an heißen Sommertagen, aber es geht auch stramm bergauf. Dafür wartet auf dem Meisenstein ein tolles Panorama vom Großen Inselsberg über den Nordkamm des Thüringer Waldes bis weit ins Vorland hinein. Durch den Buchenwald auf den Wartbergen kehren wir zurück und besichtigen die Ruine der 1137 erstmals erwähnten Scharfenburg, deren Bergfried uns heute als Aussichtsturm dient.

Ausgangspunkt: Großer Parkplatz am Sportplatz bzw. am Schwimmbad in Thal, 302 m (Navi: Burgstraße 2, 99842 Ruhla).
ÖPNV: Bushaltestelle »Thal Post«, NVG Gotha Linie 840 und VG Wartburg Linien 140 und 142 (Eisenach – Ruhla, Mo–Fr ca. stdl., Sa/So seltener), Linie 144 (Wutha-Farnroda – Ruhla, ca. 7x an Schultagen). Wir gehen an der Straße abwärts (Schild: Tropfsteinhöhle), biegen rechts ab in die Straße »Am Park« und folgen links der Beschilderung zum Sportplatz.
Anforderungen: Überwiegend leicht begehbare Waldwege und wenige Pfade, die teilweise steinig oder etwas eingewachsen sind.
Einkehr: Königshäuschen (Juni–Okt. Fr–So geöffnet, wanderhuette-koenigshaeuschen.de, Tel. +49 172 6733778); mehrere Lokale in Thal.
Tipp: Der Bergfried der Scharfenburg ist April–Sept. 9–20 Uhr und Okt.–März 10–16 Uhr geöffnet.

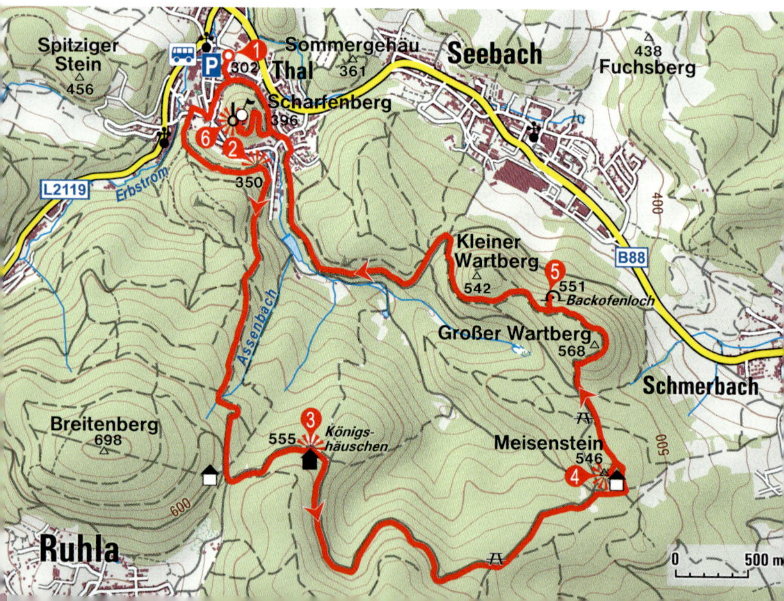

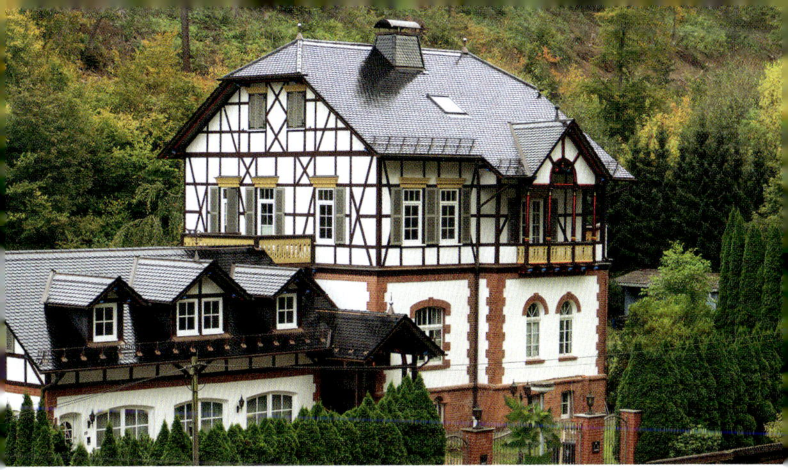

Fachwerkhaus am Ortsrand von Thal.

Mit dem Sportplatz von **Thal** ❶ im Rücken folgen wir der Straße nach links, am Schwimmbad vorbei. Am Ende der Straße kreuzen wir die Querstraße und nehmen geradeaus den Wiesenweg bergan. Oben am Waldrand schwenken wir in den Querweg nach rechts ein, der uns in den Ort führt. Wo die Asphaltstraße beginnt, gehen wir halb rechts zum historischen Amtsgericht. Vor dem Gebäude wenden wir uns nach links und besuchen die beeindruckende 700-jährige Dorflinde. Über den Parkplatz kehren wir Richtung Amtsgericht zurück und biegen links hinauf ab in die Ruhlaer Straße, um an der nächsten Ecke links die Glockenstraße zu nehmen. Nach ca. 40 m gehen wir auf dem Pfad rechts weiter bergauf, an den Häusern vorbei in den Wald zum Glockenhäuschen, wo wir den Weg nach links wählen (Markierung: grüner Diagonalbalken; Schild: Tempelchen 1 km). Wir folgen dem markierten Wegverlauf am **Tempelchen** ❷ vorbei, einem Pavillon mit Aussicht auf Thal, und weiter zur Straße hinunter. Dort biegen wir in den Weg rechts ab, in den Wald hinauf (Schild: Königshäuschen). Stramm bergan gelangen wir zu einer Gabelung mit drei Optionen, halten uns links und immer weiter aufwärts. Die große Kreuzung überqueren wir geradeaus (gleiche Beschilderung) und folgen dem Wegverlauf stetig bergan. Schließlich überschreiten wir den höchsten Punkt und erreichen bald darauf die Kreuzung bei der Schutzhütte »Am Aschhof«. Wir gehen geradeaus und beim bereits sichtbaren Wegweiser links, um

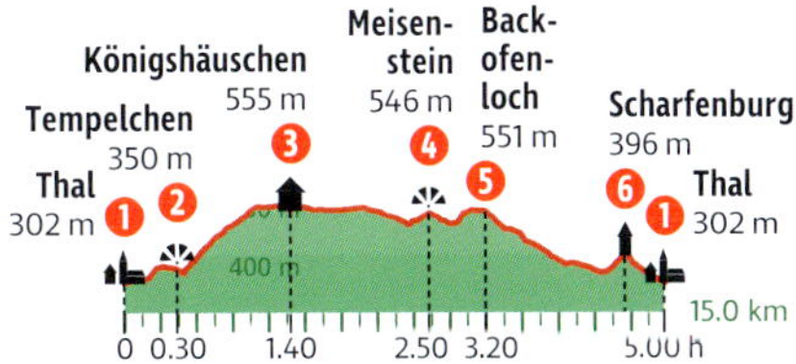

der Beschilderung zum »Königshäuschen« weiterzufolgen. An der Gabelung halten wir uns links, an der nächsten links hinunter und erreichen das **Königshäuschen** ❸, wo wir Fernblick auf die Hörselberge mit ihren Muschelkalkklippen haben.

Wir folgen dem Weg weiter zu einer Kreuzung hinauf und nehmen den Weg rechts, nicht scharf rechts (Markierung: blauer Punkt; Schild: Ruhlaer Insel). Nun folgen wir dem befestigten Wegverlauf eine ganze Weile durch den Wald, passieren schließlich Felsen, dann eine Lichtung und setzen unseren Weg Richtung »Meisenstein 1 km« fort, an einer Picknickbank vorbei. An der Kreuzung biegen wir rechts hinauf ab (Schild: Meisenstein 450 m) und kurz darauf links. Nach ca. 200 m nehmen wir den Pfad links, der uns auf den **Meisenstein** ❹ bringt, einen auf der anderen Seite ca. 40 m senkrecht abstürzenden Porphyrfelsen. Oben bei der Picknickbank führt unsere Tour rechts hinab, aber zunächst erfreuen wir uns am herrlichen Ausblick.

An der Schutzhütte vorbei, kommen wir zu einer Gabelung, an der wir uns links halten (Schild: Ruhlaer Insel). Wo links die Picknickbank steht, gehen wir auf dem von links kommenden Querweg geradeaus weiter. Nach gut 200 m wenden wir uns an der Gabelung rechts auf den Großen Wartberg hinauf (Markierung: roter Punkt). Bis auf Weiteres orientieren wir uns an dieser Markierung und wandern durch lichten Buchenwald. Bei der Info-Tafel **Backofenloch** ❺ können wir auf dem Pfad rechts einen Abstecher von ca. 150 m einfacher Strecke durchs Unterholz zur Backofenlochhöhle machen, die im Winterhalbjahr zum Schutz der Fledermäuse nicht betreten

Rastplatz mit schönem Blick auf dem Meisenstein.

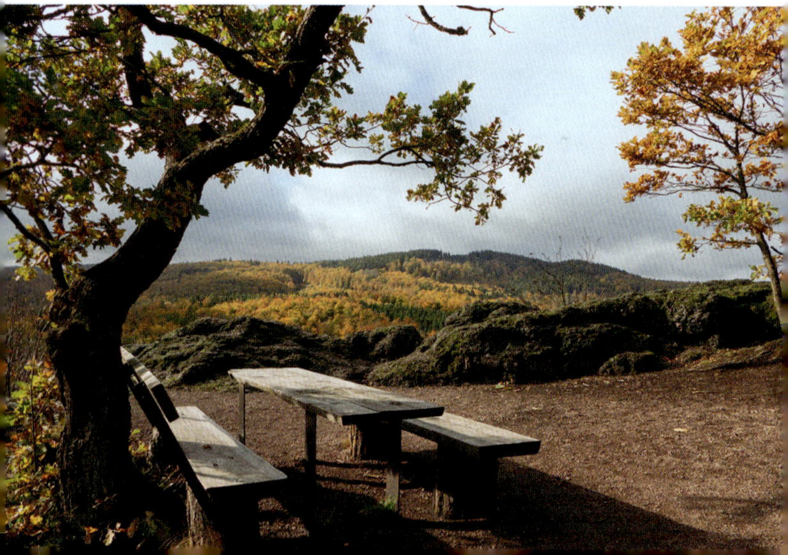

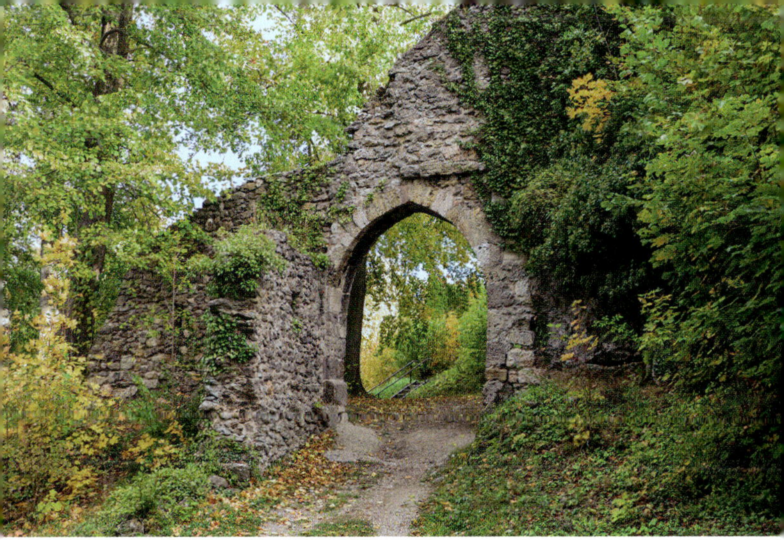

Zugang zur Ruine der Scharfenburg.

werden darf (der Pfad gabelt sich sogleich und wir halten uns links, bis ein weißes »BOL« uns den Weg nach rechts weist, dann geht es steil hinab!). Weiter auf dem Hauptweg passieren wir bald die Info-Tafel zum Klingelloch und folgen dem markierten Wegverlauf über den Kleinen Wartberg. Schließlich stoßen wir auf einen befestigten Weg, wo wir nach links einschwenken (roter Punkt). Wir folgen ihm geradeaus über die Kreuzung (Schild: Fuchsgrund – Thal) bis zur Brücke, vor der wir rechts abbiegen (Schild: Ruhlaer Insel). Vorbei an der 1928 angebrachten Gedenktafel für Dr. Walter Stoll, einen Sprachforscher, führt uns der Weg zu einer Asphaltstraße, die wir links hinabgehen. An der nächsten Ecke nehmen wir die Querstraße nach links, um sie sogleich auf den Asphaltweg rechts hinauf zu verlassen (Schild: Scharfenburg). Oben am Waldrand, bei der Bank, führt unsere Tour links in den Wald zur Burg, aber wer sich direkt vor der Bank rechts hält (Schild: Kittelsthal 2,5 km), gelangt am Waldrand entlang zum Friedhof und kann dort rechts hinab auf bekanntem Weg zum Ausgangspunkt zurückkehren. Alle anderen steigen mit uns zur **Scharfenburg** 6 hoch, die 1446 bei einer Belagerung schwer beschädigt wurde. Vom Bergfried aus genießen wir den schönen Blick.
Wir verlassen die Ruine durchs Burgtor, um entweder auf gleichem Weg zurückzukehren oder wenige Schritte hinter dem Tor den kürzeren Pfad rechts hinab zu nehmen (die Wegfindung ist durch Abzweige und Rodungsflächen erschwert). Er mündet beim Friedhof auf den Weg, der uns geradeaus zum Parkplatz in **Thal** 1 zurückbringt.

↗ 580 m | ↘ 580 m | 16.5 km

8 Schlosspark Altenstein und Gerberstein

5.30 h

Ein herrschaftlicher Landsitz, ein idyllisches Tal und Felsen mit Fernsicht

Den 160 ha großen Landschaftspark Altenstein zu erkunden, ist fast eine Wanderung für sich. Von dort führt unsere Tour das schöne Steinbachtal hinauf, das in Erinnerung an die hier ansässigen Messerschmieden Schleifkotengrund heißt. Über den Aussichtsfelsen Gerberstein kehren wir zum romantischen Park samt Schloss zurück, das um 1889 nach dem Vorbild englischer Landhäuser umgestaltet wurde.

Ausgangspunkt: Parkplatz an der Altensteiner Höhle, 344 m (Navi: Altensteiner Str. 3, 36448 Schweina).
ÖPNV: Bushaltestelle »Schweina, Altensteiner Höhle« beim Ausgangspunkt, VG Wartburg Linie 140 (Ruhla – Schweina – Bad Liebenstein, 3x an Schultagen). Bushaltestelle »Schweina, Kunstschule«, VG Wartburg Linie 190 (Eisenach – Schweina – Bad Liebenstein, Mo–Fr 7x tgl., Sa/So 3x tgl.). Der Altensteiner Straße zum Ausgangspunkt folgen.
Anforderungen: Überwiegend leicht begehbare Waldwege, aber auch teils steinige Pfade, die etwas Aufmerksamkeit erfordern.
Einkehr: Als Abstecher von ca. 250 m (einfache Strecke): Imbiss Zur Wallfahrt an der Schillerbuche (Mo Ruhetag); Café Altenstein (witterungsabhängig, Mo Ruhetag, cafe-altenstein.de, Tel. +49 36961 707733).
Tipp: Der Landschaftspark ist frei zugänglich. Von April bis Okt. gibt es zusätzlich Führungen (aktuelle Infos, auch zu den Parkplätzen: schlossaltenstein.de).

Vom Parkplatz an der **Altensteiner Höhle** ❶ nehmen wir an der Bank mit dem geschnitzten »R« den Weg rechts hinauf (Schild: Bad Liebenstein) und betreten bereits den Außenpark des Landschaftsparks Altenstein. An der Kreuzung biegen wir links ab (Schild: Schloss), passieren die Info-Tafel »Breiter Birnbaum« und steigen bei einer Bank rechts die kaum sichtbaren Stufen hoch (Schild: Charlottenpfad). Oben am Querpfad gehen wir nach rechts und über Stufen zum Aussichtspavillon »Chinesisches Häuschen« auf dem Felssporn hinauf. Anschließend kehren wir zur Info-Tafel »Chinesisches Häuschen« zurück und nehmen dort den Querweg nach rechts. Er führt uns zum Morgentorplateau, wo wir schöne Aussicht über Bad Liebenstein und das Werratal in die Vorderrhön haben.

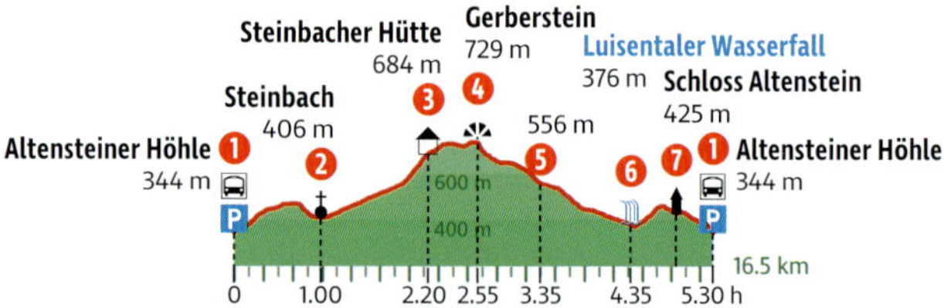

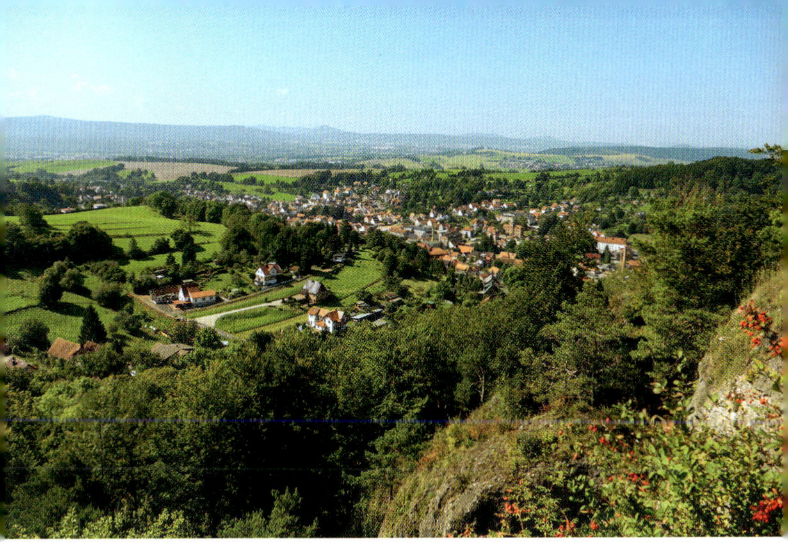

Blick vom Morgentorplateau im Landschaftspark Altenstein.

Wir folgen dem Weg weiter, dessen Kiesbelag Asphalt weicht, und schwenken in den nächsten Kiesweg nach links ein (von rechts stößt sogleich ein weiterer Weg hinzu). An der nächsten Gabelung halten wir uns rechts (Schild: Rotunde) und an der Kreuzung geradeaus über die Wiese. Beim nächsten Querweg wenden wir uns nach links (Schild: Schloss), überqueren die Kreuzung geradeaus (Schild: Fohlenwiese) und biegen an der folgenden rechts ab (Schild: Steinbach 0,3 km). Wir überqueren eine Landstraße (Schild: zum Rennsteig 5,0 km) und steigen auf der anderen Seite die Stufen hinunter in den Ort. Der Weg mündet in einen schmalen Asphaltweg, auf dem wir nach links gehen (Schild: zum Rennsteig), um uns sogleich an der Gabelung rechts hinab zu halten. An der Querstraße biegen wir rechts ab Richtung Rennsteig, nehmen schließlich die Straße Kellenbach nach links (Schild: Messerweg) und steigen die Treppe zur Kirche von **Steinbach** 2 hinauf. Direkt vor der Kirche wenden wir uns nach rechts. Der Kies weicht Asphalt und wir folgen der Papiergasse geradeaus. Schließlich biegen wir links in die Straße Kälberzahl ab (Schild: Messerweg). An der Gabelung an ihrem Ende halten wir uns links (Schild: Rennsteig 4 km) und folgen sogleich dem Schleifkotengrund nach rechts aus dem Ort hinaus. Wir kommen an den Skischanzen vorbei und gehen bei der Picknickbank halb rechts am Bach entlang (Schild: Alte Schleifkote). Kurz darauf passieren wir bei einer überdachten Picknickbank eine Schleifkotenruine, in der Schleifsteine mit Mühlrädern angetrieben wurden, um Klingenrohlinge zu schärfen.

An der Brücke überqueren wir den Bach, um ihm am anderen Ufer weiter zu folgen. Die nächste Brücke ignorieren wir und nehmen den Wiesenpfad geradeaus (Schild: Messerweg). Nach einer Weile tauchen wir in den Wald ein und orientieren uns bis auf Weiteres an der Markierung grünes Quadrat. Am geschotterten Querweg steht vor uns eine Schutzhütte samt Picknickbank, und wir wenden uns nach rechts, um an der direkt folgenden Kreuzung geradeaus weiter am anderen Ufer entlang bergan zu gehen. Wir kommen an einem der vier Meyer-Steine vorbei und genießen bei der Picknickbank am Ende der Lichtung den Fernblick zum Kegel des Baiers in der Rhön.
Der Pfad führt uns weiter zur Schutzhütte **Steinbacher Hütte** ❸ hinauf, wo wir eine Landstraße überqueren (Schild: Dreiherrenstein 0,8 km) und den Wanderparkplatz passieren. Der Weg führt uns geradeaus zum Rennsteig hinauf, in den wir links einschwenken und die Markierung grünes Quadrat verlassen (Markierung: weißes »R«; Schild: Ruhlaer Skihütte 1,9 km). Es geht an einer Schutzhütte und alten Grenzsteinen vorbei. Wo der Rennsteig nach links schwenkt, gehen wir geradeaus (Schild: Gerberstein 1,1 km), bis der Weg von Gras überwuchert ist und wir den Abzweig nach links nehmen (Schild: Gerberstein). Er verengt sich zum Pfad und passiert die erste Felsformation. Hier kann man den seltenen Schwalbenwurzenzian entdecken. Wir folgen dem Pfadverlauf an weiteren Felsen vorbei und erreichen die größte Granitformation, den **Gerberstein** ❹, 729 m. Über einige Stufen

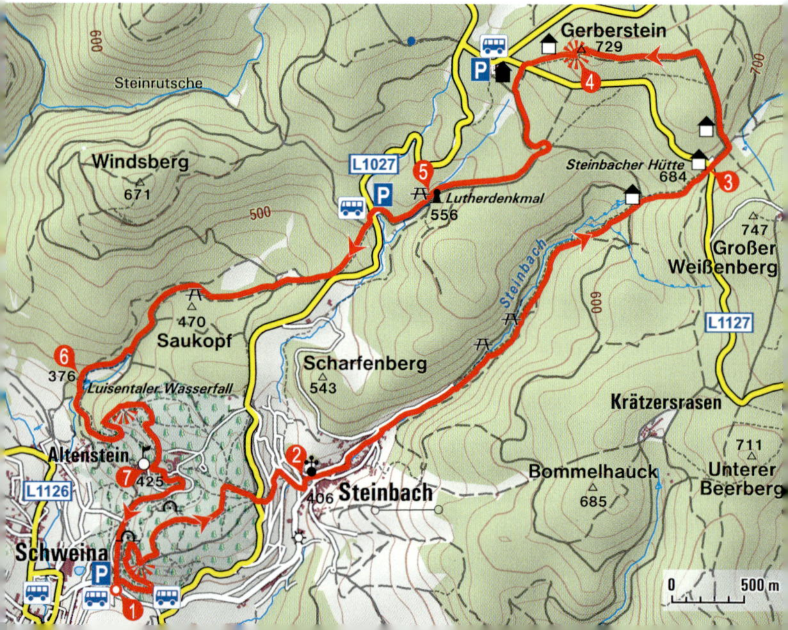

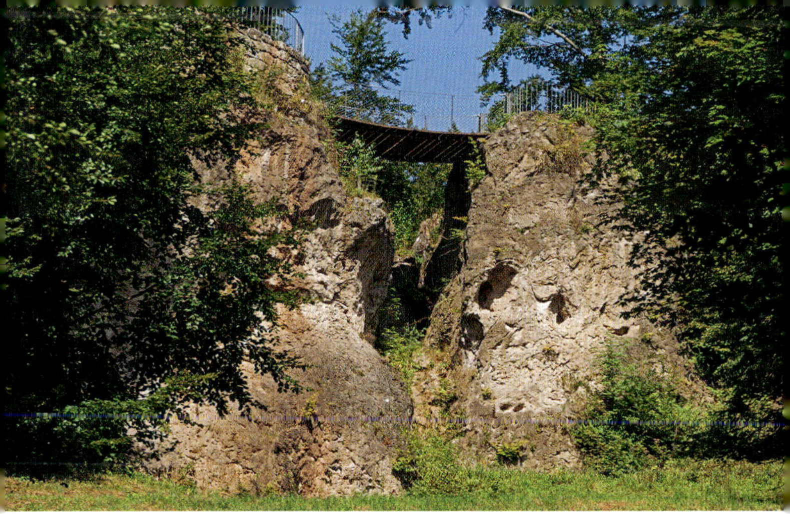

Von der Teufelsbrücke aus lassen sich manchmal Rehe beobachten.

steigt man zur Aussichtsbank hinauf, aber unser Pfad führt links den Berg hinab, zu einer Schutzhütte an einer Landstraße, die wir überqueren. Auf der anderen Seite stoßen wir erneut auf den Rennsteig. Auf ihm können wir rechts einen Abstecher zum Bratwurstgrill machen (Schild: Schillerbuche 0,2 km) oder unsere Tour sogleich geradeaus fortsetzen (Schild: Lutherdenkmal). Nach ca. 70 m lockt links ein kleiner Abstecher zur Ruine der Glasbachskapelle aus dem 12. Jh. (der unscheinbare Pfad bei der Bank). Es sind nur noch Reste der Grundmauern vorhanden, aber der von alten Bäumen umgebene Ort strahlt Frieden aus.
Zurück auf dem Hauptweg erreichen wir am Waldrand einen Querweg, biegen links ab (Schild: Lutherdenkmal) und orientieren uns bis auf Weiteres an der Markierung grünes Dreieck. An der Kreuzung wenden wir uns nach rechts (Schild: Steinbach 3,1 km) und folgen dem markierten Wegverlauf zum **Lutherdenkmal** 5 hinab, wo uns eine Picknickbank und eine Quelle zum Verweilen einladen, bevor wir an der Gabelung rechts weitergehen (Schild: Hoher Schuß). Bei einem Parkplatz mit überdachter Picknickbank endet der Weg an einer Straße, die wir zur Bushaltestelle hinüber kreuzen, um dahinter beim Wegweiserstein rechts abzubiegen und sogleich den Pfad links hinab zu nehmen (Schild: Luisentaler Wasserfall). Der Pfad wird zum Weg und berührt erneut die Straße, neben der wir rechts auf dem Weg talwärts bleiben (ohne Markierung; Schild: Luisentaler Wasserfall). Er mündet in eine Kreuzung, über die wir halb rechts hinuntergehen (grünes Dreieck; Schild: Schloss/Park Altenstein). Wir kommen an einer überdachten Picknickbank vorbei und folgen dem Bachtal, bis wir einen

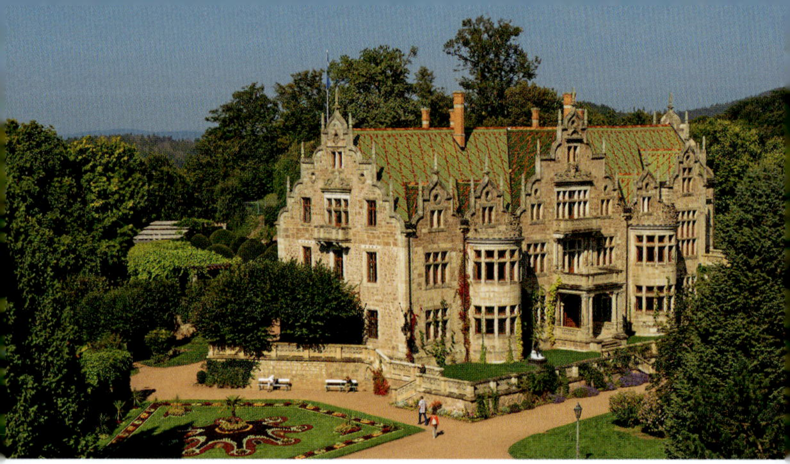

Schloss Altenstein war die Sommerresidenz der Herzöge von Sachsen-Meiningen.

Teich erreichen. Dort wechseln wir über Trittsteine ans andere Ufer und setzen unseren Weg am kleinen Kanal entlang fort. Er führt uns in den Park zurück und zum **Luisentaler Wasserfall** 6, wo wir die Stufen zum Teich hinabsteigen, um unten den dritten Abzweig nach rechts zu wählen (Schild: Wasserfallweg). Es geht bergan und wir lassen den Abzweig aus, der rechts zur Wiese hinabführt. Wenige Meter weiter nehmen wir den unscheinbaren Pfad links hinauf, ignorieren Abzweige, gehen durch das Felsentor und erreichen schließlich die Teufelsbrücke, die eher eine Aussichtsplattform ist. Dann folgen wir dem Weg einige Stufen hinunter, kreuzen einen Querweg (Schild: Herzoggrab), halten uns an beiden (!) Gabelungen rechts und gelangen zur Grabstätte des Herzogpaars. Hier wählen wir den Pfad bergab und schwenken unten nach links in den Kiesweg ein. Durch ein Tor betreten wir den Innenpark und sehen vor uns den Springbrunnen und zur Rechten **Schloss Altenstein** 7. Wir gehen zwischen Brunnen und Schloss hindurch und biegen links hinauf ab. Wir nehmen den nächsten Abzweig rechts oder machen zunächst geradeaus einen Abstecher von ca. 100 m (einfache Strecke) zum Café und der Info-Stelle des Schlosses. Auf der Hauptroute führt gleich darauf ein kürzerer Abstecher rechts zu einem Aussichtspunkt (Schild: Bonifatiusfelsen). Auf halber Höhe haben wir schönen Blick auf das Schloss, dann folgen wir dem Hauptweg weiter und nehmen hinter dem Felsen den Weg links hinab. Unten verlassen wir den Innenpark durch das Tor zur Linken und steigen rechts die Stufen hinunter (Schild: Bad Liebenstein). Der Weg endet an einer Asphaltstraße, an der wir ca. 30 m rechts hinabgehen, um auf den Pfad links zu wechseln, der oberhalb der Straße verläuft und uns direkt zum Ausgangspunkt an der **Altensteiner Höhle** 1 zurückführt.

↗ 420 m | ↘ 420 m | 12.9 km

4.15 h

Von Bad Liebenstein auf die Hohe Klinge

9

Viele Wiesenwege, Panoramablick und eine Burgruine

Auf von alten Laubbäumen gesäumten Wegen führt die Tour über blühende Bergweiden zu den herrlichen Aussichten auf der Hohen Klinge hinauf. Hier reicht der Blick weit über das Werratal auf die Kuppen der Vorderrhön. Auf dem Rückweg erwarten uns das außergewöhnliche Felsentheater sowie die romantische Burgruine Liebenstein, und am Ausgangspunkt können wir den Tierpark besuchen.

Ausgangspunkt: Parkplatz am Tierpark, 339 m (Navi: Ruhlaer Str. 30, 36448 Bad Liebenstein).
ÖPNV: Bushaltestelle »Bad Liebenstein, Tierpark«, VG Wartburg Linie 41 und 43 (Stadtbereich Bad Liebenstein, Mo–Fr ca. 10x tgl., Sa/So 3x tgl.).
Anforderungen: Überwiegend leicht begehbare Wirtschafts- und Wiesenwege, die bei Tau oder Regen wasserfestes Schuhwerk erfordern.
Einkehr: Als Abstecher (150 m einfache Strecke): Berggasthof Hohe Klinge (Mo/Di Ruhetag, berggasthof-hohe-klinge.de, Tel. +49 36840 81493); mehrere Lokale in Bad Liebenstein.
Tipps: 1. Das sehr sehenswerte Felsentheater ist frei zugänglich, während die Burg nur Mai–Sept. täglich geöffnet ist (10–18 Uhr), Okt.–April nur Sa/So/feiertags 10–16 Uhr (burgruine-bad-liebenstein.de). – 2. Beliebt bei Familien ist der Tierpark (täglich geöffnet, tierpark-bad-liebenstein.de).

Vom Parkplatz in **Bad Liebenstein** ❶ folgen wir zunächst der Beschilderung »Tierpark«, queren über die Brücke einen Bach und wenden uns dahinter nach rechts, entlang der Teiche. Nachdem wir den großen Teich halb umrundet haben, biegen wir rechts ab zur Straße. Auf ihr gehen wir geradeaus, passieren Fachwerkvillen und schwenken rechts in die Querstraße ein. Hinter der Tourist-Information (linke Straßenseite) halten wir uns links, dann entlang der Teiche und an ihrem Ende vor dem Graben erneut links. Der Querstraße (Heinrich-Mann-Straße) folgen wir nach rechts und biegen nach ca. 500 m links ab, gehen die Waldstraße hoch und verlassen geradeaus den Ort. Ein Wiesenweg führt uns zum Wald hinauf, wo wir den ersten Pfad nach links nehmen. Er bringt uns zu einer überdachten Picknickbank mit Blick auf Bad Liebenstein. Hier wechseln wir geradeaus auf den paral-

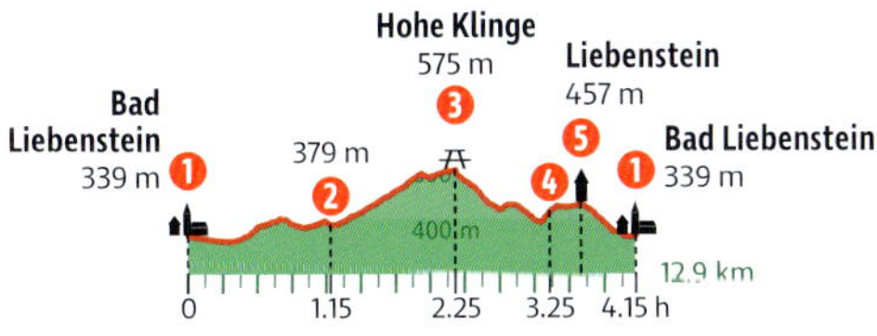

lel verlaufenden Forstweg. Nach ca. 700 m folgen wir dem Querweg links hinab (Schild: Naturlehrpfad). Direkt vor der Landstraße nehmen wir den Wiesenweg rechts hinunter (Schild: Hohe Klinge 3,0 km) und an dessen Ende den Weg nach links (Schild: Hohe Klinge). Wir kreuzen die Landstraße, um auf der abzweigenden Straße geradeaus zu gehen (Schild: Wasserfall 4,0 km), und wenden uns an deren Ende nach rechts (gleiches Schild). Dann stoßen wir auf einen Querweg, auf den wir rechts und sogleich auf den Pfad nach links abbiegen (Markierung: blauer Balken; Schild: Wasserfall 3,7 km). An der Kreuzung mit der Info-Tafel zur **Breitunger Landwehr** 2 wählen wir den Wiesenweg zwischen den Weiden hindurch (blauer Balken; Schild: Laudenbach 2,2 km). Schließlich erreichen wir bei einer Schutzhütte eine schmale Landstraße, der wir nach rechts folgen (Schild: Laudenbach 0,5 km; nicht scharf rechts in den asphaltierten Wirtschaftsweg!). Bei erster Gelegenheit biegen wir links ab (Schild: Brotterode). Der Weg führt durch ein Wäldchen und dahinter geradeaus bergan über die Kreuzung. Bei einer Bank schwenken wir links in den Querweg ein (Schild: Brotterode). Auch oben an der Schutzhütte halten wir uns links und lassen den Blick über das wunderbare Panorama schweifen.
Am Querweg biegen wir rechts hinauf ab (Schild: Dreiherrenstein 5,0 km) oder machen zuvor einen Abstecher zur Einkehr (links und dann gleich rechts an den dreieckigen Ferienhütten vorbei). Wir erreichen die **Hohe Klinge** 3, 575 m, wo uns eine Picknickbank erwartet, dann setzen wir unseren Weg links hinunter fort (Schild: Bad Liebenstein). Im Wald wenden wir uns an der Kreuzung rechts hinab (Schild: Bad Liebenstein ü. Hubertushof 4 km). Am Wegweiser halten wir uns geradeaus (Schild: Bad Liebenstein über Gleisdreieck). Die Furt in der Feldflur überqueren wir auf einem kleinen Steg. Schließlich gelangen wir an einen breiten Weg, dem wir nach links folgen (Schild: Hahnstraße), und passieren eine überdachte Picknickbank, bevor wir erneut in den Wald eintauchen. Noch vor der Lichtung auf der rechten Seite nehmen wir links den Pfad bergan (Schild: Felsentheater). Steile Stufen führen uns zu einem Felsblock, der Bestandteil des **Felsen-**

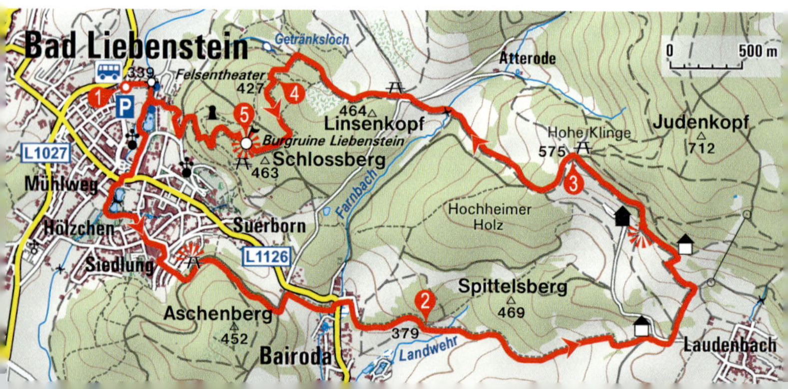

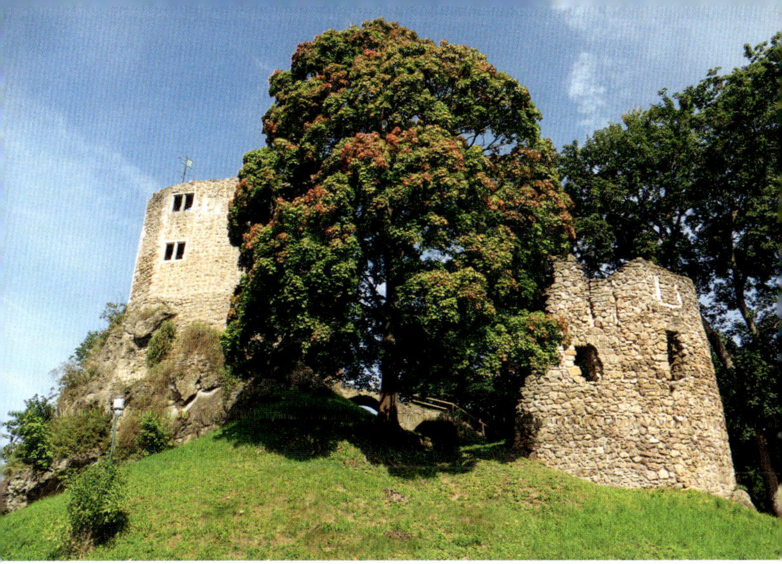

Burg Liebenstein diente als Steinbruch, bis 1955 erste Sicherungsmaßnahmen erfolgten.

theaters ❹ ist. Wir umrunden ihn ein kurzes Stück nach rechts, um dann weitere Stufen ins Innere des Felsenrunds hinaufzusteigen und es über die Treppe links (!) hinauf wieder zu verlassen. Diese Kalksteinformation entstand im 16. Jh. durch den Einsturz einer Höhle und wurde um 1860 herum für Aufführungen des Meiniger Hoftheaters erweitert.

Oben gelangen wir bald zu einem Querpfad, auf dem wir nach links gehen. Wir kreuzen einen weiteren und folgen dem Naturlehrpfad geradeaus, kommen am Meyer-Stein Nr. 2 vorbei, wenden uns mit dem Naturlehrpfad nach rechts und gehen geradeaus über die Kreuzung (Schild: Ruine Liebenstein 0,3 km). Bald erreichen wir die von Picknickbänken umgebene **Burgruine Liebenstein** ❺ und setzen nach der Besichtigung die Tour auf diesem Weg fort (Schild: Ida-Denkmal 0,3 km). Die Aussichtsplattform bietet einen schönen 360-Grad-Blick.

Wieder auf der Hauptroute, biegen wir am Querweg rechts ab (Schild: Ida-Denkmal) und beim Denkmal links (Schild: Bad Liebenstein). An der Kreuzung »Ludwig-Bechstein-Platz« gehen wir geradeaus hinunter (Markierung: gelber Balken; Schild: Bad Liebenstein–Wernerplatz 0,5 km), folgen am Querweg der gleichen Markierung nach links, kreuzen einen weiteren Querweg und wenden uns an der Asphaltstraße nach rechts (Schild: Tierpark). Wir passieren die Villa Georg, gehen durch das kleine Tor, nehmen links den Pfad bergab und kehren entlang des Tierparks zum Ausgangspunkt in **Bad Liebenstein** ❶ zurück.

↗ 430 m | ↘ 430 m | 12.7 km

10 Großer Inselsberg

4.15 h

Über den Rennsteig zum Gipfel und auf aussichtsreichen Wiesen ins Tal

Von Brotterode wandern wir zum beliebten Rennsteig hinauf, der uns zu im Wald versteckten Felsformationen und Aussichtspunkten führt. Auf dem Großen Inselsberg, dessen Gipfel an den Türmen samt Sendemast zu erkennen ist, erwarten uns eine traditionsreiche Einkehr und Fernblicke in alle Richtungen, bevor es im schönen Tal des Inselwasser genannten Bachs zurückgeht.

Ausgangspunkt: Park- und Festplatz »Breite Wiese«, 565 m (Navi: Breite Wiese 1, 98599 Brotterode).
ÖPNV: Bushaltestelle »Brotterode, Berggarten«, VG Wartburg Linie 142 (Eisenach – Brotterode – Bad Tabarz, ca. 4x tgl.); Linie 196 (Bad Liebenstein – Brotterode – Bad Tabarz, 2x tgl.); NVG Gotha Linie 857 (Brotterode – Bad Tabarz – Ohrdruf, 2x tgl.). Wir folgen der Hauptstraße in Richtung Ortsmitte und biegen dann rechts in die Kirchstraße. Bushaltestelle »Brotterode, Schmalkalder Str.«, MBB Linien 441 und 445 (Brotterode – Schmalkalden, Mo–Fr ca. stdl., Sa/So 2x tgl.).
Anforderungen: Überwiegend leicht begehbare Wald- und Wirtschaftswege, aber einige kurze sehr steile, steinige Passagen am Inselsberg.
Einkehr: Berggasthof Stöhr (Mo/Di Ruhetag, berggasthof-stoehr.de, Tel. +49 36840 32425); mehrere Lokale an der Grenzwiese und in Brotterode.
Variante: Mit den beiden im Text genannten Alternativwegen lassen sich die anspruchsvollsten Stellen umgehen; dann Schwierigkeitsgrad »blau«.
Tipps: 1. Der Aussichtsturm auf dem Großen Inselsberg ist 10–16 Uhr geöffnet (Nov.–März: Di Ruhetag). Der Eintrittspreis umfasst auch eine Ausstellung. – 2. Beliebt bei Familien ist der am Weg gelegene Funpark (April–Okt. täglich geöffnet, inselsberg-funpark.de).

Die sagenumwobene Beerberggrotte.

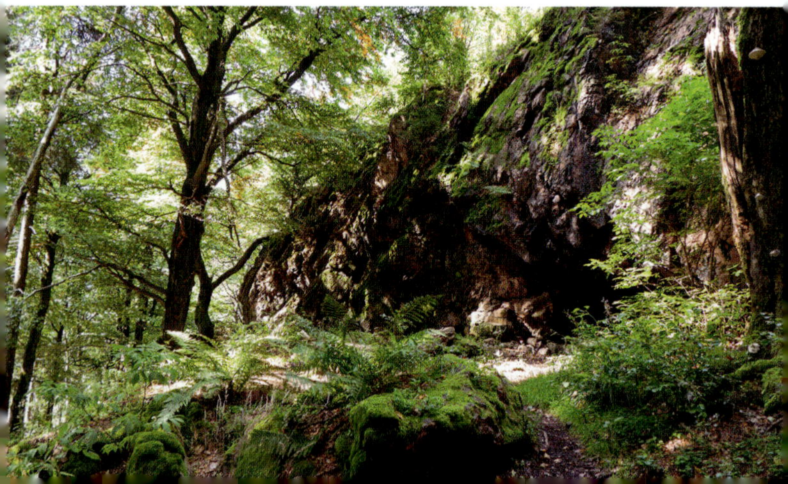

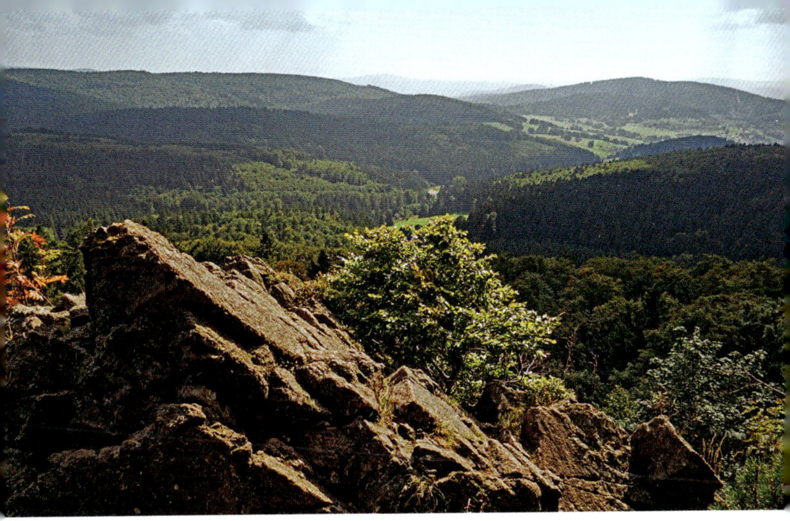

Blick von den Reitsteinen auf dem Großen Inselsberg.

Wir verlassen den Festplatz von **Brotterode** ❶, gehen an der Straße links am Supermarkt vorbei und sogleich wieder links über die Fußgängerbrücke. Wir folgen dem Pfad über den Spielplatz, kreuzen einen Querweg, nehmen den nächsten Abzweig rechts hinauf und überqueren eine Straße, um auf der anderen Seite die Kirchstraße hochzugehen. Vor der Kirche wenden wir uns rechts hinauf (Schild: Großer Inselsberg 3,8 km), passieren das Gotteshaus und, wo der Weg nach rechts schwenkt, nehmen wir den Pfad geradeaus. Er führt über den Friedhof und hinter Häusern vorbei zu einer Straße, in die wir rechts hinauf abbiegen. Bei erster Gelegenheit schwenken wir rechts in die Sackgasse ein und halten uns an der Gabelung links. Am Ende des Schotterwegs umgehen wir das Gebäude vor uns auf dem Betonweg nach rechts. Dahinter wählen wir den Weg rechts bergan und ignorieren zwei Abzweige nach rechts. Der Weg geht in einen schönen Wiesenweg über, bald darauf kreuzen wir kurz nacheinander zwei Schotterwege (Schild: R Rennsteig), erreichen schließlich die Schutzhütte **Brotteroder Hütte** ❷ und folgen nun dem Rennsteig nach rechts (Markierung: weißes »R«; Schild: Großer Inselsberg 2,7 km). An der Schierlingshalde führt uns der Rennsteig rechts hinauf, aber geradeaus können wir einen kleinen Abstecher zum Schierlingsborn machen, um unsere Wasserflaschen aufzufüllen. Kurz darauf nehmen wir den Abzweig rechts zum ca. 100 m entfernten Beerbergstein (Schild: Beerberggrotte 0,2 km), einem der roten Porphyrfelsen, auf dessen Rückseite sich eine Höhle befindet. Der Sage nach wurden hier zauberkundige Fremde, die Venetianer, dabei beobachtet, wie sie Gold aus der Höhle holten.

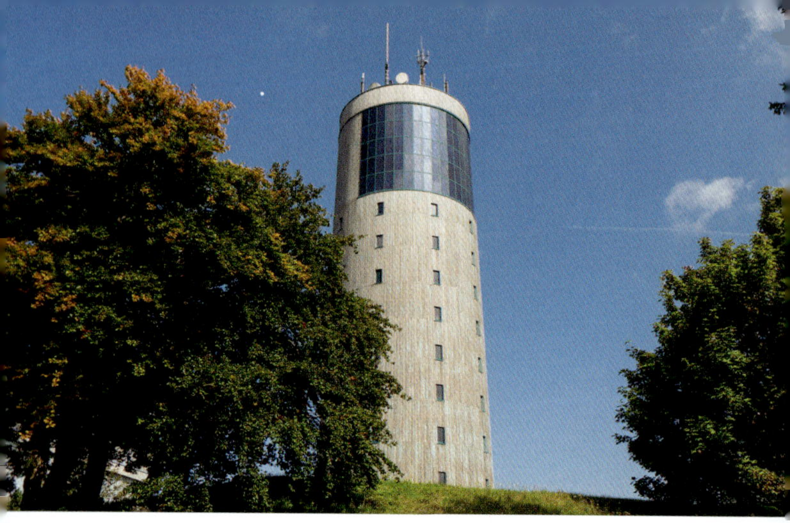

Der 43 Meter hohe Turm gehört zur Radio- und Fernsehsenderanlage Inselsberg.

Zurück auf dem Rennsteig gehen wir weiter bergan und gelangen auf den **Oberen Beerberg** ❸, 830 m, wo uns Picknickbänke erwarten. Wir folgen dem Rennsteig weiter Richtung Großer Inselsberg und kommen am Venetianerstein, 830 m, vorbei, der eine breitere Aussicht und eine Schutzhütte bietet. Nach weiteren ca. 500 m verlassen wir den Rennsteig nach links (Schild: Wartburgblick 0,1 km) und nehmen am Aussichtspunkt den teils etwas eingewachsenen Pfad zur Rechten, am Wildschutzzaun entlang (alternativ kann man zum Rennsteig zurückkehren und ihm auf den Inselsberg folgen). Er führt uns auf den Gipfel des **Großen Inselsbergs** ❹, 916 m. Beim Sendemast mündet der Pfad in eine breite Schotterstraße und wir halten uns rechts, um die Gebäude zu umrunden und beim Berggasthof Stöhr anzukommen. Hier geht es rechts zum 21 m hohen Aussichtsturm hinauf, dessen verglaste Plattform einen Rundumblick über Thüringer Wald, Thüringer Becken und Werratal bietet.

Von dort kehren wir zur Aussichtsterrasse des Berggasthofs zurück und steigen die Treppen hinunter (weißes »R«; Schild: Brotterode 4,5 km) zum Parkplatz. An dessen Ende wählen wir den Pfad rechts (weißes »R«) zu den Reitsteinen, die noch einmal weite Aussicht bieten (alternativ kann man die Reitsteine auf dem Asphaltweg umgehen, denn bei nassem Wetter wird der steile Wurzelpfad sehr rutschig). An der Gabelung halten wir uns rechts und stoßen auf den Asphaltweg, dem wir rechts hinab folgen. Direkt vor dem Schild »Funpark« und der Gaststätte »Reitsteine« biegen wir rechts auf einen Pfad ab, der bald nach links schwenkt und breiter wird. Am Querweg wenden wir uns nach links, passieren den Parkplatz des Funparks bei der

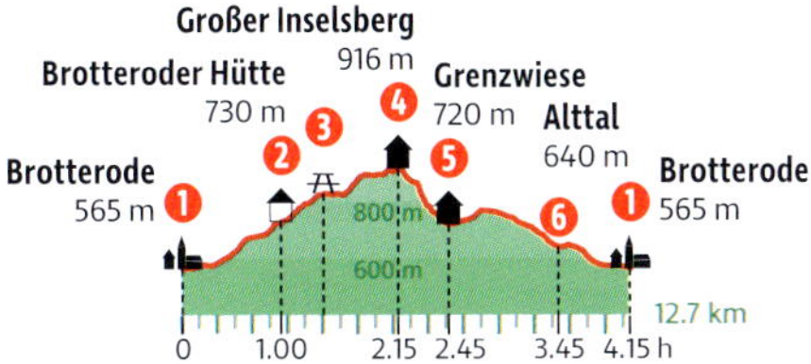

Grenzwiese ❺ und haben an der Landstraße die Wahl: Unsere Tour führt geradeaus über die Straße in den Wald, wer jedoch vorher einkehren will, macht hier einen Abstecher von ca. 100 m links die Straße hinauf. Im Wald folgen wir dem Wegverlauf für ca. 2 km, halten uns dann an der Gabelung rechts (Schild: Brotterode über Alttal 3,3 km) und an der nächsten Verzweigung, bei der Schutzhütte, links abwärts (Schild: Brotterode über Rohquelle). Beim Wegweiser im **Alttal** ❻ biegen wir links ab, überqueren den Bach (Schild: Brotterode 2,0 km) und wenden uns dahinter rechts hinauf. Wir nehmen den nächsten Abzweig rechts hinunter, verlassen den Wald, sehen Brotterode bereits vor uns und folgen dem Wiesenweg talwärts. Bald haben wir zur Rechten Blick auf den Inselsberg, erreichen schließlich eine Bachbrücke und schwenken noch vor ihr in den Pfad zur Linken ein. Hinter dem eingezäunten Brunnenhügel der Wasserversorgung gehen wir auf dem Schotterweg halb rechts (nicht rechts zum nächsten Brunnen!). Kurz darauf folgen wir dem Weg nach rechts (Schild: Brotterode), der uns zum Festplatz in **Brotterode** ❶ zurückbringt.

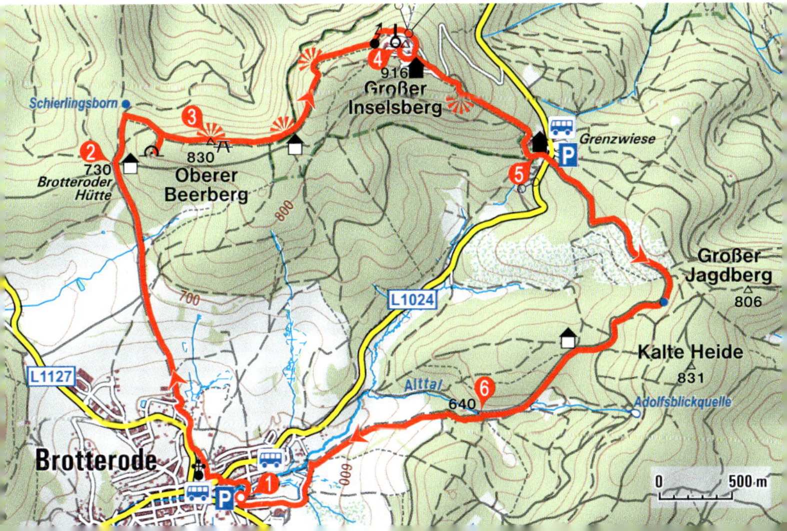

TOP

↗ 480 m | ↘ 480 m | 12.0 km

11 Aschenbergstein und Lauchagrund

4.15 h

Spannende Felsformationen säumen ein wildromantisches Tal

Im Tal der Laucha hat sich zwischen rötlichen Porphyrfelsen ein urtümlicher Wald mit alten Buchen, Bergahorn und riesigen Fichten erhalten. Wir besuchen den Rhododendrongarten, blicken ins Backofenloch, durchschreiten den Torstein und steigen zu zahlreichen Aussichtspunkten wie dem Aschenbergstein und der Hexenbank hinauf.

Ausgangspunkt: Kulturzentrum KuKuNa, 398 m (Lauchagrundstr. 12a, 99891 Bad Tabarz). Parken hinter dem Gebäude.
ÖPNV: Bushaltestelle »Bad Tabarz, Busbahnhof«, Waldbahn Linie 4 (Bad Tabarz – Gotha, halbstdl.), VG Wartburg Linie 142 (Eisenach – Brotterode – Bad Tabarz, ca. 4x tgl.), NVG Gotha Linien 840/841 (Seebach – Bad Tabarz, Mo–Fr ca. stdl., Sa/So 3x tgl.), 857 (Ohrdruf – Bad Tabarz, Mo–Fr ca. stdl., Sa/So 6x tgl.). Wir folgen der Reinhardsbrunner Str./Lauchagrundstr. ins Ortszentrum zum Ausgangspunkt.
Anforderungen: Etwa zu gleichen Teilen einfach zu begehende Wege und Waldpfade, die abschnittsweise sehr steil und steinig sind.
Einkehr: Unterwegs keine; mehrere Lokale in Bad Tabarz.
Variante: Bequemer Abstieg ab Schutzhütte »Neuer Weg«: An der Kreuzung nehmen wir den dritten Weg nach rechts (Schild: Zimmerberghütte 1,4 km) und lassen uns von der Markierung 1 bis zum Ortsrand von Bad Tabarz leiten (nach ca. 1 km nicht den Abstecher von ca. 200 m auf den Fuchsstein verpassen!).
Tipp: Im Frühsommer steht der schöne Rhododendron im gleichnamigen Garten in voller Blüte.

Vom KuKuNa in **Bad Tabarz** ❶ nehmen wir den Fußweg auf die Wiesen hinaus (Schild: Backofenloch 2,4 km), biegen bei erster Gelegenheit links ab und folgen den Schildern zum Rhododendrongarten. Diesen kleinen Park durchqueren wir bergan, verlassen ihn auf dem Pfad bergauf in den Wald und steigen halb links die Stufen hinauf. Oben gehen wir auf dem Querweg links und folgen dem Wegverlauf geradeaus über die Kreuzung am Wegweiser »Seyfahrtswiese«. Kurz bevor wir einen asphaltierten Querweg erreichen, nehmen wir den Pfad rechts (Schild: Backofenloch 1,3 km). Er mündet in eine Kreuzung; dort wählen wir den Weg geradeaus hinauf und halten

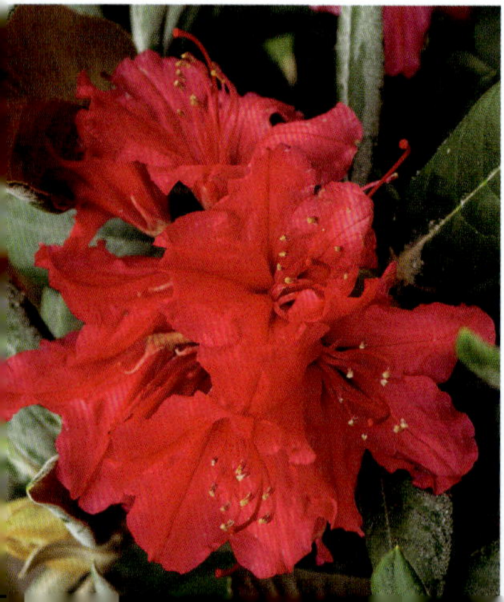

Rhododendronblüten.

uns an der Gabelung links, immer Richtung Backofenloch. Der Weg verengt sich und führt im Hang den Lauchagrund entlang. Wir folgen ihm, bis er in einer Rechtskurve bergauf schwenkt. Hier nehmen wir stattdessen die Stufen zum **Backofenloch ❷** hinauf (Markierung: 6) und besichtigen die Höhle. Der Sage nach sollen die Venetianer hergekommen sein, weil der Sand in der Höhle viel Gold enthalte, und auf der Info-Tafel wird erzählt, wie die Höhle zu ihrem Namen kam. Wir steigen die Stufen wieder hinunter bis zum breiten Forstweg und biegen rechts ab, an der Laucha entlang (Schild: Bärenbruch 0,3 km). Bei erster Gelegenheit – direkt vor dem von rechts zufließenden Bach – wenden wir uns nach rechts (Schild: Strenge Wiese 0,9 km) ins malerische Felsental. An einem Drehort des Films »Das kalte Herz« vorbei, gelangen wir an eine Gabelung und gehen links in den Wilden Graben (Schild: Ritzenwiese 0,8 km). An der Kreuzung folgen wir dem Wegverlauf nach links (Schild: Torstein) und erreichen die Schutzhütte »Ritzenwiese«, bei der wir links zum Torstein abbiegen. Wir passieren einen Wegweiser, an dem unsere Tour später rechts hinabführt (Schild: Tempelchen 0,6 km), zunächst aber machen wir einen Abstecher geradeaus durch die Reste eines keltischen Walls und dahinter rechts hinab zum **Torstein ❸**. Wenn wir das Felsentor durchschreiten, haben wir schönen Blick zum Aschenbergstein.

Danach kehren wir zum Wegweiser zurück und wählen den Weg zum Tempelchen. An der Kreuzung der Gräben entscheiden wir uns für den Weg halb links hinab und am Querweg im Lauchagrund wenden wir uns ebenfalls nach links. Er führt uns abwärts zu einer Picknickbank, hinter der wir rechts die Laucha überqueren und beim Pavillon die Stufen zur Rechten hinaufsteigen (Schild: Aschenbergstein 0,8 km). Nun geht es steil den Bärenbruchgraben hinauf (Markierung: 1), der so heißt, weil hier einer der letzten Bären des Thüringer Waldes erlegt wurde. Bei der zweiten Bank bzw. ihren Resten verlassen wir die Markierung 1 und biegen auf den deutlich sichtbaren Pfad links ab. An der ersten Gabelung halten wir uns links bergauf, an der zweiten rechts und erreichen den Gipfel des **Aschenbergsteins ❹**, 588 m. Von hier aus folgen wir dem Weg geradeaus (Schild: Roter Turm 0,5 km), genießen aber zunächst auf dem mit Geländer gesicherten Fels die Aussicht. An der Kreuzung beim

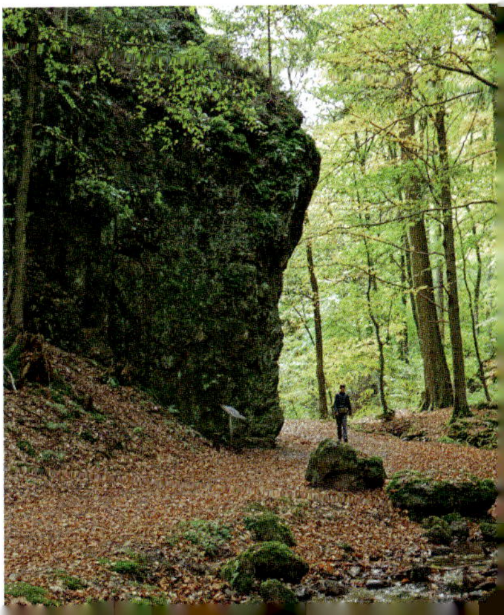

Hier wurden Szenen des Märchenfilms »Das kalte Herz« gedreht.

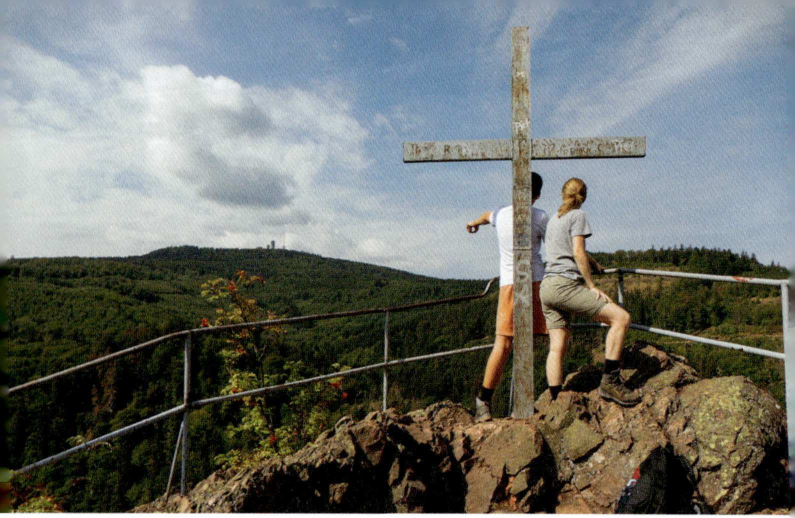

Vom Aschenbergstein aus haben wir Blick auf den Großen Inselsberg.

Wegweiser »Bärenbruch« wählen wir den Pfad geradeaus (Markierung: 1; Schild: Roter Turm 0,2 km), orientieren uns bis auf Weiteres an dieser Markierung und steigen über Stufen zu weiteren Felsformationen auf, darunter der hoch aufragende Rote Turm (611 m), an dem wir, links vorbei, den Pfad talwärts nehmen. Schließlich öffnet sich vor uns eine Lichtung und wir biegen rechts ab (Schild: Hirschstein 0,2 km), am Waldrand entlang zum nächsten Wegweiser. Hier führt die Tour nach links, aber zuerst machen wir einen Abstecher nach rechts (Schild: Hirschstein 0,1 km): An der folgenden Gabelung halten wir uns links und erreichen den Aussichtsfelsen **Hirschstein** ❺, 613 m.

Zurück beim Wegweiser gehen wir zum nächsten bei der Info-Tafel hinauf und schwenken links in den Forstweg ein Richtung fünfarmiger Wegweiser (0,8 km). Dort erwarten uns auch eine Schutzhütte und Picknickbänke, und wir halten uns geradeaus abwärts (Schild: Gickelhahnsprung 0,2 km) und verlassen den Forstweg sogleich auf dem schmaleren Weg nach links

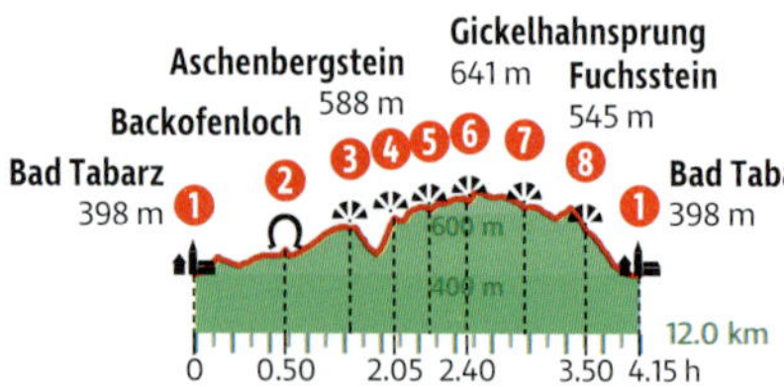

(Markierung: 1). Er führt uns zu einer steilen Treppe auf den Aussichtsfelsen **Gickelhahnsprung** 6, 641 m, auf dem wir den Pfad links hinauf wählen. Oben am Querweg biegen wir rechts ab Richtung Hexenbank; nach ca. 500 m weist uns die Beschilderung »Hexenbank 0,8 km« den Weg nach links. Auch an der nächsten Gabelung gehen wir links Richtung Hexenbank und an der folgenden rechts. Der Weg wird zum Grasweg, dann zum Pfad und bietet bald Aussicht zum Inselsberg. Auf ausgesetztem Pfad passieren wir die **Hexenbank** 7 und haben Panoramablick zu den Hörselbergen und darüber hinaus.

Wir folgen dem Pfadverlauf, der sich bald talwärts senkt, und erreichen die Schutzhütte »Neuer Weg«. An dieser Kreuzung können wir wählen: Einen bequemeren Abstieg bietet hier die Variante. Wer dagegen noch Lust auf einen spannenden Pfad hat, verlässt mit uns die 1 und wählt den Pfad halb links (Schild: Fuchsstein 1,1 km). Er führt uns durch Fichtenwald und eine Rodungsfläche, bei den Birken halten wir uns links. Bei zwei Bänken und einem alten Grenzstein überschreiten wir den höchsten Punkt des Zimmerbergs (632 m), und bald darauf kommen wir an den ersten Felsen des **Fuchssteins** 8 vorüber. Bei der gleichnamigen Bank haben wir Blick auf den Großen Inselsberg, bevor wir dem Pfad weiter folgen. Über die Kreuzung gehen wir geradeaus zur liebevoll hergerichteten Schutzhütte »Zimmerberghütte« mit schöner Sicht über Bad Tabarz zu Hörselbergen und Hainich.

Wir steigen die Stufen hinab, schwenken rechts in den Querweg ein und biegen nach nur ca. 10 m auf den Pfad links hinunter ab. Auch am Rand der Rodungsfläche halten wir uns links abwärts. Der Pfad mündet in einen Grasweg, dem wir talwärts folgen, und kurz darauf stößt von rechts die Variante wieder hinzu. Am Ortsrand von Bad Tabarz endet der Weg an einem geschotterten Querweg, den wir rechts hinab gehen Richtung Kurpark. Im Ort stoßen wir auf eine schmale Straße, auf der wir uns halb links bergab halten (Schild: Kurpark 0,5 km). Die Friedrichrodaer Straße geht in die Zimmerbergstraße über, der wir abwärts folgen, bis wir uns beim Wegweiser auf der rechten Straßenseite nach links wenden (Schild: Kurpark 0,2 km) und den **Ausgangspunkt** 1 am Ende der Straße bereits sehen.

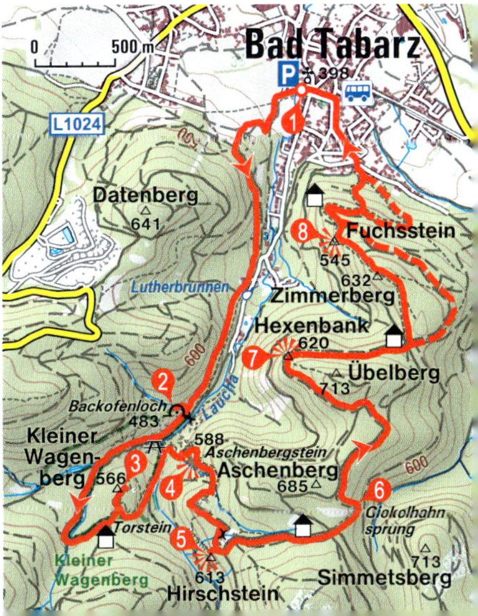

↗ 460 m | ↘ 460 m | 17.6 km

12 Marienglashöhle und Schloss Tenneberg

5.30 h

Imposante alte Bäume, idyllische Teiche und ein Aussichtsfelsen

Von der Marienglashöhle, einer der größten Gipskristallgrotten Europas, führt die Wanderung durch sehr abwechslungsreiche Wälder über den Striemelsberg zum Schloss Tenneberg hinauf. An mehreren schönen Teichen vorüber, geht es in den Kurpark von Friedrichroda und anschließend auf den Gipfel, auf dem einst die Schauenburg stand, die Stammburg des Landgrafengeschlechts der Ludowinger.

Ausgangspunkt: Parkplatz an der Marienglashöhle, 431 m (Navi: An der Marienglashöhle 1, 99894 Friedrichroda).
ÖPNV: Bahnhaltestelle Marienglashöhle, Waldbahn Linie 4 (Bad Tabarz – Gotha, halbstdl.).
Anforderungen: Überwiegend einfach zu begehende Wald- und Wirtschaftswege, aber auch einige Pfade, die teilweise sehr steil oder steinig sind.
Einkehr: Waldgasthaus Sankt Marien (Mo Ruhetag, sanktmarien-waldgasthaus.de, Tel. +49 3623 304853); Bergmannsstube (Di/Mi Ruhetag, Tel. +49 176 61751023); Schlosscafé Tenneberg (Mo/Di/Mi Ruhetag, schlosscafe-tenneberg.de, Tel. +49 3622 401616); Bratstand Reinhardsbrunn (So/Mo Ruhetag, Tel. +49 179 6301980); mehrere Lokale in Reinhardsbrunn.
Variante: Wenn man den letzten Abschnitt auf die Schauenburg weglässt und von Friedrichroda direkt zum Ausgangspunkt zurückkehrt, kommt die Tour lediglich auf 13,4 km und 300 Höhenmeter, dann Schwierigkeitseinstufung »blau«.
Tipps: 1. Das Schaubergwerk Marienglashöhle ist täglich geöffnet (marienglashoehle-friedrichroda.de). – 2. Das Museum in Schloss Tenneberg hat die Schwerpunkte Stadtgeschichte, Volkskunde und Puppen (geöffnet Mi–So, schloss-tenneberg.de). – 3. Schloss Reinhardsbrunn war zum Zeitpunkt der Drucklegung wegen Renovierung bis auf Weiteres nicht zugänglich.

Auf dem Lutherweg durch das Naturschutzgebiet Burgberg (bei Schloss Tenneberg).

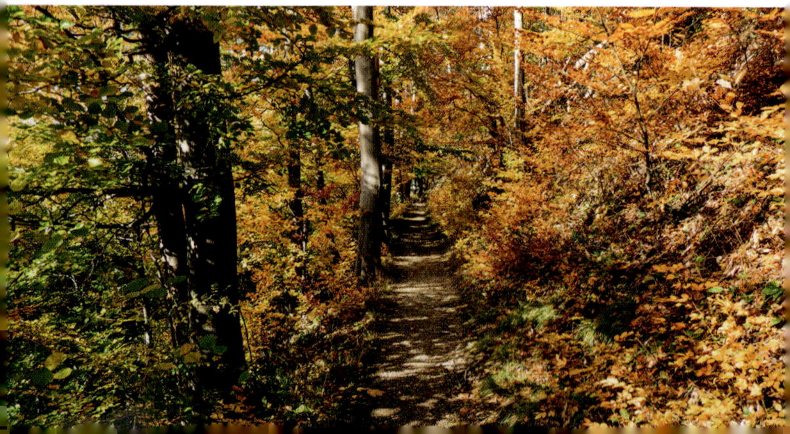

Vom Parkplatz bei der **Marienglashöhle** ❶ überqueren wir die Gleise, nehmen den gepflasterten Weg links hinauf und kommen, am Waldgasthaus »Sankt Marien« vorbei, zum Gasthaus »Zur Bergmannsstube«, wo sich links auch die Höhle befindet. Wir gehen jedoch auf dem Schotterweg weiter bergan, um oben am Querweg rechts abzubiegen. Ihm folgen wir, überqueren den Bach namens Badewasser und dahinter eine Lichtung. An der Kreuzung bei der Schutzhütte wenden wir uns nach rechts (Schild: Bad Tabarz 1,3 km), bleiben für ca. 400 m auf dem breiten Weg und nehmen dann den Abzweig rechts (Schild: Panorama-Rundweg). Der Weg verläuft an Kleingärten vorbei, und wir halten uns geradeaus, bis wir auf eine Landstraße stoßen, die wir vorsichtig überqueren. Auf der anderen Seite gehen wir – leicht nach rechts versetzt – geradeaus weiter, an der Schranke vorbei und in den Wald hinauf (Schild: Waltershausen). An der Gabelung »Johnskopf« wählen wir den Weg links (Schild: Kuhplatz 1,2 km), der uns stramm bergan führt, und verlassen ihn nach ca. 600 m auf den Grasweg links (Panorama-Rundweg). Wir passieren eine Bank samt Wegweiser und erreichen bald die Kreuzung am **Kuhplatz** ❷, wo uns die Picknickbank zur Rast einlädt, bevor wir geradeaus hinaufgehen (Schild: Waltershausen)

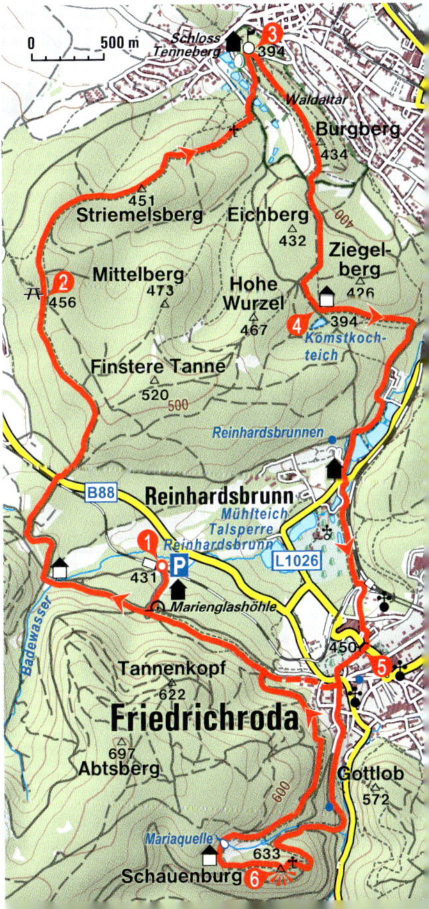

An der gleich folgenden Gabelung halten wir uns links, ignorieren lange sämtliche Abzweige und gehen auch über die nächste Kreuzung geradeaus (Schild: Waldaltar). Es geht immer Richtung Waltershausen, schließlich auch bei einem Wegweiser rechts hinunter. Wir kommen talwärts am Waldaltar von 1935 vorbei und gelangen an einen breiten Querweg, in den wir links einschwenken (Schild: Benediktinerpfad), um ihn gleich darauf über den Steg zur Rechten wieder zu

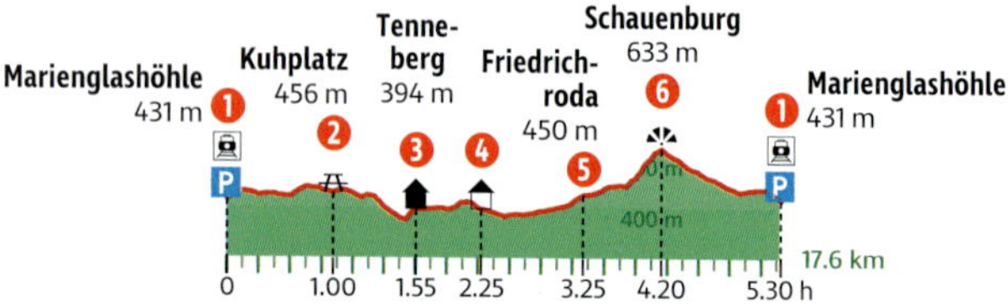

verlassen (Schild: Schloss Tenneberg). Wir erreichen den Unkenteich und umgehen ihn links, an den Bänken vorbei. Nach ca. 100 m nehmen wir den Pfad rechts hoch (Schild: Benediktinerpfad). Oberhalb der Stufen kreuzen wir einen Weg und steigen weiter bergan. Der Pfad endet vor **Schloss Tenneberg** ❸, wo unsere Tour scharf rechts abbiegt (Schild: Lutherweg Reinhardsbrunn), nachdem wir einen Abstecher geradeaus zum Schloss gemacht haben.

Der Lutherweg führt uns durch schönen Laubwald und an Aussichtsbänken vorüber und wir folgen dem Wegverlauf schließlich abwärts zu einer großen Kreuzung. Hier nehmen wir den zweiten Abzweig zur Linken und nach ca. 200 m wenden wir uns rechts hinauf. Bis auf Weiteres orientieren wir uns an der Beschilderung »Benediktinerpfad«. Am Querweg gehen wir rechts hinauf, ignorieren Abzweige und kommen nach ca. 500 m an die große Kreuzung »Hexenrasen« mit großer Kiefer in der Mitte. Wir biegen links hinunter ab, passieren die Schutzhütte am **Komstkochteich** ❹ und nehmen, nur ca. 10 m nach der Hütte, hinter der großen Eiche den Pfad links hinab (ohne Markierung/Schilder). Ihm folgen wir gute 600 m, dann sehen wir bei einer Bank einen befestigten Querweg, in den wir nach rechts einschwenken. Er verläuft bald am eingezäunten Gelände eines Kinderheims entlang, und am Ende des Zauns gehen wir links zur Brücke hinunter, um ein zweites Mal das Badewasser zu überqueren. Hinter der Brücke biegen wir rechts ab und kommen an zwei großen Teichen vorbei. Vor dem dritten Teich halten wir uns rechts am Ufer entlang und dann weiter geradeaus, an mächtigen alten Eichen und Bergahorn vorbei.

Der Schotter verschwindet unter Asphalt und wir erreichen nach einer Linkskurve beim Bratwurststand eine Landstraße, die wir schräg nach rechts überqueren, um den Weg zwischen zwei weiteren Teichen zu nehmen (Markierung: gelbes »X«). Wir folgen ihm geradeaus am Zaun bzw. Mauer von Schloss Reinhardsbrunn entlang. An seinem Ende überqueren wir Gleise der Thüringer Waldbahn und gehen halb links über die Straße, um rechts in den Weg »Am Klosterberg« abzubiegen. Schließlich kreuzen wir einen gepflasterten Querweg, halten uns auf nun gepflastertem Weg geradeaus (Schild: H+ Hotel & Spa) und dann links hinauf. Vor der Querstraße gehen wir links hinauf (Schild: Kurpark), gehen rechts am Hotel vorbei bergauf und erreichen oben über die Fußgängerbrücke zur Rechten den Kurpark von **Friedrichroda** 5. Den Park durchqueren wir geradeaus, passieren den Pavillon der Ludowingerquelle, biegen beim Springbrunnen links ab und gelangen an eine Querstraße.

Hier können wir wählen: Wer abkürzen möchte, wendet sich hier nach rechts und folgt einfach der Beschilderung zur Marienglashöhle. Wir dagegen nehmen die Straße geradeaus hinauf, die am Waldrand in einen Asphaltweg übergeht (Markierung: roter Punkt). Wo der Asphalt endet, führt ein Forstweg geradeaus weiter (Markierung: grüner Punkt; Schild: Hörselstieg 0,5 km). Von dieser Markierung lassen wir uns vorerst leiten und wählen vor der Brücke den Pfad rechts (Schild: Hörselstieg) am Hörselbach bergauf. Oben endet er an einem Querweg, auf dem wir nach links gehen und den Bach überqueren, um sogleich an der Kreuzung in den Weg rechts hinauf einzuschwenken (Schild: Mariaquelle 0,55 km). Am markierten Abzweig nach rechts halten wir uns links, sehen zur Rechten einen Teich und folgen dem nun wieder markierten Wegverlauf (grüner Punkt) weiter bergan. Schließlich haben wir bereits herrlichen Fernblick und erreichen eine unscheinbare Kreuzung, wo uns die Markierung den Pfad rechts hinaufweist. Kurz darauf finden wir uns auf den mit Geländern gesicherten Felsen wieder, auf denen die um 1042 von Ludwig dem Bärtigen errichtete **Schauenburg** 6, 633 m, stand.

Unsere Tour verläuft auf dem Pfad geradeaus weiter, die mit Geländer versehenen Stufen hinab (Markierung: grüner Punkt), aber zuvor erkunden wir

Am Breterteich bei Friedrichroda.

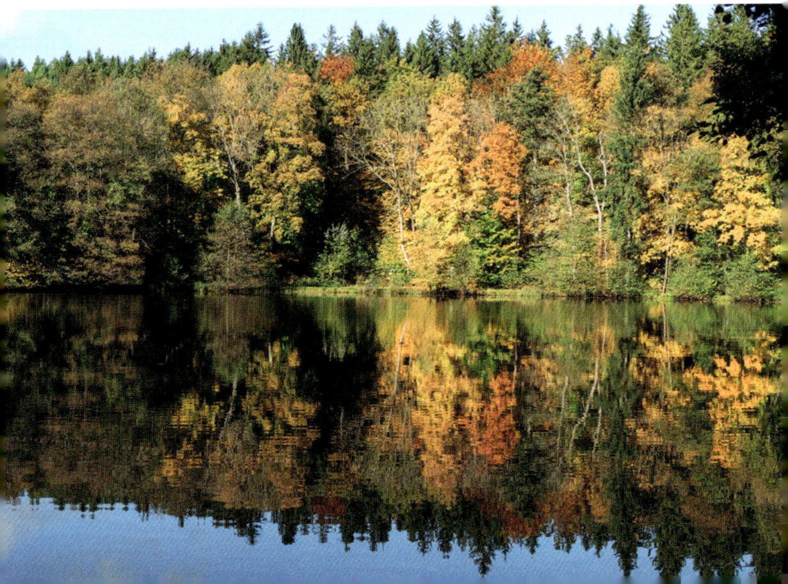

den Gipfel. Als die Ludowinger ausstarben, fiel die Burg Raubrittern in die Hände, nach deren Vertreibung wurde sie sicherheitshalber abgetragen. Unser Weg abwärts mündet in einen Querweg, dem wir rechts hinunter folgen, und auch an der Kreuzung biegen wir rechts ab (Schild: Mariaquelle 0,3 km). Bald öffnet sich der Blick auf eine Lichtung und wir passieren die Schutzhütte »H. Gotza-Hütte« und die Mariaquelle.
Direkt danach nehmen wir den Pfad rechts hinab (Markierung: grüner Balken). Sollte er durch Elektrozaun blockiert sein, gehen wir noch ein Stück auf dem Forstweg weiter und biegen erst nach der Rechtskurve auf den steilen Pfad rechts hinunter ab. Beide Pfade laufen rasch zusammen und führen das Hörselbachtal hinab. Beim Teich am Ende der Lichtung halten wir uns geradeaus (grüner Balken; Schild: Burgweg 0,3 km). Der Pfad endet an einem Forstweg und wir wenden uns rechts hinunter. An der Bank gehen wir geradeaus (Schild: Marienglashöhle 2,6 km) und beim Wegweiser noch ca. 50 m weiter talwärts Richtung Friedrichroda, um dort beim nächsten Wegweiser den Pfad links hinauf zu wählen (ohne Markierung/Schilder). Nun folgen wir dem Wegverlauf für ca. 1 km, und erst dort, wo der Weg geradeaus direkt hinter einem Abzweig nach rechts wieder ansteigt, biegen wir rechts hinunter ab. Am Beginn der Asphaltstraße schwenken wir links in den Pfad ein (Markierung: blauer Punkt; Schild: Tanzbuche 7 km). Er mündet in einen Querweg, der uns wenige Meter nach rechts zu einer Kreuzung führt, an der wir nach rechts gehen und sogleich links auf bekanntem Weg zum Ausgangspunkt bei der **Marienglashöhle** ❶ zurückkehren.

Aussichtsreiche Felskanzel auf der Schauenburg.

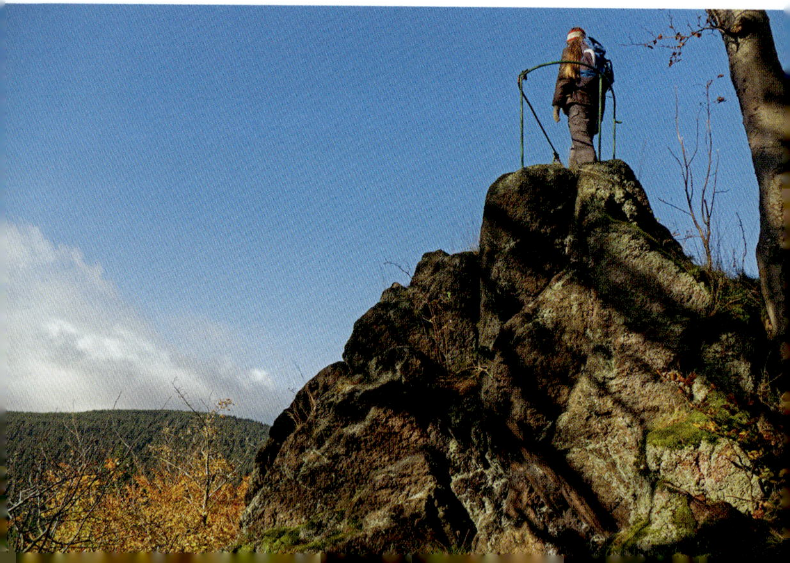

↗ 410 m | ↘ 410 m | 14.1 km

4.30 h

Trusetaler Wasserfall 13

Aus dem Tal der Truse hinauf zu Wallenburger Turm und Mommelstein

Die Tour startet am Fuß des 1865 künstlich angelegten, wildromantischen Wasserfalls und führt uns zunächst zum Bergfried der um 1200 errichteten Wallenburg, der heute als Aussichtsturm dient. Auch vom Aussichtsfelsen Mommelstein haben wir schönen Blick. Durch Buchenwald kehren wir anschließend am Kanal entlang zurück, der den 58 m hohen Wasserfall speist, und steigen direkt neben dem über Felsen tosenden Wasser die Stufen hinab.

Ausgangspunkt: Gebührenpflichtiger Parkplatz P1 am Trusetaler Wasserfall, 406 m (Navi: Brotteroder Str. 55, 98596 Trusetal).
ÖPNV: Bushaltestelle »Abzw. Laudenbach/Trusetal, Wasserfall« direkt beim Ausgangspunkt, VG Wartburg Linie 142 (Eisenach – Wasserfall – Bad Tabarz, ca. 2x tgl.), VG Wartburg Linie 196 (Bad Liebenstein – Brotterode – Bad Tabarz, 2x tgl.); Linie 441 (Brotterode – Schmalkalden, Mo–Fr ca. stdl., Sa/So 2x tgl.).
Anforderungen: Überwiegend leicht begehbare Waldwege, aber auch eine abschüssige, steinige Passage und etwas eingewachsene Pfade.
Einkehr: Turmbaude Wallenburg (Mo–Do Ruhetag, gastroservice-ullrich.de, Tel. +49 36840 409110); Zum Fuchsbau am Mommelstein (Sa/So geöffnet, fuchsbau-mommelstein.de, Tel. +49 36840 32272) sowie am Ausgangspunkt.
Tipps: 1. Der Aussichtsturm Wallenburg ist nur zugänglich, wenn die Turmbaude geöffnet hat. – 2. Rund um den Ausgangspunkt lädt das Besucherbergwerk Hühn zur Besichtigung ein (geöffnet Ostern–Okt., besucherbergwerk-trusetal.de), – 3. ebenso der bei Kindern beliebte Zwergenpark (täglich geöffnet, zwergen-park.de).

Bevor wir die Wanderung starten, lohnt es sich, schon einen Blick auf den **Trusetaler Wasserfall** ❶ zu werfen, denn später kommen wir von oben und sehen ihn in anderem Licht. Dann verlassen wir den Parkplatz P1 zur Landstraße hin, gehen nach links an der Bushaltestelle vorbei und überqueren die Straße dort, wo auf der anderen Seite der Weg abzweigt, um ihm rechts hinauf in den Wald zu folgen (Schild: Besucherbergwerk Hühn 2,9 km). Oben passieren wir einen Aussichtspunkt mit Wasserfallblick. Nachdem wir den Wald verlassen haben, biegen wir links auf den asphaltierten Querweg

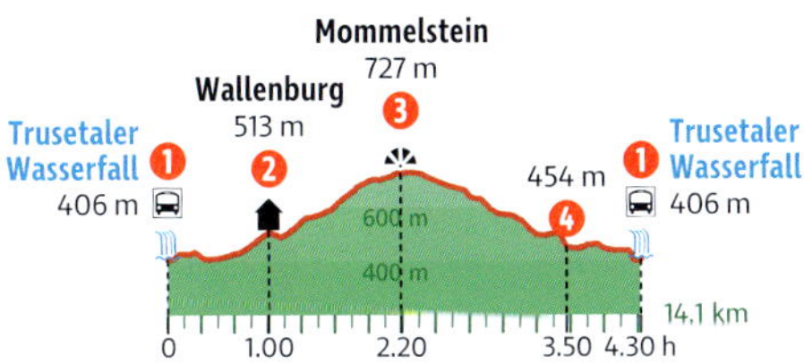

ab (Schild: Mommelstein 5,0 km) und halten uns kurz danach halb rechts (Schild: 1,8 Turmbaude). Ein Pfad führt uns oberhalb des Orts Trusetal entlang und endet an einem Querweg, in den wir links einschwenken (Schild: Wallenberger Turm 1,5 km). Wir kommen an einer Schutzhütte vorbei und erreichen nach einer Linkskurve die Kreuzung bei der geschlossenen Gaststätte Turmklause. Hier wenden wir uns nach rechts, an der Turmklause vorbei, und steigen den Hühnberg (513 m) zur **Wallenburg** 2 hinauf. Da sie nach ihrer Zerstörung im Bauernkrieg 1525 als Steinbruch für den Bau von Schloss Wilhelmsburg in Schmalkalden genutzt wurde, ist fast nur der Bergfried erhalten. 1516 soll sich Götz von Berlichingen einige Tage lang hier versteckt haben. Oben laden die Turmbaude, Picknickbänke und ein kleiner Spielplatz zur Rast ein.
Auf gleichem Weg kehren wir zur Kreuzung zurück, gehen dort geradeaus (Schild: Mommelstein 3,5 km) und ignorieren den sogleich folgenden Abzweig nach links. Unser Weg führt stetig bergan zum einstigen Bahnhof Auwallenburg, wo es nur noch eine Schutzhütte gibt. An der Kreuzung halten wir uns geradeaus, um den mit Betonplatten befestigten Weg bergauf zu nehmen (Schild: Mommelstein 3 km). Bei der überdachten Picknickbank biegen wir links ab (Schild: Rundwanderweg), gehen geradeaus über die Kreuzung bei der Schutzhütte und an der gleich folgenden Gabelung links Richtung Mommelstein. Durch einen Hohlweg gelangen wir zur nächsten Gabelung und halten uns rechts bergan. Die Kreuzung mit Bänkchen überqueren wir geradeaus hinauf (Schild: Mommelstein 1,8 km) und an der Gabelung wählen wir den »Lutherweg« rechts. Ihm folgen wir geradeaus

Nur im Sommerhalbjahr kann man den imposanten Trusetaler Wasserfall bestaunen.

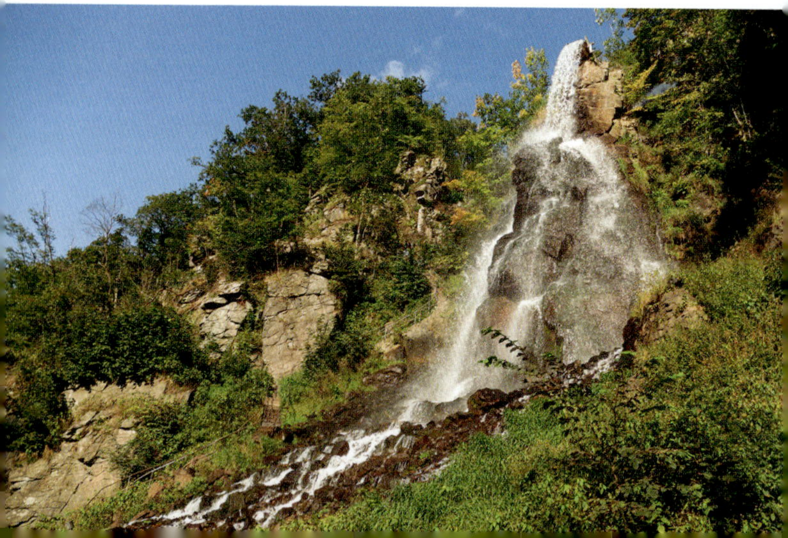

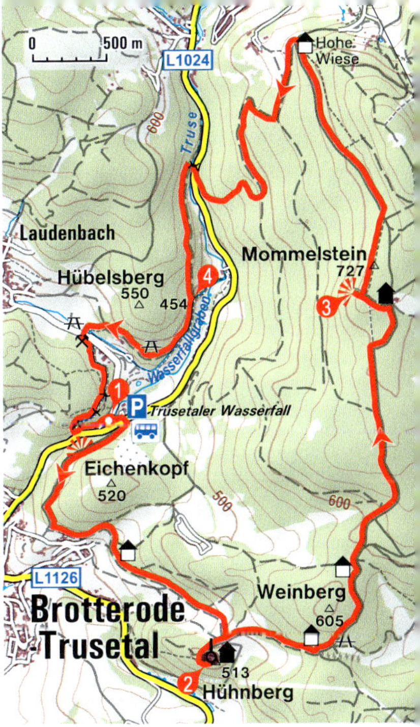

über die nächste Kreuzung und schließlich nach rechts (Schild: Mommelstein 0,4 km). An der Gaststätte Fuchsbau können wir einkehren oder gleich links abbiegen zum Aussichtspunkt **Mommelstein** ❸. Oben vom Felsen aus hat man den besten Blick über das Werratal in die Vorderrhön, wo Baier, Dietrichsberg und Öchsen aufragen.

Danach kehren wir ca. 50 m auf gleichem Weg zurück und nehmen links den etwas eingewachsenen Wiesenweg. Er führt uns zu einer Kreuzung, an der wir in die Schotterstraße links hinab einschwenken. An der Kreuzung bei der Schutzhütte »Hohe Wiese« gehen wir scharf links hinunter (Schild: Familienerholungsstätte 500 m). Der Weg mündet in einen Querweg, dem wir nach links folgen (Schild: Trusetaler Wasserfall). Kurz darauf wählen wir beim Wegweiser den Pfad halb rechts (ohne Schild). Er verläuft einige Meter parallel zum Hauptweg, führt dann rechts hinab (Markierung: grüner Punkt) und unten um eine Linkskurve (Schild: Trusetaler Wasserfall). Wir stoßen auf einen breiten Wirtschaftsweg und wenden uns rechts hinunter. Den gleich folgenden Abzweig links ignorieren wir. Etwa 50 m, bevor der Weg an der Landstraße endet, biegen wir links ab zur Straße hinunter, die wir überqueren, um geradeaus die Trusebrücke zu nehmen. Hinter dem Bach halten wir uns links; der Weg wird zum abschüssigen Pfad, den lose Steine rutschig machen. Unten queren wir den **Wasserfallgraben** ❹, den Kanal, der den Wasserfall speist, und gehen an ihm nach rechts. Bei der nächsten Brücke kreuzen wir erneut den Graben und wählen den Schotterweg rechts hinauf. Wir passieren eine überdachte Picknickbank und halten uns sogleich an der Gabelung rechts (Schild: Rundweg Wasserfallgraben). Nach ca. 250 m biegen wir auf den leicht zu übersehenden Pfad links ab (Schild: Trusetaler Wasserfall). Bei einem Teich mit überdachter Picknickbank überqueren wir die Landstraße, um dahinter den »Rundweg Wasserfallgraben« nach links zu nehmen. Wir halten uns links zur Wiese hin und gehen an dem Graben zur Rechten entlang, bis wir direkt oberhalb des **Trusetaler Wasserfalls** ❶ die Stufen zum Ausgangspunkt hinuntersteigen.

↗ 590 m | ↘ 590 m | 15.5 km

14 Haderholzstein und Ebertswiese

5.15 h

Blühende Bergwiesen, Aussichtsfelsen und der schönste See des Thüringer Waldes

Diese Wanderung führt uns nicht nur zum malerisch von Felsen umgebenen Bergsee und zur weithin bekannten Ebertswiese hinauf, sondern auch zu den Schauplätzen einer Sage: dem Falkenburg- und dem Haderholzstein, auf dem die Tamburg gestanden haben soll. Die Herren der Burgen lagen in ständigem Streit (Hader) um ihre Besitzungen, aber Tochter Irmhild und Sohn Hermann liebten sich wie Romeo und Julia, und als Irmhild bei der Geburt ihres Kindes starb, stürzte sich Hermann in sein Schwert. Alle sieben Jahre sollen sich ihre Seelen nun am trennenden Bach umarmen.

Ausgangspunkt: Parkplatz »Festplatz« beim Sportplatz in Seligenthal, 370 m (Navi: Am Sportplatz 1, 98593 Floh-Seligenthal).
ÖPNV: Bushaltestelle »Seligenthal, Linde«, MBB Linie 445 (Brotterode – Schmalkalden, Mo–Fr ca. stdl.). An der Bushaltestelle der Gothaer Str. weiter hoch folgen und nach 300 m rechts in die Niemöllerstraße abbiegen. Nach weiteren 500 m ist der Ausgangspunkt rechts erreicht.
Anforderungen: Überwiegend leicht begehbare Forstwege, aber einige steile Pfade, die gute Kondition erfordern.
Einkehr: Berghotel Ebertswiese (ebertswiese.de, Tel. +49 3683 606451); Kurti's Baude am Bergsee; Steinbruch-Stübchen auf dem Campingplatz; mehrere Lokale in Floh-Seligenthal.
Tipp: Bei schönem Wetter die Badesachen für den Bergsee nicht vergessen.

Die unter Schutz stehende Ebertswiese verwandelt sich ab Mai in ein Blütenmeer.

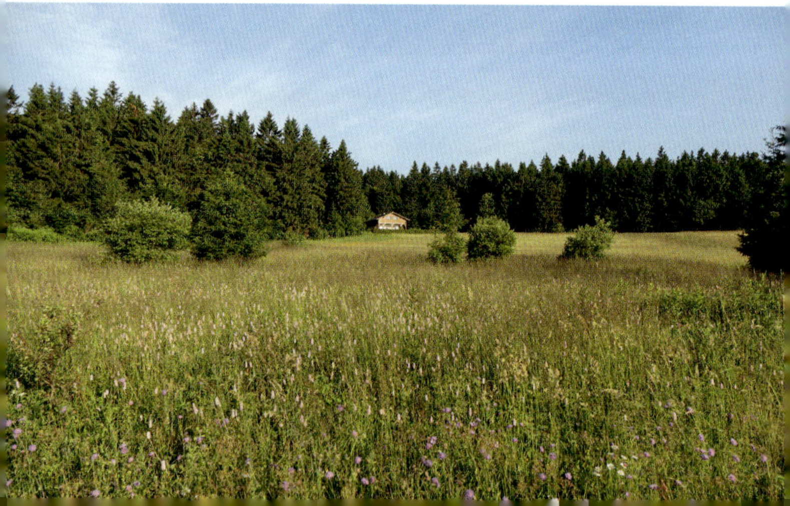

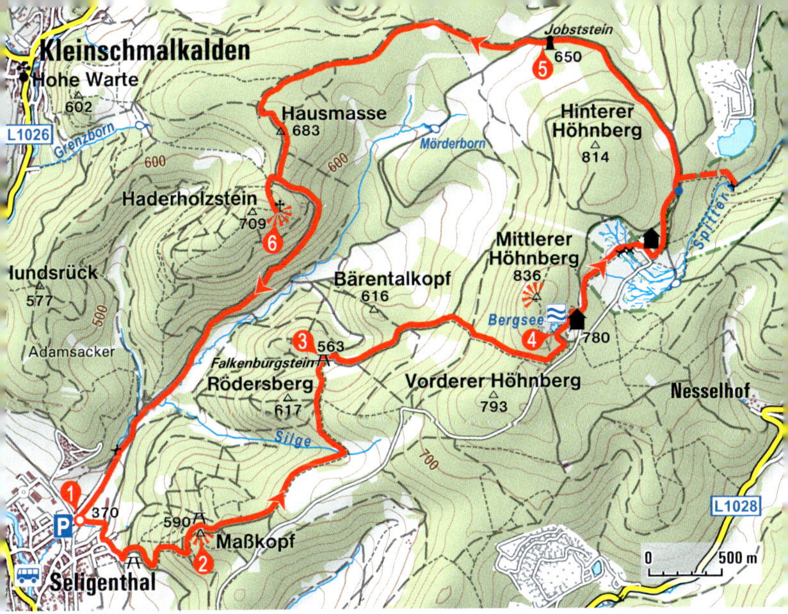

Wir verlassen den Parkplatz in **Seligenthal** ❶ auf dem Wiesenweg bergan (Schild: Ebertswiese) und folgen dem asphaltierten Querweg nach rechts. An der Querstraße biegen wir links hinauf ab (Schild: Ebertswiese üb. Falkenburgstein 8,0 km) und sogleich an der Gabelung rechts, in den »Feldweg« (Schild: Maßkopf 1,2 km). Der Asphaltbelag weicht Schotter, und wo uns eine Picknickbank und schöner Blick auf den Ort erwarten, wenden wir uns links hinauf (Schild: Panoramarundweg), um uns gleich an der Gabelung rechts zu halten. Wir passieren den Schießstand und die seit Längerem geschlossene Waldgaststätte Maßkopf, hinter der wir nach ca. 50 m links abbiegen (Markierung: gelber Balken; Schild: Maßkopf 1,0 km). Der Waldweg wird zum Pfad und nach ca. 100 m schwenken wir in den Pfad rechts ein (Schild: Rastplatz Buchborn 2,5 km). Wir kreuzen einen Forstweg (gelber Bal-

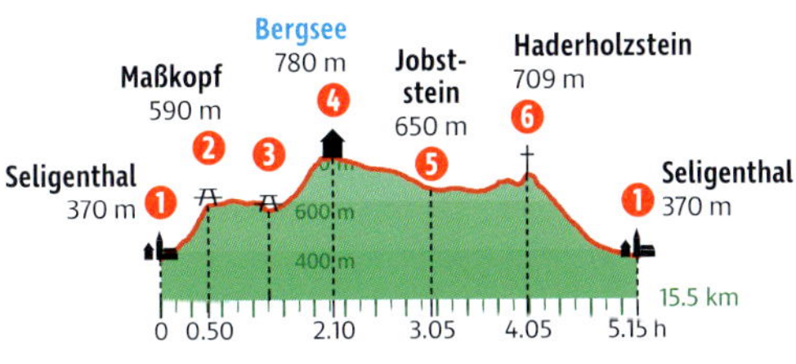

ken) und wenden uns am nächsten Querweg, bei der Bank nach links (Schild: Maßkopf 300 m). Oben auf dem **Maßkopf** 2, 590 m, laden uns bei der »Wanderhütte« Picknickbänke und herrliche Aussicht zum Verweilen ein, bevor wir den Schotterweg talwärts nehmen. Über die erste Kreuzung gehen wir geradeaus (Schild: Ebertswiese 4,5 km), an der nächsten links (Schild: Falkenstein 3,0 km). An der Gabelung halten wir uns geradeaus über eine Bergwiese und anschließend im Wald an der Kreuzung geradeaus hinunter. Nun biegen wir an der Gabelung rechts ab und auch am Querweg rechts hinauf. Wir kommen am **Falkenburgstein** 3 vorbei, auf dem sich archäologisch eine germanische Fliehburg nachweisen lässt. Heute steht hier eine Picknickbank.
Mit der Info-Tafel im Rücken nehmen wir den Weg geradeaus und folgen gleich darauf dem Querweg »Hohe Straße« nach rechts (Markierung: gelber Punkt; Schild: Ebertswiese 3,0 km). Wir passieren den Wegweiser »Am Jüdegottsacker« und biegen ca. 250 m danach auf den Pfad rechts ab (gelber Punkt; Schild: Ebertswiese 2,0 km steiler Aufstieg). Wir kreuzen einen Schotterweg, um dem Pfad leicht nach rechts versetzt weiter aufwärts zu folgen. Oben am Wegweiser schwenken wir links in den Querpfad ein Richtung Bergsee (gelber Punkt). Auch beim nächsten Wegweiser gehen wir links (Schild: Bergseebaude 400 m). An der Gabelung führt unsere Tour nach rechts, aber zuvor können wir einen Abstecher von ca. 500 m einfacher Strecke zu einem Aussichtspunkt machen (Schild: Höhnberg). Unser Pfad endet an einem Querpfad, der uns links hinauf zu Kurti's Baude und dem **Bergsee** 4 bringt. Mit Schutzhütten und Picknickbänken lädt er zur Rast und zum Baden ein; unsere Wanderung führt jedoch direkt vor dem See entlang des Ufers nach rechts (Schild: Steinbruch Stübchen 100 m). Noch vor dem Törchen gehen wir links am Zaun entlang und folgen dem Pfad – weiterhin am Zaun – rechts hinab, um am befestigten Querweg nach links abzubiegen. Wir passieren die Bergwacht und wenden uns dahinter sofort nach rechts. Der Wiesenweg führt bergab und teils auf Bohlen über die Ebertswiese zum Berghotel, wo wir jenseits des Parkplatzes den Fahrweg nach rechts nehmen. Am Querweg gehen wir links (Schild: Spitterfall 1,0 km), ignorieren den Abzweig rechts hinab und verlassen kurz darauf den Weg

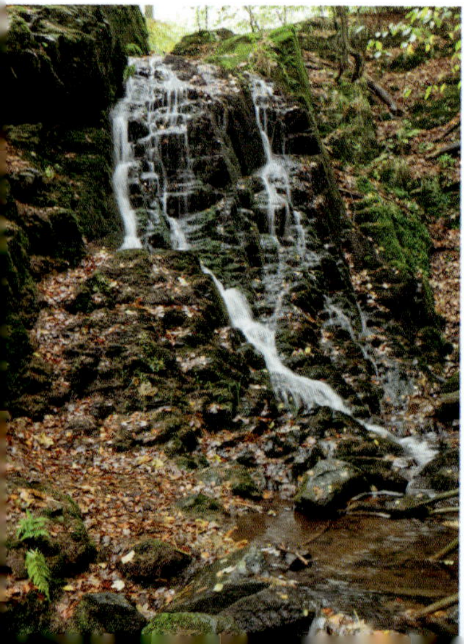

Mit 19 Metern ist der Spitterfall Thüringens höchster natürlicher Wasserfall.

auf den Pfad zur Linken (Markierung: »R« für Rennsteig). Wir kreuzen einen Querweg und folgen dem Rennsteig zum Löwenborn, wo wir mit ihm links in einen Forstweg einschwenken. Der namengebende Grenzstein mit hessischem Löwen von 1690 wurde 1990 gestohlen und durch eine Nachbildung ersetzt.

Wenige Meter weiter können wir rechts einen ca. 350 m langen Abstecher (einfache Strecke) zum Spitterfall hinunter machen; dieser Weg ist sehr steil und der Spitterfall führt meist wenig Wasser, aber das Tal ist idyllisch. Wir bleiben auf dem Rennsteig bis zum Dreiherrenstein, wo er abzweigt, wir aber dem Weg geradeaus folgen Richtung Seligenthal. Der Dreiherrenstein markierte 1572–1641 die Grenze zwischen den Herzogtümern Sachsen-Coburg-Gotha, Sachsen-Weimar-Eisenach sowie Henneberg-Hessen. An der Gabelung beim **Jobststein** ❺ halten wir uns rechts (Schild: Kreuz 2,5 km) und über die gleich folgende Kreuzung geradeaus (Schild: Hohe Warte). Nun folgen wir lange dem Wegverlauf. Schließlich geht es bergan und an der Gabelung halb rechts, Richtung Plattenbruch (Markierung grüner Punkt). Hinter der Wendeschleife halten wir uns geradeaus an der Info-Tafel vorbei und orientieren uns bis auf Weiteres am grünen Punkt, der uns den Weg zwischen einstigen Sandsteinbrüchen hindurch und zurück zum Hauptweg weist, in den wir rechts einschwenken. Der Weg führt zu einem großen Wendeplatz und wir nehmen den Pfad geradeaus hinauf zum Haderholzstein. An der Gabelung halten wir uns links und erreichen das Gipfelkreuz auf dem **Haderholzstein** ❻, 709 m. Für die beste Aussicht, über den Haderholzgrund hinweg auf die drei Höhnberge und über das Werratal, gehen wir weiter zu den Bänken und – Schwindelfreiheit vorausgesetzt – dahinter weiter. Vorsicht, Absturzgefahr! Reste der Tamburg aus der Sage wurden noch nicht gefunden.

Auf selbem Weg kehren wir zurück zum Wendeplatz und wählen den Panoramaweg rechts hinab. Unten am Querweg wenden wir uns nach rechts (Schild: Seligenthal 2,0 km). Schließlich geht der Schotter- in einen Asphaltweg über und führt uns nach **Seligenthal** ❶ zurück, wo wir vor dem hohen ehemaligen Eisenbahnviadukt links über die kleine Brücke zum Ausgangspunkt abbiegen.

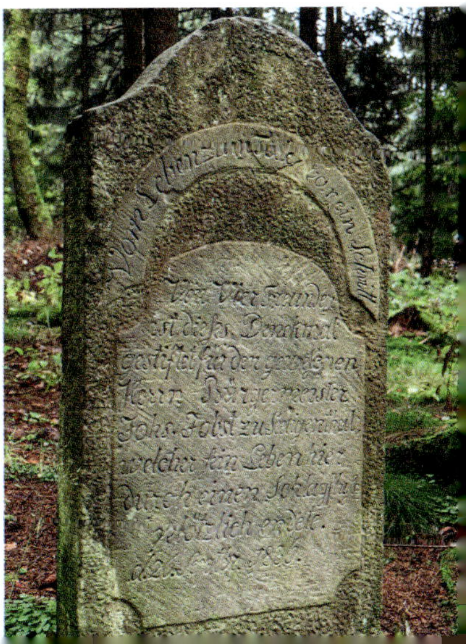

Mit dem Jobststein wird dem Seligenthaler Bürgermeister Johannes Jobst gedacht, der hier 1836 verstarb.

↗ 480 m | ↘ 480 m | 18.0 km

15 Falkenstein und Altenfels

5.45 h

Von der Alten Tambacher Talsperre zu imposanten Felsen

Im Mittelwassergrund, einem schönen Bachtal, wandern wir vom türkisblauen Wasser der Talsperre zum majestätischen, fast 100 m hohen Falkenstein, und ein kaum sichtbarer Pfad führt uns über nasse Felsen durch die alpin anmutende, immer enger werdende Röllchen-Klamm. Auch der Abstecher auf den Altenfels, auf dem im Mittelalter eine längst verschwundene Burg stand, ist nicht ganz einfach, wird jedoch mit wunderbarer Aussicht belohnt.

Ausgangspunkt: Parkplatz gegenüber der Tourist-Information in Tambach-Dietharz, 462 m (Burgstallstraße 39, 99897 Tambach-Dietharz). Von der Schmalkalder Straße in die Burgstallstraße abbiegen. Die Tourist-Information ist ausgeschildert.
ÖPNV: Bushaltestelle »Tambach-Dietharz, Tammichgrund«, NVG Gotha Linie 850 (Ohrdruf – Georgenthal – Tambach-Dietharz, Mo–Fr 7x tgl.), Linie 851 (Gotha – Georgenthal – Tambach-Dietharz, Mo–Fr 9x tgl., Sa/So 7x tgl.). Von dort der Schmalkalder Straße nach rechts folgen und in die Burgstallstraße abbiegen (Schild: Tourist-Information).
Anforderungen: Überwiegend leicht begehbare Wege, aber die Abstecher in die Röllchen-Schlucht und besonders auf den Altenfels erfordern höhere Trittsicherheit und etwas Kletterei. Schwierige Stellen sind mit einer Kette gesichert.
Einkehr: Unterwegs keine; mehrere Lokale in Tambach-Dietharz.
Tipp: Der Falkenstein ist ein beliebter Kletterfelsen, der auf mehreren Dutzend Routen bestiegen werden kann.

Einer der Höhepunkte der Tour: das Felsentor.

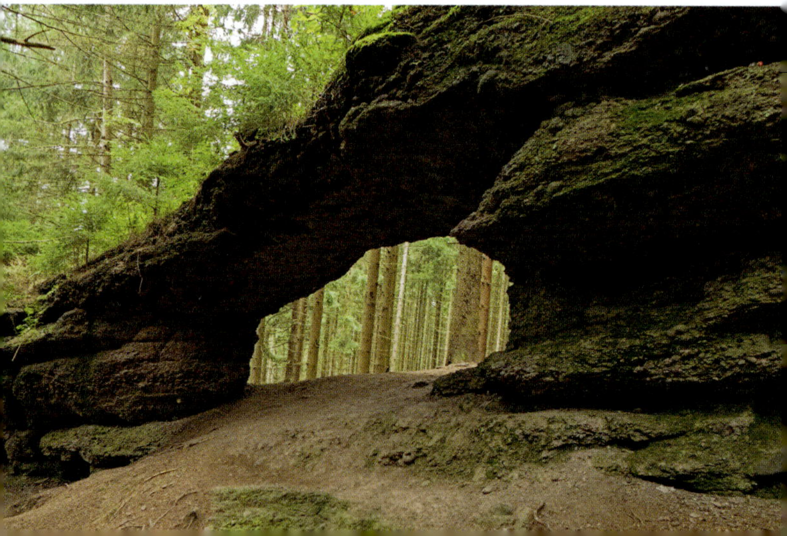

In **Tambach-Dietharz** ❶ verlassen wir den Parkplatz auf der Straße links hinab und nehmen hinter dem Sportplatz (noch vor der Tourist-Information) den Kiesweg nach rechts. Er führt uns am Holzgeländer entlang bergan und geht in einen Wiesenpfad über. An der Kreuzung biegen wir rechts (nicht scharf rechts) ab Richtung Wald. An der folgenden Gabelung halten wir uns rechts, passieren eine Bank und gehen geradeaus über die Kreuzung zum Wald. Dort schwenken wir rechts aufwärts in den Schotterweg ein und erreichen den Parkplatz am Sportplatz, wo wir den Weg links hinunter wählen (Schild: Falkenstein 5,6 km), an einer 250-jährigen Fichte auf der linken Wegseite vorüber. Unten sehen wir bereits das Wasser der alten Talsperre, die seit 1905 zur Trinkwasserversorgung Gothas beiträgt. Am Wegweiser »Apfelstädter Grund« halten wir uns links über die Brücke und dahinter links zum Vogellehrpfad (Markierung: gelbes »X«). In der Rechtskurve machen wir geradeaus einen Abstecher von ca. 150 m (einfache Strecke) zur Bank am »Steinerne-Loch-Blick«, wo wir den Talsperrensee in drei Richtungen einsehen können. Wieder auf der Tour, bietet sich bald links ein kurzer Abstecher zu einer kleineren Staustufe an, bevor wir das Ende des Stollens passieren, durch den Wasser der Talsperre Schmalwasser einen Kilometer weit umgeleitet wird. Wir wandern tiefer ins Tal, geradeaus am Wegweiser vorbei, zum **Mittelwasserteich** ❷, der – wie viele Teiche der Gegend – einst zum Flößen von Holz angelegt wurde. Hinter dem Teich lädt uns der Rastplatz Köhlerhütte mit Picknickbänken und Hütte zum Verweilen ein.

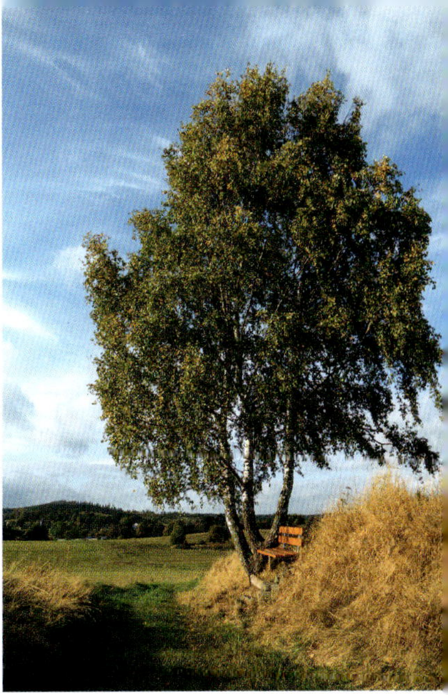

Ruhiges Plätzchen oberhalb von Tambach-Dietharz.

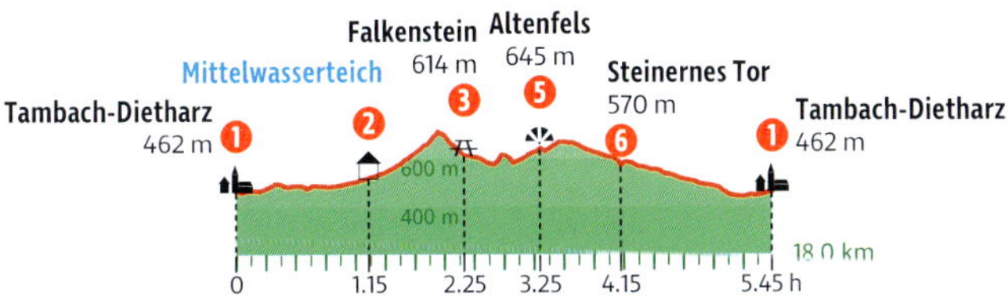

Dann setzen wir den Weg fort und halten uns an der Gabelung links. Nach einer größeren Lichtung mündet von rechts ein Wiesenweg ein und gleich darauf wenden wir uns an der Verzweigung links hinauf; ebenso an der nächsten. Oben kreuzen wir einen Schotterweg und nehmen den Wiesenweg geradeaus (Markierung: roter Balken). In den nächsten geschotterten Querweg schwenken wir links hinunter, um nach ca. 50 m auf den Pfad rechts hinab zu wechseln (roter Balken). Dann folgen wir dem Wiesenquerweg links zur Tambacher Hütte mit rotem Dach, wo uns überdachte Picknickbänke erwarten. Direkt bei der Hütte biegen wir rechts ab, zwischen Hütte und Bänken hindurch, und folgen dem Wiesenweg. Wir passieren eine etwas entfernte Hütte mit schwarzem Dach, gelangen an den Querweg vor dem beeindruckenden **Falkenstein** ❸, gehen nach links und erreichen die Hütte der Bergwacht mit rotem Dach, wo es Picknickbänke gibt. Dann kommen wir am Falkensteinteich vorbei, in dem sich der Fels samt Gipfelkreuz spiegelt. An der Gabelung halten wir uns rechts Richtung Röllchen, um dem geschotterten Weg zu einem großen überdachten Picknickareal zu folgen, vor dem wir rechts über die Holzbrücke gehen (Schild: Röllchen 0,1 km). An einem schmalen Bach ent-

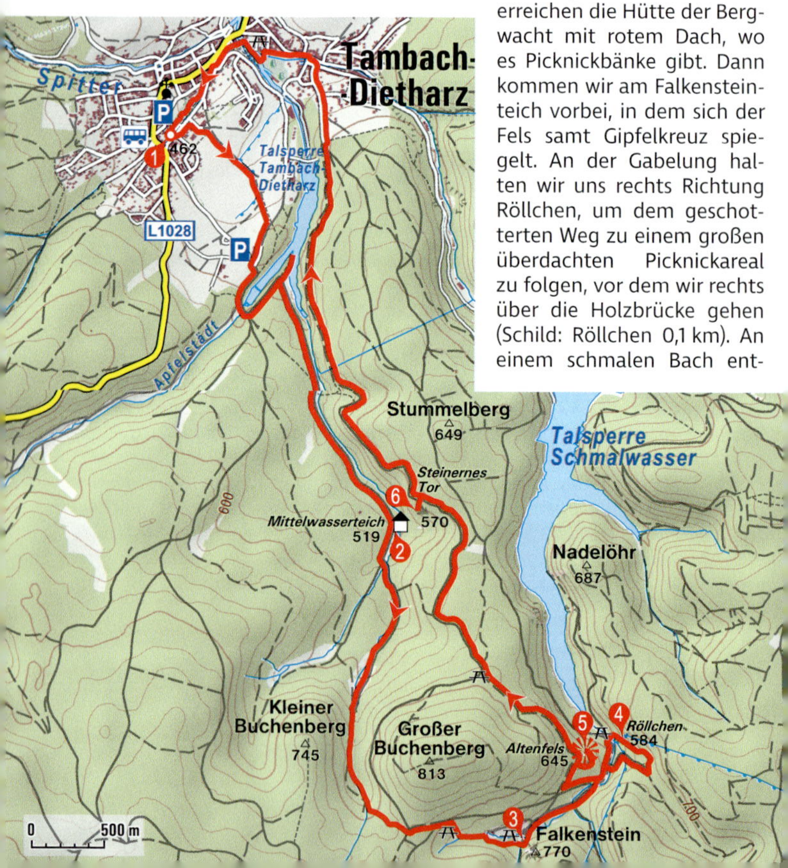

lang führt der Pfad in die **Röllchen** ❹ genannte Schlucht, wo er teilweise mit Ketten gesichert ist. Auf einem Steg queren wir einen kleinen Wasserfall und schließlich nehmen wir am Ende des Pfads den Querweg rechts hinab. Beim nächsten Querweg gehen wir links ein Stück auf bekanntem Weg zurück, halten uns jedoch an der Gabelung rechts hinauf und biegen bei nächster Gelegenheit rechts ab (roter Balken). Auch am folgenden Abzweig wenden wir uns nach rechts (Schild: Altenfels). Dieser mit Kette gesicherte Abstecher auf den Felsen ist sehr anspruchsvoll. Nach steilem Aufstieg mit etwas Kletterei gelangen wir auf die Spitze des **Altenfels** ❺ mit herrlichem Blick über die Talsperre Schmalwasser und zum Falkenstein. Hier oben soll eine Burg Platz gefunden haben, einer der Burgvögte war der Vater des Mystikers Meister Eckhart.

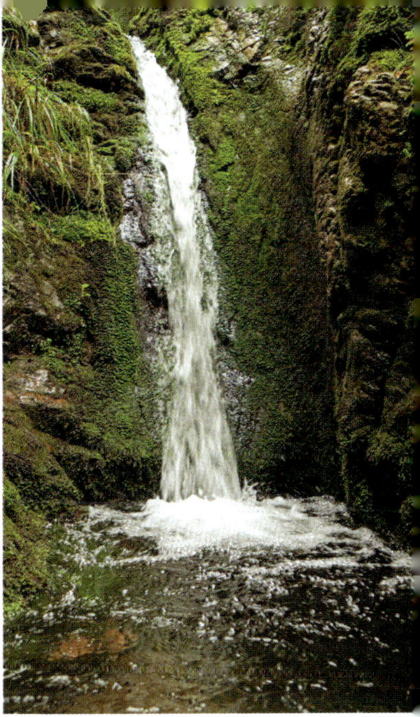

Kleiner Wasserfall in der Röllchen-Schlucht.

Zurück auf dem Hauptweg folgen wir weiter dem Wegverlauf, gehen bei den überdachten Bänken geradeaus und wenden uns an der gleich folgenden Gabelung nach links (roter Balken; Schild: Steinernes Tor 1,7 km). Wir ignorieren Abzweige, bis wir links einen kurzen Abstecher die Stufen hinunter machen, denn an ihrem Fuß führt der Weg durch eine natürlich entstandene Öffnung in einem Felsen, das **Steinerne Tor** ❻.

Dann kehren wir auf den Hauptweg zurück (Schild: Staumauer 3,3 km), kommen am Wegweiser »Muhalterdelle« vorbei und bleiben parallel zur Talsperre, bis wir auf einen Querweg stoßen, in den wir links einschwenken. Der Schotterweg geht in eine Asphaltstraße über, die uns auf einen kleinen Platz führt, wo wir links abbiegen. Wir nehmen die Brücke zur Rechten und dahinter den Fußweg links am Bach, dem Schmalwasser, entlang. Am Ende des Wegs gehen wir links über den Bach und geradeaus Richtung Tammichgrund, überqueren erneut einen Bach, halten uns rechts am Ufer und schließlich über die Brücke links hinauf. Dahinter biegen wir rechts auf den Querweg ab, der in eine Straße mündet, der wir rechts hinab folgen. An der ersten Querstraße wenden wir uns nach links (Schild: Tourist-Information) in die Burgstallstraße. Am Park führt uns der Weg rechts durch die Grünanlage zurück zum Ausgangspunkt in **Tambach-Dietharz** ❶.

↗ 390 m | ↘ 390 m | 16.8 km

16 Marderbachschlucht bei Tambach-Dietharz

5.00 h

Erlebnisreiche Wanderung zu Klosterruinen, Naturschönheiten und Sauriern

Von den Ruinen des 1525 im Bauernkrieg zerstörten Zisterzienserklosters Georgenthal geht es zur Bärenhöhle und zum Aussichtspunkt Totenkopf hinauf. In den Wäldern auf dem Vogelherdskopf trotzt eine 900-jährige Eiche der Zeit und am Ende des Marderbachtals erwartet uns die große Höhle Hülloch, bevor wir bei der weltweit einzigartigen Ursaurier-Fundstelle Bromacker den großen Echsen am Wegrand begegnen.

Ausgangspunkt: Parkplatz an der B88 in Georgenthal beim Schwimmbad, 389 m (Tambacher Str. 9, 99887 Georgenthal).
ÖPNV: Bushaltestelle »Georgenthal Ort« direkt am Ausgangspunkt, NVG Gotha Linie 850 (Ohrdruf – Georgenthal – Tambach-Dietharz, Mo–Fr 7x tgl.), Linie 851 (Gotha – Georgenthal – Tambach-Dietharz, Mo–Fr 9x tgl., Sa/So 7x tgl.), Linie 852 (Gotha – Georgenthal – Finsterbergen, ca. 7x tgl.), Linie 857 und 865 (Bad Tabarz – Georgenthal – Ohrdruf, Mo–Fr ca. stdl., Sa/So 6x tgl.).
Anforderungen: Überwiegend leicht begehbare Wald- und Wiesenwege sowie einige Pfade, die etwas mehr Aufmerksamkeit erfordern.
Einkehr: Keine am Weg; mehrere Lokale in Georgenthal.
Tipps: Rund um den Saurier-Erlebnispfad gibt es weitere Sehenswürdigkeiten: 1. die Museumsanlage an der Gaststätte »Zur Lohmühle« (lohmuehle.info) – 2. das Wildgehege am Bromacker.

In **Georgenthal** ❶ folgen wir der Straße mit dem Parkplatz im Rücken nach rechts, Richtung Ortsmitte, und geradeaus über die große Kreuzung. Direkt dahinter führt uns die Brücke über die Apfelstädt auf einen Platz mit Wegweiser, an dem wir rechts abbiegen, Richtung Klosterruinen. Wo wir zur Linken die Kirche sehen, gehen wir rechts zu dem Gebäude mit rundem Fenster hinüber, dem Kornhaus, das zum 1140 gegründeten Kloster gehörte (Schild: Klosterruine 50 m). Beim Kornhaus, in dem es eine Ausstellung gibt, befindet sich links der Eingang zur Ruine der Basilika, die eine Erkundung lohnt.
Dann kehren wir durch denselben Eingang zurück und wenden uns nach links, um hinter dem Kornhaus rechts abzubiegen (Markierung: »L« für Lutherweg). Dort steht eine Info-Tafel zu Luthers Verbindung mit dem Kloster. Vorerst orientieren wir uns am »L«, halten uns hinter der Brücke links, passieren den Spielplatz und überqueren erneut eine Brücke. Vor dem Teich gehen wir rechts und geradeaus am Sonnensegel vorbei zum Parkplatz, wo wir beim Wegweiser »Kurpark« den Pfad in den Wald hinauf wählen (Markierung: grünes Dreieck; Schild: Bärenhöhle 2,0 km). Der Pfad mündet beim Gedenkstein für den 1945 von der Wehrmacht ermordeten Otto Fabian in einen Weg, dem wir bergan folgen. Den Abzweig kurz darauf rechts ignorieren wir und verlassen damit den Lutherweg. Auch an der nächsten

Gabelung halten wir uns links hinauf (grünes Dreieck). Von dieser Markierung lassen wir uns vorerst leiten, kommen an einer überdachten Bank vorbei und erreichen eine Bank mit schönem Blick auf den Großen Inselsberg.
Wir gehen weiter, um geradeaus über die Kreuzung wieder in den Wald einzutauchen (Schild: Bärenhöhle 1,6 km) und folgen dem Wegverlauf zur nächsten Kreuzung mit einem befestigten Weg. Hier wählen wir den markierten Weg rechts, nicht scharf rechts, den »Rundwanderweg Bärgsteiger«. Nach ca. 400 m verlassen wir den Weg auf den Pfad links hinauf (gleiches Schild). Bald darauf führen uns ein paar Stufen zu einem Querpfad hinab, auf dem wir erneut bergan gehen, um eine Rechtskurve und geradeaus über eine kreuzende, sehr steile Rückeschneise. Wir erreichen den Wegweiser bei der **Bärenhöhle** 2, wo unsere Wanderung links hinauf verläuft (Schild: Vogelherdkopf 0,4 km) und sich rechts ein Aussichtsfelsen befindet. Zur Bärenhöhle geht es als Abstecher ca. 50 m den Pfad geradeaus hinunter. Der abschüssige Felsen direkt vor der Höhle ist glatt, weshalb Warnschilder aufgestellt wurden.

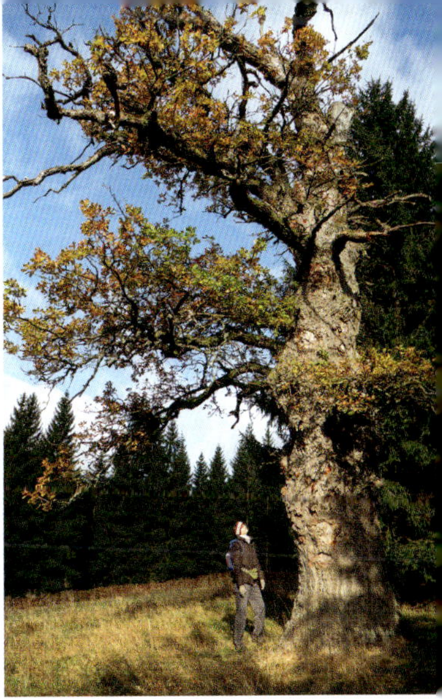

Die Hohle Fichte ist immer noch ein beeindruckender Baum.

Zurück auf der Tour, folgen wir dem markierten Weg bergan, wenden uns am geschotterten Querweg nach links und sogleich beim Wegweiser »Vogelherdkopf« rechts hinauf (Schild: Bärgsteiger). Über die nächste Kreuzung halten wir uns geradeaus aufwärts Richtung Totenkopf und passieren den Felsen Totenstein. Nun weist uns das grüne Dreieck an der Gabelung links zum **Totenkopf** 3, wo wir den Fernblick über das Thüringer Becken genießen, bevor wir unseren Weg geradeaus fortsetzen. Schließlich schwenken wir in den befestigten breiten Querweg rechts hinauf ein Richtung Steigerhaus, verlassen damit das grüne Dreieck und folgen oben an der Kreuzung

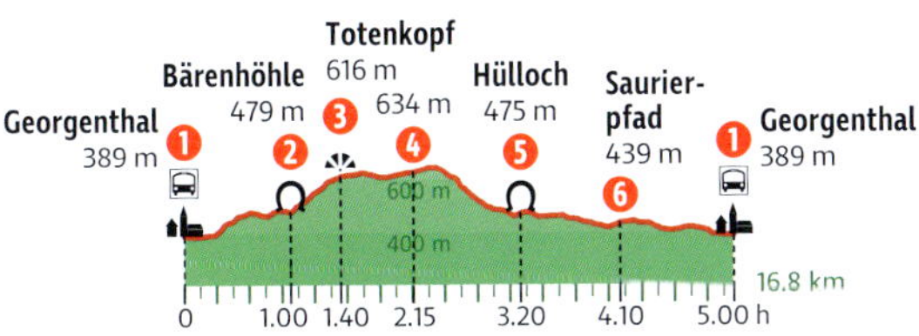

dem Wegverlauf halb links. Beim Wegweiser kurz dahinter gehen wir weiter geradeaus (Schild: Steigerhaus 0,6 km), beim Wegweiser »Steigerhaus« nach rechts, nun Richtung Schmalwassertalsperre, und gleich darauf am Wegweiser mit den überdachten Picknickbänken geradeaus weiter. An der nächsten Gabelung, halten wir uns rechts und passieren eine Schranke. Wo sich zur Rechten eine Lichtung öffnet, steht rechts die uralte **Hohle Eiche** 4. Der tapfere Baum überlebte 1845 einen Blitzeinschlag und grünt immer noch. An der nächsten Kreuzung biegen wir rechts ab, ignorieren zwei Abzweige nach links und nehmen beim Wegweiser »Vogelherdskopf 635 m« den Weg links hinunter (Schild: Tambach-Dietharz 3,5 km), nicht scharf links. Er führt uns am Linken Marderbach talwärts. Wir halten uns geradeaus, auch am Zusammenfluss von Linkem und Rechtem Marderbach (Schild: Braubrücke). Die Felswände der Marderbachschlucht ragen immer höher auf und wetteifern dabei mit den alten Fichten. Am Ende mündet die Schlucht ins Schmalwassertal, das wir über eine Brücke betreten. Unse-

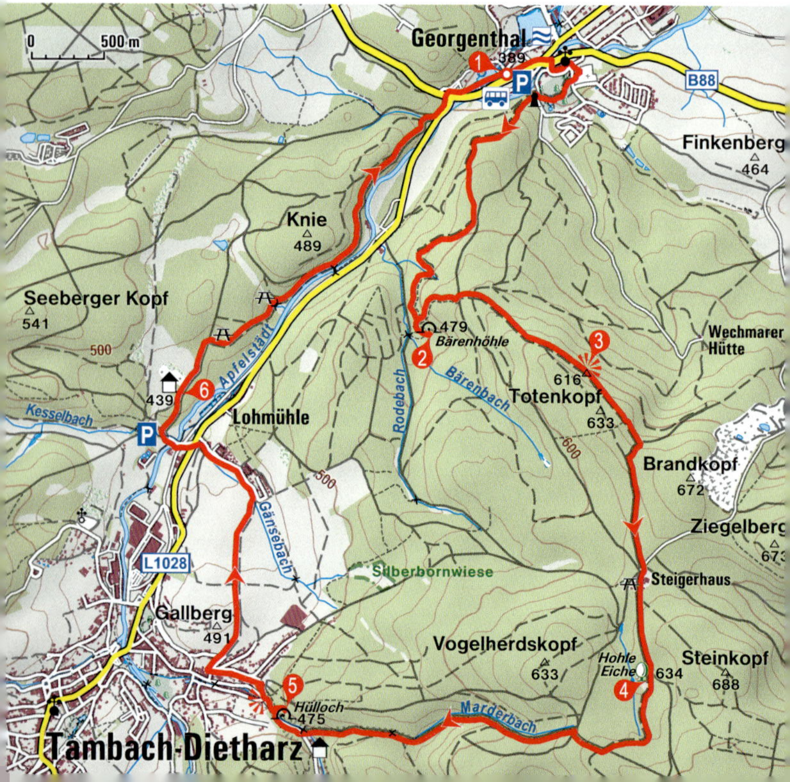

re Tour führt rechts weiter, parallel zum Bach (Schild: Hühloch 0,2 km), während uns links ein Rastplatz mit Schutzhütte erwartet. Beim Wegweiser »Hülloch« biegen wir rechts ab und der Pfad gabelt sich sofort. Wir machen zunächst auf dem rechten Abzweig einen kurzen Abstecher zur Höhle, dem **Hülloch** 5, bevor wir dem linken Pfad hinauffolgen (Schild: Gallberg 1,0 km). An der Kreuzung lassen wir uns vom Querpfad nach links und an einer Bank vorbeiführen. Er stößt wieder auf den Hauptpfad und wir wenden uns nach links. An Gebäuden vorüber, gelangen wir zu einem Querweg, in den wir links hinab einschwenken. Am Ortsrand geht der Weg in eine Straße über, der wir abwärts folgen. Sie mündet beim Wegweiser »Steigerstraße« in eine Querstraße, die uns weiter talwärts bringt (Schild: Gallberg 1,2 km). Beim Schild »Steigerstraße 7–9« biegen wir in die Straße rechts hinauf ab, nehmen am Ortsrand den »Forstweg« geradeaus, der uns auf Wiesen hinausbringt. An der Kreuzung beim Gartentor halten wir uns geradeaus Richtung Saurierpfad und wandern bald mit weitem Blick, bis wir auf einen Asphaltweg stoßen, dem wir links hinabfolgen Richtung Wildgehege, an der Bungalowsiedlung vorbei. Er endet an einer Landstraße, die wir schräg nach links überqueren (Schild: Parkplatz Bromacker 0,2 km), um die abzweigende Straße hinunter und über die Brücke zu gehen. Dahinter beginnt links das Wildgehege, unsere Tour führt jedoch beim Wegweiser »Parkplatz Bromacker« rechts den Privatweg hinauf, über den Kesselbach. Oben stoßen wir auf den **Saurierpfad** 6 und wenden uns nach rechts (Schild: Georgenthal 3,7 km). Sogleich kommen wir an der Hütte »Lucy-Bruch« vorbei, benannt nach dem Gründer des Steinbruchs, in dem die Fossilien entdeckt wurden. Nun folgen wir dem Erlebnispfad durch den Wald, an neun lebensgroßen Rekonstruktionen hier gefundener Saurier vorbei. Hinter dem Großfüßigen Bergläufer biegen wir rechts ab (Schild: Georgenthal 3,3 km) und passieren mehrere überdachte Picknickbänke. Am Wegweiser »Hammerwand« halten wir uns geradeaus (Schild: Georgenthal 2,3 km). Schließlich stoßen wir auf einen Querweg, hinter dem sich ein Teich befindet, und gehen rechts zur Landstraße, der wir nach links folgen. Sie führt uns zu einer weiteren Landstraße, die wir vorsichtig überqueren, und wenden uns nach rechts, um gleich darauf am Bach nach links zu gehen. Der Saurierpfad verläuft nun an zwei großen Teichen entlang und endet dahinter in **Georgenthal** 1 an einer Straße, über die wir direkt zum Ausgangspunkt zurückkehren.

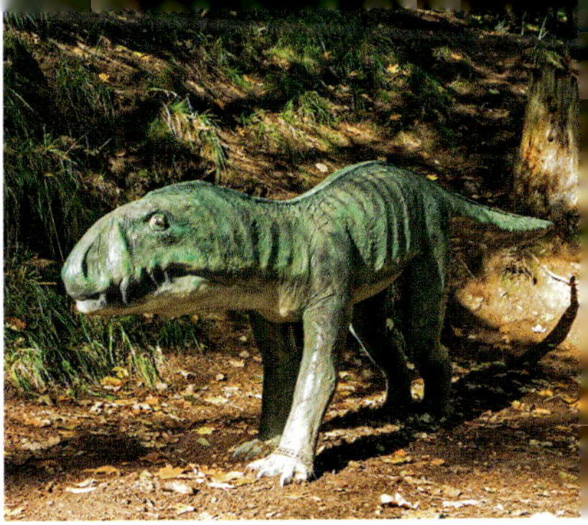

Chirotherium barthii, auch Handtier genannt, ist eine der hier gefundenen Ursaurierarten.

↗ 480 m | ↘ 480 m | 16.4 km

17 Großer Hermannsberg bei Unterschönau

5.15 h

Herausragende Fernsicht, Felsen und eine Burgruine

Auf Waldpfaden führt die Tour zur malerischen Hallenburg aus dem 13. Jahrhundert, von der noch der Bergfried und Teile des Palas erhalten sind. Durch Wälder und über schöne Bergwiesen mit Solitärbäumen geht es zur Aussichtspicknickbank auf dem Dicken Berg und zu den Felsen auf dem Großen Hermannsberg hinauf, die fantastischen Panoramablick bieten.

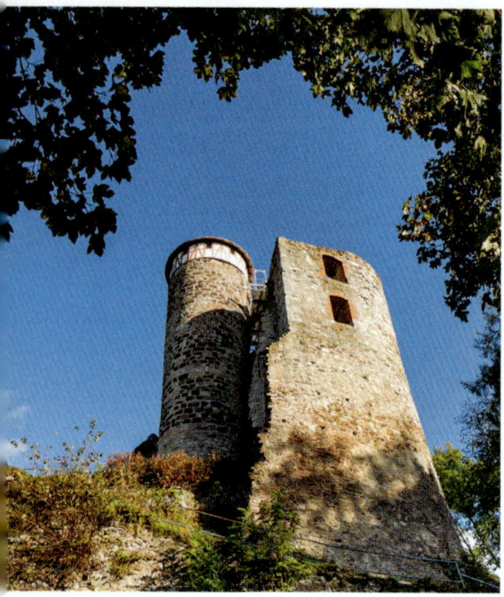

Ausgangspunkt: Parkplatz am Sportplatz in Unterschönau, 487 m (Navi: Unterer Hermannsberg 6, 98587 Steinbach-Hallenberg).
ÖPNV: Bushaltestelle »Unterschönau, Spritzenhaus«, MBB Linie 448 (Schmalkalden – Unterschönau – Oberhof, Mo–Fr ca. stdl., Sa/So 3x tgl.). Wir folgen der Durchgangsstraße Richtung Ortsmitte.
Anforderungen: Überwiegend leicht begehbare Wald- und Wiesenwege sowie einige Pfade, die etwas mehr Aufmerksamkeit erfordern.
Einkehr: Bergbaude Steinbach-Hallenberg (Mi/Do Ruhetag, restaurant-bergbaude.de, Tel. +49 36847 42891); Waldschänke Knüllfeld (bei gutem Wetter: Fr–So geöffnet); mehrere Lokale in Unterschönau.

Ruine Hallenburg, oberhalb von Steinbach-Hallenberg.

In **Unterschönau** ❶ gehen wir mit dem Sportplatz im Rücken zum Feuerwehrhaus und davor nach rechts, zur Durchgangsstraße zurück. Ihr folgen wir nach links, queren einen Bach und biegen direkt vor der zweiten Bachbrücke in die Straße links hinauf ab. An der Gabelung halten wir uns links auf der Straße »Dörmbach« weiter bergan. Außerorts geht sie in einen Forstweg über, wo wir uns bei der Picknickbank nach rechts wenden (Schild: Ruine Hallenburg 2 km) und an der Gabelung links hinauf. Nach ca. 100 m nehmen wir den leicht zu übersehenden Pfad rechts. Auf ihm kreuzen wir einen Querpfad und gehen weiter geradeaus, bis er in einen Querweg mündet, in den wir links einschwenken. An der Gabelung halten wir uns rechts und bald verengt sich der Weg wieder zum Pfad. Wo er sich verzweigt, gehen wir links bergan Richtung »Ruine Hallenburg«. Er endet an einem breiten Querweg, dem wir nach rechts, an der **Ruine Hallen-**

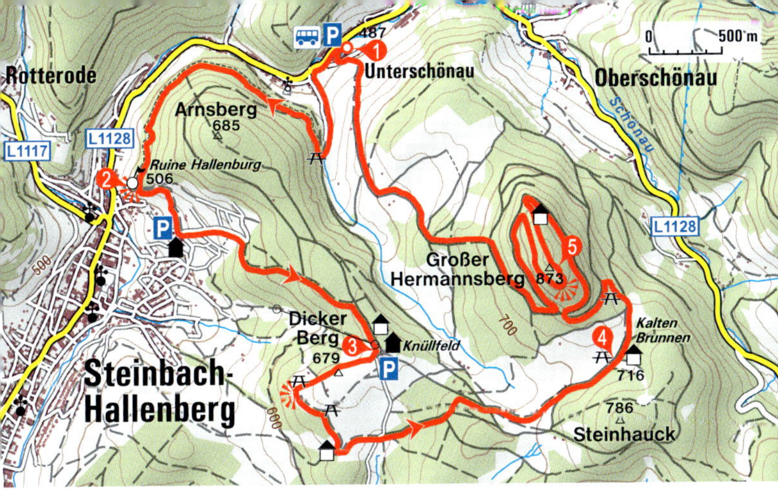

burg ❷ vorbei, folgen. Nachdem wir einen Abstecher zur Burg gemacht haben, die mit schönem Blick über Steinbach zum Dolmar aufwartet, gabelt sich der Weg in drei Äste und wir wählen den mittleren. Der breite Weg führt uns zu einer Kreuzung, an der geradeaus die Einkehr »Bergbaude« vor uns liegt, wir jedoch den Asphaltweg links hinauf nehmen (Schild: Knüllfeld 2 km). An der nächsten Verzweigung halten wir uns rechts Richtung Knüllfeld. Wo der Asphaltweg nach links schwenkt, entscheiden wir uns für rechts (Schild: Steinhauk 2,5 km) und beim nächsten Wegweiser gehen wir links hinauf (Schild: Knüllfeld). Wir folgen dem Schotterweg bergan, bis er scharf nach links biegt. Hier wählen wir den Grasweg geradeaus Richtung Rennsteig und schwenken bald darauf rechts in den geschotterten Querweg ein (Schild: Knüllfeld 0,5 km). Oben auf dem **Knüllfeld** ❸, 670 m, lädt uns neben Schutzhütte und Picknickbänken auch die Waldschänke zur Rast ein, bevor wir rechts zum Parkplatz gehen (Schild: Dicker Berg). Hinter dem Parkplatz biegen wir rechts auf den Wiesenweg ab, am weißen Gebäude vorbei. Er führt uns über die Weiden auf dem Dicken Berg, 679 m, kreuzt einen Querweg und erreicht die Picknickbank mit herrlichem Fernblick auf Dolmar und Vorderrhön.

Vor ihr wenden wir uns nach links, am kleinen Haus vorbei, und am Wegweiser bei der nächsten Picknickbank halten wir uns rechts hinab. Abzweige nach rechts und den ersten links auf die Wiese ignorieren wir und biegen erst ca. 25 m vor dem nächsten Wegweiser links hinunter ab (geradeaus steht eine Schutzhütte), um sogleich dem Querweg nach links zu folgen. Er bringt uns zu einer Straße, auf der wir links hoch gehen zum Wegweiser »Ziegenloh«; hier wählen wir den Schotterweg geradeaus (Schild: Ruppberg 3 km). Wir gehen bergan in den Wald und an der Kreuzung halb links

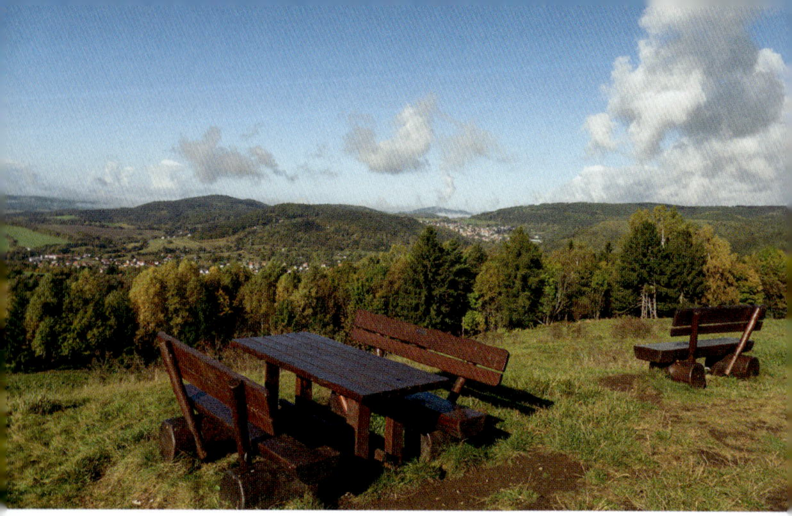

Auf dem Dicken Berg kann man mit Blick auf den Dolmar und die Vorderrhön rasten.

Richtung Großer Hermannsberg, queren einen Wiesenweg und gelangen an eine weitere Kreuzung, an der wir uns am Waldrand entlang rechts hinauf wenden Richtung Rennsteig. Am Wegweiser bei der Bank biegen wir links ab (Schild: Kalter Brunnen 500 m) und folgen dem Wiesenweg zwischen Weiden. Links haben wir Blick hinauf zu den Felsen auf dem Hermannsberg. Der Wiesenweg mündet in einen Schotterweg, auf dem wir geradeaus gehen. Wir passieren die Picknickbank beim **Kalten Brunnen** 4, den Rastplatz »Am Steinhauk« und die Schutzhütte »Oberdörmbach«, hinter der wir uns an der Gabelung links halten Richtung Hermannsberg. Nun tauchen vor uns auf der anderen Talseite die Felsformationen der Zwölf Apostel auf; hinter dem Wegweiser »Im Jerusalem« schwenken wir bei der Picknickbank links in den Wald ein. Wir stoßen auf einen Schotterweg, dem wir links hinauf folgen, und an der Kreuzung gehen wir rechts bergauf. Hinter der Linkskurve, beim ersten frei stehenden Felsen, biegen wir links ab Richtung Hermannsbergfelsen und sogleich wieder links auf einen Pfad,

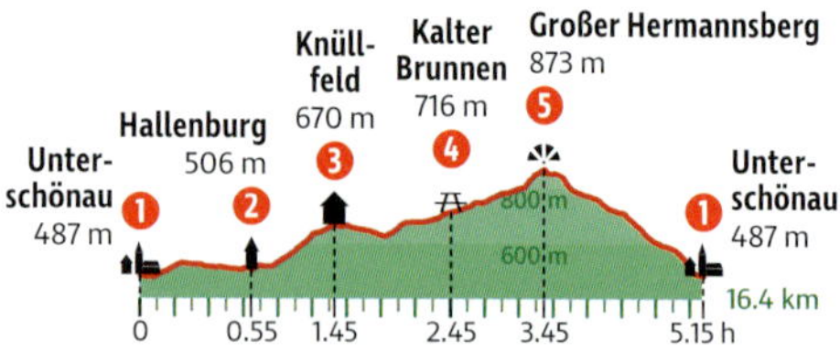

der uns (mit der Schutzhütte zur Linken) durch Urwald zum felsigen Gipfel hinaufführt; dabei wird ein Querweg gekreuzt. Schließlich öffnet sich ein fantastischer Fernblick. Der eigentliche Gipfel des **Großen Hermannsbergs** ❺, 873 m, befindet sich links hinter bzw. über uns und ist nur mit etwas Kletterei zu erreichen, aber uns genügt das Panorama auf 867 m. Wir folgen dem Pfad weiter und können als Abstecher auf einen mit Geländer gesicherten Aussichtsfelsen steigen, bevor der Pfad bergab führt und steil, steinig sowie bei Nässe rutschig wird. Wer sich den Abstieg nicht zutraut, kehrt einfach auf gleichem Weg zum Abzweig unterhalb der Schutzhütte zurück. Wer den Pfad hinabsteigt, schwenkt unten rechts in den Querweg ein und gelangt so ebenfalls wieder zum Abzweig »Hermannsbergfelsen«. Dort biegen wir links, an der Kreuzung rechts hinunter ab. Auf dem geschotterten Querweg wenden wir uns rechts hinauf, ignorieren den Grasweg nach rechts, halten uns an der nächsten Gabelung links und sogleich wieder links hinunter. Hinter einer Schranke mündet der Waldweg in einen Querweg, auf dem wir geradeaus gehen, auch über die Kreuzung aus dem Wald hinaus und mit dem Haus zur Rechten talwärts. Nun folgen wir dem Wegverlauf zwischen Wiesen und Hecken immer bergab. Erst wo der Weg an einer Kreuzung links hinunterführt, halten wir uns wieder leicht aufwärts geradeaus. Bald senkt sich der Weg erneut und wir wandern abwärts, an Aussichtsbänken vorbei. Der Wiesenweg wird enger und steiler und an der Graswegekreuzung wenden wir uns links hinab. Unten stoßen wir auf eine Asphaltstraße und gehen links in den Ort hinein, um bei erster Gelegenheit scharf rechts abzubiegen und, am Feuerwehr-Parkplatz und dem Gasthaus »Grünes Herz« vorbei, wieder den Ausgangspunkt in **Unterschönau** ❶ zu erreichen.

Auch der Aussichtsfelsen auf dem Großen Hermannsberg bietet fantastische Aussicht.

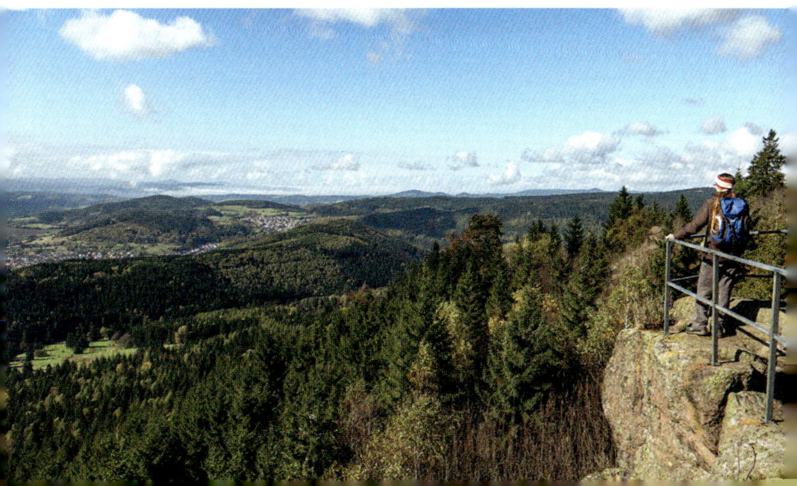

↗ 450 m | ↘ 450 m | 12.5 km

18 Die Zwölf Apostel und der Hohe Stein bei Oberschönau 4.15 h

Abwechslungsreiche Wanderung zu zahlreichen Aussichtsfelsen

Von Oberschönau im malerischen Haselbachtal führt die Tour zur die Fantasie beflügelnden Felsformation Zwölf Apostel hinauf, wo uns ein erster schöner Blick erwartet. Auch von den Möststeinen bietet sich gute Aussicht, aber das prächtigste Panorama öffnet sich auf dem Hohen Stein, hoch über dem Kanzlersgrund.

Ausgangspunkt: Parkplatz an der Gemeindeverwaltung Oberschönau, 511 m (Oberschönauer Hauptstr. 62, 98587 Oberschönau).
ÖPNV: Bushaltestelle »Oberschönau« direkt am Ausgangspunkt, MBB Linie 448 (Schmalkalden – Oberschönau – Oberhof, Mo–Fr ca. stdl., Sa/So 3x tgl.).
Anforderungen: Etwa zu gleichen Teilen leicht begehbare Wald- und Wirtschaftswege, sowie Pfade, die etwas mehr Aufmerksamkeit erfordern.
Einkehr: Am Weg keine; Metzgerstübchen/Biergarten in Oberschönau.

In **Oberschönau** ❶ gehen wir mit dem Rücken zum Parkplatz an der Hauptstraße rechts hinunter, biegen rechts in die Zimmerbachstraße ab und sogleich wieder rechts in die schmale Straße Petersberg. An deren Ende steigen wir Stufen hinauf und folgen dem Wiesenweg, der in einem Bogen nach rechts führt. Die einstige Viehtrift ist heute Panoramaweg für Wanderer und verläuft – zum Pfad verengt – steil bergan, bis wir auf einen Querpfad stoßen. Hier wenden wir uns nach rechts, Richtung Kienbach, und haben zwischen den Weiden Blick übers Tal. Am Ende des Pfads schwenken wir links in den Asphaltweg ein (Schild: Langer Grund), passieren den Sportplatz, und der Asphalt- weicht Schotterbelag. An der direkt folgenden Gabelung halten wir uns rechts und wandern im Langen Grund parallel zum Bach am imposanten Felsen **Kuhstein** ❷ vorbei.
Den ersten Abzweig rechts ignorieren wir, wählen den zweiten (Schild: Hohe Möst 3,0 km) und lassen alle Abzweige aus, bis bei einem Wegweiser ein Pfad kreuzt, dem wir links hinauf folgen, Richtung Hohe Möst. Nach nur ca. 150 m kommen wir am ersten Felsen vorüber, der zur Formation

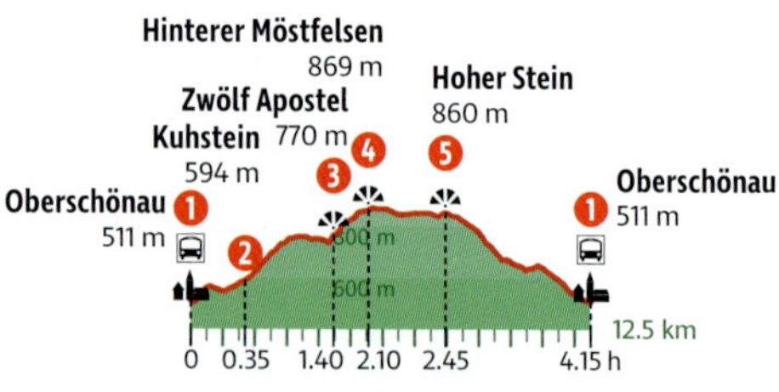

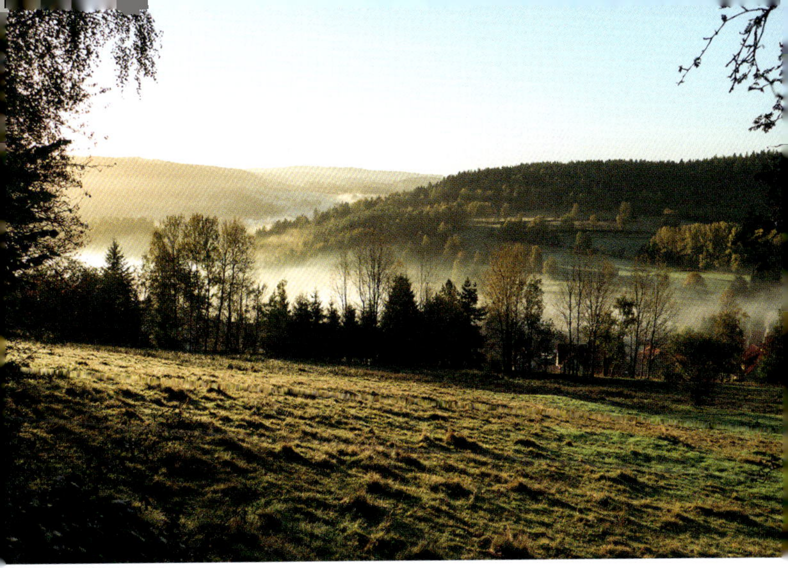

Frühnebel im Haselbachtal.

der **Zwölf Apostel** ❸ gehört. Er ist nach Matthias benannt. Weiter oben erreichen wir den Jakobus-Felsen, von dem aus wir mit etwas Kletterei bereits Aussicht haben, oder wir machen einen kurzen Abstecher auf dem Pfad nach rechts zum Philippus-Felsen, wo wir ohne Kletterei noch bessere Aussicht genießen: Der Blick reicht übers Tal bis zur Vorderrhön mit Baier und Pleßberg.

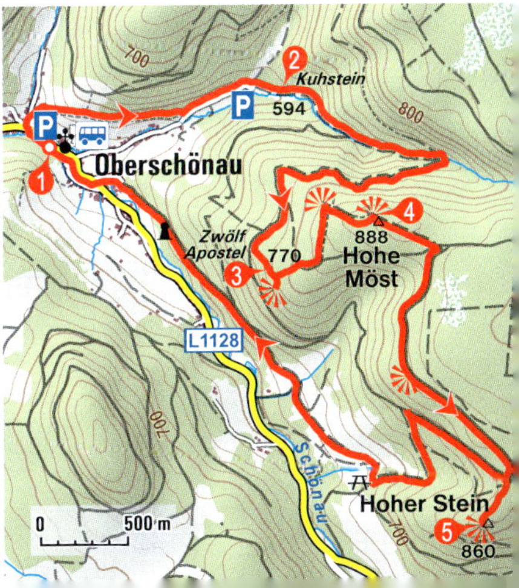

Anschließend setzen wir unseren Weg auf dem Hauptpfad Richtung Hohe Möst fort. Er führt zu einem Schotterweg, den wir rechts hinaufgehen, um bald auf den Pfad nach links zu wechseln (Schild: Hohe Möst 1 km). Wir gelangen zum mit Geländer gesicherten Aussichtspunkt auf dem Vorderen Möstfelsen, folgen dem Pfad weiter und passieren den Sendemast. An der Gabelung halten wir uns links und erreichen das Plateau auf dem **Hinteren Möstfelsen** ❹. Es wartet mit Blick bis zum Großen Inselsberg auf,

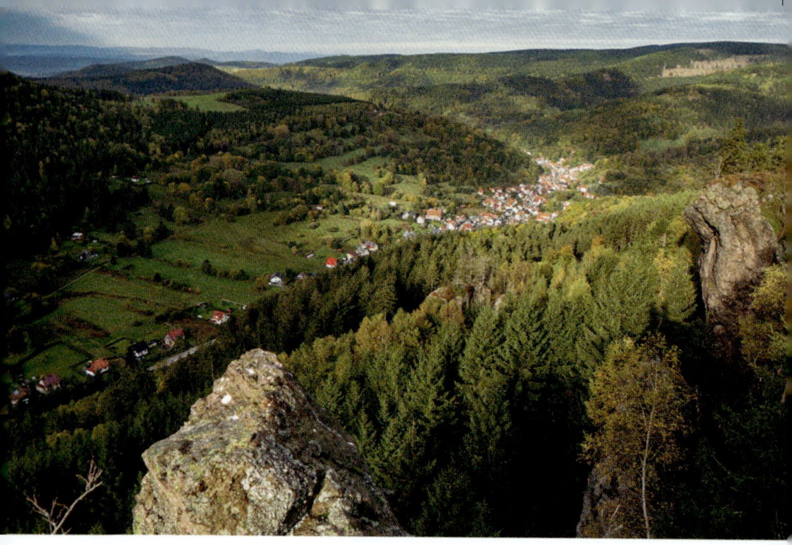

Blick von den Zwölf Aposteln auf Oberschönau.

bevor wir auf dem nun breiten Weg weitergehen Richtung Oberhof. Am Querweg wenden wir uns nach links und sogleich in den Querweg rechts hinunter (Markierung: 11). Rechts öffnet sich eine Lichtung, die uns Blick zum Hermannsberg gewährt. Später sehen wir halb rechts bereits den Hohen Stein und weiter entfernt rechts den Ruppberg. Am Querweg biegen wir rechts ab und gehen geradeaus über die nächste Kreuzung, Richtung Hoher Stein. An der Gabelung wählen wir den Pfad links auf den **Hohen Stein** ❺, 860 m, hinauf. Hier haben wir wunderbare Panoramasicht: vor uns der Ruppberg, fern zur Linken der Kleine Gleichberg und rechts der Dolmar.

Nun kehren wir zur Kreuzung zurück und wenden uns nach links (Schild: Oberschönau). Bei erster Gelegenheit halten wir uns scharf links hinunter Richtung Finsterbach. In einer Rechtskurve kreuzen wir ein Rinnsal und nehmen danach den Pfad rechts hinab (11; Schild: Finkenstein 0,5 km). Das kleine Gewässer wird zum Bach, den wir am Rastplatz »Kümels-Ecke« überqueren. An der Gabelung gehen wir rechts hinauf (Schild: Hohe Möst 2,0 km), schwenken in den Schotterweg links hinunter ein Richtung Oberschönau und folgen dem Wegverlauf talwärts. Nach ca. 2 km erreichen wir die Gedenkstätte der Opfer von Krieg und Unrecht und wählen direkt dahinter den Pfad links, parallel zum Weg, mit dem er sich bald wieder vereint. Der nun asphaltierte Weg führt uns durch den Ort zur Hauptstraße von **Oberschönau** ❶ hinab, an der wir rechts zum Ausgangspunkt zurückkehren.

↗ 590 m | ↘ 590 m | 13.5 km

5.00 h

TOP **19**

Gebrannter Stein und Ruppberg

Auf Naturwegen zu mehreren herausragenden Aussichtsfelsen

Zahlreiche Pfade und naturbelassene Wege führen uns zu einigen der besten Aussichtspunkte des Thüringer Waldes hinauf. Ob vom Heinrichsbacher Stein, dem Ruppberg oder dem Gebrannten Stein, überall haben wir wunderbare Fernsicht. Im Frühjahr und Sommer stehen darüber hinaus die Bergwiesen in voller Blüte, während wir im Herbst das Röhren der Hirsche hören können.

Ausgangspunkt: Parkplatz »Am Markt«, 466 m (Peter-Haseney-Str. 9, 98544 Zella-Mehlis).
ÖPNV: Bushaltestelle »Mehlis Markt« gegenüber vom Ausgangspunkt, MBB Linien 31 und 32 (Stadtbus, ca. stdl.); SNG Linien B bzw. B/F (Suhl – Zella-Mehlis, Mo–Fr ca. alle 20 Min., Sa/So stdl.). Darüber hinaus kommen viele weitere MBB Linien und Züge am Bahnhof Zella an.
Anforderungen: Fast ausschließlich Naturwege und Pfade, die teilweise steil und steinig sind. Die Aussichtsfelsen erfordern etwas leichte Kletterei. Die Orientierung auf den Wiesenpfaden ist nicht einfach. Sie können durch mobile Weidezäune versperrt sein (Umgehungen s. Varianten).
Einkehr: Ruppberghütte (Mai–Okt. Sa/So geöffnet, ruppberg.de, Tel. +49 1525 4199848); mehrere Lokale in Zella-Mehlis.
Varianten: 1. Wir folgen der Straße weiter nach rechts, biegen bei nächster Gelegenheit links in den Asphaltweg »Zum Veilchenbrunnen« ab, halten uns sogleich an der Gabelung rechts hinauf und stoßen auf einen Schotterquerweg, den wir halb links hinaufgehen. Wir ignorieren Abzweige, überqueren einen Bach und erreichen beim Wegweiser mit dem Schild »Heinrichsbacher Stein 1,0 km« wieder die Hauptroute. – 2. Wir wenden uns beim Wegweiser »Hosenlatz« nach rechts, Richtung Denkmal Jahnstein, biegen nach ca. 650 m links zum Jahnstein ab, stoßen auf einen Asphaltweg, dem wir nach rechts folgen, und erreichen beim Wegweiser »Ruppertstal« wieder die Hauptroute.
Tipps: In Zella-Mehlis bieten sich für einen Besuch außerdem an: 1. das Meeresaquarium (meeresaquarium-zella-mehlis.de), – 2. das Stadtmuseum, – 3. das Explorata (explorata.de).

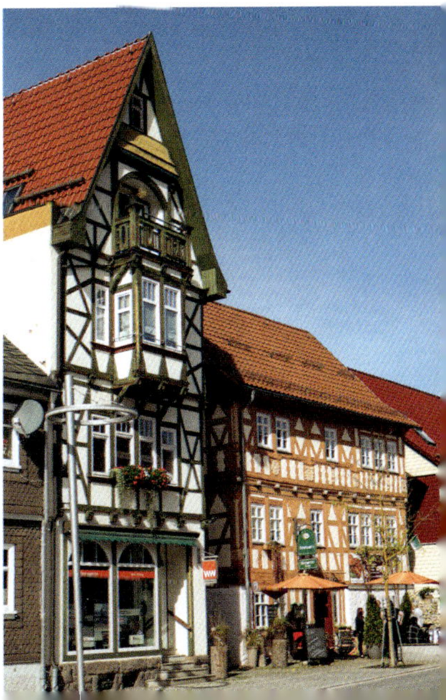

In Zella-Mehlis.

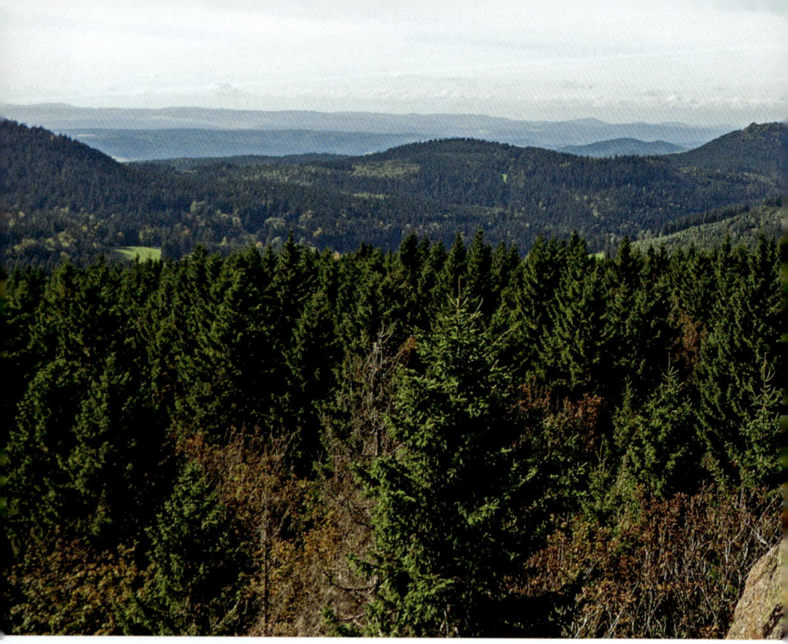

Rast auf dem Gebrannten Stein.

Vom Parkplatz in **Zella-Mehlis** ❶ gehen wir rechts zur Kirche. Dahinter verläuft die Hauptstraße nach rechts, aber wir wählen die Hintergasse geradeaus hinauf und an ihrem Ende den Steinweg geradeaus. Der Steinweg geht in den »Sandiger Weg« über, dem wir zunächst folgen, um dann rechts in die Einbahnstraße (rotes Schild mit weißem Balken) abzubiegen. Wo sie nach rechts schwenkt, halten wir uns geradeaus auf den Wiesenweg. Beim Teich unmittelbar zur Rechten nehmen wir noch vor dem Bach den Pfad links hoch, wenden uns sofort nach rechts und gehen mit den Bäumen zur Rechten geradeaus bergan. Der Weg wird breiter und wo er eine Linkskurve beschreibt, verlassen wir ihn auf den Pfad geradeaus. Wir gelangen an eine Straße, die wir schräg nach rechts überqueren, um dem Wiesenpfad zu folgen. Falls der Weg mit Weidezaun versperrt ist, nehmen wir hier Variante 1. An der Kreuzung wenden wir uns nach links. Der Pfad gabelt sich sofort und wir halten uns rechts. Auch am Querweg gehen wir rechts und an der nächsten Gabelung links, um die Brücke zu überqueren. Dahinter folgen wir zunächst dem Bachlauf nach rechts, dann der Baumreihe geradeaus zum Wald hinauf, den wir bei zwei Bänken mit herrlicher Aussicht erreichen. Hier schwenken wir rechts in den Schotterweg ein, der uns zu einem Wegweiser führt, an dem wir uns links hinauf wenden (Schild: Heinrichs-

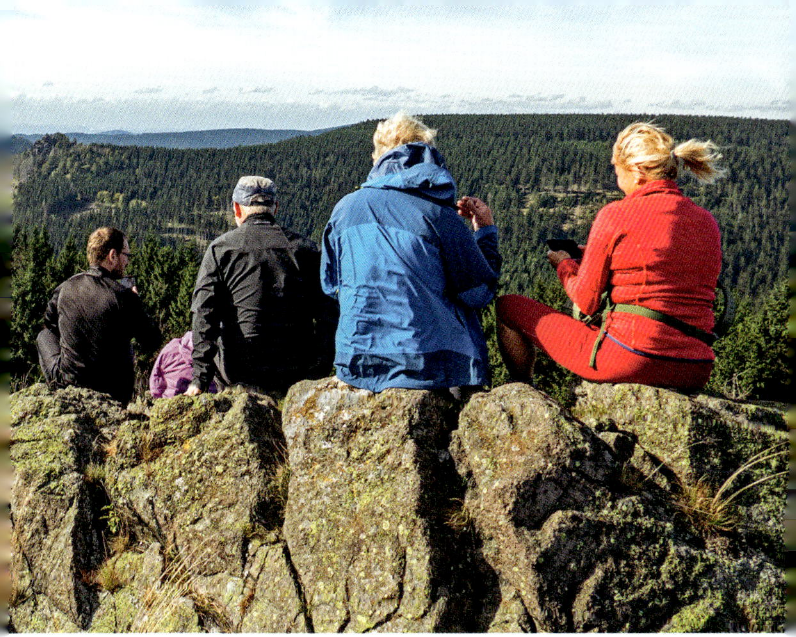

bacher Stein 1,0 km; hier trifft die Umgehung der Weide von rechts wieder auf die Tour). Kurz darauf gehen wir bei der Schutzhütte samt überdachter Picknickbank geradeaus über die Kreuzung und biegen direkt danach rechts ab, Richtung Gebrannter Stein. Oben bei der Picknickbank wenden wir uns nach links (Schild: Heinrichsbacher Stein 0,2 km) und ca. 200 m weiter machen wir links den Abstecher auf den **Heinrichsbacher Stein** ❷, von dem wir schönen Blick zum Ruppberg haben. Dann biegen wir nach ca. 100 m auf den Wiesenweg rechts hinauf ab und gelangen schließlich an einen Querweg, gehen wenige Meter nach links und sogleich rechts hoch. Der Weg führt uns am Kaltenbrunner Stein vorbei (rechte Wegseite), der mit etwas Kletterei gute Aussicht bietet.

Danach wechseln wir in der Linkskurve auf den Pfad rechts bergauf. Er endet an einem Querweg, dem wir ca. 100 m rechts hinauf folgen, und bevor er sich abwärtsneigt, schwenken wir an der unscheinbaren Kreuzung links in den Pfad ein. Wir kommen an ersten Felsen vorüber, wenden uns am Querpfad links hinauf und erreichen den alles überragenden **Gebrannten Stein** ❸, 897 m, an dem wir rechts vorbeigehen. Auf dieser Seite findet sich auch der Aufstieg, der etwas Kletterei mit fantastischem Rundumblick belohnt: auf die Skischanze von Oberhof, die Gipfel des Thüringer Walds, das Tal von Zella-Mehlis und den Ruppberg.

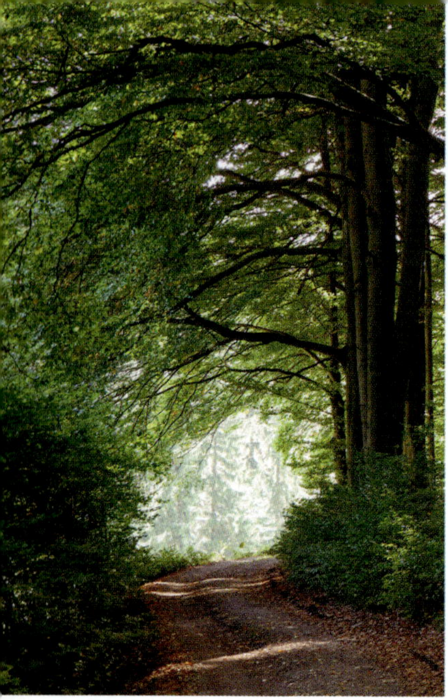

Buchenwald oberhalb von Zella-Mehlis.

Zurück auf dem Pfad folgen wir ihm weiter und stoßen talwärts auf einen Schotterweg, auf dem wir ca. 200 m nach rechts gehen, um links den Wiesenweg bergab zu nehmen. Wir ignorieren Abzweige und erst bei einer Picknickbank wählen wir den Weg halb links hinab, Richtung Steinbach-Hallenberg. Der Forstweg endet an einem geschotterten Platz, auf dem wir rechts abbiegen und sofort wieder links, am Schild »Hundsrück« und einer Bank vorbei. In den Wegsenken gibt es Feuchtbiotope, die sich aber umgehen lassen. Schließlich überqueren wir einen Parkplatz und folgen der Landstraße ca. 50 m nach rechts, um dann links den Weg auf der anderen Straßenseite zu nehmen (Schild: Ruppberg über Rupprasen 2,5 km). Bald haben wir erst Blick auf den Hohen Stein, dann auf die Felsformation Zwölf Apostel. Wir passieren die Picknickbank bei der Viehtränke am Rupprasen, halten uns an der Gabelung links und auch an der Kreuzung mit der überdachten Picknickbank (Schild: Ruppberggipfel 1,3 km; rechts findet sich eine Schutzhütte). Nach ca. 150 m biegen wir links ab auf den Wiesenweg zum Ruppberg. Am Ende der Wiese lädt uns eine Picknickbank zur Rast ein. Im Wald wenden wir uns nach ca. 150 m an der Gabelung nach links und gehen geradeaus über die Kreuzung bei der Tafel mit der Jungfrauen-Sage. Oben auf dem **Ruppberg** 4, 866 m, stand einst eine Burg; heute lockt uns die Baude zur Einkehr und wir haben einen wunderbaren Blick vom Gipfel.

Auf selbem Weg geht es zur Kreuzung zurück, an der wir nun links hinunter abbiegen. An der Kreuzung bei der Schutzhütte entscheiden wir uns für den linken Weg (Schild: Oberhof 7 km) und an der Gabelung für den rechten. Wir kreuzen einen Querweg und nehmen den Pfad abwärts (Markierung: roter Punkt). Am nächsten Querweg, wo wir links die Landstraße sehen, folgen wir dem Pfad – ein Stück nach rechts versetzt – geradeaus weiter bergab. An einer Wiese vorbei, gelangen wir in Fichtenbestand, halten uns an der Gabelung links und steigen noch steiler hinab. Unten gehen wir rechts und dann geradeaus, mit dem Wald zur Linken und der Bergwiese zur Rech-

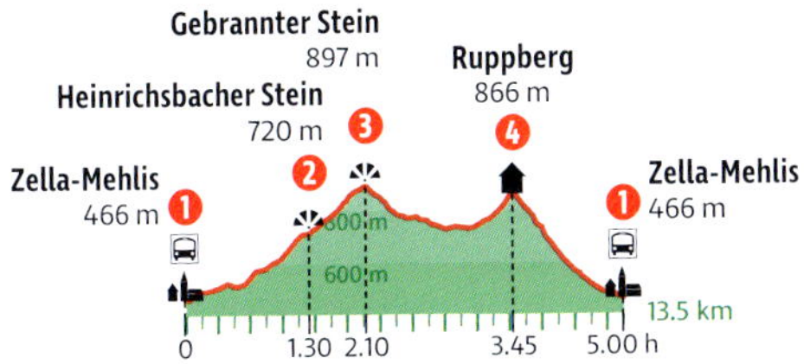

ten (roter Punkt). Beim Wegweiser »Hosenlatz« kreuzen wir den Querweg schräg nach rechts und nehmen den Wiesenpfad abwärts, mit dem Bach zur Linken. Der Pfad ist anfangs bisweilen undeutlich. Sollte er aufgrund von Beweidung nicht passierbar sein, folgen wir hier Variante 2.

An der Brücke vorbei, tauchen wir geradeaus wieder in den Wald ein. Der Weg führt an Gärten vorbei und ist ab dem Ortsrand von Zella-Mehlis asphaltiert. Wir passieren den Wegweiser »Ruppertstal«, wo die Weideumgehung zu uns stößt, biegen wenige Meter dahinter auf den Pfad links ab Richtung Touristeninformation und erreichen einen Parkplatz. Hier überqueren wir die Straße, um geradeaus in die Spielstraße zu gehen. Hinter dem Ende des Spielstraßenbereichs nehmen wir den Pfad zur Linken, kreuzen die Feldgasse und folgen dem Fußweg geradeaus, um rechts in die Querstraße einzuschwenken. An deren Ende wählen wir den Fußweg links hinunter, gehen auf dem Querweg rechts und halten uns dann links zum **Ausgangspunkt 1**.

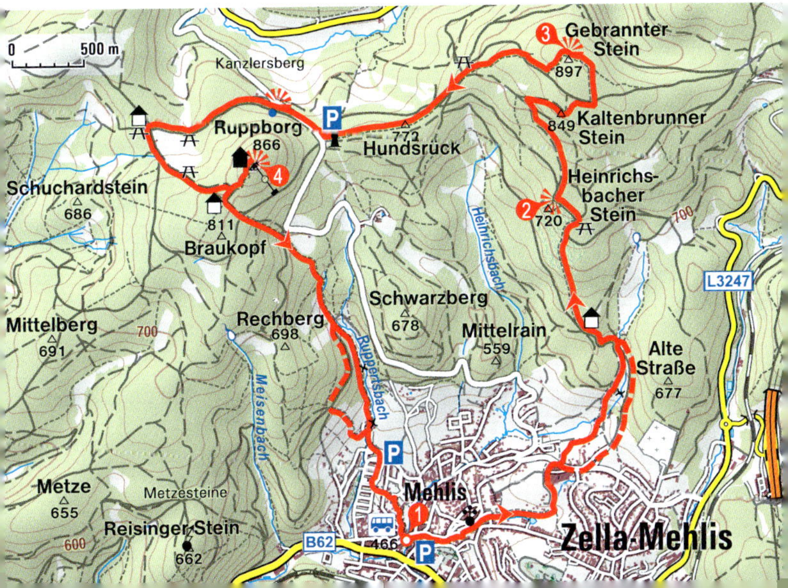

↗ 470 m | ↘ 470 m | 18.8 km

20 Die Reinsberge

5.45 h

Über den Veronikaberg zu den Karstklippen hoch über Plaue

Von Plaue geht es über die Wiesen des Frankentals nach Martinroda und in das Naturschutzgebiet auf den Veronikaberg hinauf, wo zwischen Buchen über 600 seltene Eibenbäume wachsen. Auf schönen Pfaden führt die Tour über den Kamm des Rabenbergs und die Reste der Reinsburg zu beeindruckenden Felswänden aus Muschelkalk, der hier mehrere Orchideenarten gedeihen lässt.

Ausgangspunkt: Bahnhof Plaue, 330 m (Navi: Am Bahnhof 1, 99338 Plaue). Parken am Bahnhof oder am Schwimmbad auf der anderen Seite der Gleise.
ÖPNV: Bahnhof Plaue (Ilmenau – Erfurt, stdl.). Bushaltestelle »Plaue, Postplatz« IOV Linie 302 (Ilmenau – Plaue, Mo–Fr ca. stdl.), Linie 352 (Crawinkel – Plaue – Arnstadt, Mo–Fr ca. stdl., Sa 3x tgl.). Noch vor der Gedenkstätte biegen wir rechts ab und sind auf der Route.
Anforderungen: Etwa zu gleichen Anteilen befestige, leicht begehbare Wege und naturbelassene Pfade, die streckenweise steil und steinig sind.
Einkehr: Am Weg keine; mehrere Lokale in Plaue.
Variante: Wer nur eine Streckenwanderung über die Reinsberge unternehmen möchte (↗ 350 m | ↘ 450 m | 13.6 km), kann von Plaue mit der Bahn nach Martinroda fahren (stdl. Anbindung) und von dort zurücklaufen: Mit dem Rücken zum Bahnhof von Martinroda wenden wir uns nach rechts und biegen bei erster Gelegenheit links ab. Die schmale Straße führt zu einer Landstraße hinunter, an der wir ca. 400 m nach rechts gehen, um links in die Straße »Veronikaberg« abzubiegen. Hier nehmen wir sogleich beim Wegweiser den Pfad rechts hinauf (Markierung: blauer Balken; Schild: Karolinenblick 1,2 km). Dieser Markierung folgend erreichen wir kurz darauf die Haupttour beim Waldrand ❸ nahe Martinroda.

Mit dem Bahnhof von **Plaue** ❶ im Rücken gehen wir an der Straße nach links und an der Querstraße rechts (nicht links über die Gleise), um nach ca. 300 m in die erste Straße zur Linken abzubiegen. Wo der Asphalt endet, folgen wir dem Weg »Am Vogelsteich« geradeaus, passieren den Teich Richtung Angelroda und verlassen den Ort über den Bahnübergang. Anschließend überqueren wir vorsichtig eine unbeschrankte Bahnstrecke und

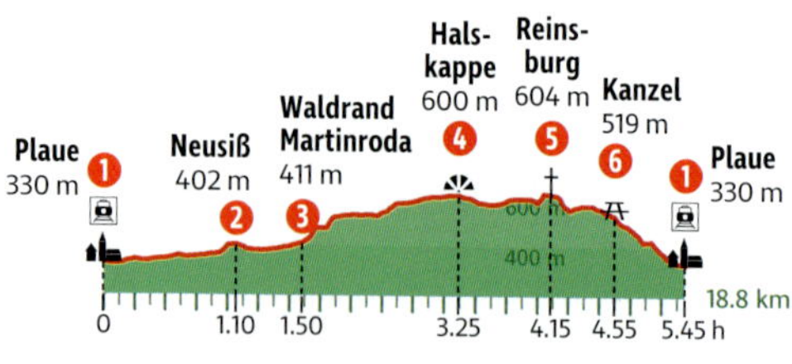

wenden uns dahinter bei der Bank nach rechts. Der Weg führt bald links vom Gleis fort, und wir folgen ihm längere Zeit geradeaus am Gehölz entlang, dann über die Kreuzung der Wiesenwege in die offene Feldflur. Kurz vor dem Waldrand gehen wir wenige Meter links zum Wegweiser hinauf, um die bisherige Richtung auf dem Pfad parallel zur Wiese fortzusetzen (Schild: Neusiß 2,4 km). An der Gabelung halten wir uns rechts Richtung Neusiß. Wo der Gehölzstreifen zwischen uns und der Wiese endet, gehen wir auf dem Pfad weiter, ca. 20 m am Wiesenrand entlang und dann links durchs Gesträuch. Der Pfad stößt auf einen Querweg, in den wir nach links einschwenken, am Bach entlang durch Wald. Ab der Bank am Waldrand führt der Weg der Länge nach über eine Wiese. Wir folgen immer weiter dem Wegverlauf, gehen über die Brücke und weiter bergan durch die Felder. Der Schotterweg erreicht bei **Neusiß** 2 eine Landstraße, vor der wir den Parallelweg nach links und den ersten Asphaltweg links hinunter nehmen. Nun geht es zur Brücke hinab, hinter der wir rechts abbiegen Richtung Martinroda. Erneut folgen wir dem Wegverlauf lange geradeaus, auch über die Kreuzung und schließlich in den Wald. Kurz darauf erreichen wir einen Platz mit zwei Bänken am Ortsrand von Martinroda und wenden uns links hinauf, am Rand der Wiese entlang. Beim Wegweiser am Waldrand gabelt sich der Weg und wir wählen den rechten Pfad. An einer Bank weist uns der nächste Wegweiser links hoch in den Wald, auf den Themenwanderweg »Von Goethe zu Bach« (Markierung: blauer Balken). Hier am **Waldrand** 3, in Sichtweite von **Martinroda,** kommen uns die Streckenwanderer vom dortigen Bahnhof her entgegen und biegen dementsprechend rechts ab. Bis auf Weiteres orientieren wir uns am blauen Balken. An der Pfadkreuzung wenden wir uns rechts hinauf und auch an der Gabelung rechts. Oben

Im Tal des Reichenbachs.

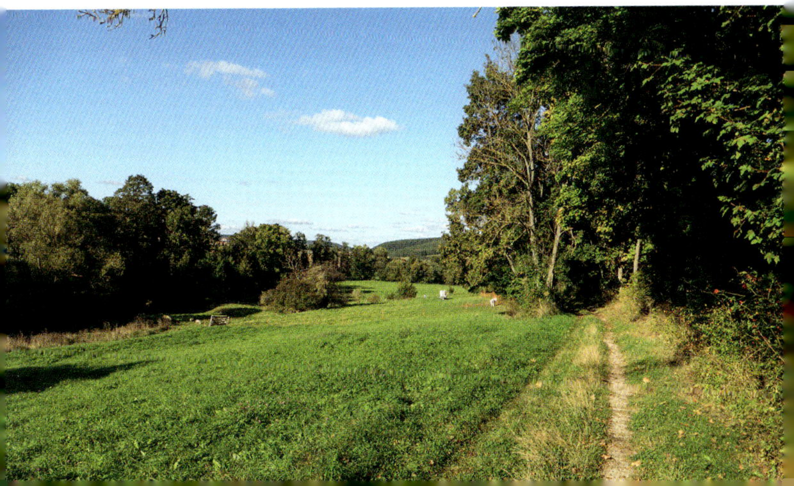

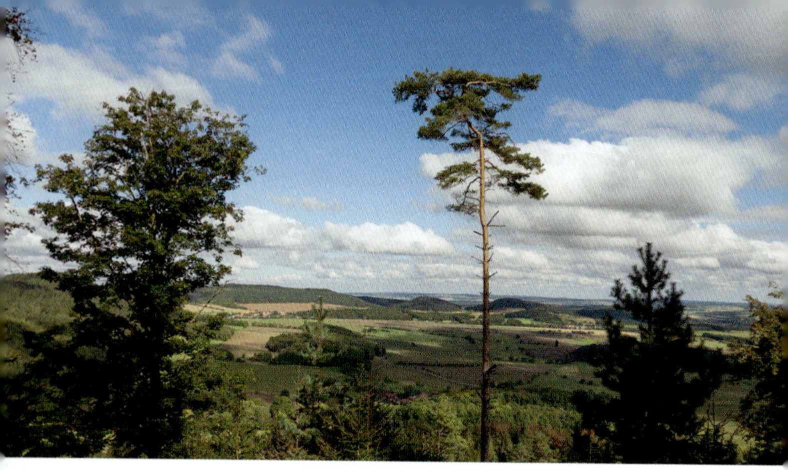

Weiter Blick nahe der Halskappe, der höchsten Stelle des Bergrückens Heydaer Berg.

folgen wir dem Querweg nach rechts. Er endet an einem Querpfad, der uns links zur Aussichtsbank Karolinenblick hochführt. Die Sicht ist etwas eingewachsen und wir folgen dem markierten Pfad weiter. Zwischen hohen Buchen fallen kleinere, dunkle Nadelbäume auf: die Eiben, deren Nachwuchs durch Zäune vor Wildverbiss geschützt wird. Wir passieren eine Bank mit Info-Tafel und gelangen zur Kreuzung »Hexenplatz«. Hier wählen wir den Schotterweg halb links hinauf Richtung Halskappe, und wo er sich gabelt, biegen wir auf den Pfad rechts ab (beim Naturschutzgebiet-Schild). Er führt uns zu einer Wiese, an der wir links hinaufgehen in den Wald. An der Kreuzung bei einem weiteren Naturschutzgebiet-Schild halten wir uns links bergan und stoßen auf einen Schotterweg, in den wir rechts einschwenken. Nach ca. 150 m nehmen wir beim Wegweiser den Pfad nach links. Hier ist der Wegverlauf durch neue Rodungen manchmal schwieriger zu erkennen. An der Gabelung halten wir uns rechts bergauf. Wo er sich einem parallelen Schotterweg nähert, bleiben wir auf dem markierten Pfad (blauer Balken) und auch im gerodeten Hohlweg gehen wir rechts zur Markierung hinauf. An der Kreuzung wählen wir den Grasweg geradeaus (Schild: Halskappe 0,2 km). Er schwenkt beim Wegweiser »Heyda – Schmerfeld« nach links, aber wir machen erst einen Abstecher geradeaus zur Aussichtsbank **Halskappe** **4** mit weitem Blick über Schmerfeld und Wipfra hinweg.
Dann folgen wir dem markierten Weg, bis er in einen Querweg mündet, auf dem wir nach rechts gehen. Auf einer Lichtung passieren wir eine Schutzhütte samt Picknickbänken, bevor wir Richtung Rabenkopf wieder in Wald eintauchen. An der Kreuzung bei der Picknickbank halten wir uns geradeaus hinauf und folgen dem markierten Wegverlauf, bis er an einer Gabelung nach links schwenkt. Hier gehen wir auf dem Grasweg geradeaus und

kürzen den Schlenker zur eingewachsenen Aussicht »Rabenkopf« ab. Am Ende des Wegs biegen wir rechts auf den Querpfad ab und befinden uns wieder auf dem Themenweg (blauer Balken). Er führt, an Silberdisteln und alten Grenzsteinen vorbei, auf dem Rabenberggrat entlang. Wir ignorieren die unscheinbare Kreuzung und halten uns erst an der Gabelung rechts, am Graben entlang. Bald erreichen wir das Kreuz auf der **Reinsburg** 5, 604 m, auf der bereits die Kelten eine Fliehburg errichtet hatten.

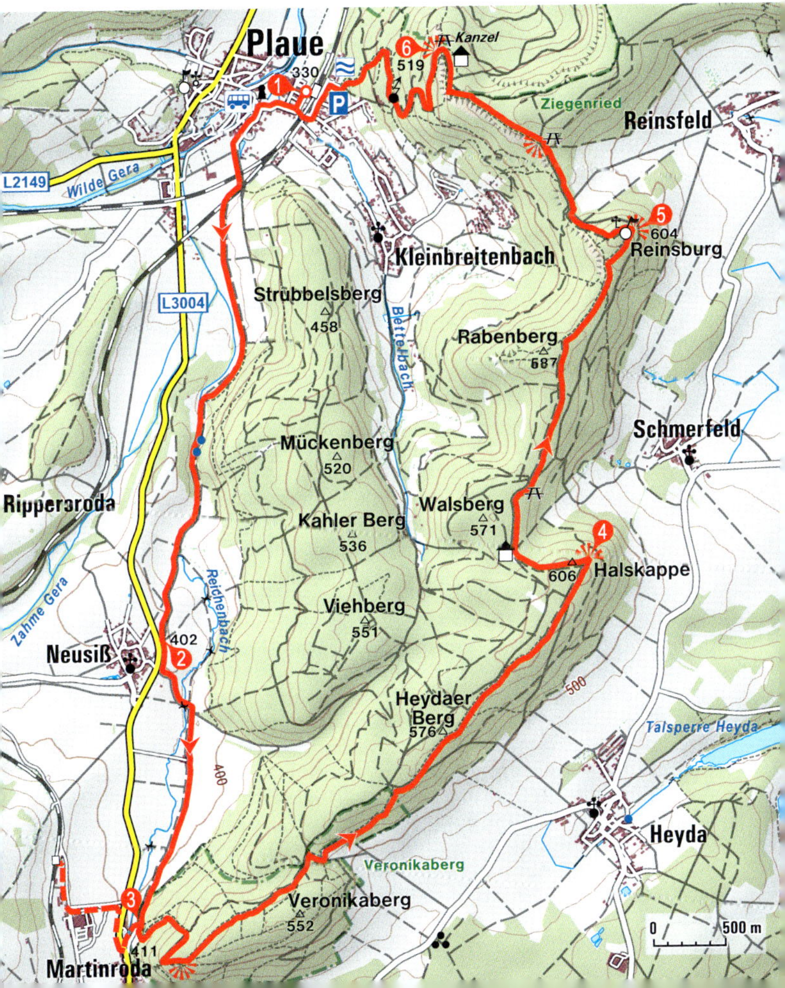

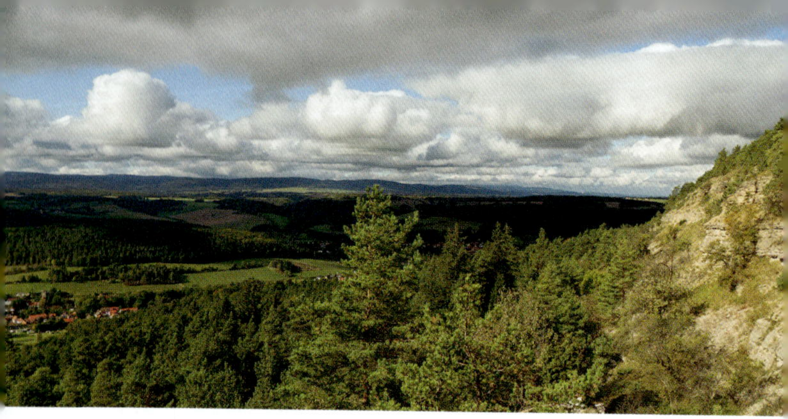

Immer wieder haben wir Aussicht auf die Muschelkalkklippen.

Unsere Tour verläuft geradeaus am Wegweiser vorbei (Schild: Reinsberge, Kanzel 1,8 km) und dann links, zuvor genießen wir jedoch den Blick auf die Talsperre Heyda, den Thüringer Wald und das Schiefergebirge. Dann weist uns die Markierung bergab zu einem Querweg, der uns links zu einer Kreuzung bringt, über die wir – leicht nach rechts versetzt – geradeaus weitergehen Richtung Kanzel. Wir folgen dem Weg zum Rastplatz »Kleinbreitenbach«, wo uns eine Picknickbank und Bänke mit schönem Blick auf den Thüringer Wald erwarten. Hier verlassen wir den markierten Weg auf den Pfad links, oberhalb der Kalkklippen (Schild: Kanzel). Er ist teilweise ausgesetzt, aber es gibt stets einen Alternativpfad weiter von der Kante entfernt. Meist haben wir Fernblick und Sicht auf die Felswände unter uns. Schließlich mündet der Pfad in einen Weg, dem wir geradeaus folgen. Kurz nach der Schutzhütte führt unsere Tour beim Wegweiser links hinab Richtung Plaue, aber zuerst machen wir den kurzen Abstecher geradeaus zum Aussichtspunkt **Kanzel** 6. Hier laden uns (Picknick-)Bänke zum Bewundern des Fernblicks ein, der weit über Plaue und die Ruine Ehrenburg hinausreicht. Dann gehen wir auf dem Pfad talwärts. Er wird breiter und wir folgen dem gewundenen Wegverlauf abwärts, bis wir beim Antennenmast zur Linken und der Bank zur Rechten rechts abbiegen (Schild: Haases Ruh). Beim Wegweiser wählen wir den Pfad steil links hinunter, Richtung Plaue, und ignorieren den nächsten Abzweig. Bei einer Quelle und Bänken gehen wir geradeaus hinab (Schild: Plaue 800 m), kommen an einer weiteren Quelle vorbei, kreuzen einen Schotterweg und halten uns an zwei Abzweigen jeweils rechts hinunter, bis uns der Pfad in einer Linkskurve zum Schwimmbadparkplatz führt. Den Parkplatz gehen wir der Länge nach hinab und nehmen den Betonplattenweg nach links. Er stößt auf eine Querstraße, an der wir rechts abbiegen und den Bahnübergang nutzen, um dahinter rechts auf bekanntem Weg zum Bahnhof von **Plaue** 1 zurückzukehren.

↗ 430 m | ↘ 430 m | 12.0 km

4.00 h

Die Hohe Warte bei Elgersburg

Durch Fichtenwälder zu schönen Felsen und einem Aussichtsturm

Von den beeindruckenden Goethefelsen führt die Wanderung auf den Spuren des Malers Edvard Munch mit Blick auf Schloss Elgersburg in die Wälder auf der Hohen Warte hinauf. An verborgenen Felsen vorbei erreichen wir den Carl-Eduard-Turm, der uns herrliche Fernsicht in alle Richtungen bietet. Mit schönem Blick auf die Mönchsheide geht es nach Elgersburg zurück.

Ausgangspunkt: Bahnhof von Elgersburg, 495 m (Navi: Bahnhofstr. 30, 98716 Elgersburg). Parken am Bahnhof oder gegenüber.
ÖPNV: Bahnhof Elgersburg (Ilmenau – Erfurt, stdl.). Bushaltestelle »Elgersburg, Bahnhofstr.« am Ausgangspunkt, IOV Linie 301 (Ilmenau – Elgersburg – Gräfenroda, Mo–Fr ca. stdl., Sa 3x tgl.), Linie 364 (Ilmenau – Elgersburg, Mo–Fr 3x tgl.).
Anforderungen: Überwiegend leicht begehbare Wege und Waldpfade, die aber streckenweise auch sehr steil, steinig oder etwas eingewachsen sind.
Einkehr: Gasthaus Hohe Warte (Mo–Mi Ruhetag, gasthaus-hohe-warte.de, Tel. +49 3677 792240); Geratal-Klause (Mo/Di Ruhetag, geratal-klause-geraberg-bei-ilmenau.business.site, Tel. +49 3677 797617).
Tipps: 1. Der Aussichtsturm ist nur zu den Öffnungszeiten des Gasthauses Hohe Warte gegen eine beim Wirt zu entrichtende Gebühr zugänglich. – 2. Nach Anmeldung ist eine Führung im Schloss Elgersburg möglich (zugleich auch Hotel und Restaurant, schloss-elgersburg.de).

Mit dem Rücken zum Bahnhof von **Elgersburg** ❶ gehen wir die Straße links bergan (Schild: Arzt 0,3 km), biegen bei erster Gelegenheit scharf rechts hinauf ab in den Munch-Rundwanderweg und sogleich scharf links, den Fußweg hinauf, um nach wenigen Metern die Stufen rechts hinaufzusteigen. An der Gabelung halten wir uns links. Wo der Fußweg an der Straße endet, wenden wir uns nach links und nehmen an der nächsten Ecke die Körnbachstraße rechts hinunter. Sie geht am Ende in einen Pfad über (Schild: Goethe-Droeße-Fel. 0,2 km), der uns über eine Brücke zu den Goethe-Felsen führt. Hinter der Brücke schwenken wir links in den Querweg ein und passieren die Reste der Mühle, in der Goethe 1831 seinen letzten Geburtstag feierte. Wenige Schritte weiter steigen wir beim Wegweiser rechts die Stufen hinauf (wer nicht schwindelfrei ist, geht geradeaus weiter, denn Weg und Pfad treffen beim Teich wieder auf-

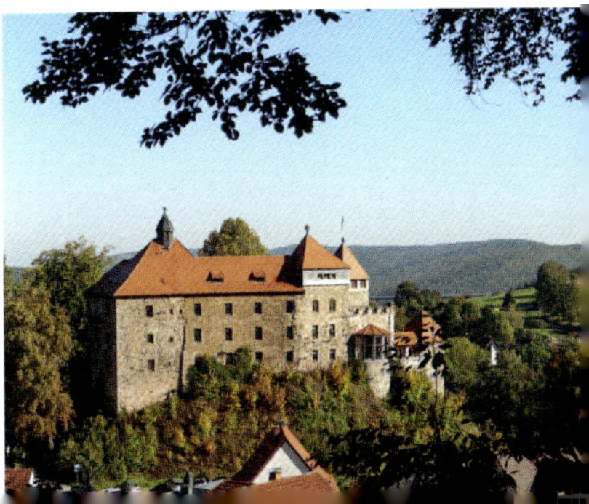

Die auf das Jahr 1088 zurückgehende Elgersburg wurde 1905 zum Schloss ausgebaut.

einander). Der Pfad führt steil bergan und wir halten uns an der Gabelung links, an weiteren Felsen vorbei, und schließlich geradeaus, bis wir auf den Weg stoßen und den Goldfischteich erreichen. Wir umrunden den halben Teich gegen den Uhrzeigersinn und folgen auf der anderen Seite, vor der Schutzhütte, dem breiten Weg nach links. Weiter oben kreuzen wir eine Asphaltstraße (Schild: Hohe Warte 2,1 km), kommen an einer Villa vorbei, gehen geradeaus über die Kreuzung (Schild: Schelihaweg) und passieren den Edvard-Munch-Gedenkstein, an dem wir Blick auf Schloss Elgersburg haben. Am Wegweiser »Gottliebs-Platz« wenden wir uns halb rechts hinauf, Richtung Adelheidstein. Der Pfad führt in den Wald, an Adelheidstein und Sophienquelle vorbei, immer weiter bergan. Er endet an einem Querweg, dem wir rechts hoch folgen. Den nächsten Querweg gehen wir links hinauf, um nach wenigen Metern rechts auf den Pfad abzubiegen. Er bringt uns zu den Bänken auf der **Alexandrinenhöhe** 2, 660 m, und weiter (Schild: Hohe Warte 2 km) zu einer Kreuzung, an der wir den Forstweg nach rechts wählen. Nach einer Weile geht er in einen Pfad über, dem wir rechts hinunter folgen (geradeaus können wir einen kurzen Abstecher auf den Piuttifelsen machen). Der Pfad stößt unterhalb des Piuttifelsens auf einen Querpfad, in den wir links hinauf einschwenken. Wir kreuzen einen Schotterweg, bleiben auf dem Pfad bergan, Richtung Hohe Warte, und halten uns an der Gabelung rechts. Bald wird der Wegverlauf wirr, aber wir peilen die Gebäude auf dem Gipfel an und erreichen den Aussichtsturm auf der **Hohen Warte** 3, 765 m. Unsere Tour führt rechts am Turm vorbei und dahinter geradeaus zum Sendemast, aber zunächst können wir einkehren und uns vom Turm aus Blicke in alle Richtungen gönnen.

Auch am Sendemast gehen wir rechts vorüber, folgen dem Pfad geradeaus hinab und halten uns an der Gabelung rechts. Am Ende des Pfads schwenken wir rechts in die Straße ein, passieren einen Abzweig mit Wegweiser und biegen erst beim zweiten Abzweig auf den Waldweg scharf links hinunter ab. Über zwei Kreuzungen mit etwas eingewachsenen Wegen gehen wir geradeaus, dann nehmen wir den Querweg rechts hinab und auch am nächsten, etwas eingewachsenen Querweg halten wir uns rechts und folgen dem Wegverlauf bis zu einer Kreuzung. Hier schwenken wir links hinunter in den Querweg ein (geradeaus geht es zu einer Schutzhütte), der bald auf einem Höhenrücken verläuft und Blicke auf die Reinsberge mit ihren Felswänden gewährt. An der Gabelung wenden wir uns rechts hinauf, überschreiten den höchsten Punkt der **Kie-**

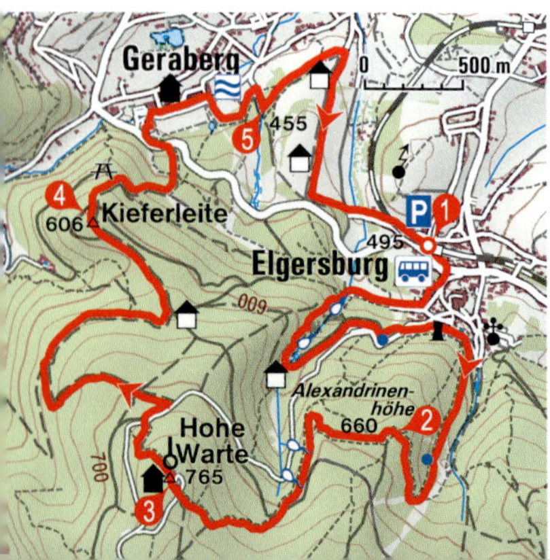

fernleite ❹ und folgen dem Weg nach rechts talwärts. Wir kreuzen einen Querweg und steigen weiter steil bergab. Bei einer Picknickbank queren wir den Themenwanderweg »Klimaweg«, passieren kurz darauf eine Lichtung und biegen ca. 50 m dahinter (nicht direkt am Ende der Lichtung!) links ab. Der alte Hohlweg führt zu einer stark befahrenen Landstraße hinunter, die wir vorsichtig überqueren, um den etwas versteckten Weg halb links hinab zu nehmen. Wir kommen an zwei Teichen vorbei und sehen bereits den Thermometerturm vor uns. Um ihn zu erreichen, gehen wir rechts hinab und auf dem Querweg links. Beim Turm wenden wir uns nach rechts, an den Sportplätzen entlang und der Geratal-Klause vorbei. Hinter dem zweiten Sportplatz ignorieren wir den asphaltierten Abzweig und biegen sogleich auf den Wiesenweg rechts ab. Beim Teich wählen wir den Pfad links in den Wald. Er endet an einer Kreuzung und wir gehen scharf rechts (Schild: Elgersburg 2 km), am **Stockenteich** ❺ vorbei. Dahinter queren wir ein Rinnsal und halten uns an der direkt folgenden Gabelung links hinauf. Der Weg wird eine Lindenallee, dann passieren wir eine Schutzhütte und am Ende müssen wir vor dem Blockhaus nach rechts, um sogleich den Querweg rechts bergan zu nehmen. Oben auf den Wiesen erwartet uns schöner Blick. Auf dem höchsten Punkt steht rechts im kleinen Hain ein Aussichtspavillon, der zur Rast einlädt, bevor wir dem Weg weiterfolgen.

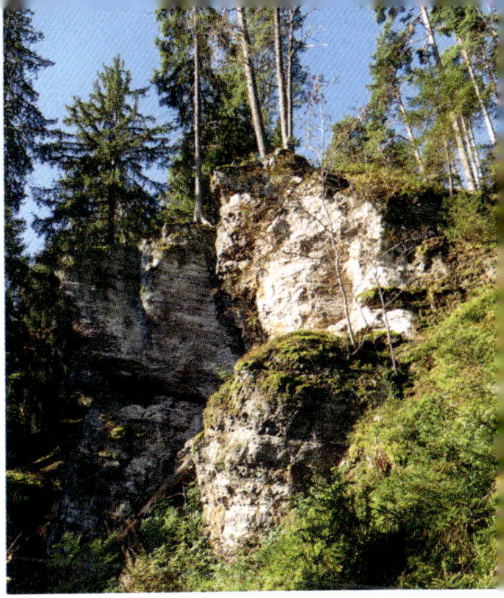

In dieser wildromantischen Schlucht findet sich der Goethe-Felsen.

Noch vor der Landstraße biegen wir links hinunter ab, halten uns unten am Querweg geradeaus (mit dem Sportplatz zur Rechten) und die gepflasterte Straße hinauf. Oben mündet sie in eine Querstraße, die uns geradeaus direkt zum Ausgangspunkt in **Elgersburg** ❶ führt.

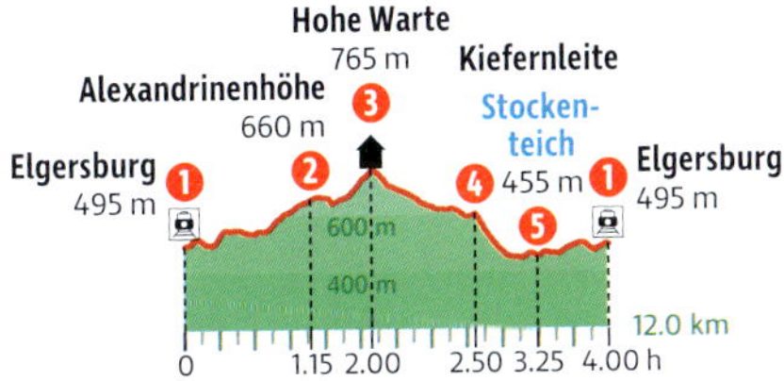

↗ 600 m | ↘ 600 m | 13.9 km

22 Von Ilmenau auf den Kickelhahn

5.00 h

Auf Goethes Spuren zu mehreren schönen Aussichtspunkten

Durch abwechslungsreichen Wald wandern wir zum Schwalbenstein hinauf, wo die Aussicht schon Deutschlands bekanntesten Dichter inspiriert hat. Auch der Weg über Manebach bietet Panoramablicke, bevor es den Großen Hermannstein hinaufgeht, wo uns neben Fernblick auch eine Höhle erwartet. Am Goethehäuschen vorbei, erreichen wir den Turm auf dem Kickelhahn, der uns herrliche 360°-Fernsicht bietet.

Ausgangspunkt: Parkplatz Festhalle in Ilmenau, 488 m (Navi: Naumannstraße 22, 98693 Ilmenau).
ÖPNV: Bushaltestelle »Ilmenau, Festhalle« direkt beim Ausgangspunkt, IOV Linie 300 (Ilmenau – Schmiedefeld – Suhl, Mo–Fr ca. stdl., Sa/So 6x tgl.).
Anforderungen: Überwiegend leicht begehbare Waldwege und -pfade, die aber streckenweise auch steil, steinig oder etwas eingewachsen sind.
Einkehr: Waldgasthof Schöffenhaus (Mi/Do Ruhetag, schoeffenhaus.de, Tel. +49 3677 4688220); Berggasthaus Kickelhahn (Tel. +49 3677 202034).
Tipps: 1. Der Aussichtsturm auf dem Kickelhahn ist zusammen mit dem Berggasthof geöffnet. – 2. Mehr über Goethes Wirken in der Region im GoetheStadtMuseum im Ilmenauer Amtshaus, in dem sich auch sein Zimmer befand (ilmenau.de/de/freizeit/museen-und-kulturstaetten/goethestadtmuseum).

Wir verlassen den Parkplatz in **Ilmenau** ❶ über die Brücke, überqueren die Schleusinger Allee zu den gemauerten Rundbögen im Hang gegenüber und gehen rechts zum Wegweiser bei den drei Bänken. Hier nehmen wir links den Pfad mit Geländer (Schild: Zogbaumweg). Er führt in Serpentinen bergauf, und wir sehen über uns schon bald den Wegweiser, an dem wir dem Querweg nach links folgen, Richtung Sophiental. Wir passieren den Dihmplatz und biegen am ersten Abzweig rechts hinauf ab zum Goethewanderweg. Oben schwenken wir links in den Querweg ein und befinden uns nun auf dem Goetheweg (Markierung: altertümliches »G«). An dieser Markierung orientieren wir uns bis auf Weiteres und wenden uns an der Kreuzung »Bärentiegel« halb links bergan, Richtung Bertha-Quelle. An

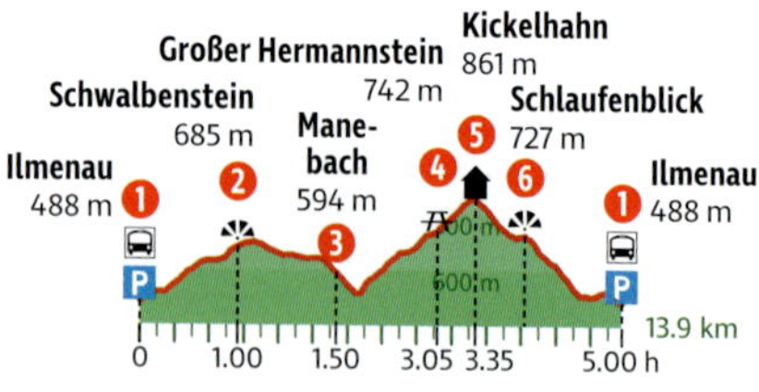

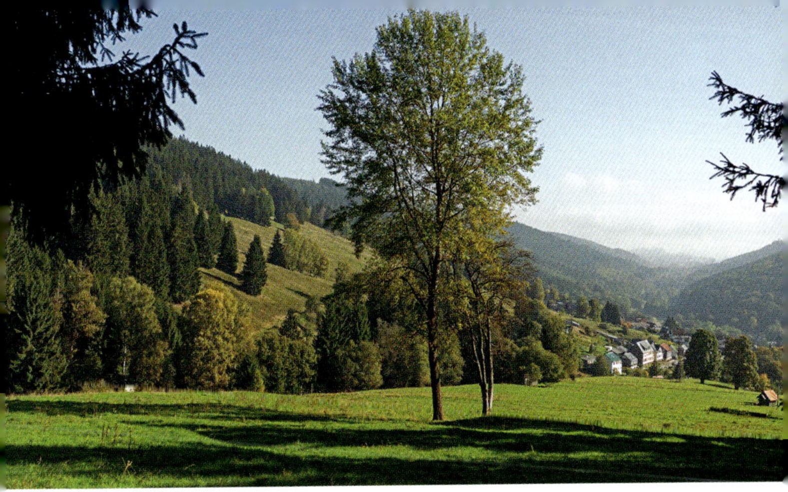

Blick auf Manebach.

der nächsten Kreuzung gehen wir links und kurz danach an der Gabelung rechts hinauf (Schild: Bertha-Quelle 1 km), dann kreuzen wir einen Schotterweg. Unser Weg wird zum Pfad, der in die »Alte Handelsstraße« mündet, die wir jedoch am Wegweiser sofort wieder auf den Pfad rechts hoch zur Bertha-Quelle verlassen. Bald passieren wir die Quelle, kreuzen einen Schotterweg, halten uns an der Gabelung unterhalb des Aussichtspavillons rechts hinauf und erreichen oben eine überdachte Picknickbank und die Kreuzung am **Schwalbenstein** ❷, 685 m. Hier folgen wir dem Goetheweg geradeaus Richtung Schöffenhaus, nachdem wir links den Pavillon besichtigt haben, in dessen Vorläufer Goethe 1779 einen Akt des Dramas »Iphigenie auf Tauris« schrieb. Wieder auf der Tour, wenden wir uns am Querweg nach links und gelangen zum Parkplatz am Schöffenhaus, wo wir geradeaus hinauf einkehren können. Unsere Wanderung führt jedoch nach links, die Asphaltstraße zum Wegweiser hinunter, an dem wir den Pfad halb rechts wählen und den Goetheweg vorerst verlassen (Schild: Emmastein 1,9 km). Über die Kreuzung gehen wir geradeaus (Schild: Leitweg) und kommen bald oberhalb von Wiesen am Waldrand entlang. Wir passieren einen Wegweiser und den Brunnen am Harzhüttenbach, biegen an der Kreuzung links hinunter ab, Richtung Bergwachthütte, und folgen bis auf Weiteres wieder dem Goetheweg (»G«). An Picknickbänken vorbei geht es talwärts und am breiten Querweg links hinab (Schild: Haus des Gastes). Unsere Tour verläuft geradeaus über die Kreuzung und mündet in einen asphaltierten, dann gepflasterten Weg, der uns in den Ort **Manebach** ❸ hinunterführt. Dort gehen wir an der Kreuzung geradeaus, die Eisengasse weiter abwärts, an der Kirche vorbei und schwenken links in die Goethestraße ein, Rich-

tung Großer Hermannstein. Ihr folgen wir in einer Rechtskurve hinab und wählen unten – im gepflasterten Bereich – die zweite Straße rechts über den Bahnübergang. Dahinter queren wir die Ilm und die Querstraße und nehmen den Fußweg mit den Stufen geradeaus hinauf (Schild: Gr. Hermannstein 1,8 km). Ihn steigen wir zur Hütte »Helenen-Ruh« hoch, vor der wir auf den Querweg rechts abbiegen, Richtung Kickelhahn. Wir gehen geradeaus über die Kreuzung und stramm bergan. An der nächsten Kreuzung verlassen wir den Goetheweg nach links (Schild: Kleiner Hermannstein 200 m), nehmen nach ca. 150 m den steilen Pfad mit Stufen rechts hinauf zum Kleinen Herrmannstein und dort den Querpfad nach rechts. Bald passieren wir die Sophienquelle, halten uns am Querweg, dem Goetheweg, links (Schild: Gr. Hermannstein 0,7 km) und geradeaus über die Kreuzung bergan. Nach ca. 300 m machen wir rechts einen kurzen Abstecher und besuchen die Hermannhöhle, bevor wir dem Hauptweg weiter aufwärts folgen zur Picknickbank am **Großen Hermannstein** 4, 742 m.
Unsere Tour führt hier links hinauf (Schild: Kickelhahn 1,0 km), aber zuerst nutzen wir rechts die steile Stahltreppe, um auf den Aussichtsfelsen mit weitem Blick auf den Thüringer Wald zu steigen. Goethe ließ sich hier zu Zeichnungen inspirieren. Wieder auf dem Goetheweg (nun ein Pfad) kreuzen wir zwei Schotterwege und wenden uns am nächsten Wegweiser rechts hinauf (Schild: Kickelhahn 0,3 km). Wir erreichen die einstige Jagdhütte, in der Goethe 1780 das Gedicht »Wandrers Nachtlied« an die Holzwand schrieb. Unsere Tour verläuft links daran vorbei, Richtung Kickelhahn, und an der Gabelung dahinter können wir wählen: Rechts geht es direkt zum Aussichtsturm, aber wir machen links einen kleinen Umweg durch den nachgebauten Jagdpavillon und an Grundmauern des herzoglichen Pirschhauses vorbei. Dahinter nehmen wir den Querpfad nach rechts, der

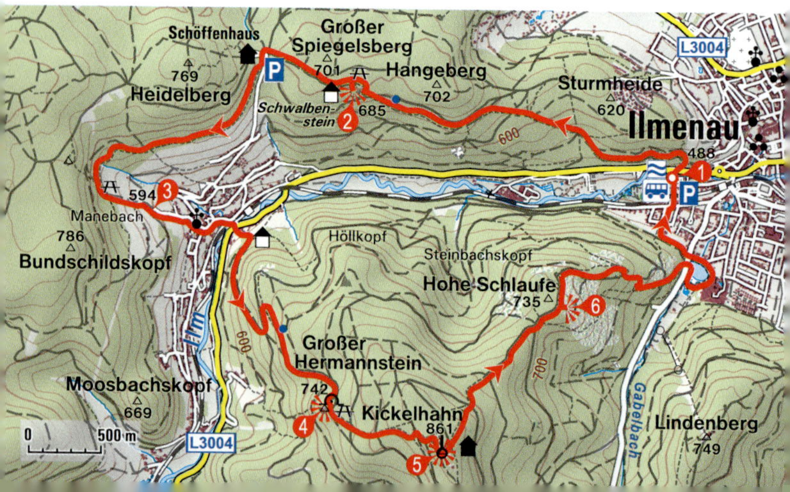

uns zum Turm auf dem **Kickelhahn** ❺, 861 m, bringt. Hier wenden wir uns vor dem Turm links hinab und verlassen den Goetheweg (Markierung: blauer Balken; Schild: Kickelhahner Weg), um sogleich am Wegweiser auf den Pfad halb rechts hinunter zu wechseln (blauer Balken; gleiches Schild). Zuvor können wir auf dem Kickelhahn einkehren und die herausragende Sicht vom Turm aus bewundern. Der Weg talwärts kreuzt einen breiteren Weg, führt auch weiter unten geradeaus über die Kreuzung (blauer Balken) und an der nächsten Kreuzung biegen wir links ab (ohne Markierung; Schild: Ilmenau über Hohe Schlaufe). Nach ca. 200 m machen wir rechts den kleinen Abstecher zur Aussichtspicknickbank **Schlaufenblick** ❻, bevor wir dem Wegverlauf steil abwärts folgen. Am Querweg wählen wir den etwas eingewachsenen »Von Treskow«-Pfad geradeaus, ignorieren abzweigende Fahrspuren und halten uns beim Aussichtspunkt »Antonien-Höhe« rechts, Richtung Ilmenau. An »Von Watzdorfs«-Aussicht nehmen wir den Pfad nach rechts (Schild: Ilmenau 1,7 km), der bald oberhalb eines Schotterwegs nach links schwenkt und als Hohlweg parallel zum befestigten Weg verläuft. Schließlich mündet er in den Forstweg, auf dem wir ca. 50 m talwärts gehen, um rechts wieder auf den »Von Treskow«-Pfad abzubiegen. Er endet an einem Querweg, dem wir links hinab folgen, Richtung Festhalle. Wir halten uns geradeaus über die Kreuzung und bald kommen rechts ein Teich und links eine Mauer in Sicht. Unser Rückweg führt direkt vor der Mauer nach links, doch vorher steigen wir ein paar Meter weiter zur Rechten die Stufen hinab und überqueren beim Denkmal die Straße, um den idyllischen Ritzebühler Teich zu umrunden. Anschließend kehren wir zur Mauer zurück, nehmen den Weg zwischen Wald und Gärten entlang und schließlich rechts die Treppe hinab. Der Grasweg endet an einer Straße, der wir abwärts folgen. Unten an der Goetheallee wenden wir uns nach rechts, um sogleich in den Fußweg links abzubiegen. Er führt uns über ein Gleis direkt zum Ausgangspunkt in **Ilmenau** ❶ zurück.

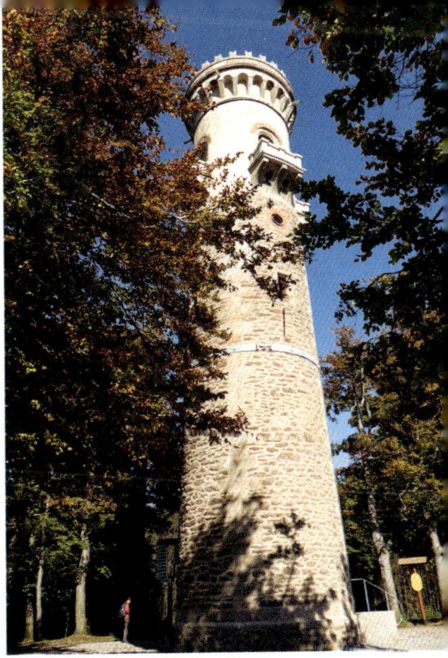

Der Marienturm (erbaut 1854/55) auf dem Kickelhahn ist der älteste erhaltene Aussichtsturm im Thüringer Wald.

↗ 380 m | ↘ 380 m | 13.8 km

23 Auf den Schneekopf

4.30 h

Auf den zweithöchsten Berg des Thüringer Waldes – und vier weitere Gipfel

In den höchsten Kammlagen führt diese Wanderung auf fünf Berge, von denen vier über 900 m hoch sind. Ausgedehnte Fichtenwälder bieten hier Rückzugsraum für Luchs und Rothirsch, deren Spuren wir mit etwas Glück entdecken können. Auf dem Schneekopf haben wir vom höchsten Punkt Thüringens aus fantastische Fernsicht in alle Richtungen.

Ausgangspunkt: Gebührenpflichtiger Parkplatz am Gasthaus Schmücke, 912 m (Navi: Schmücke 5, 98528 Gehlberg).
ÖPNV: Bushaltestelle »Schmücke« direkt beim Ausgangspunkt, SNG Linie R (Suhl – Schmücke – Gräfenroda, mehrmals tgl.).
Anforderungen: Überwiegend leicht begehbare Forstwege, aber auch längere Strecken auf Wurzelpfaden, die teilweise ausgesetzt, sehr steil oder abschüssig sind.

Einkehr: Suhler Hütte (Mo Ruhetag, suhler-hütte.de, Tel. +49 36845 50418); Neue Gehlberger Hütte, (Di/Mi Ruhetag, schneekopf.eu, Tel. +49 36845 49911); Gasthaus Schmücke (schmuecke.eu, Tel. +49 36845 5880).
Tipp: Die verglaste Plattform des Aussichtsturms auf dem Schneekopf ist gegen Gebühr Mai–Okt. 10–18 Uhr bzw. Nov.–April 10–16 Uhr zugänglich.

Auf dem Parkplatz in **Schmücke** ❶ gehen wir zum Wegweiser an der Landstraße, überqueren diese zum Haltestellenhäuschen hin und halten uns vor dem Häuschen rechts, um den Waldweg geradeaus auf den Berg hinauf zu nehmen. Er führt uns geradewegs über die Kuppe des Fichtenkopfs, 944 m, und wieder steil hinab. Unten am Querweg wenden wir uns nach rechts (Markierung: rotes Dreieck; Schild: Suhler Hütte 0,2 km), gelangen auf eine Lichtung und steigen den Pfad hinter der Bank rechts hinauf. Oben stehen wir vor der **Suhler Hütte** ❷, gehen rechts ums Haus herum und setzen unseren Weg auf dem Pfad links hinter der Terrasse fort. Er endet kurz vor der Landstraße an einem Querweg, in den wir links einschwenken (Markierung: weißes »R« für Rennsteig; Schild: Adler 1,0 km). Vorerst folgen

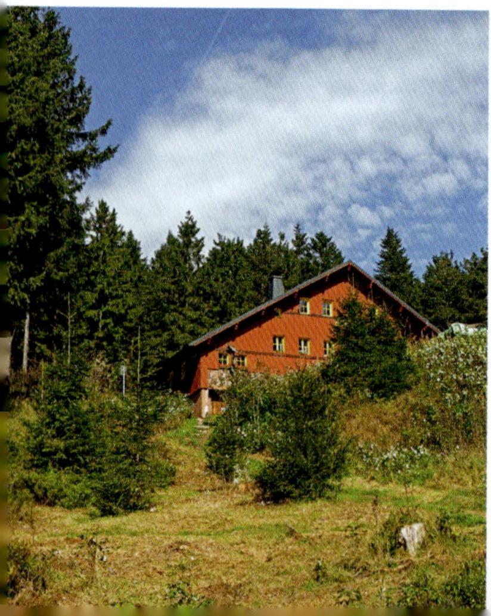

Eine der schönsten Hütten der Region: die Suhler Hütte.

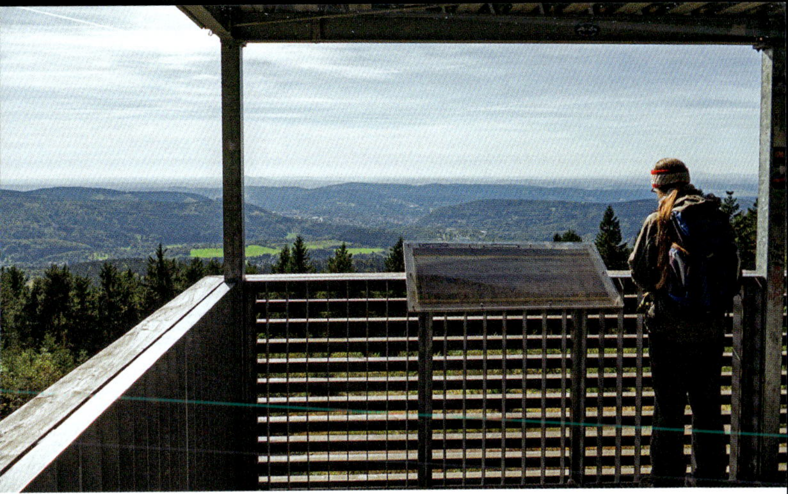

Von Pläncknners Aussicht reicht der Blick zu den Gleichbergen und zur Vorderrhön.

wir der Rennsteig-Markierung, zunächst an alten Grenzsteinen und einer Schutzhütte samt Picknickbank vorbei, dann an der Kreuzung »Adler« auf den Pfad geradeaus, Richtung Plänckners Aussicht. Der Pfad mündet in einen Querweg, den wir links hinaufgehen. Der breite Schotterweg bringt uns über den Rosenkopf, 939 m, an die Hänge des Großen Beerbergs, des höchsten Bergs des Thüringer Walds. Sein Gipfelbereich gehört zur geschützten Kernzone des Biosphärenreservats und soll nicht betreten werden. An der Grenze zur Kernzone erreichen wir **Plänckners Aussicht** ❸, einen Rastplatz mit Aussichtsplattform, der uns zum Verweilen einlädt, bevor wir dem Weg weiterfolgen. Er ist Julius von Plänckner gewidmet (auf der Gedenktafel fälschlich Justus genannt), der um 1830 als Erster den Rennsteig am Stück beschrieb.

Kurz darauf passieren wir den höchsten Punkt des Rennsteigs, 973 m, und verlassen ihn und das weiße »R« an der folgenden Gabelung nach rechts. Der Forstweg endet an einer Landstraße, die wir überqueren, um ein paar Meter nach rechts zu gehen und den Schotterweg links hinab zu nehmen, der zunächst parallel zur Straße verläuft. Wo wir ein Rinnsal kreuzen, ragen zur Rechten Felsen im Wald auf und zur Linken führt gleich darauf ein kurzer Trampelpfad als Abstecher zu einem Aussichtspunkt. Wir folgen dem Wegverlauf längere Zeit geradeaus (auch über die nächste Kreuzung) und halten uns auch an der Wegespinne mit zwei Bänken geradeaus (links der Bänke; Schild: Schneekopf). Nun kommen wir an der nicht bewirtschafteten **Dürrenberger Hütte** ❹ vorüber und biegen hinter der Linkskurve rechts hinauf ab, Richtung Schneekopf. Oben am Querweg wählen wir den Pfad geradeaus bergauf. Er führt an einer Bank vorbei, die mit Blick über

Oberhof hinweg in die Ferne aufwartet, und endet auf dem Gipfelplateau des **Schneekopfs** 5, 978 m. Zwischen den beiden Türmen hindurch geht es zur Neuen Gehlberger Hütte, aber unsere Tour verläuft noch vor dem linken Turm, dem Fernmeldeturm, links hinab (Schild: Teufelskanzel 0,5 km). Es lohnt sich jedoch, vorher das Plateau zu erkunden, denn nicht nur vom Aussichtsturm aus haben wir herrlichen Fernblick über weite Teile Thüringens und darüber hinaus.

Auf dem Weg talwärts biegen wir bei erster Gelegenheit auf den Pfad links hinunter ab (Schild: Gipfelweg). Wo er sich einem Schotterweg nähert, bleiben wir auf dem Pfad bergab und erst an der nächsten Gabelung halten wir uns rechts, Richtung Teufelskanzel. Kurz darauf machen wir links den Abstecher auf die Kanzel, bevor wir dem Pfad weiter folgen (Markierung: rotes Dreieck). Von der Kanzel aus genießen wir erneut Fernsicht, wobei die Autobahnbrücke über die Wilde Gera auffällt, Deutschlands größte Bogenbrücke mit einer Spannweite von 252 m. Der Pfad mündet in einen Schotterweg, in den wir geradeaus einschwenken. Vorerst orientieren wir uns am roten Dreieck und wenden uns an der Gabelung ebenso links hinab wie am nächsten Querweg. Er bringt uns zu einer Landstraße, an der wir nach links gehen zur Schutzhütte **Güldene Brücke** 6. Dort überqueren wir die Straße, um ein paar Meter zur Linken den Forstweg rechts hinab zu nehmen. Unten biegen wir rechts in den Querweg ab und nach ca. 150 m in den Pfad links hinunter (Schild: Gipfelweg). An der Gabelung halten wir uns rechts. Schließlich kreuzt der Pfad einen Querweg und wir wählen direkt dahinter den Pfad rechts, Richtung Sachsenstein, nachdem wir geradeaus den kurzen Abstecher auf die **Seiffartsburg** 7, 865 m, gemacht haben: Auf dem Felsen, der etwas Kletterei erfordert, erwartet uns eine Bank mit etwas zugewachsenem Fernblick.

Unser Pfad weitet sich bald und endet schließlich an einem Querweg, dem wir nach rechts folgen. Nach ca. 100 m wählen wir beim Schild »Biosphärenreservat Pflegezone« den Pfad links hoch (rotes Dreieck). An der Kreuzung nehmen wir den Weg bergan geradeaus und halten uns sogleich

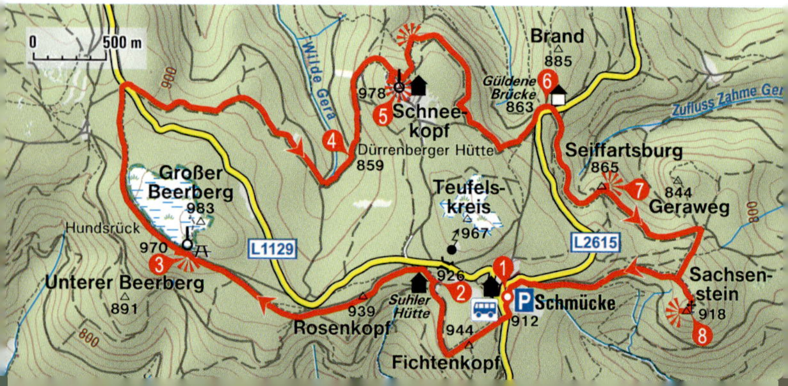

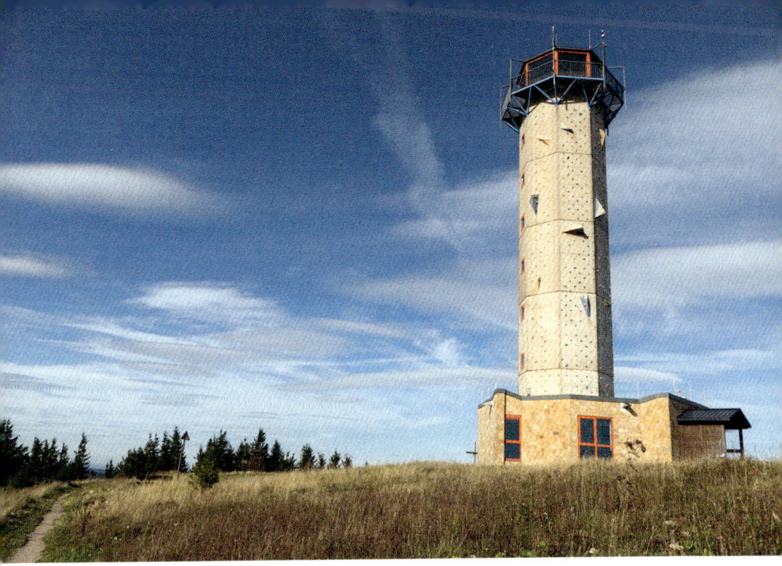

Höchster Punkt Thüringens: Die Spitze des Aussichtsturms auf dem Schneekopf (1004 m).

rechts hinauf. Oben am Querweg führt unsere Tour später nach rechts (Schild: Gipfelweg Fichtenkopf 2,5 km), aber zunächst machen wir einen Abstecher von ca. 450 m einfacher Strecke nach links zum Sachsenstein. Auf dem Abstecher biegen wir nach ca. 200 m auf den Pfad rechts hinauf ab, der uns steil hoch auf den **Sachsenstein** 8, 918 m, bringt. Wir passieren die erste Bank und die zweite bietet Fernsicht über Schmücke hinweg. Auf selbem Weg kehren wir zurück und gehen geradeaus Richtung Fichtenkopf. Der Weg mündet in einen Querweg, dem wir (zunächst ohne Markierung) nach links folgen. Das rote Dreieck taucht bald wieder auf. Wir halten uns geradeaus, bis der Weg an einem Querweg endet, in den wir rechts hinauf einschwenken (Schild: Gipfelweg). Der breite Forstweg mündet in eine Landstraße, die uns links (Schild: zum Rennsteig 0,4 km) durch **Schmücke** 1 zurück zum Parkplatz führt.

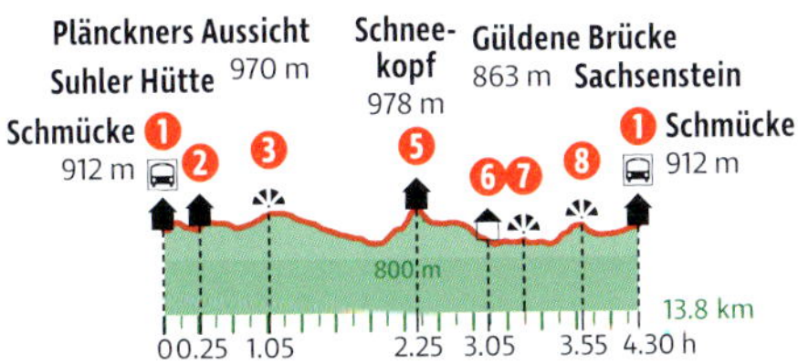

↗ 520 m | ↘ 520 m | 15.6 km

24 Großer Finsterberg

5.15 h

Durch idyllische Täler auf einen der höchsten Gipfel des Thüringer Walds

Auf dieser Tour erwarten uns viele naturbelassene Wege und Pfade, die uns über Wiesen und durch Wald zum Rennsteig hinaufführen. Vom Großen Finsterberg (944 m) mit seinem Aussichtsturm genießen wir Panoramablick und auch vom Goldlauterberg haben wir schöne Fernsicht.

Ausgangspunkt: Parkplatz beim Schild »Goldlauter-Heidersbach Herzlich Willkommen«, 540 m (Navi: Suhler Str. 73, 98528 Suhl).
ÖPNV: Bushaltestelle »Goldlauter, Brücke«, SNG Linie D1/D2 (Suhl – Goldlauter, Mo–Fr ca. halbstdl., Sa ca. stdl., So ca. zweistdl.). Von der Haltestelle gehen wir über die Brücke ca. 25 m zur Querstraße und biegen rechts ab in die Suhler Straße, die uns zum Ausgangspunkt führt.
Anforderungen: Überwiegend leicht begehbare Wiesenwege und Pfade, die aber teilweise steil und steinig sind.
Einkehr: Unterwegs keine; mehrere Lokale in Goldlauter.
Tipp: Der Aussichtsturm auf dem Gr. Finsterberg ist rund um die Uhr zugänglich.

Vom Parkplatz in **Goldlauter** ❶ gehen wir ein paar Meter links die Straße hinab, um links hoch in den »Pfannrain« abzubiegen, Richtung Salzberg (Markierung: rotes Dreieck). Das Asphaltsträßchen geht in einen Schotterweg über und führt uns bergan aus dem Ort. Oben an der Kreuzung wenden wir uns nach links (Markierung: roter Punkt; Schild: Ski-Lift), passieren die überdachte Picknickbank »Pfannrain«, ignorieren Abzweige und folgen dem Wegverlauf durch den Wald. Wir kommen am **Skilift** ❷ vorbei, verlassen den Wald und gehen am Wegweiser »Eisenberger Brücke 620 m« geradeaus, Richtung Bierfleck (Markierung: grüner Balken). Unser Weg verläuft am Bach das Tal hinauf. Wo er sich gabelt, folgen wir dem Wiesenweg links weiter am Bach entlang, den wir gleich darauf überqueren. An der Kreuzung »Katzentiegel 765 m« halten wir uns bergan geradeaus (grüner Balken; Schild: Bierfleck 0,2 km). Der Pfad führt bergauf durch den Wald und zweimal (!) müssen wir – jeweils kurz bevor sich der Pfad im Unter-

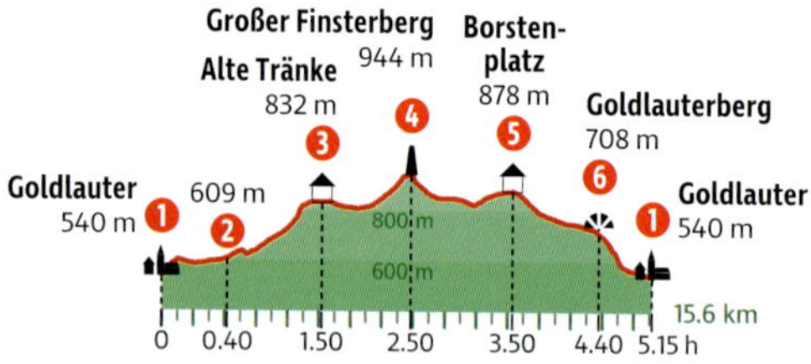

holz verliert – den Abzweig rechts hinauf nehmen; diese Stellen kann man leicht übersehen. Schließlich stoßen wir auf eine Landstraße, die wir schräg nach rechts zum Bushaltestellenschild überqueren, um noch vor ihm auf den Pfad links hoch abzubiegen, beim Schild mit weißem Pfeil auf schwarzem Grund. Wir kreuzen einen Forstweg, folgen dem »Gipfelwanderweg« geradeaus (Markierung: rotes Dreieck) und erreichen den auf einer Lichtung gelegenen, idyllischen Rastplatz **Alte Tränke** 3 mit Schutzhütte und Picknickbänken. Hier schwenken wir rechts in den Rennsteig ein, Richtung Bahnhof Rennsteig (Markierung: weißes »R«). Bei einer Picknickbank nahe einer Bushaltestelle samt Info-Tafeln nehmen wir den Schotterweg links (Markierung: grünes »R«; Schild: Großer Finsterberg 1,4 km) und halten uns bald darauf geradeaus über die Kreuzung bei der überdachten Picknickbank (Markierung: blaues »R«; Schild: Großer Finsterberg 0,8 km). Steil und steinig geht es durch Fichtenwald bergauf, bis wir auf einen Querweg stoßen, der uns rechts in einer Kurve zum Aussichtsturm führt (blaues »R«). Noch vor dem Turm lohnt zur Rechten ein Abstecher zur Schutzhütte Finsterberghütte, wo uns bereits schöner Blick erwartet.
Oben auf dem **Großen Finsterberg** 4 (944 m) locken neben dem Aussichtsturm mit Fernblick zum Dolmar auch überdachte Picknickbänke, bevor wir hinter dem Turm den steilen Pfad talwärts wählen (blaues »R«). Er mündet auf einen Kiesweg, dem wir geradeaus hinabfolgen. Am Querweg wenden wir uns nach links und nach ca. 40 m nach rechts, den Schotterweg hinunter (Markierung: rotes Dreieck; Schild: Gipfelweg). Direkt hinter einer Schranke nehmen wir den Pfad nach rechts (rotes Dreieck), passieren eine Info-Tafel zum Großen Finsterberg und folgen dem von links hinzustoßenden Rennsteig geradeaus (weißes »R«). Beim Wegweiser »Mordfleck 823 m« verlassen wir den Wald, finden eine Schutzhütte samt Picknickbank vor und überqueren die Landstraße, um parallel zu ihr auf dem Rennsteig weiter-

Frühherbst auf dem Goldlauterberg.

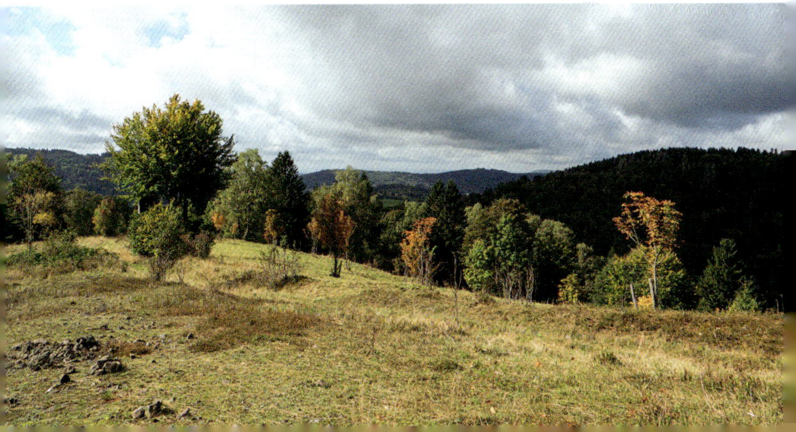

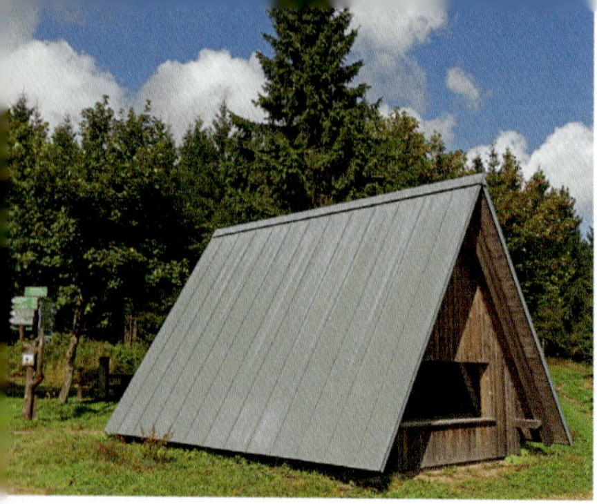

Moderne Schutzhütte am Borstenplatz.

zugehen. Am Waldrand halten wir uns geradeaus (Schild: Neue Gehlberger Hütte 3,6 km) und am geschotterten Querweg rechts, Richtung Schmücke. Schließlich erreichen wir den Wegweiser **Borstenplatz** 5, wo sich eine Schutzhütte und eine Picknickbank nahe der Landstraße befinden, und verlassen den Rennsteig, indem wir links abbiegen Richtung Goldlauter (Markierung: grünes Quadrat). Nach ca. 300 m gehen wir halb rechts (grünes Quadrat; Schild: Goldlauter 2,9 km) und an der Gabelung links, Richtung Zuckerhut. Beim Wegweiser »Zuckerhut 760 m« samt Schutzhütte wählen wir den Weg halb links (Schild: Goldlauter (Bus) 2,9 km) und folgen dem Wegverlauf abwärts. Noch vor dem Wegweiser »Bereiter-Brunnen 740 m« biegen wir scharf rechts hinunter ab (Schild: Goldlauter 1,3 km) und beim »Berg 720 m« halten wir uns links hinab (Schild: Goldlauter 0,8 km). Bald darauf erreichen wir die Bank mit Info-Tafel auf dem **Goldlauterberg** 6 und genießen den schönen Blick, bevor wir den Weg abwärts fortsetzen. Nach ca. 300 m schwenken wir an der Gabelung vor dem Freizeitgrundstück in den Abzweig rechts ein. Der Weg wird zunehmend steiler und steiniger, geht aber schließlich in einen Asphaltweg über, der uns in den Ort hineinführt. An der ersten Querstraße wenden wir uns nach links. An der großen Dorflinde von **Goldlauter** 1 vorbei, gehen wir auf der kopfsteingepflasterten Straße zum Ausgangspunkt zurück.

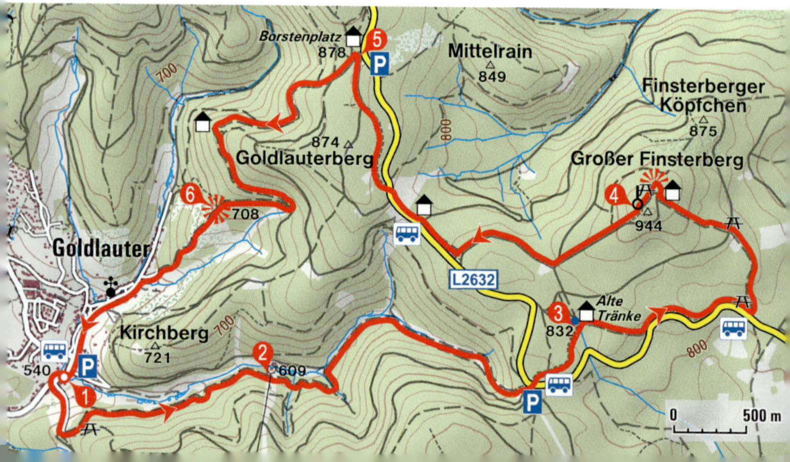

↗ 480 m | ↘ 480 m | 16.2 km

5.15 h

Vessertal und Adlersberg

25

Einige der schönsten Bachtäler des Thüringer Waldes und ein Aussichtsturm

Von Breitenbach geht es das Vessertal hinauf, wo in der naturbelassenen Kernzone des UNESCO-Biosphärenreservats der Bach durch den alten Wald zu Tal rauscht. Auf dem Adlersberg erwartet uns vom 22 m hohen Turm aus ein Panoramablick, bevor wir entlang des Roßbachs und der idyllischen Stelzenwiesen zurückkehren.

Ausgangspunkt: Parkplatz »Wendeschleife Breitenbach«, 425 m (Navi: N50.54834, E10.78033). In Breitenbach der Hauptstraße folgen und links in die Ziegenrücker Straße abbiegen (der Wanderparkplatz ist hier ausgeschildert).
ÖPNV: Bushaltestelle »Breitenbach, Oberdorf«, WerraBus Linie 201 (Mo-Fr ca. 8x tgl.). Von der Haltestelle gehen wir in Fahrtrichtung weiter die Hauptstraße (»Zum Vessertal«) entlang, die uns auf der Route ins Vessertal führt (s. Wegbeschreibung).

Anforderungen: Überwiegend leicht begehbare Forstwege, aber auch Waldpfade, die abschüssig und bei Nässe rutschig sind.
Einkehr: Waldgasthof Zur Vesser (Mo/Di Ruhetag, pension-vessertal.de, Tel. +49 36782 61375); Bergbaude Adlersberg (Mo–Mi Ruhetag).
Tipps: 1. Die kleine Fachwerkkirche in Vesser ist einen kurzen Abstecher wert. – 2. Der Aussichtsturm auf dem Adlersberg ist nur zu den Öffnungszeiten der Hütte zugänglich.

Vom Parkplatz kehren wir in den Ort **Breitenbach** ❶ zurück und biegen an der Querstraße »Zum Vessertal« links ab (Markierung: grüner Punkt; Schild: Vesser 8 km). Die Straße, die in einen Feldweg übergeht, verläuft bergan aus dem Dorf und am Sensenhammer vorüber, wo einst eine Schmiede auf Sensen spezialisiert war. Wir erreichen den Wald, und der Weg führt oberhalb der Vesser das Tal entlang, am Weißtannengatter vorbei, in dem die seltenen Tannen vor Wildverbiss geschützt sind. Wir passieren eine imposante Esche auf der rechten Wegseite und wenige Meter weiter eine Schutzhütte, wo schon 1464 eine Schneidemühle stand, ein mit Wasserkraft betriebenes Sägewerk. Alte Bäume säumen den Weg zur Kernzone Vessertal. Hier sind Eingriffe des Menschen seit Jahrzehnten verboten. Das Tal wird enger und wir kommen an der Schutzhütte **Glasbachhütte** ❷ und dann am Wegweiser »Hohe Leist« vorbei (grüner Punkt; Schild: Vessertal-Rundwanderweg). Nun verlassen wir die Kernzone, überqueren die Vesser und den Rastplatz »An der Schanze«, bevor wir durch die Unterführung gehen. Der Platz ist nach der Walter-Ulbricht-Schanze benannt, die oberhalb der Hütte auf der linken Wegseite gelegen ist und die größte Naturschanze der einstigen DDR war. Kurz hinter der Unterführung wenden wir uns nach links und nehmen den »Urwald-Pfad« über die kleine Eslersrodbrücke. Er führt hinauf zu einer ersten Bank mit schönem Blick auf Vesser und zum Wegweiser

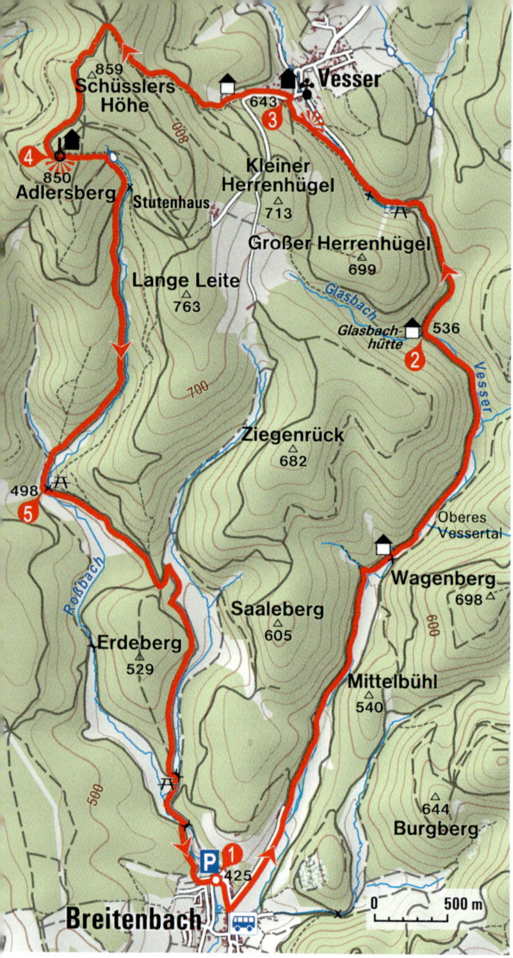

»Am Bühlarsch«, an dem wir dem Querweg rechts hinab folgen, Richtung Vesser. Wir erreichen eine schmale Asphaltstraße am Ortsrand von **Vesser** ❸, auf der es links hinauf weitergeht Richtung Adlersberg. Zuvor können wir rechts einen Abstecher von ca. 150 m zur kleinen Kirche machen oder gleich hier im Waldgasthof einkehren. Die Straße schwenkt bald nach links, aber wir halten uns geradeaus in den Wald (Markierung: gelbbrauner Balken; Schild: Förstersteig). Der Pfad kreuzt einen Schotterweg (hier gibt es ca. 50 m zur Rechten eine Schutzhütte), dann ein Rinnsal und erneut einen Weg. Schließlich mündet er in einen breiten Forstweg, auf dem wir kurz nach rechts gehen, um auf den Pfad links zu wechseln (Schild: Förstersteig). Dem Pfadverlauf folgend, gelangen wir zur Kreuzung Potsdamer Platz, biegen auf den Forstweg links ab, Richtung Adlersberg, und an der Gabelung rechts (Markierung: grüner Punkt). Den geschotterten Abzweig nach links ignorieren wir und bleiben geradeaus auf dem Rundwanderweg Vessertal (grüner Punkt), der uns auf die Kuppe des **Adlersbergs** ❹, 850 m, bringt. Hier passieren wir den Aussichtsturm aus einheimischem Porphyr, von dessen Plattform wir Fernblick über den Dolmar bis in die Rhön hinein haben, und wenden uns vor der Gaststätte nach rechts (Schild: Breitenbach 8 km), sofern wir nicht einkehren wollen.

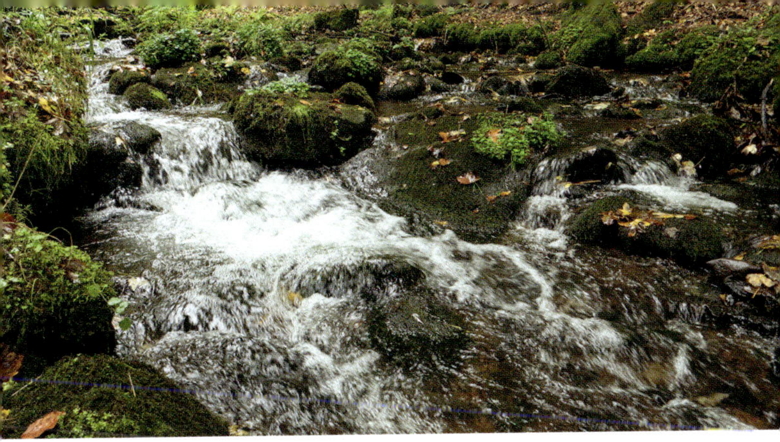

Die Vesser ist in der Kernzone des Biosphärenreservats noch ein munterer Gebirgsbach.

Ein paar Stufen führen auf einen Pfad, der recht steil talwärts verläuft. Wir kreuzen eingewachsene Querwege und – bei einem Wegweiser – einen noch genutzten Weg und halten uns auf dem noch schmaler werdenden Pfad weiter bergab, Richtung Breitenbach. An den beiden unscheinbaren Gabelungen können wir frei wählen, da die Varianten rasch wieder zusammentreffen. Der Pfad endet an einer Kreuzung, an der wir den mittleren Schotterweg wählen (Schild: Breitenbach 7 km). Parallel zum Roßbach geht es hinunter, und auf den Wiesen im Talgrund passieren wir eine überdachte Picknickbank, hinter der wir links über die **Roßbachbrücke** ❺ gehen (Schild: Breitenbach 4,5 km). Nach einer Weile mündet der Weg bei einer Bank in einen Querweg, in den wir rechts einschwenken. An der Kreuzung Erdeberg biegen wir scharf links ab (Schild: Stutenhaus über Lange Leite 3,5 km) und nach ca. 150 m in den Weg scharf rechts. Er führt an den Stelzenwiesen entlang zu einem Schotterweg, auf dem wir geradeaus Richtung Breitenbach weitergehen, an der Picknickbank bei den abgestorbenen Resten der Großen Buche vorbei und über den Bach. Nach einer Weile tauchen rechter Hand ein Wegweiser und eine Brücke auf. Hier wenden wir uns nach rechts (Schild: Hirtenbrunnen 1,5 km) und hinter der Brücke sogleich nach links. Etwa 300 m weiter nehmen wir hinter der Rechtskurve den Pfad links hinab, am Schwimmbad vorbei, und kehren auf dem Asphaltquerweg links zum Ausgangspunkt in **Breitenbach** ❶ zurück.

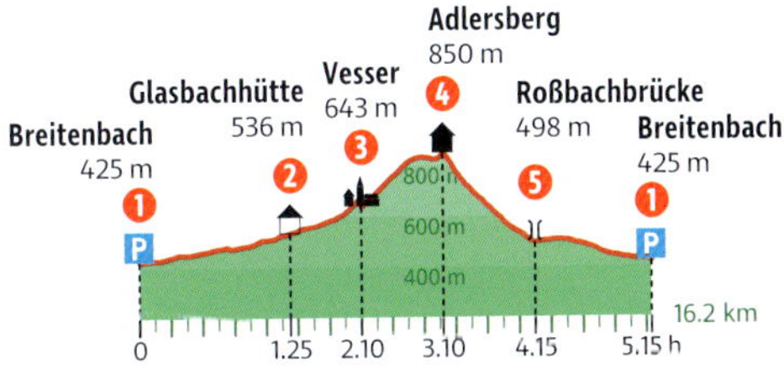

↗ 390 m | ↘ 390 m | 14.1 km

4.30 h

26 Auf den Langen Berg bei Gehren

Außergewöhnliche Fernsicht vom Karl-Günther-Denkmal

Von der Schlossruine in Gehren geht es durch Fichtenwald und Heidelbeersträucher auf die Hänge des Langen Bergs, die uns weiten Panoramablick über das Schwarzatal hinweg in die Ferne bieten. Die Sicht vom Denkmal oben auf dem Bergkamm reicht bei gutem Wetter sogar bis zum Brocken im Harz.

Ausgangspunkt: Parkplatz am Stadt- und Schlossmuseum in Gehren, 480 m (Navi: Amtsstraße 3, 98708 Gehren). Zum Museum abbiegen, direkt daran vorbeifahren und zwischen Schlossruine und Stadtpark parken.
ÖPNV: Bushaltestelle »Amtsstraße« in Gehren, IOV Linie 304 (Ilmenau – Schmiedefeld – Großbreitenbach, Mo–Fr ca. halbstdl., Sa/So 6x tgl.). Mit dem Haltestellenhäuschen im Rücken gehen wir rechts, biegen sogleich rechts zum Museum ab und gehen zwischen Ruine und Museum zum Ausgangspunkt.
Anforderungen: Etwa zu gleichen Teilen befestigte sowie naturnahe Wege und Pfade, die stellenweise etwas eingewachsen oder abschüssig sein können. Einige unmarkierte, teils selten begangene Wege erfordern etwas Orientierungssinn.
Einkehr: Unterwegs keine; mehrere Lokale in Gehren.

Vom Parkplatz in **Gehren** ❶ gehen wir mit der Schlossruine zur Linken geradeaus über die Brücke und biegen beim Spielplatz auf den Pfad rechts ab. An der Gabelung halten wir uns links, verlassen den Stadtpark und folgen der Schlossallee geradeaus Richtung Herschdorf. An einer überdach-

Die frühere Sommerresidenz der Fürsten von Schwarzburg-Sondershausen brannte 1933 ab.

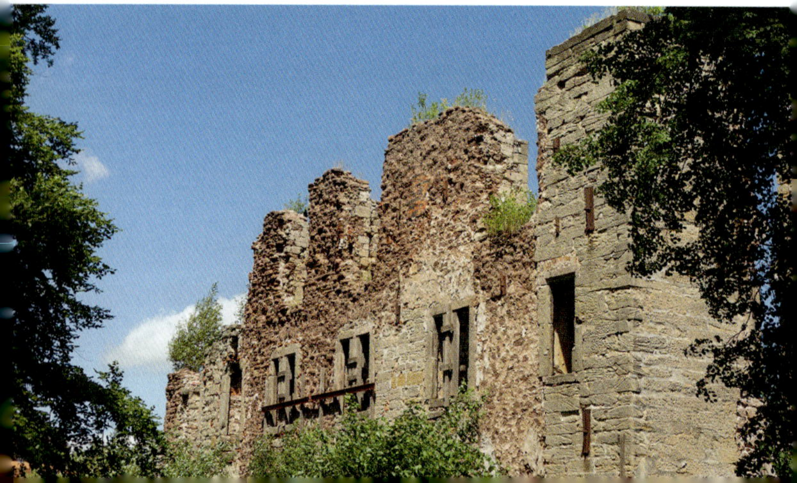

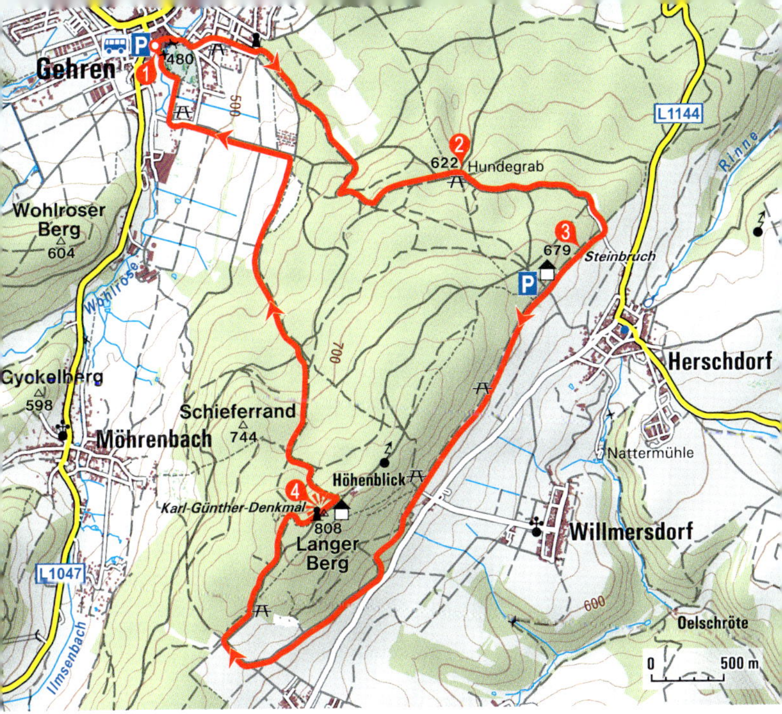

ten Picknickbank vorbei, erreichen wir schließlich das Kleine Denkmal, das ebenfalls Fürst Karl Günther von Schwarzburg-Sondershausen gewidmet ist. An der Rückseite des Denkmals nehmen wir den Pfad in den Wald und achten auf eventuell entgegenkommende Mountainbike-Fahrer. Bei einer Bank mündet der Pfad in einen Schotterweg, der sich hier gabelt, und wir halten uns links. Später kreuzen wir einen geschotterten Querweg, um dahinter ca. 40 m auf dem Pfad geradeaus zu gehen, bevor wir in den grasbewachsenen Weg nach rechts einschwenken. Auch er stößt auf einen Querweg, dem wir links bergan folgen. An der ersten Gabelung gehen wir rechts auf dem Hauptweg weiter, an der nächsten dagegen links und auch an der Kreuzung biegen wir links ab. Der Weg verläuft schnurgerade und mündet in eine Schotterstraße, die uns geradeaus zur Kreuzung **Hundegrab** 2 führt. Sie wurde nach dem ca. vierzig Jahre

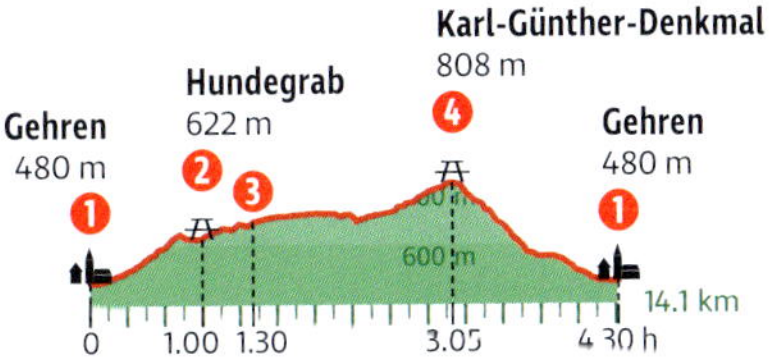

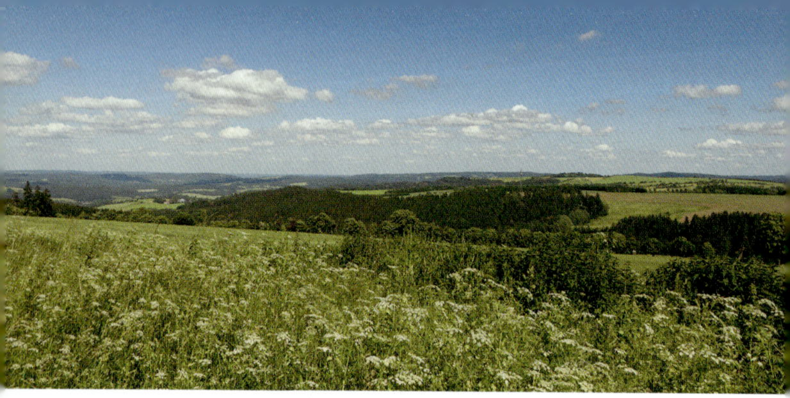

Panoramaweg über dem Tal der Rinne.

alten Grab eines prämierten Jagdhunds benannt und lädt mit einer überdachten Picknickbank zum Verweilen ein. Hier nehmen wir den Schotterweg halb rechts hinauf (Schild: Herschdorf 2,0 km), verlassen ihn am ersten Abzweig nach links und folgen dem Wegverlauf leicht bergan. Er führt uns am Sportplatz vorbei zum Waldrand, wo wir auf einer Bank erstmals beeindruckenden Fernblick über die Anhöhen jenseits von Bad Blankenburg haben. Hier wenden wir uns nach rechts (Schild: Großbreitenbach 8 km) und machen nach ca. 200 m einen kurzen Abstecher nach rechts zu einem idyllischen Teich in einem alten **Steinbruch** ❸ (Markierung: brauner Pilz). Zurück auf dem Hauptweg, haben wir bald Blick über das Schwarzatal hinweg zum Fröbelturm oberhalb von Oberweißbach und gehen geradeaus, an einem Parkplatz mit Schutzhütte und Picknickbänken vorbei, Richtung Großbreitenbach weiter. Auch an der Kreuzung mit Picknickbank halten wir uns geradeaus (Schild: Neustadt Rst. 8 km). Der Weg verengt sich zum Pfad und führt links an einem verlassenen kleinen Gebäude vorbei. Dann gelangen wir an einen Querweg, dem wir ca. 25 m links hinab folgen, um in den Weg nach rechts einzuschwenken. Er mündet ebenfalls in einen Querweg, auf dem wir links hinuntergehen, an zwei Lichtungen vorbei. Unten biegen wir rechts auf den geschotterten Querweg ab, der mit Fernblick am Waldrand entlangführt. Wir passieren ein Blockhaus und erreichen eine Kreuzung, an der wir den Schotterweg halb rechts hinauf nehmen. Oben am Wegweiser bei der Bank mit dem Herz wählen wir den Weg rechts, den Pilzsteig (Markierung: Pilz), an einer zweiten Bank vorüber. Wir kommen an einer überdachten Picknickbank vorbei, tauchen in den Wald ein, kreuzen einen Querweg und biegen danach dort links ab, wo rechts eine Bank steht. Der Weg hat zunächst einen Mittelstreifen aus jungen Fichten und führt uns zu einer Kreuzung naturbelassener Wege. Hier schwenken wir in den Pfad rechts hinauf ein. Er bringt uns direkt zum **Karl-Günther-Denkmal** ❹ auf dem Langen Berg, 808 m, von dessen Plattform bei der

Statue wir fantastischen Fernblick haben. Überdachte Picknickbänke laden uns zur Rast ein.
Dann gehen wir geradeaus weiter und gelangen zum »Jagdhäuschen«, um dessen Entstehung sich viele Spekulationen bis hin zum Ursprung als mittelalterliche Kapelle ranken. Direkt vor diesem achteckigen Bauwerk nehmen wir den Pfad links hinunter, die »Hühnerleiter«, am Fürstensitz vorbei, der einst von Fürst Karl Günther zur Jagd genutzt wurde. Der Pfad mündet in einen Querweg, dem wir rechts hinab folgen (Schild: Möhrenbach). Am geschotterten Querweg wenden wir uns nach links (gleiche Beschilderung) und ca. 250 m weiter auf dem kreuzenden Querweg talwärts nach rechts. Wir überqueren ein Rinnsal und bald darauf biegen wir am Ende des Wegs links hinunter ab. Über die Kreuzung halten wir uns geradeaus und erreichen den Waldrand. Hier folgen wir dem Weg zuerst nach rechts, dann schwenkt er jedoch links hinab und wir gehen stattdessen geradeaus weiter am Waldrand entlang. Bald führt uns dieser Weg mitten über eine große Wiese, um dahinter wieder in einen Schotterweg am Waldrand entlang zu münden. Auf ihm gelangen wir zur Kreuzung beim Wegweiser »Am Porzel« und biegen links hinunter ab, auf die Feldflur hinaus. Schließlich kreuzen wir einen Fahrradweg, passieren eine überdachte Picknickbank (Schild: Gehren 0,9 km) und wählen – noch vor dem Sportplatz zur Linken – den Abzweig nach rechts. Wo der Weg am Ende der Gartenzäune nach rechts führt, schwenken wir in den Pfad nach links ein, kommen an einem Teich vorbei und halten uns an der Gabelung rechts. Anschließend nehmen wir die Brücke über die Wohlrose und erreichen wieder den Parkplatz in **Gehren** ❶.

Großartiger Fernblick neben der Statue des Karl-Günther-Denkmals.

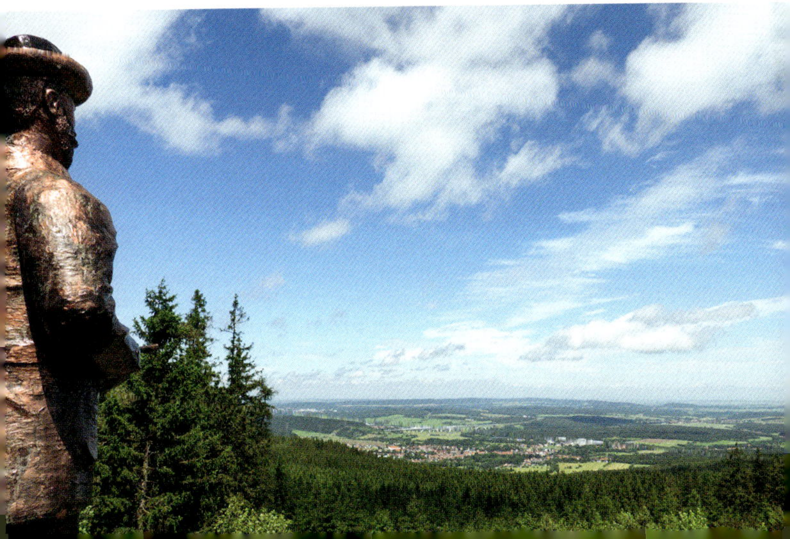

↗ 310 m | ↘ 310 m | 10.0 km

27 Gießübler Schweiz

3.15 h

Versteckte Felsen im Wald, ein kleiner Wasserfall und Bergwiesenblick

Auf dem Rennsteig wandern wir durch Hohlwege zur Gießübler Schweiz hinauf, haben auf dem Langertfelsen Fernsicht und beim Nadelöhr einen Wunsch frei, bevor wir den Wasserfall des Dachsbachs besuchen. Vom Pavillon auf dem Löffelberg genießen wir Blick über Gießübel und die umgebenden Hänge, bevor wir dem Rehbach durch blütenreiche Bergwiesen folgen.

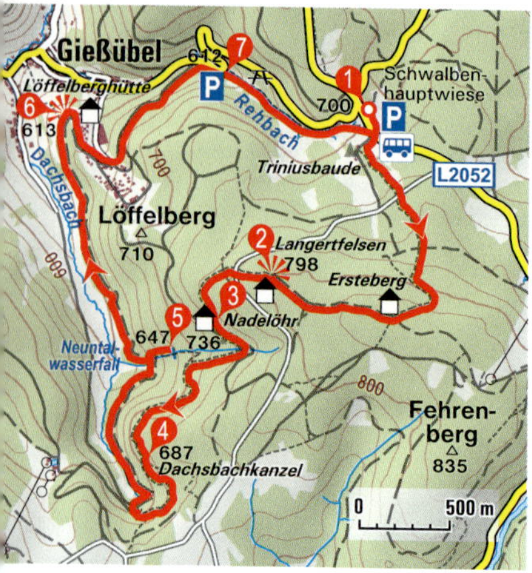

Ausgangspunkt: Wanderparkplatz »Schwalbenhauptwiese« an der Landstraße zwischen Masserberg und Neustadt am Rennsteig, 700 m (Navi: N50.53287, E10.945).
ÖPNV: Bushaltestelle »Schwalbenhauptwiese« bzw. »Masserberg, Abzw. Katzhütte« nahe dem Ausgangspunkt, WerraBus Linie 203 (Masserberg – Schleusingen – Suhl, Mo–Fr 8x tgl. Sa/So 6x tgl. nur bis Schleusingen), Linie 209 (Masserberg – Neustadt, 2x tgl.); Ilchmann Linie 508 (Masserberg – Friedrichshöhe, 3x tgl.).
Anforderungen: Überwiegend unbefestigte Waldwege und -pfade, abschnittsweise auch abschüssig und steinig.
Einkehr: Unterwegs keine (Triniusbaude bis auf Weiteres geschlossen).

Auf dem Parkplatz **Schwalbenhauptwiese** ❶ wenden wir uns, mit dem Rücken zur Landstraße, nach rechts, überqueren am Ende der Leitplanke, bei der Bushaltestelle die Straße und nehmen den Weg geradeaus zur Triniusbaude, die wir bereits vor uns sehen (Markierung: weißes »R« für Rennsteig). An dieser Markierung orientieren wir uns vorerst. Bei der Triniusbaude biegen wir links hinauf in den tiefen Hohlweg ab, nachdem wir den Bereich um die Baude erkundet haben. Hier laden uns eine Schutzhütte und eine überdachte Picknickbank zum Verweilen ein. Außerdem verbergen sich unter den Bäumen der Felsen Triniusstein und dahinter der Triniusbrunnen mit malerisch gelegenen Picknickbänken.
Am Ende des Hohlwegs kreuzen wir eine schmale Asphaltstraße, halten uns geradeaus in den nächsten Hohlweg, Richtung Masserberg, und auch über die Kreuzung beim Strommast. Erst am nächsten Querweg wenden wir uns nach links und folgen ihm weiter bergauf zur Schutzhütte »Erste-

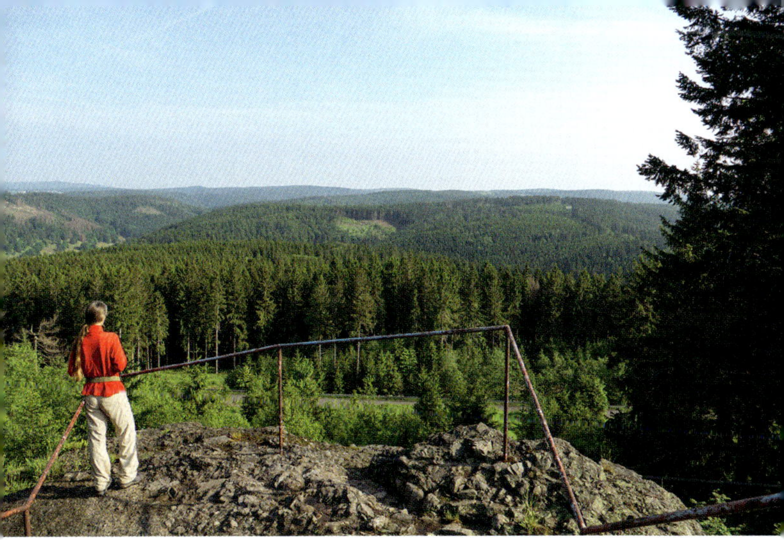

Auf dem Langertfelsen.

berg«. Hier biegen wir rechts ab und verlassen den Rennsteig (Markierung: grüner Balken; Schild: Langertfelsen 0,7 km). Über die nächste Kreuzung gehen wir geradeaus und erreichen – an einer Schutzhütte vorbei – den **Langertfelsen** ❷. Danach nehmen wir den Pfad an der Picknickbank vorbei, der uns zu einer schmalen Straße hinunter und dahinter weiter bergab führt, bis wir das **Nadelöhr** ❸ erreichen, wo uns auch eine Schutzhütte erwartet. Wer mit einem geheimen Anliegen durch das Loch in diesem Felsen krabbelt, dem wird der Wunsch angeblich erfüllt.

Dann setzen wir unsere Wanderung talwärts fort, kreuzen einen Forstweg und passieren sogleich den Schroederfelsen. Bald darauf queren wir den Dachsbach und kommen am Wegweiser »Am Köhlersberg« vorbei (Schild: Dachsbachkanzel 1,0 km). An der Gabelung halten wir uns rechts hinab (Markierung: grüner diagonaler Balken) und gelangen nach kurzem steilem Abstieg zur **Dachsbachkanzel** ❹, von der wir über das grüne Blätter-

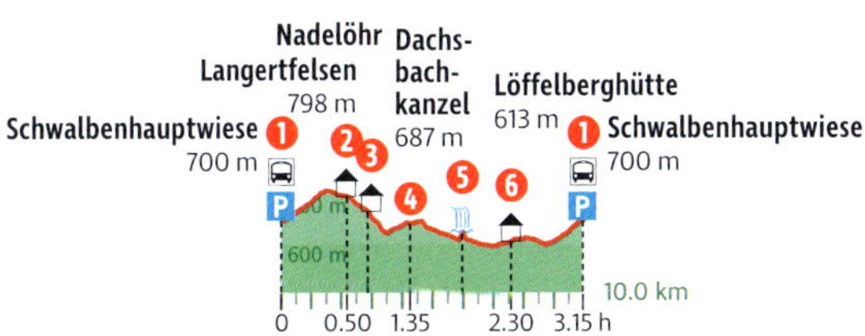

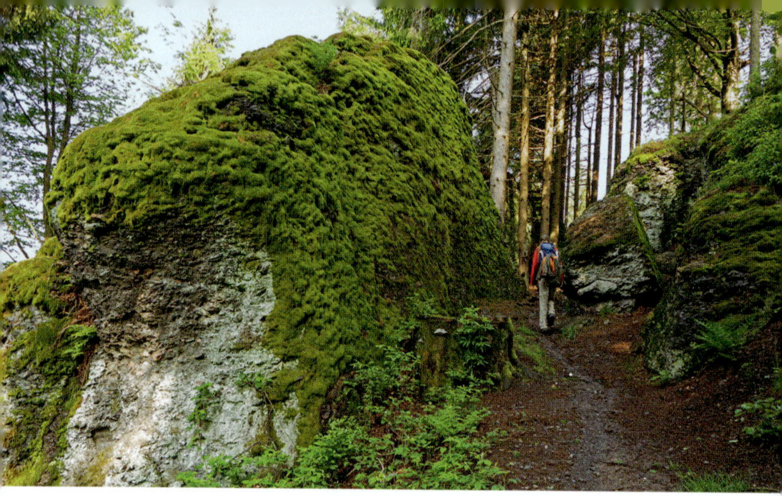

Wie das Nadelöhr besteht auch der Schroederfelsen aus verwittertem Konglomeratgestein.

dach des alten Bergwalds blicken, bevor wir dem Pfad weiterfolgen. Wir durchschreiten ein von den Felsen und einem Baumstamm gebildetes Tor und queren zwei Bäche. An der Gabelung beim nächsten Wegweiser gehen wir rechts hinab (Schild: Gießübel) und unten am Querweg scharf rechts, Richtung Neuntal. Wo hinter einer großen Felsformation der Dachsbach den Hang herunterfließt, machen wir einen kurzen Abstecher nach rechts. Der Pfad verläuft zunächst auf der linken Bachseite, wechselt dann (ohne Steg) auf die rechte, und beim Metallgeländer stehen wir vor dem kleinen, aber schönen **Neuntalwasserfall** 5. Nun setzen wir unsere Tour auf dem Hauptweg fort, der schließlich den Wald verlässt und zum Pavillon **Löffelberghütte** 6 hinaufführt. Von hier haben wir herrlichen Blick über das Tal von Gießübel.

Dann wählen wir den Wiesenweg hinter dem Wegweiser hinauf. Oben gehen wir geradeaus durch die Wochenendsiedlung. An der Gabelung halten wir uns links, Richtung Gießübel, und an der Kreuzung geradeaus. In den nächsten Querweg schwenken wir links hinunter ein und erreichen einen Wanderparkplatz mit Picknickbank. Wir gehen für ca. 200 m an der Landstraße rechts hinauf, Richtung Rennsteig, und verlassen sie in einer Haarnadelkurve auf den Wiesenweg zur Linken, der dem Lauf des **Rehbachs** 7 folgt. Er verengt sich bald zum Pfad, wir passieren eine Picknickbank, dann führt er uns links eine Weile unter den Bäumen weiter und erneut auf die Wiese hinaus. Über zwei Stege verläuft der Pfad quer über die Wiese zum Wegweiser an der Straße hinauf und ist dabei manchmal kaum sichtbar. Oben überqueren wir die Straße, um unseren Ausgangspunkt an der **Schwalbenhauptwiese** 1 zu erreichen.

↗ 320 m | ↘ 320 m | 11.0 km

3.30 h

Von der Werraquelle auf die Rennsteigwarte

28

Malerische Täler, weite Wiesen und verwunschene Felsen im Wald

Von der Fehrenbacher Schweiz geht es durch den Eselsgrund, ein romantisches Tal mit Bachlauf, zur Werraquelle hinauf. Von dort führt uns ein schöner Waldpfad zum Rennsteig mit seinen historischen Wappensteinen. Vom Aussichtsturm auf dem Eselsberg haben wir Panoramablick über den Thüringer Wald und kehren durch Wälder und über weite Bergwiesen nach Fehrenbach zurück.

Ausgangspunkt: Parkplatz in Fehrenbach, 607 m (Navi: August-Bebel-Str. 24, 98666 Masserberg).
ÖPNV: Bushaltestelle »Fehrenbach, Wendeschleife« am Ausgangspunkt, WerraBus Linie 207 (Masserberg – Fehrenbach – Hildburghausen, Mo–Fr ca. 7x tgl.), Linie 209 (Masserberg – Fehrenbach – Eisfeld, Mo–Fr ca. 6x tgl., Sa/So 3x tgl.).
Anforderungen: Überwiegend leicht begehbare Wald- und Wiesenwege, aber auch Pfade, die durch Steine und Wurzeln etwas Aufmerksamkeit erfordern.
Einkehr: Werraquellhütte (werraquellhuette.de, Tel. +49 36870 258666); Turmbaude am Rennsteig (Di Ruhetag, Tel. +49 36870 258205, turmbaudemasserberg.de); mehrere Lokale in Masserberg. Gasthof Schwarzer Adler in Fehrenbach (Di/Mi Ruhetag, schwarzeradler-pension.de, Tel. +49 36870 50346 oder +49 151 14966766).
Tipps: 1. Der Aussichtsturm Rennsteigwarte ist durchgehend zugänglich, aber kostenpflichtig, daher Kleingeld nicht vergessen. – 2. Im Rennsteighaus in Masserberg gibt es für Wanderer Duschen und (kostenpflichtige) Toiletten.

Vom Parkplatz in **Fehrenbach** ❶ gehen wir mit dem Haltestellenhäuschen im Rücken rechts an der Straße entlang, bis wir die Ortschaft verlassen. Auf der rechten Straßenseite taucht ein großer Felsen auf, zu dem wir rechts hinunter abbiegen (Schild: Fehrenbacher Schweiz). An diesem Felsen halten wir uns rechts vorbei, Richtung Werraquelle, und an der Gabelung hinter ihm links hinauf. Der Pfad führt uns das Bachtal hinauf, den Eselsgrund, dann mitten durch die Wiese und am Barfußbecken vorbei. Schließlich tauchen wir bei einer überdachten Picknickbank in den Wald ein, und der Pfad endet an einer Kreuzung, an der wir in den Weg rechts einschwenken. Wir queren den Bach, dem wir zuvor gefolgt sind, und wenden uns bald darauf am Querweg links hinauf (Schild: Werraquelle 1,6 km). Er verläuft stetig bergan. Oben gelangen wir bei einer Lichtung an eine Kreuzung. Hier gibt es zur Linken eine Schutzhütte, doch unsere Tour führt geradeaus, Richtung Werraquelle. Schon nach ca. 100 m verlassen wir den Forstweg auf den ebenfalls befestigten Weg nach rechts (Schild: Werraquelle 0,5 km). Er stößt bei der »Werraquell-Hütte« auf einen Asphaltweg, dem wir ein Stück nach links folgen, nachdem wir die **Werraquelle** ❷ besichtigt haben: Die Hütte lädt uns zur Einkehr ein und im Weiher beim Holzturm gibt es Molche zu entdecken.

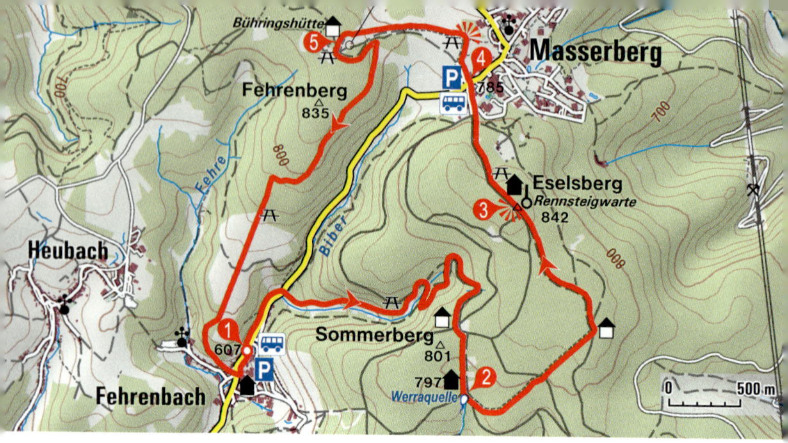

Wo der Asphaltbelag endet, nehmen wir den Pfad links hinauf (Schild: Rennsteig 1 km). Am befestigten Querweg gehen wir wenige Meter nach rechts, um auf den Pfad links zur Heidehütte abzubiegen. Die Schutzhütte »Heidehütte« erwartet uns an der Kreuzung beim Dreiherrenstein Hohe Heide aus dem Jahr 1846 (zu den Kürzeln SR, SS und HSM s. Grenzstein-Kapitel S. 23). Hier schwenken wir links in den Rennsteig ein, Richtung Masserberg. Am Wegrand entdecken wir historische Grenzsteine von 1598, die oft mit dem sächsischen Wappen und den Gabeln der Schwarzburger geschmückt sind. Dem nächsten Querweg folgen wir geradeaus, wo wir den Aussichtsturm bereits sehen können (Schild: Rennsteighaus 1,0 km). Auf dem Eselsberg, 842 m, haben wir die 38 m hohe **Rennsteigwarte** ❸ erreicht. Von der verglasten Aussichtsplattform genießen wir weiten Rundblick. Unten laden uns die »Turmbaude am Rennsteig« sowie eine Schutzhütte und Picknickbänke zum Rasten ein, bevor wir unseren Weg auf dem Rennsteig fortsetzen Richtung Rennsteighaus.

Er führt uns an einer überdachten Picknickbank vorbei und geht am Ortsrand in eine Asphaltstraße über, an der wir uns weiter geradeaus halten. So gelangen wir zum großen Parkplatz beim Rennsteighaus in **Masserberg** ❹ und können rechts einen Abstecher zu den Einkehrmöglichkeiten im Ort machen oder gleich dem Rennsteig rechts neben dem Parkplatz geradeaus weiterfolgen, Richtung Schwalbenhauptwiese. Nach ca. 150 m biegen wir rechts auf den Wiesenweg ab und verlassen vorübergehend den Rennsteig

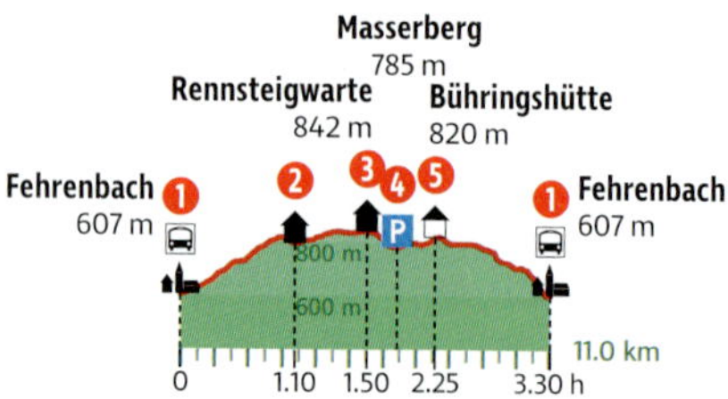

(Schild: Fürst Karl-Günther-Denkmal 0,2 km), um zur Schillerhöhe mit dem ausgeschilderten Gedenkstein zu gehen, wo wir schönen Fernblick haben. Hier lassen wir uns von dem Wiesenweg nach links führen, Richtung Frauenwald, halten uns geradeaus und kreuzen schließlich den Skilift, der schon von Weitem an den blauen Masten zu erkennen ist. Hinter dem Skilift kommen wir zur **Bühringshütte** 5 und schwenken in den Wiesenweg links ein, der uns zur bereits sichtbaren Picknickbank mit der Rennsteig-Stele bringt. Dort wenden wir uns auf dem Rennsteig nach links (Schild: Masserberg Aussichtsturm 2,0 km) und bei erster Gelegenheit auf den Forstweg nach rechts. Damit verabschieden wir uns vom Rennsteig und folgen dem neuen Weg für ca. 1,5 km. An der Gabelung halten wir uns links, dann ignorieren wir Abzweige, bis wir einen Wegweiser erreichen, an dem wir links hinunter abbiegen Richtung Fehrenbacher Schweiz. Der Weg führt uns auf eine Wiese und passiert zur Linken eine Picknickbank mit malerischem Blick. Wir halten uns geradeaus und gehen auch unten – inmitten der Wiesen – geradeaus über die Kreuzung (Schild: Fehrenbacher Schweiz), um dem Wegverlauf über Wiesen und dann am Waldrand entlang in den Wald zu folgen. Linker Hand taucht ein großer Felsen auf, hinter dem der Weg nach links schwenkt. Hier nehmen wir den etwas unscheinbaren Pfad halb rechts hinab. Wir ignorieren Abzweige und der Pfad führt uns stetig bergab, am Ende zwischen zwei Gärten und Häusern hindurch, hinter denen wir auf die August-Bebel-Straße stoßen. An ihr entlang kehren wir links zum Ausgangspunkt in **Fehrenbach** 1 zurück.

Blick von der Rennsteigwarte bei Masserberg.

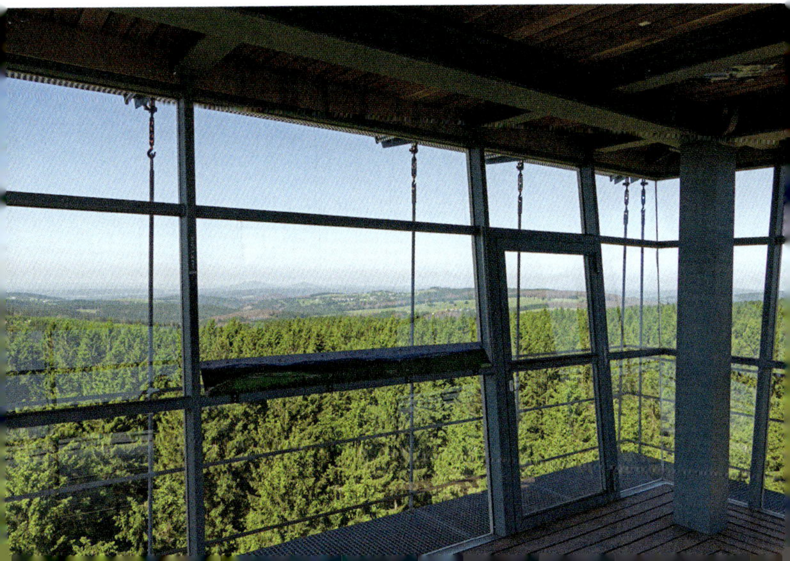

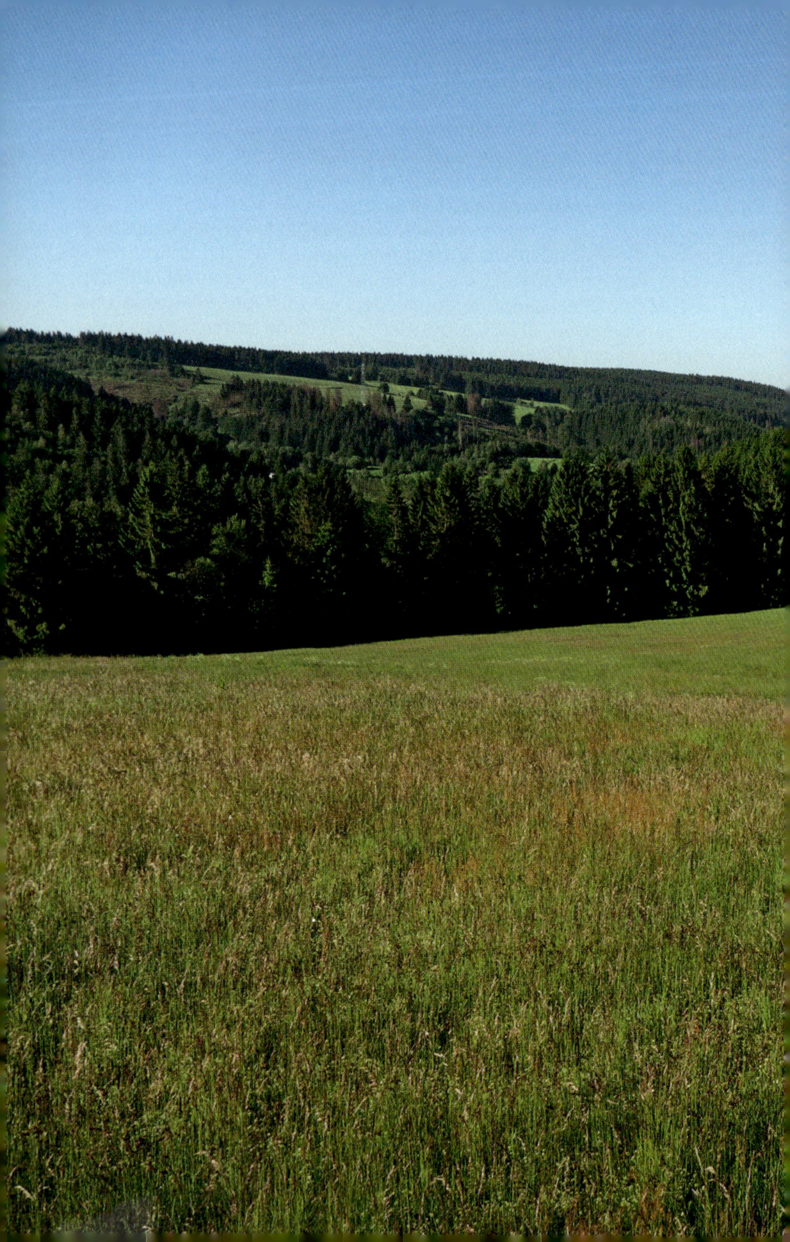

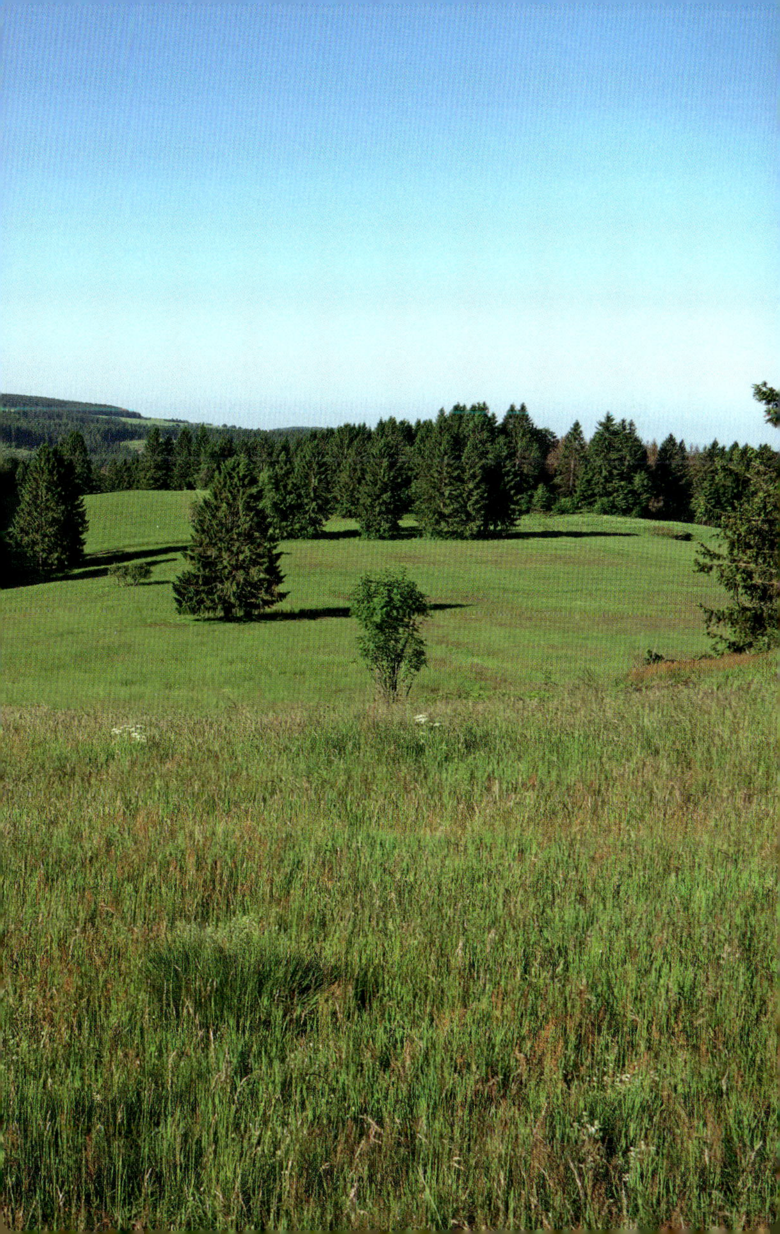

TOP

29

Auf den Simmersberg

↗ 400 m | ↘ 400 m | 13.9 km

4.30 h

Weite Bergwiesen, idyllische Bachtäler und herausragende Fernsicht

Rund um Heubach und Schnett wandern wir über ausgedehnte Wiesen, auf denen zahllose Blumen wie Margerite, Teufelskralle und Storchschnabel blühen. Auf dem Simmersberg bescheren sie uns einen Panoramablick, der seinesgleichen sucht. Der Rückweg führt uns durch den Fehrengrund, ein malerisches Bachtal, in dem die seltene Trollblume gedeiht.

Ausgangspunkt: Parkplatz in Fehrenbach, 607 m (Navi: August-Bebel-Str. 24, 98666 Masserberg).
ÖPNV: Bushaltestelle »Fehrenbach, Wendeschleife« am Ausgangspunkt, WerraBus Linie 207 (Masserberg – Fehrenbach – Hildburghausen, Mo–Fr ca. 7x tgl.), Linie 209 (Masserberg – Fehrenbach – Eisfeld, Mo–Fr ca. 6x tgl., Sa/So 3x tgl.).
Anforderungen: Überwiegend Pfade und Wiesenwege, die teils schwierig erkennbar sind und daher Orientierungssinn erfordern.

Einkehr: Hotel und Restaurant Frankenblick (werrapark.de/restaurant-frankenblick, Tel. +49 36874 95000); Café Schublade(n) (Tel. +49 175 2443022); Kräuterstube im Hotel Heubacher Höhe (werrapark.de/restaurant-kraeuterstube, Tel. +49 36874 93711); Kiosk am Sportcenter Werrapark (sportcenter-heubach.de, Tel. +49 36874 2280); Gasthof Schwarzer Adler in Fehrenbach (Di/Mi Ruhetag, schwarzeradler-pension.de, Tel. +49 36870 50346 oder +49 151 14966766).

Vom Parkplatz in **Fehrenbach** ❶ gehen wir, mit dem Rücken zum Haltestellenhäuschen, an der Straße nach links und biegen unten beim Dorfplatz rechts ab in die Edmund-Heinz-Straße. Wo sie nach rechts schwenkt, halten wir uns geradeaus, den Brückenweg hinab. Dabei sehen wir am Wiesenhang bereits ein Geländer, das zum Wald hinauf verläuft. Dort steigen wir die Stufen hoch zum Panoramaweg und nehmen am Ende des Geländers den steilen Pfad links hinauf. Er führt uns zu einem Querpfad, dem wir nach links, am Hang entlang, folgen mit Blick über den Ort. Bei einem Holzzaun zur Linken kommt ein Querpfad herauf, in den wir rechts bergan einschwenken (Schild: Schulzenpfad) zu einer Lichtung, die wir geradeaus hinauf überqueren (der Pfad kann schlecht sichtbar sein). Oben gehen wir weiter geradeaus, am Waldrand entlang und an einer Bank vorbei. Der Pfad

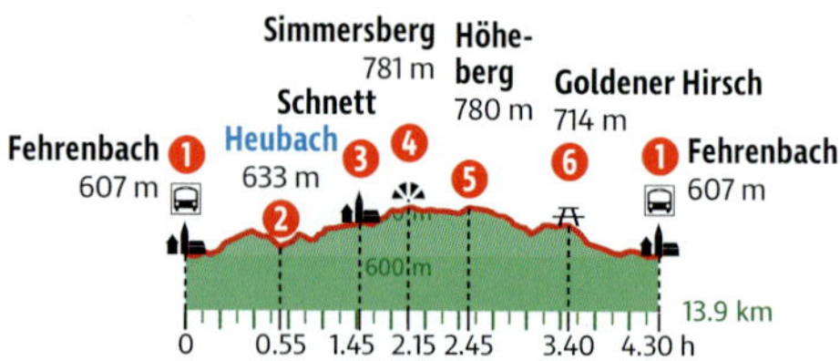

wird zum Weg in den Forst hinein. Bald darauf halten wir uns an der Gabelung rechts und zunächst am Waldrand, bis wir an der Kreuzung links abbiegen zum bereits sichtbaren Wegweiser inmitten der Bergwiesen. Am Wegweiser gehen wir geradeaus vorbei und ins Tal hinunter, Richtung Heubach. Bei einem Trafohäuschen beginnt ein Asphaltweg, dem wir nur wenige Schritte folgen, um uns noch vor dem ersten Haus scharf nach links zu wenden, Richtung Bibertal. An der Kreuzung wählen wir den eventuell schwierig zu erkennenden Wiesenpfad rechts hinab (Schild: Schnett 3 km), an den weißen Stangen und danach an einer Bank vorüber. Unten endet der Pfad an einem Wegweiser vor einem Haus, wo wir uns zwischen den Gartenzäunen hindurch geradeaus halten, links den **Heubach 2** überqueren, auf dem Kiesweg um das Haus herumgehen und auf eine Straßenkreuzung in Heubach stoßen. Hier nehmen wir die schmale Straße »Am Schafberg« geradeaus hinauf (Schild: Schnett 3 km) und an der sogleich folgenden Gabelung den linken Abzweig zum Holzschnitzer. Der Asphaltbelag endet am Ortsrand beim Künstler »Holz-Michel«, dessen Skulpturen uns auch im Weiteren noch begegnen. Wir steigen weiter auf dem »Erlebniswanderweg« bergan, kreuzen einen Querweg und gehen auf dem kaum sichtbaren Pfad geradeaus zum Waldrand, wo er uns in einer Linkskurve zu einem Wegweiser beim ersten Abzweig nach rechts führt. Zum Zeitpunkt der Recherchen gab es jedoch kein Schild. Trotzdem biegen wir hier scharf rechts ab und

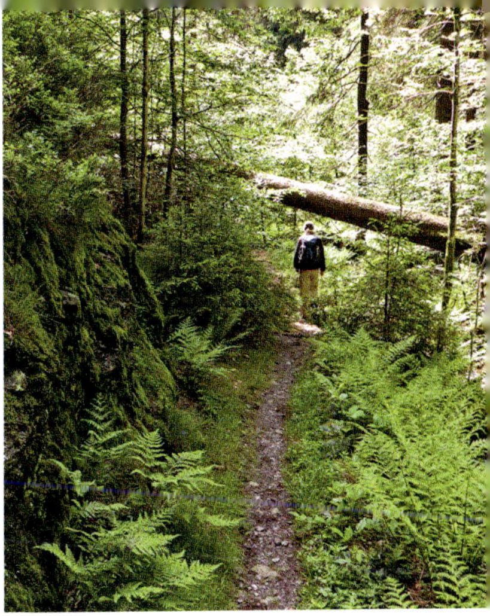

Pfad entlang des Bachs Fehre zum Fehrengrund.

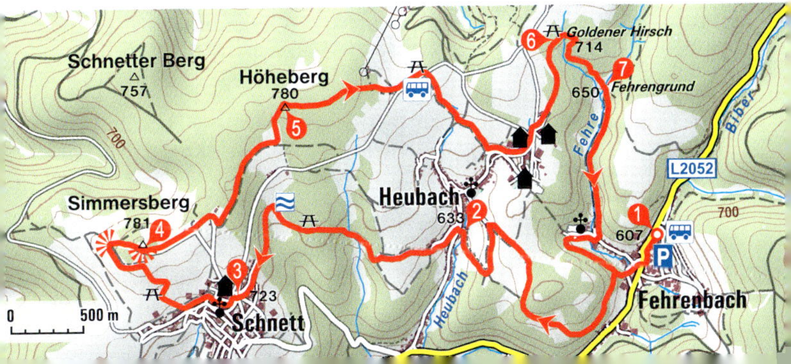

sehen an einem Baum das Schild »Schnett 2 km«. Im Wald geht es allmählich abwärts, dann überqueren wir einen Bach, eine Lichtung und die Kreuzung geradeaus hinauf, Richtung Schnett. Wir halten uns stetig bergan und oben bei der Picknickbank geradeaus über die Kreuzung (Schild: Schnett 1,5 km), passieren das Schwimmbad und folgen dem Wegverlauf Richtung Schnett. Schließlich geht der Weg in eine Asphaltstraße über, die uns durch eine Ferienhaussiedlung zu einer Querstraße in **Schnett** ❸ führt. Diese überqueren wir, um uns nach kurzem Stück geradeaus – noch vor dem Spielplatz – nach links zu wenden und vor dem Restaurant »Frankenblick« die Stufen zur Linken hinabzusteigen. Unten biegen wir rechts ab, am Werrapark-Resort vorbei. Dann führt unsere Tour geradeaus auf dem Feldweg weiter, immer an den Gärten entlang. Kurz bevor der Weg als Sackgasse endet, führen von links Stufen herauf und wir wählen den Wiesenweg rechts hoch, schwenken bei den Picknickbänken rechts in den Querweg ein und biegen nach ca. 100 m in der Rechtskurve links hinauf ab. In einem Rechtsbogen führt der Wiesenweg auf die Kuppe des Simmersbergs, doch wir nehmen kurz vor dem Gipfel den Querweg nach links und umrunden den Berg ein Stück, um einen Aussichtspunkt mit Fernglas zu erreichen. Schon hier haben wir wunderbare Fernsicht auf die höchsten Berge des Thüringer Walds und das Werratal. Wir folgen nun dem Pfad auf den **Simmersberg** ❹, 781 m, hinauf, halten uns rechts am Gebäude der Jugendherberge vorbei und sehen geradeaus bereits den Asphaltweg vor uns, dem wir talwärts folgen werden (Schild: Heubach 4 km). Zuvor machen wir noch einen Abstecher zum Aussichtspunkt zur Rechten, der uns herausragenden Blick auf den Großen und Kleinen Gleichberg, die fernen Haßberge und weit nach Franken hinein bietet.
Der Asphaltweg abwärts schwenkt nach einer Weile rechts hinab, aber wir gehen geradeaus auf den Sportplatz zu, vor dem wir uns an der Kreuzung nach rechts wenden, Richtung Schnett, und sogleich hinter dem Sportplatz links auf den Wiesenweg. Dieser Trimm-Dich-Pfad kreuzt schließlich einen Querweg und wir gehen geradeaus über die Lichtung, am Zaun zur Rechten vorbei. Vor dem Waldrand verläuft der Weg nach rechts und mündet in einen Querweg, dem wir links auf den **Höheberg** ❺, 780 m, folgen. Oben an der Kreuzung schwenken wir rechts in den Schotterweg ein. Er bringt uns auf die Bergwiesen hinaus, wo wir auf eine Landstraße stoßen, an der wir ca. 200 m nach links gehen (Schild: Heubach), zur Bushaltestelle samt Wegweiser und Picknickbank. Hier biegen wir rechts auf den unscheinbaren Wiesenweg ab, der uns geradeaus durch die Wiesen hinabführt. Unten wenden wir uns auf dem Schotterweg nach links, um nach ca. 50 m erneut einen Wiesenweg rechts zu nehmen. Nach einer leichten Rechtskurve geht es zwischen terrassierten Wiesen weiter abwärts. Am Ortsrand beginnt Asphaltbelag und wir folgen dem Weg links hinab, wo er in eine Straße mündet. An ihr gehen wir ca. 100 m links hinauf und biegen bei erster Gelegenheit links auf den Asphaltweg ab (geradeaus könnten wir einen Abstecher

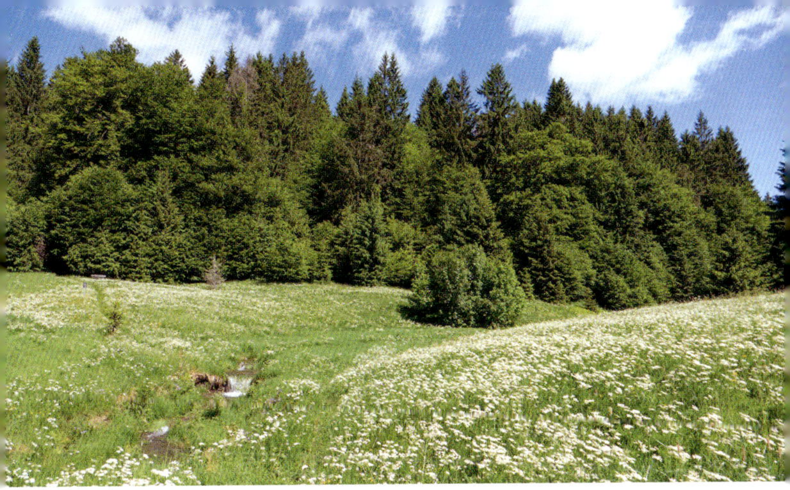

Im schönen Fehrengrund.

zum Café Schublade(n) machen). Er führt uns bergauf zu einer Kreuzung, an der wir die Straße halb links wählen, Richtung Nadelöhr, während rechts die Kräuterstube bzw. der Kiosk des Sportcenters zur Einkehr einladen. Wo kurz darauf der Asphalt endet, gehen wir rechts (Schild: Naturlehrpfad) durch einen Teil des Schullandheimgeländes und dann auf dem Wiesenweg weiter (nicht halb links durch das braune Tor!). An der Gabelung am Waldrand halten wir uns links und erreichen bald die Hütte **Goldener Hirsch** **6**, bei der wir im aufgestauten Bach Molche entdecken können.

Wir folgen dem Weg weiter, um beim ersten Abzweig rechts hinunter abzubiegen (Schild: Naturlehrpfad). Der Pfad verläuft am Bach entlang an Konglomeratfelsen vorüber. Bei einem Wegweiser führt der Lehrpfad über den Bach, aber wir setzen unseren Weg geradeaus fort, Richtung Fehrenbach, und schließlich auf eine Wiese hinaus. Hier queren wir den Bach – je nach Wasserstand mithilfe von Trittsteinen oder über den improvisierten Betonsteg – und folgen, am Wegweiser mit der Bank vorbei, weiter dem malerischen Tal, dem **Fehrengrund** **7** (Schild: Fehrenbach 0,5 km). Bach und Weg werden breiter und trennen sich am Ortsrand, wo der Schotter- in einen Asphaltweg übergeht. Wir schwenken scharf rechts in die Querstraße Richtung Heubach ein, passieren die Kirche und verlassen den Ort auf dem Schotterweg bergan. An der Gabelung am Waldrand halten wir uns links auf den Panoramaweg und biegen am Ende des Gartenzauns auf den Pfad links ab. Er verläuft oberhalb von Fehrenbach im Hang entlang. An der nächsten Gabelung wenden wir uns rechts hinauf und an der folgenden links hinab zum Wegweiser bei den Stufen, die wir hinuntersteigen, um auf bekanntem Weg zum Ausgangspunkt in **Fehrenbach** **1** zurückzukehren.

↗ 450 m | ↘ 450 m | 15.8 km

30 Über die Friedrichshöhe auf den Bleßberg 5.00 h

Schöne Wappensteine, blühende Bergwiesen und fantastische Fernsicht

Diese Tour könnte man als »Rennsteig in Miniatur« bezeichnen, denn sie bietet auf ca. 16 Kilometern alles, was den legendären Fernwanderweg auszeichnet: über 400 Jahre alte Grenzsteine in Wald, blütenreiche Wiesen, ein romantisches Bachtal, die Quelle der Werra und einen Aussichtsturm mit Panoramablick über den Thüringer Wald bis zum Fichtelgebirge, der Rhön und dem Frankenwald.

Ausgangspunkt: Wanderparkplatz an der B281 am westlichen Ortsausgang von Siegmundsburg, 814 m (Navi: N50.46772, E11.04235).
ÖPNV: Bushaltestelle »Abzweig Friedrichshöhe« am Ausgangspunkt, OVG Sonneberg Linie 501 (Neuhaus – Siegmundsburg – Goldisthal, Mo–Fr 7x tgl.). Bushaltestelle »Siegmundsburg«, Ilchmann Linie 508 (Neuhaus – Siegmundsburg – Masserberg, Sa/So 3x tgl.). Die Haltestelle befindet sich direkt am Wegpunkt Feuerwehr ❷. Mit dem Wartehäuschen im Rücken gehen wir über die Straße und nehmen den Weg links der Feuerwache hinauf.
Anforderungen: Überwiegend unbefestigte Waldwege und -pfade, abschnittsweise auch befestigte Forst- und Feldwege.
Einkehr: Rennsteig Stüberl (Sa/So/feiertags, rennsteig-stüberl.de, Tel. +49 36704 80270); Pension Hirschblick (nach Voranmeldung, hirschblick.de, Tel. +49 36704 80498); Gasthaus Zum Rennsteig (Mo/Di Ruhetag, thueringen.info/pension-zum-rennsteig.html, Tel. +49 36704 80398); Wanderheim (Mo/Di Ruhetag, blessberg.lima-city.de, Tel. +49 3686 60564 oder +49 3686 60733).
Tipps: 1. Die Glasbläserei in Siegmundsburg bietet Werksverkauf an (glasphantasien.de). – 2. Die Ausstellung im Naturpark-Informationszentrum Friedrichshöhe öffnet Mo–Fr 9–16 Uhr. In dem schieferverkleideten Gebäude war bis 1960 die letzte Einklassenschule der DDR untergebracht. – 3. Der Aussichtsturm auf dem Bleßberg ist tagsüber immer geöffnet, aber kostenpflichtig, daher Kleingeld nicht vergessen. Im Wanderheim kann auch übernachtet werden.

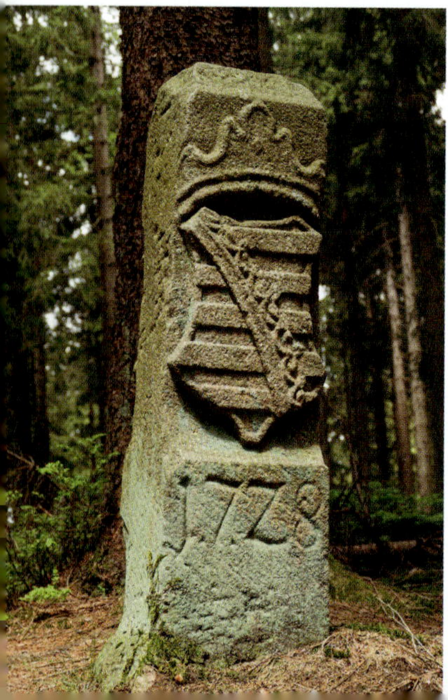

Grenzstein mit dem sächsischen Wappen am Rennsteig.

Vom Parkplatz am Ortsrand von **Siegmundsburg** ❶ gehen wir mit dem Rücken zum Wald auf dem Schotterweg nach rechts und gleich an der Gabelung links (Schild: Dürre Fichte). Wir passieren die Schutzhütte »Länder-Blick« und nehmen den Weg links hinab. Er führt uns durch die Wiesen, an einem Teich vorüber und endet an einem Schotterweg, an dem wir uns links hinunter wenden. Unten beginnt Asphaltbelag und wir können links einen Blick in den Felsenkeller werfen, der einst als Bierlager und im Krieg als Schutzraum diente. Wir folgen der schmalen Straße über die Brücke und hinauf in den Ortskern, wo wir an der Glasbläserwerkstatt vorbeikommen. Oben an der Hauptstraße halten wir uns rechts, um sie sogleich zu überqueren und den Weg neben der **Feuerwehr** ❷ Richtung Rennsteig hochzugehen. Immer geradeaus, an einer Picknickbank vorüber, erreichen wir den Wald und die Kreuzung bei der kleinen Schutzhütte »Saarhütte«. Hier schwenken wir links in den Rennsteig ein (Schild: Friedrichhöhe 2,9 km), haben jedoch zwei Pfade zur Auswahl. Der untere, rechte Pfad folgt einem wasserführenden Hohlweg, weshalb bei nasser Witterung der linke Pfad oberhalb als trockenere Alternative genutzt werden kann. Die beiden treffen bald wieder aufeinander und der Weg führt an gut erhaltenen Grenzsteinen vorbei, die die Wappen des Herzogtums Sachsen-Meinigen und des Fürstentums Schwarzburg-Rudolstadt zeigen. An der Gabelung halten wir

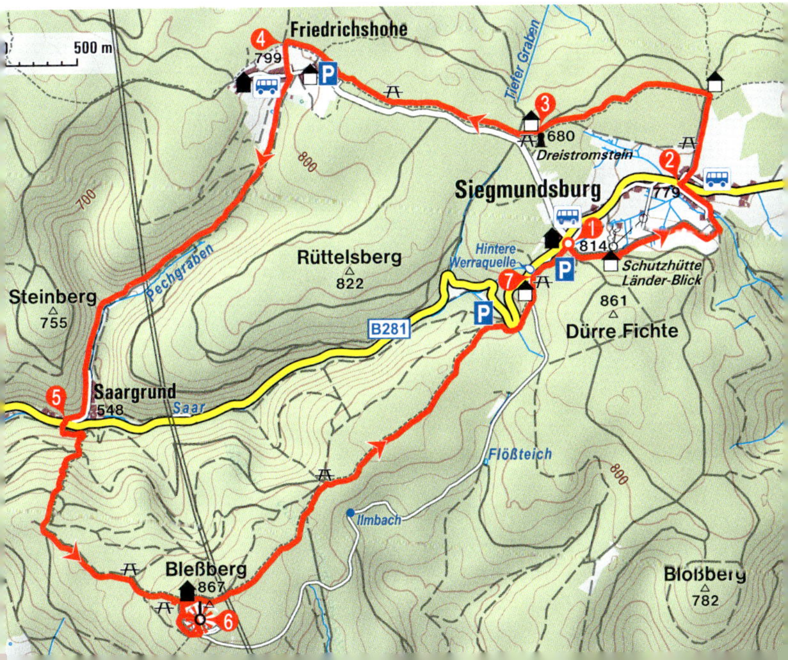

uns rechts und gelangen zur Schutzhütte am **Dreistromstein** 3. Hier befinden wir uns auf einer dreiseitigen Wasserscheide, denn die Bäche der Umgebung fließen in drei Richtungen und speisen dadurch sowohl Elbe als auch Weser und Rhein.
Wir setzen unseren Weg geradeaus auf dem Rennsteig fort und stoßen kurz darauf bei einer Picknickbank auf eine Landstraße, vor der wir halb rechts abbiegen, Richtung Friedrichshöhe. Über eine Rodungsfläche kommen wir schließlich an einer Picknickbank vorüber (Schild: Eisfelder Ausspanne 4,8 km). An der Gabelung können wir links oder rechts gehen, da sich die Wege sogleich wieder vereinen. Danach passieren wir einen Parkplatz mit überdachter Picknickbank und Schutzhütte (letztere steht an der Landstraße und ist vom Weg aus nicht sichtbar) und erreichen die Info-Tafel Friedrichshöhe. Hier verlassen wir den Rennsteig auf den Wiesenpfad links, der uns zum Naturpark-Infozentrum in **Friedrichshöhe** 4 bringt. An der Straße beim Infozentrum wenden wir uns nach links, um sogleich auf den Weg rechts hinunter zu wechseln, Richtung Saargrund. An einem Bach namens Pech entlang, führt er uns ein malerisches Tal hinab, den Pechgrund. Auf dem befestigten Querweg gehen wir rechts weiter bergab (Schild: Saargrund 1,1 km) und kommen an einem Gebäude der Deutschen Bahn vorbei, obwohl weit und breit keine Gleise in Sicht sind. Es ist eine Lüftungsanlage des ICE-Tunnels, durch den tief unter uns die Züge rasen. An der Gabelung bei der Futterraufe halten wir uns links hinab, an zwei Häusern vorbei, und folgen dem Weg, der am Ortsrand zur schmalen Straße wird, bis nach **Saargrund** 5 hinein. Sie führt uns zur Hauptstraße, die wir halb links überqueren, um den Pfad rechts hinauf in den Wald zu nehmen (Schild: Bleßberg Aussichtsturm 4,3 km). Er endet an einem Querweg, auf dem wir ca. 150 m nach links gehen (Schild: Rundwanderweg Bleßberg), bevor wir auf den Pfad rechts abbiegen (gleiches Schild). Oben am Querweg geht es rechts weiter aufwärts und bei erster Gelegenheit auf den Pfad links hinauf (Schild: Bless). Dem ersten Querweg folgen wir ca. 50 m nach links, um auf einen weiteren Pfad rechts bergan abzubiegen (gleiches Schild). Kurz darauf steigen wir rechts die Stufen hoch, um eine Rodung zu umgehen, wenden uns oben auf dem Querweg nach rechts und schwenken sogleich in den Pfad links hinauf ein, Richtung Bleßberg. Wir haben das steilste Stück geschafft. Der Pfad mündet in einen breiten Weg, auf dem wir bis zum Querweg geradeaus gehen, dann rechts abbiegen (Schild: Blessberg 1,6 km) und an der gleich folgenden Kreuzung links (Markierung: schwarzes »X 5«; Schild: Bleßturm 2 km). An dieser Markierung

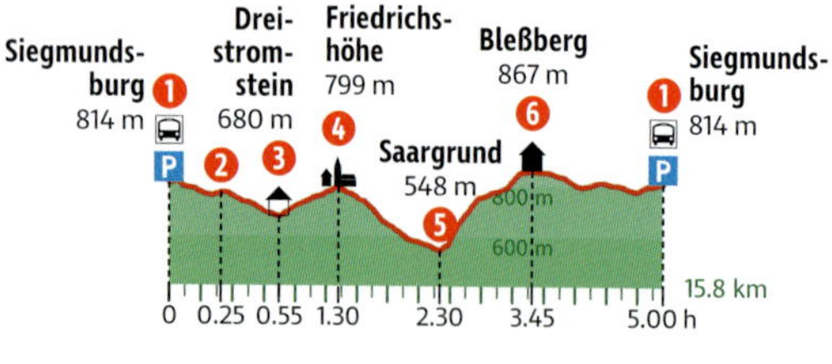

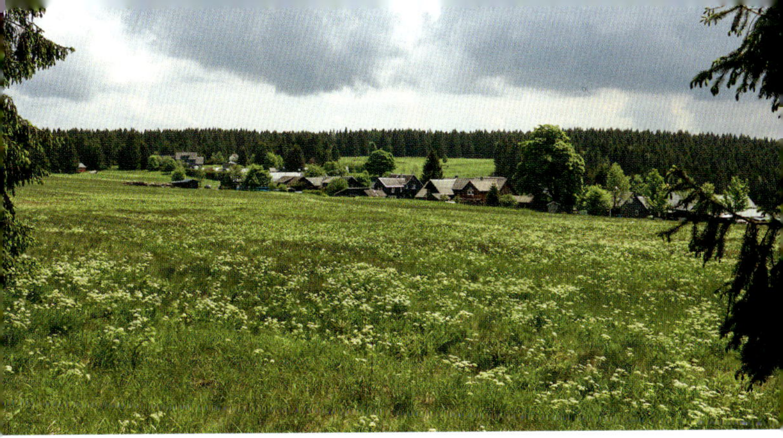

Blick auf Friedrichshöhe inmitten der selten gewordenen blütenreichen Bergwiesen.

des Werra-Burgensteigs orientieren wir uns bis zum Ende der Wanderung. Wir passieren eine überdachte Picknickbank bei einem Wappenstein und wenden uns an der Kreuzung links hinauf Richtung Bleßplateau. Nach ca. 200 m können wir rechts einen kurzen Abstecher zu zwei Picknickbänken mit Aussicht machen (Schild: Thüringen-Blick). Oben am Querweg angekommen, führt unser Rückweg nach links, Richtung Siegmundsburg, aber zuvor halten wir uns rechts, um die herrliche Fernsicht vom Turm auf dem **Bleßberg** ❻, 867 m, zu genießen.
Zurück beim Wegweiser, wo wir heraufkamen, folgen wir dem breiten Forstweg nun abwärts, um nach ca. 300 m auf den Pfad rechts abzubiegen, Richtung Siegmundsburg. Er ist gesäumt von historischen Grenzsteinen, darunter schöne aus dem 16. und 18. Jh., die oft die Wappen von Rauenstein bzw. derer von Schaumberg und den Löwen der Stadt Eisfeld zeigen. Nachdem wir eine Hochspannungstrasse gekreuzt haben, gehen wir geradeaus über die Kreuzung (Schild: Werraquelle) und einen Hohlweg hinab. Er mündet in einen breiten Forstweg, auf dem wir unsere Richtung beibehalten und eine überdachte Picknickbank erreichen, bei der wir rechts abbiegen, Richtung Werraquelle. An der Gabelung wenden wir uns nach links (Schild: Fränkischer Weg über Werraquelle) und am Querweg nach rechts zu einem großen Parkplatz, den wir der Länge nach überqueren. Noch vor der Landstraße wählen wir den Weg rechts hinauf. Er führt uns zu einer schmalen Asphaltstraße, in die wir links einschwenken, Richtung Siegmundsburg, an einer Schutzhütte vorbei. Bevor sie an der breiteren Landstraße endet, biegen wir rechts ab und erreichen die **Hintere Werraquelle** ❼. Von hier verläuft der Pfad ein Stück an der Landstraße entlang, passiert ein Gebäude, und dahinter gehen wir rechts – etwas von der Straße entfernt – weiter zum Ausgangspunkt in **Siegmundsburg** ❶.

↗ 430 m | ↘ 430 m | 13.2 km

31 Ins Glücksthal bei Neuhaus am Rennweg

4.15 h

Romantische Bachtäler, verwunschene Hohlwege und ein Mord

Viele kleine Gewässer durchziehen die bewaldeten Hänge bei Neuhaus am Rennweg. Wir wandern im Tal der Alten Mutter, besuchen den Michelsbrunnen und den Wächtersteich, folgen dem Totenweg, an dem zwei Landstreicher einen Gerichtsdiener ermordeten, und erkunden das schöne Glücksthal, in dem einst eine florierende Glashütte stand.

Ausgangspunkt: Bahnhof in Neuhaus am Rennweg, 830 m (Navi: Bahnhofstraße 10, 98724 Neuhaus am Rennweg). Parken gegenüber dem Bahnhof.
ÖPNV: Bahnhof Neuhaus am Rennweg (Sonneberg und Eisenach ca. zweistdl.). Direkt am Bahnhof Bushaltestelle »Neuhaus am Rennweg, Zentralhaltestelle« mit weiteren Buslinien der LWW Bustouristik (510), IOV Ilmenau (302,313), OVG Sonneberg (501, 705), MBB Meiningen (405,407) und Stadtbussen (801, A2).

Anforderungen: Breite Wege und viele, teils sehr steile Wurzelpfade sowie eine Bachquerung ohne Brücke. Einige unmarkierte Wege erfordern Orientierungssinn.
Einkehr: Unterwegs keine; mehrere Lokale in Neuhaus am Rennweg.
Tipp: Im Thüringer-Wald-Shop am Bahnhof, der zugleich als Tourist-Info dient, können wir einkehren, regionale Produkte erwerben und den Schlüssel zur Holzkirche erhalten (Mo–Fr 10–17 Uhr, Sa 10–14 Uhr, thueringer-wald.shop).

Die mit Schiefer verkleidete Kirche von Neuhaus ist innen ganz in Holz gehalten.

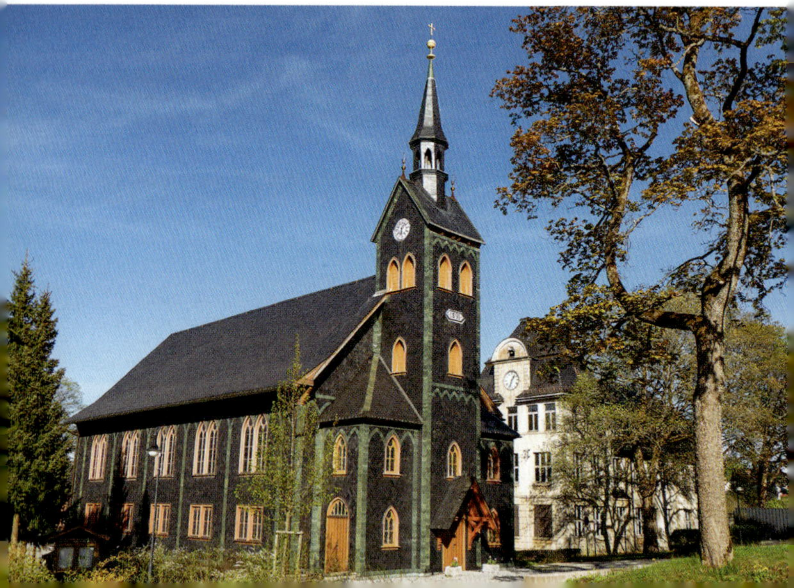

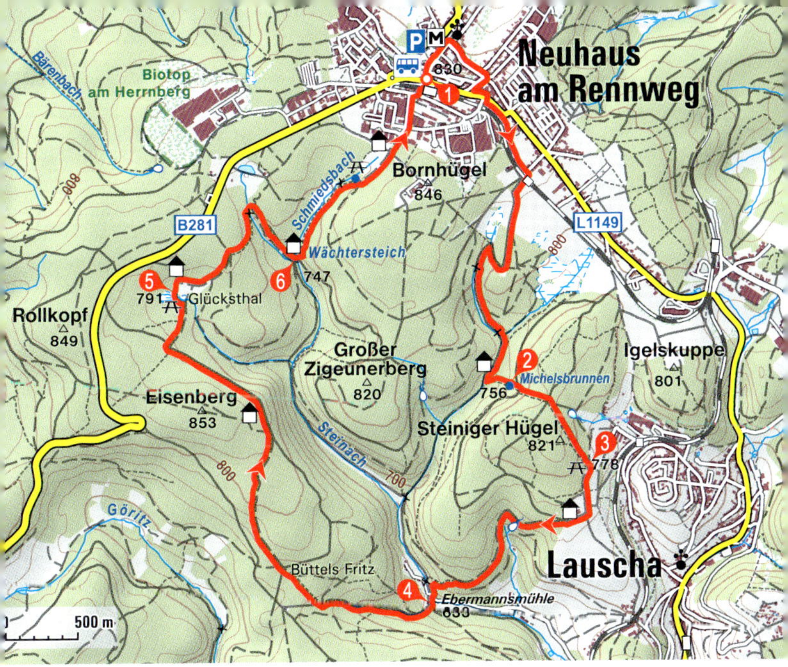

Mit dem Bahnhof von **Neuhaus** ❶ im Rücken überqueren wir die Straße, gehen geradeaus die Stufen hinunter und dahinter die Marktstraße hinab. An der Kreuzung Sonneberger Straße führt unsere Tour nach rechts, aber zunächst machen wir einen Abstecher geradeaus zur 1891 aus Holz errichteten Kirche. Sie ist vollständig mit Schieferplatten verkleidet. Nun folgen wir der Sonneberger Straße, bis der gepflasterte Bereich endet, und biegen rechts in die Einbahnstraße ab. An deren Ende wenden wir uns nach links, um nach ca. 150 m rechts in die Thomas-Mann-Straße einzuschwenken. Auf der linken Straßenseite nehmen wir direkt vor der Brücke die Stufen hinab und verlassen auf dem Pfad an den Gleisen entlang die Stadt. Am Bahnübergang biegen wir rechts ab und nehmen jenseits der Gleise den Wiesenweg halb links (ohne Markierung). An der Gabelung auf der Wiese halten wir uns links, gehen geradeaus in den Wald und folgen dem Wegverlauf. Schließlich kommen wir an zwei Gebäuden vorbei und gelangen parallel

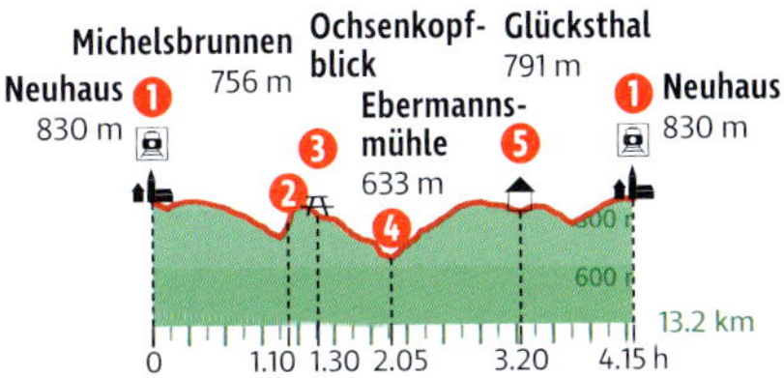

zum Bach Alte Mutter an eine Gabelung. Hier queren wir den Bach und setzen die Tour auf seiner rechten Seite fort. Wir passieren die Schutzhütte »Zum Alten Vater« und erreichen einen verfallenen Steg, weshalb wir den Bach – je nach Wasserstand – mit einem großen Schritt, auf Trittsteinen oder barfuß queren, um auf der anderen Seite den Pfad links hinauf zu nehmen. Er führt uns steil hoch zum **Michelsbrunnen** 2, wo wir dem Pfad weiter bergauf folgen, einen Schotterweg kreuzen und weiter aufwärts steigen (Schild: Gute Nacht 200 m). Oben an der Kreuzung beim Wegweiser »Gute Nacht« wählen wir den Pfad halb rechts (ohne Markierung). Auch an der Gabelung halten wir uns rechts. Der Pfad mündet in einen breiteren Weg, den wir geradeaus hinabgehen. Unten am Waldrand steht eine Picknickbank mit Aussicht, dem **Ochsenkopfblick** 3. Hier schwenken wir rechts in den breiten Schotterweg ein. An der großen Kreuzung bei einer Bank gehen wir zunächst geradeaus, Richtung Schwimmbad, um sogleich rechts abzubiegen (Schild: Wächtersgrund 2 km). Bei der Schutzhütte nehmen wir den Weg halb links hinab, in die Mordschlucht. Er geht unten am Wegweiser »Mordschlucht« in einen anderen Schotterweg über, dem wir geradeaus Richtung Steinachgrund folgen. Nach ca. 700 m zweigen links zwei Wege ab. Wir wählen den zweiten, halb links hinunter (ohne Markierung) und halten uns an der Gabelung rechts, auf den Pfad zu den Gebäuden hinab. Unten am Querweg wenden wir uns nach links, an der Steinach entlang, die wir an der Kreuzung überqueren, und auf der anderen Seite erneut nach links, in den Totenweg. Wir kommen an der **Ebermannsmühle** 4 vorbei und biegen dahinter rechts hinauf ab. Wir befinden uns weiter auf dem Totenweg, dessen Name aus dem 17. Jh. stammt, als die Verstor-

Auf dem Totenweg wird heute nur noch idyllisch gewandert.

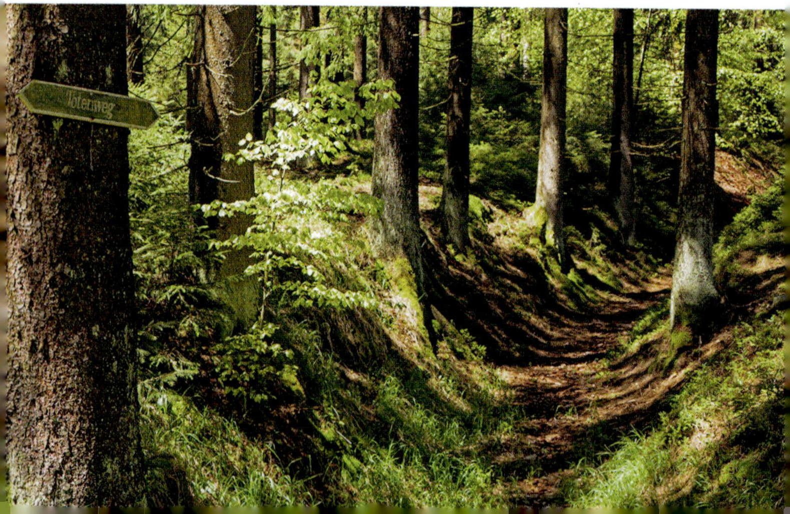

benen von Lauscha zum Friedhof in Steinheid getragen wurden.
Nach ca. 700 m gibt es rechts einen breiten Abzweig, aber wir nehmen wenige Meter weiter den unscheinbaren Pfad nach rechts, den Totenweg. Der Hohlweg führt an der Stelle vorbei, an der 1815 der Amtsdiener Johann Landrock ermordet wurde. Am Ende des Hohlwegs kreuzen wir eine Schotterpiste und gehen immer weiter bergauf, bis der grasbewachsene Weg an einem Schotterweg endet. Diesem folgen wir nach links, passieren die Schutzhütte »Am Hilbertsblick« sowie den zugewachsenen Aussichtspunkt. Kurz dahinter bietet eine neue Stelle Blick auf den Bornhügel samt Wetterstation. Bald darauf wenden wir uns an der Kreuzung rechts hinunter, Richtung Glücksthal (Markierung: Pilgermuschel) und kommen am Waldfriedhof der einstigen Glashütte vorbei. Etwas weiter bergab erreichen wir die eigentliche Wüstung. Noch vor dem Bach biegen wir auf den Pfad links ab, überqueren Rinnsale und einen kleinen Steg und gelangen zum Teich im **Glücksthal** 5. Um den Teich herum entdecken wir geschnitzte Skulpturen, bevor wir über die Wiese zur Schutzhütte und Picknickbänken hinaufgehen. Umgeben von Wald fällt es schwer, sich vorzustellen, dass hier ca. 100 Jahre lang (1736–1838) in großem Stil Glaswaren gefertigt wurden.

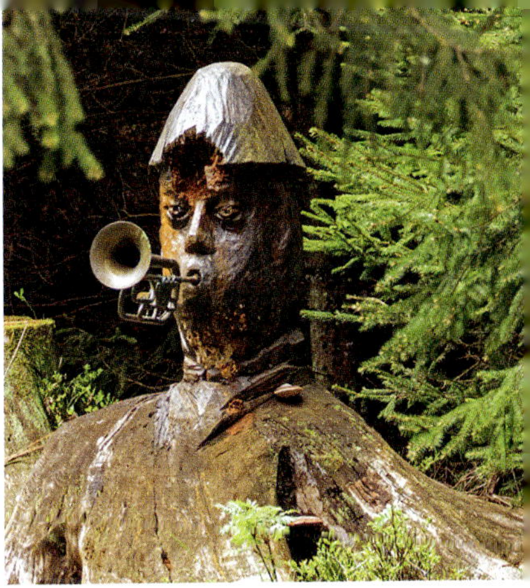

Holzschnitzerei am Teich im Glücksthal.

Oben schwenken wir rechts in den Querweg ein, passieren das verbliebene Kellergewölbe (links unter den Bäumen) und folgen dem Wegverlauf am Ziriaxstein vorbei. Wo der Schotterweg in einen Querweg mündet, wählen wir den Pfad rechts in den Hohlweg hinunter (ohne Markierung). Er führt uns zu einer Brücke, hinter der wir den ersten (etwas eingewachsenen) Abzweig rechts hinab nehmen und schließlich den **Wächtersteich** 6 erreichen, wo uns eine weitere Schutzhütte und Picknickbänke erwarten. An der großen Kreuzung biegen wir links ab (Schild: Neuhaus 3 km) und hinter dem See gleich wieder links. Der Weg wird zum Wurzelpfad und führt am Bach stetig aufwärts, an einem Rastplatz bei der Vereinsquelle vorbei, zu einem breiten Schotterweg, auf dem wir nach links gehen. An der Kreuzung, wo zur Linken die Schutzhütte »Schmiedsgeräumde« steht, verlassen wir den Wald auf dem Weg geradeaus. Er geht in eine Asphaltstraße über, die uns geradeaus zur Thomas-Mann-Straße bringt, in die wir rechts abbiegen, um sogleich den Fußweg nach links zu nehmen. Auf ihm gelangen wir über die Gleise zum Bahnhof von **Neuhaus** 1 zurück.

↗ 280 m | ↘ 280 m | 13.2 km

32 Hoch über Lauscha zum Rennsteig

4.00 h

Durch Wald und über blühende Wiesen rund um die Glasbläserstadt

Lauscha ist ein Mekka für Freunde von Glas-Kunstwerken und hat auch viele schön restaurierte Häuser mit aufwendiger Schieferverkleidung zu bieten. Von einem Pfad hoch über der Stadt haben wir besten Blick und wandern über Bergwiesen zum Rennsteig, um auf herrlichen Waldwegen nach Lauscha zurückzukehren.

Ausgangspunkt: Bushaltestelle Hüttenplatz in Lauscha, 625 m (Navi: Hüttenplatz 1, 98724 Lauscha). Kleiner Parkplatz bei der Haltestelle. Falls besetzt: Parkplatz Obermühle (Navi: Obermühle 3, 98724 Lauscha); von der Hauptstraße in die Henriettenstraße abbiegen (Parkplatzschild mit Bussymbol). Weg von dort zum Startpunkt: Bei den Glascontainern rechts die Henriettenstraße hinauf und oben an der Hauptstraße nach links gehen.
ÖPNV: Bushaltestelle »Lauscha, Hüttenplatz«, OVG Sonneberg Linie 705 (Neuhaus – Lauscha – Sonneberg, Mo–Fr. ca. stdl.). Alternative Anreise mit dem Zug zum Bahnhof Lauscha (Neuhaus und Sonneberg stdl., Eisenach zweistdl.). Mit dem Bahnhof im Rücken rechts die Straße entlang zum Ausgangspunkt.
Anforderungen: Überwiegend leicht begehbare Wald- und befestige Wirtschaftswege, streckenweise jedoch auch Pfade an steilen Hängen.
Einkehr: Gasthof Hirsch (Di/Mi Ruhetag, hirsch-rennweg.de, Tel. +49 3679 726113); Gasthaus Waldstüble (So–Di Ruhetag, waldstueble.com, Tel. +49 36702 21771 oder +49 171 7543343); mehrere Lokale in Lauscha.
Tipps: 1. Entlang der Hauptstraße (Straße des Friedens) laden viele Glaswerkstätten in Ausstellungen und Verkaufsräume ein, oft auf Christbaumkugeln u. ä. Weihnachtsschmuck spezialisiert. Vorführungen des Glasblasens werden geboten, z. B. in der Farbglashütte (farbglashuette-lauscha.de). – 2. Im angrenzenden Gebäude ist auch das Glasmuseum untergebracht (glasmuseum-lauscha.de).

Auch auf dem Rennsteig Richtung Neuhaus kommen wir an alten Grenzsteinen vorbei.

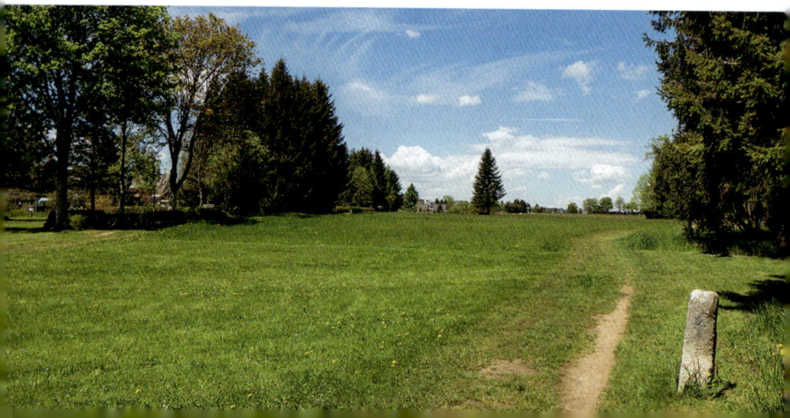

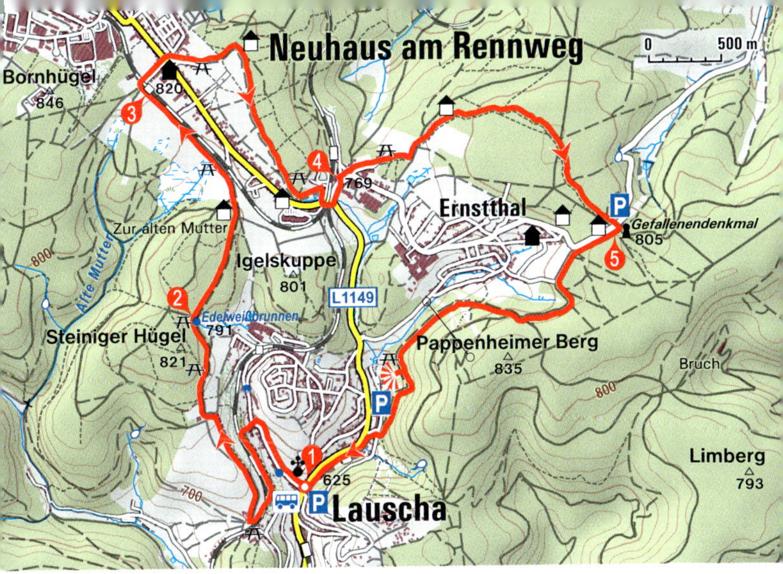

In **Lauscha** ❶ überqueren wir mit dem Rücken zum Haltestellenhäuschen die Straße und gehen geradeaus hinauf (Schild: Kirche). Auf der Oberlandstraße halten wir uns ca. 600 m bergan und biegen dann links auf den Pfad zwischen den Häusern ab, die Ellerstraße (das Straßenschild ist jedoch nur auf der von uns abgewandten Seite beschriftet!). Der Pfad führt uns vor dem Treppenaufgang nach links und hinter dem Haus sogleich rechts hinauf, zwischen den Hecken. Oben schwenken wir links in den Querpfad ein und haben nun Blick über Lauscha. Bänke laden ein, die Aussicht zu genießen. Wir folgen dem Wegverlauf, bis der Pfad bei einer überdachten Picknickbank endet. Hier nutzen wir den Bahnübergang, um dahinter den Weg nach rechts zu nehmen, Richtung Neuhaus. Durch Wiesen geht es bergan zu einer Bank, bei der wir auf den Pfad rechts abbiegen. Wir wandern am Weidezaun entlang und wenden uns schließlich am Querweg nach links. An der Gabelung halten wir uns rechts Richtung Edelweißbrunnen und kommen, am Waldrand entlang, am Aussichtspunkt »Ochsenkopfblick« mit Picknickbank vorbei, bevor wir dem Weg in den Wald folgen und den **Edelweißbrunnen** ❷ erreichen. Auch hier laden teils überdachte Picknickbänke zum Rasten ein. Wir setzen unseren Weg fort (Schild: Forstamt 800 m), an der Schutzhütte führt uns links der Stadtpanoramaweg auf Wiesen hinaus und wir passieren eine Picknickbank bei einem Bahnübergang. An den Gleisen entlang kommt die **Bahnstation Neuhaus-Igelshieb** ❸ in Sicht. Dort queren wir die Gleise am Bahnübergang und nehmen die Straße geradeaus, nach Neuhaus hinein. An der Kreuzung können wir rechts im

Hotel Hirsch einkehren, unsere Tour führt jedoch über die Kreuzung und dahinter halb rechts in die Ernst-Moritz-Arndt-Straße (Markierung: weißes »R«). Nun befinden wir uns auf dem Rennsteig, dem wir bis auf Weiteres folgen. Am Ende der Straße – beim Picknickplatz mit der Skulptur des Tannenzapfenmännchens »Kustel« – halten wir uns links (»R« und »K6«). Vor der Schutzhütte biegen wir rechts ab, Richtung Ernstthal, und entdecken am Waldrand entlang historische Grenzsteine, die teils über 400 Jahre alt sind. Wir passieren eine Picknickbank und gehen an der Gabelung bei den zwei Felsbrocken links. Am asphaltierten Querweg wenden wir uns nach rechts. Er bringt uns zum Bahnübergang, wo wir die Gleise queren, dahinter sofort links in den Pfad einschwenken (»R«) und **Ernstthal** 4 erreichen. Wir folgen dem Pfad parallel zur Straße und an seinem Ende der Rennsteigstraße geradeaus, Richtung Laubeshütte. Ein paar Meter hinter dem letzten Gebäude zur Rechten wählen wir den Pfad rechts, an einer überdachten Picknickbank vorbei, in den Wald hinein. Wir verlassen den Wald bei einer Bank und wenden uns auf dem Querweg nach rechts, um auf den nächsten Querweg links abzubiegen. Nach ca. 100 m führt uns der Rennsteig halb rechts, Richtung Laubeshütte, über die Wiese und an der Schutzhütte »Rodeland« vorbei. Wir lassen uns vom weißen »R« durch den Wald leiten und stoßen schließlich auf einen breiten Schotterquerweg, auf dem wir ca. 40 m nach rechts gehen, um links den Waldweg zu nehmen (»R«). Er mündet in einen Schotterweg, dem wir zu einem Wanderparkplatz mit Schutzhütte und überdachten Picknickbänken folgen. Hier queren wir die Landstraße zum **Gefallenendenkmal** 5 hinüber und verlassen den Rennsteig auf dem Weg nach rechts, parallel zur Straße (Markierung: »K6«). Wir biegen Richtung Lauscha in den Feldweg ab, der von der Straße wegführt, und können am ersten Abzweig rechts einen Abstecher zur Einkehr Waldstüble machen oder sogleich am Waldrand weiter- und dann in den

Auf den Wiesen oberhalb von Ernstthal.

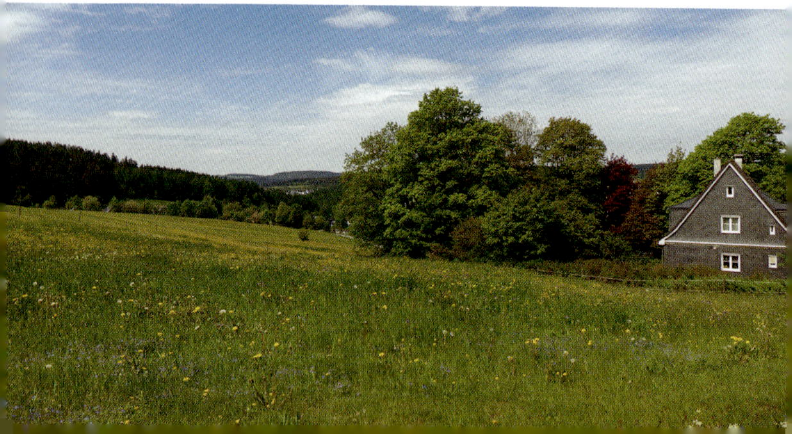

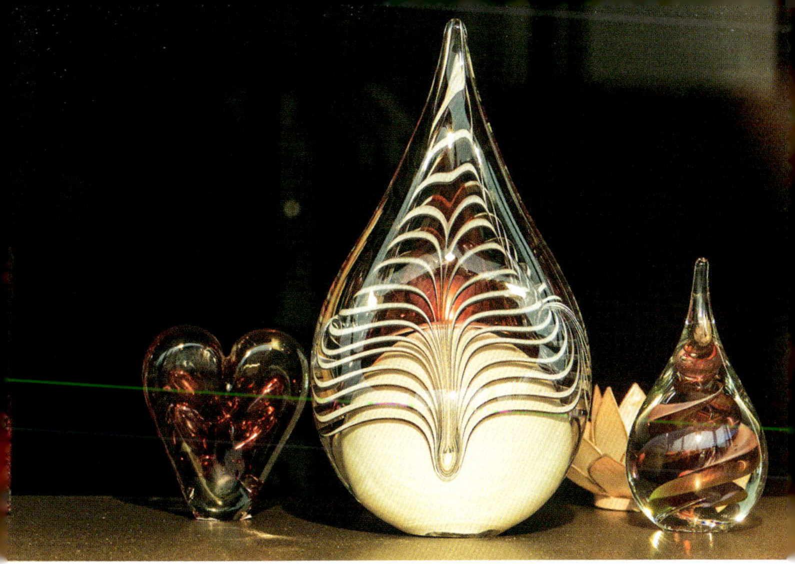

In Lauscha allgegenwärtig: die sehenswerte Glasbläserkunst.

Wald hineingehen. Über die Kreuzung halten wir uns geradeaus und an der Gabelung rechts Richtung Skilift. An der Kreuzung wenden wir uns rechts hinab (Schild: Sackgasse) und folgen dem Weg geradeaus über die nächste, zum »Abenteuerpfad«. Wir queren einen Hang, der im Winter als Skipiste dient, und erreichen die Sommerrodelbahn, die wir über einen Holzsteg kreuzen (Schild: Talstation Lift). Dahinter schwenken wir rechts in den Waldweg ein, queren einen weiteren Abfahrtshang sowie den Skilift und machen nach ca. 500 m einen kurzen Abstecher auf dem Waldweg rechts hinab (ohne Markierung). Er verengt sich zum Pfad und bringt uns zum Aussichtspunkt »Gründerblick 1589« mit Picknickbank. Zurück auf dem Hauptweg, gehen wir weiter talwärts und biegen für einen weiteren kurzen Abstecher rechts auf einen Pfad zur Kühnertgruft ab. Er führt zur Grabstätte der Glashüttenbesitzerfamilie Kühnert, die durch alte Schwarzweißbilder berührt. Danach folgen wir dem Hauptweg zum Waldrand hinunter. An der Querstraße geht es rechts zum Parkplatz Obermühle und geradeaus die Henriettenstraße zur Straße des Friedens hinauf, an der wir links zum Ausgangspunkt in **Lauscha** 1 zurückkehren.

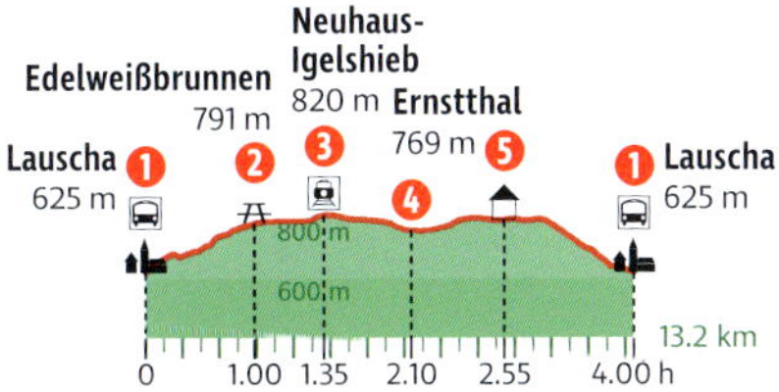

TOP

33 Bergbahn Oberweißbach

↗ 260 m | ↘ 260 m | 10.8 km

3.15 h

Auf den Spuren der Kräuterapotheker über Panoramawege

Von der Bergstation der Bahn wandern wir über Wiesen am Damwildgehege vorbei nach Oberweißbach. Auf dem Kräuterlehrpfad steigen wir durch abwechslungsreiche Landschaft zum Fröbelturm hinauf, von dem wir Aussicht über den Thüringer Wald genießen. Aber auch der Abstieg bietet schöne weite Blicke, bevor wir mit der liebevoll restaurierten Bahn zum Ausgangspunkt zurückkehren können.

Ausgangspunkt: Bergstation Lichtenhain der Thüringer Bergbahn, 663 m. Parken an der Talstation Obstfelderschmiede und Fahrt mit der Bergbahn zum Ausgangspunkt (Navi: An der Bergbahn 1, 98746 Schwarzatal). Oder direkt an der oberen Bergstation, beim Fröbelwald-Spielplatz am Ende der Bergbahnstraße (Navi: Bergbahnstr. 11, 98744 Lichtenhain).
ÖPNV: Mit der Schwarzatalbahn zur Talstation Obstfelderschmiede (Rottenbach – Katzhütte stdl.), dann mit der Bergbahn zur Bergstation Lichtenhain (halbstündl.). Wenn wir in der Bergstation Lichtenhain aus der Bahn steigen, gehen wir die Stufen hinunter und verlassen die Station nach links (nicht rechts durch die Unterführung). Draußen nehmen wir rechts den gepflasterten Weg hinauf und stoßen auf einen Asphaltweg, dem wir nach links zur Waldgaststätte Falkenblick folgen.
Anforderungen: Überwiegend leicht begehbare Wald- und Wiesenwege, aber auch einige Pfade, die durch Steine und Wurzeln etwas Aufmerksamkeit erfordern.
Einkehr: Mehrere in Oberweißbach; Berggasthaus Fröbelturm, (Mo/Di Ruhetag, dann ist aber der Kiosk geöffnet, gasthaus-froebelturm.de, Tel. +49 36705 62074).
Variante: Wir empfehlen, den letzten Abschnitt der Tour ab 6 mit der Bahn zurückzulegen, da es Spaß macht, wenig kostet und die schönste Wegstrecke bereits hinter uns liegt.
Tipps: 1. Der Ausgangspunkt kann zwar mit dem Auto angefahren werden, aber die Fahrt mit der denkmalgeschützten Standseilbahn (sie überwindet 323 Hm) sollte man sich nicht entgehen lassen (thueringerbergbahn.com). – 2. An der Bergstation gibt es für Kinder den Erlebnisspielplatz »Fröbelwald«. – 3. Im Fröbelhaus befindet sich nicht nur die Tourist-Information, sondern auch ein Museum über den Pädagogen und ein Kräuterladen. – 4. Der Fröbelturm ist nur zu den Öffnungszeiten der Berggaststätte zugänglich.

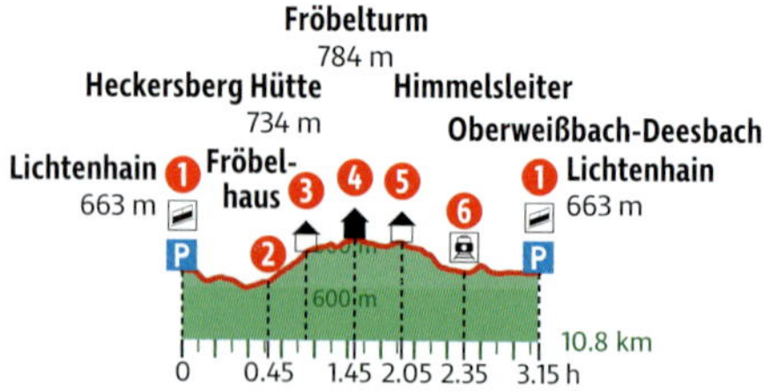

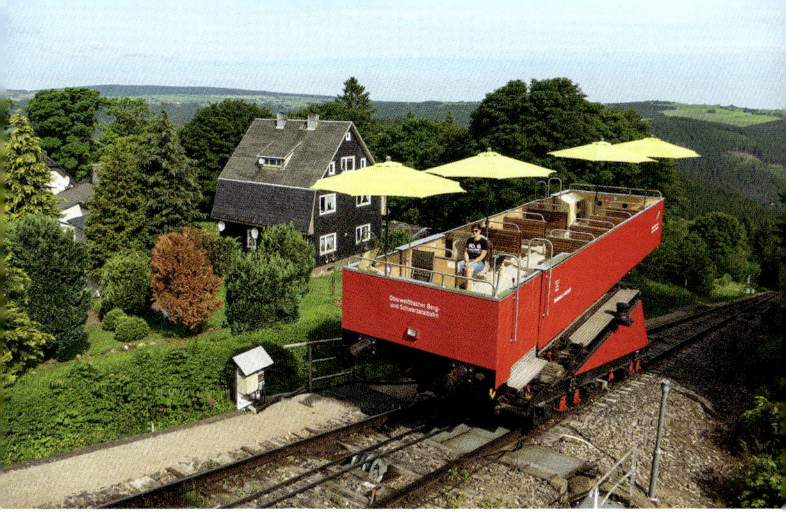

Bei schönem Wetter kommt das spektakuläre Cabrio der Thüringer Bergbahn zum Einsatz.

Mit der **Bergstation Lichtenhain** ❶ im Rücken wählen wir den Asphaltweg links neben dem Fröbelwald-Spielplatz (Schild: Waldgaststätte Falkenblick). Wo der Asphalt endet, halten wir uns geradeaus, passieren die Gaststätte und folgen dem Wiesenweg hinunter zum Wegweiser »Rollbahn«. Dort kreuzen wir den Querweg und gehen auf dem Wiesenweg weiter Richtung Damwildgehege. Bei einer Picknickbank nehmen wir den asphaltierten Querweg rechts hinauf, um nach nur ca. 40 m links in den Wiesenweg einzuschwenken. An der Gabelung geht es links zum Wildgatter, doch unsere Tour führt rechts hinab. Unten in der Linkskurve, am Ende des Wildgeheges, biegen wir rechts ab. Der Weg verläuft weiter durch Bergwiesen, dann an vielen Gärten vorbei. In Oberweißbach stoßen wir auf eine Asphaltstraße und rechter Hand erhebt sich die Hoffnungskirche, die auch Südthüringer Dom genannt wird. Wir wenden uns jedoch links hinab, wo bereits ein Fachwerkhaus sichtbar ist, das **Fröbelhaus** ❷. In ihm

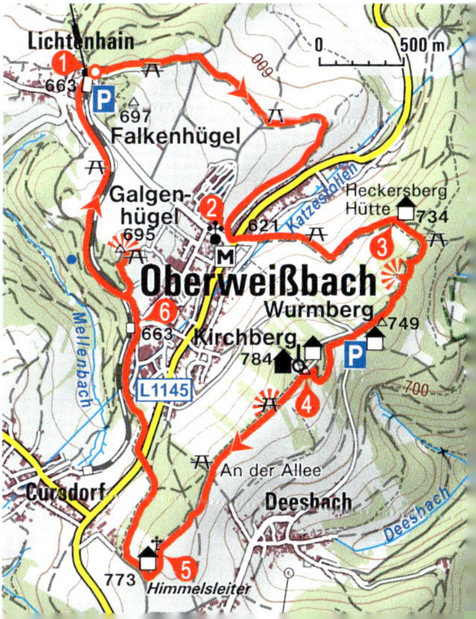

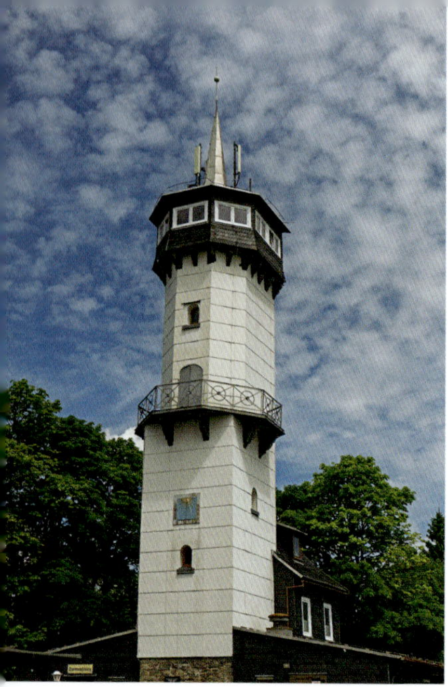

Der nahezu 30 m hohe Fröbelturm.

wurde der Kindergarten-Erfinder Friedrich Fröbel geboren. Auf dem Weg hinunter passieren wir die Einkehrmöglichkeit am Marktbrunnen, und an der Querstraße vor dem Fröbelhaus halten wir uns links, um sogleich hinter der Absperrung die Straße zu überqueren und in den Gassenweg abzubiegen Richtung Fröbelturm. Beim Wegweiser »Bierkeller« gehen wir den Naturlehrpfad geradeaus hinauf (Markierung: gelbe Blume). Dieser Markierung folgen wir bis auf Weiteres. Sie führt uns stetig bergan und in den Wald hinein. Wenige Meter vor der **Heckersberg-Hütte** 3 wechseln wir auf den Pfad rechts hinauf, am Rand der Lichtung entlang und folgen bei der Picknickbank dem markierten Pfad weiter. Wir passieren eine Kräuterhütte, die notfalls auch als Schutzhütte dient, und eine Aussichtsbank und erreichen schließlich einen Parkplatz mit Unterstand und Picknickbänken mit Fernblick. Ihn überqueren wir und nehmen den Pfad parallel zur Asphaltstraße geradeaus hinauf, Richtung Fröbelturm. An der Gabelung halten wir uns links (ohne Markierung) und gelangen so weniger steil auf den Kirchberg. Oben schwenken wir links in die Asphaltstraße ein, die direkt beim **Fröbelturm** 4, 784 m, endet. Unsere Tour führt hinter dem Turm halb rechts weiter (Markierung: gelbe Blume), aber zuvor laden uns die Aussicht vom 1888 errichteten Turm und die Einkehr zum Verweilen ein.

Der Kräuterlehrpfad, dem wir vorerst wieder folgen, verläuft zwar zwischen Bäumen, bietet aber auch Fernblick. An der Kreuzung beim Wegweiser »An der Allee« wählen wir den Schotterweg rechts (Schild: Oberweißbach 0,9 km), ebenso an der folgenden Gabelung. Nach kurzer Waldpassage führt der Weg über Bergwiesen und wir erreichen auf der **Himmelsleiter** 5 ein Holzkreuz bei einer Schutzhütte. Sofern kein Skibetrieb herrscht, biegen wir noch vor dem Kreuz links auf den Wiesenpfad ab und verlassen den Lehrpfad (ohne Markierung). Diese Abkürzung mündet in einen Schotterweg, dem wir links hinunter zum Asphaltweg folgen, in den wir rechts einschwenken. Hinter dem Wasserhochbehälter Cursdorf biegen wir rechts ab (Schild: Fröbelturm 2 km); der Asphalt endet und am Jägerzaun halten wir uns rechts. An einer Wiese entlang gelangen wir zu einer Gabelung, an der wir den Weg links nehmen, Richtung Oberweißbach. Auch an der Kreuzung wenden wir uns links hinab (Markierung: rotes Dreieck), überqueren die Landstraße und gehen den Pfad rechts hinunter, Richtung Bahnhof Oberweißbach. Er führt uns an einer Orchideenwiese entlang und hinter dem Waldstück halten wir uns links hinab, um dem befestigten Querweg nach rechts zu folgen (gelbe Blume). Wir erreichen die **Bahnstation Oberweißbach-Deesbach** 6, wo wir mit der Bahn bequem zur Bergstation zurückfahren können oder zu Fuß an den Gleisen entlang zum Wegweiser »An der Grotte« weitergehen. Hier führt unser Weg geradeaus über die Gleise, aber zuvor können wir rechts einen Abstecher von ca. 300 m einfacher Strecke zu einem letzten Aussichtspunkt mit Picknickbank machen, dem Galgenhügel: nach ca. 50 m links in den Wald zur Grotte und bei den Hütten rechts auf den Galgenhügel. Jenseits der Gleise nehmen wir den ersten Abzweig rechts hinauf Richtung Lichtenhain und halten uns weiter an der Bahntrasse entlang. Der Pfad endet an einer Straße, der wir ein kurzes Stück rechts hinauf folgen, um noch vor dem Bahnübergang links hoch abzubiegen. Dieser Weg führt uns direkt zur **Bergstation Lichtenhain** 1 zurück.

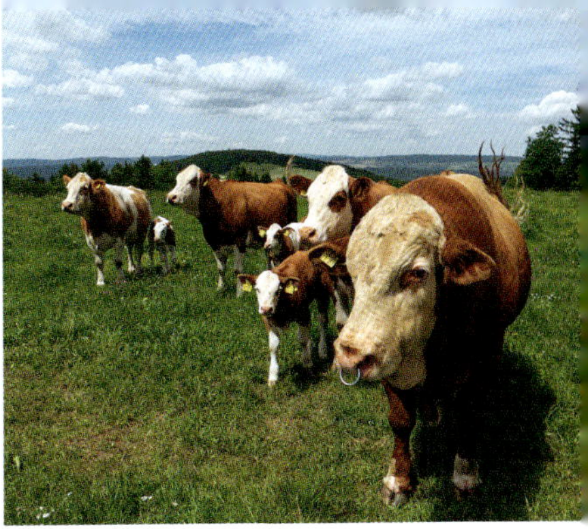

Artgerechte Rinderhaltung.

Auf solchen Bergwiesen sammelten die Oberweißbacher ihre Kräuter für Olitäten und andere Heilmittel, die sie zu Fuß bis nach Italien brachten.

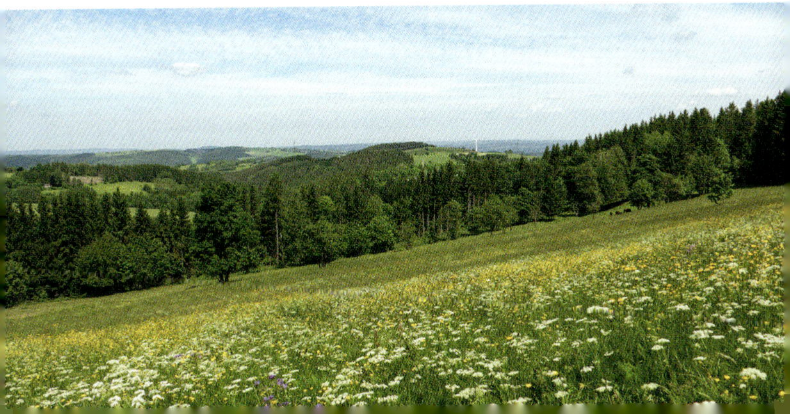

↗ 190 m | ↘ 190 m | 5.7 km

34 Meurasteine und Talsperre Leibis-Lichte

1.45 h

Zwischen Pferdeweiden zu bizarren Felsformationen

Über die Meuraer Heide, wo die Pferde von Europas größtem Haflingergestüt weiden, geht es zum Aussichtspunkt über dem Stausee Leibis-Lichte und weiter zu den Meurasteinen, die sich als beeindruckende Türme und Felswände wie aus dem Nichts im Wald erheben. Zurück in Meura, können wir an einer Führung durch das Gestüt mit seinen 300 Pferden teilnehmen.

Ausgangspunkt: Parkplatz am Ortseingang (Festplatz Meura), 576 m (Navi: N50.5838, E11.20216).
ÖPNV: Bushaltestelle Meura, KomBus Linie 303 (Meura – Sitzendorf, Mo–Fr. ca. 7x tgl.), Linie 406 (Meura – Neuhaus, an Schultagen 2x tgl.). Mit dem Haltestellenhäuschen im Rücken gehen wir zu den Garagen und biegen hinter der Feuerwehr links ab. Der Schotterweg führt uns zum Ausgangspunkt.
Anforderungen: Etwa zu gleichen Teilen leicht begehbare Wirtschaftswege und steile, steinige Wurzelpfade.
Einkehr: Mehrere Lokale in Meura.
Tipp: Gestütsführungen tgl. um 11 und 14 Uhr; es gibt einen Hofladen, eine Caféteria und für Kinder Ponyführen und Schnupperreiten (haflinger-in-meura.de).

Auf dem Parkplatz in **Meura** ❶ wenden wir uns zur Straße und gehen nach rechts, um am Parkplatzende rechts in den Schotterweg einzuschwenken, der am Gestüt vorbeiführt. Wo er an einem umzäunten Platz endet, nehmen wir den Querweg nach links, um die Landstraße zu unterqueren. An der nächsten Kreuzung biegen wir links ab und steigen nach ca. 30 m auf dem Wiesenpfad neben der Weide links hinunter. Er passiert ein kleines Backsteinhaus und führt am Bach entlang. An der Gabelung halten wir uns links zwischen den beiden Felsblöcken hindurch und stoßen auf einen breiten Weg, wo wir geradeaus weitergehen. Er mündet in eine Asphaltstraße, der wir nach links folgen (Markierung: gelber Punkt; Schild: Meura 1,5 km). Nach ca. 150 m nehmen wir die abzweigende Straße rechts, Richtung Skulpturenpfad (Markierung: grüner Balken) und machen bald auf dem Pfad zur Rechten einen Abstecher zur Schutzhütte **Schneiderfelsen** ❷, wo wir schöne Aussicht auf die Talsperre haben. Zurück an der Straße, setzen wir unseren Weg nach rechts fort. An der nächsten Kreuzung lohnt ein kurzer Abstecher hinunter zum **Schlagebach** ❸, bevor wir auf der Asphaltstraße geradeaus weitergehen. Hinter einer Rechtskurve geht sie in einen Schotterweg über. Hier biegen wir links ab (Schild: Meura 1,9 km), folgen weiter dem Bachverlauf und ignorieren Abzweige nach rechts. Schließlich überqueren wir bei einem Picknickplatz mit Schutzhütte den Bach in Richtung Meurasteine (Markierung: blaues Dreieck) und steigen in Serpentinen den steilen Pfad hinauf. Schon bald entdecken wir die eckigen Blöcke der Meurasteine über uns. Wir biegen links hinauf ab (blaues Dreieck) und am

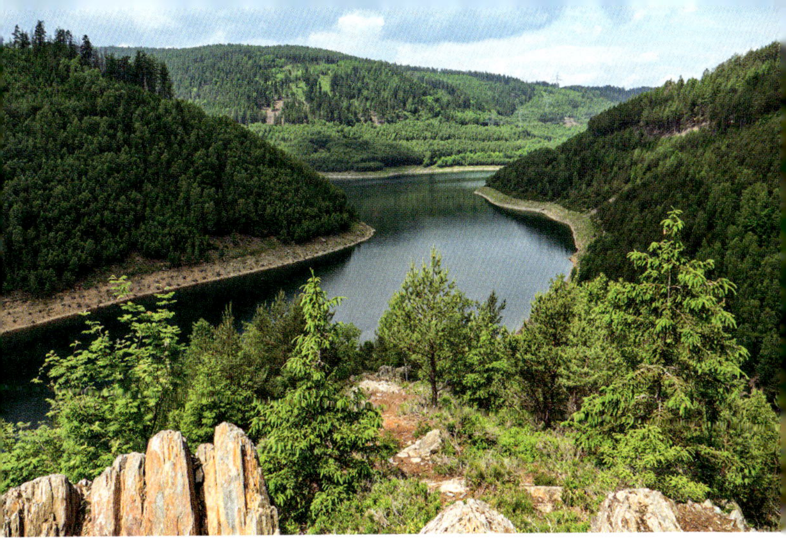

Die Talsperre staut den Fluss Lichte, in dem Hobby-Goldsucher manchmal fündig werden.

nächsten Abzweig links machen wir einen Abstecher, der uns – teils über Stufen – zu einem Aussichtspavillon auf den **Meurasteinen** ❹ bringt. Anschließend folgen wir dem Hauptpfad weiter bergan und orientieren uns vorerst am blauen Dreieck. An der Gabelung halten wir uns rechts und kommen über weitere Stufen an bizarren Felstürmen und -wänden vorbei. Bei einer Bank erreichen wir den Schlagetalblick und gehen rechts, Richtung Meura. An der Asphaltstraße verlassen wir die Markierung, folgen der Straße nach links und nehmen beim alten Jagdhaus vor dem Willkommensschild den Schotterweg rechts und bei der Infotafel »Naturschutzgebiet Assberg-Hasenleite« den Pfad links, parallel zur Straße. An der Gabelung halten wir uns links und gelangen wieder zur Straße, der wir, am Gasthof »Zum Meuraberg« vorbei, weiter hinab folgen und zurück zum Ausgangspunkt ❶. Der Parkplatz ist ab der Feuerwehr bereits ausgeschildert.

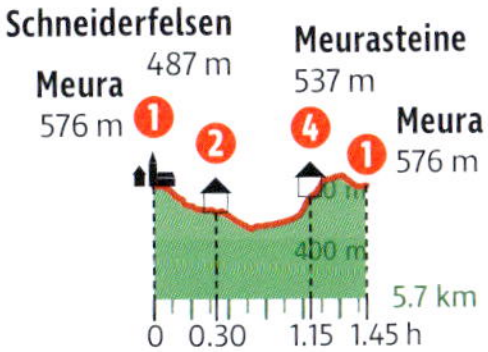

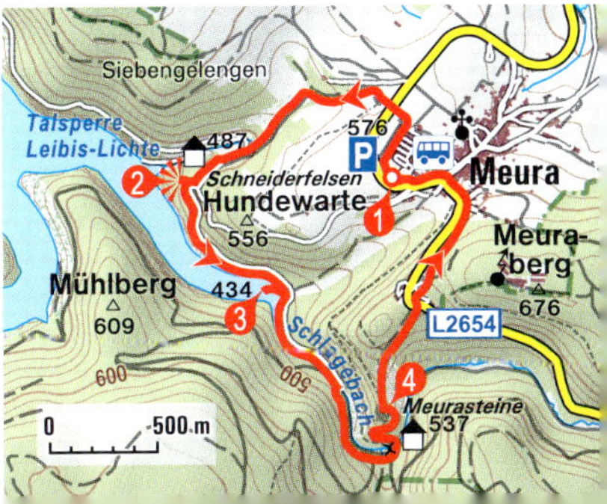

↗ 460 m | ↘ 460 m | 13.6 km

35 Schwarzatal bei Schwarzburg

4.30 h

Zu herrlichen Aussichtspunkten hoch über dem Schloss

Wir steigen in die naturnahen Wälder über der Schwarza hinauf und haben von der »Hirschtränke« herrlichen Blick auf das schöne Tal samt Barockschloss, das aus der 1123 errichteten Stammburg des Schwarzburger Fürstenhauses hervorging. Auf dem Rückweg kommen wir am Aussichtspunkt auf dem Trippstein vorbei, passieren den Kaisersaal und kehren an der Schwarza entlang zu den Fachwerkvillen in Schwarzburg zurück.

Ausgangspunkt: Bushaltestelle »Schwarzburg, unterer Ort«, 282 m. Parken an der Schwarza am Ende der Straße der Jugend (Navi: Straße der Jugend 28, 07427 Schwarzburg). Von dort gehen wir mit der Schwarza im Rücken nach links, in den Ort und folgen der Straße bis zur Querstraße, wo sich rechts der Ausgangspunkt befindet.
ÖPNV: Bushaltestelle »Schwarzburg, unterer Ort«, KomBus Linie 302 (Neuhaus – Schwarzburg – Rudolstadt, Mo–Fr ca. 5x tgl., Sa/So 2x tgl.). Alternativ Bahnhof Schwarzburg (Schwarzatalbahn Rottenbach – Katzhütte stdl.). Vom Bahnhof gehen wir Richtung Ortsmitte, beim Kreisel rechts zum Schloss und treffen vor ❼ auf die Tour.
Anforderungen: Überwiegend leicht begehbare Waldwege und -pfade, aber auch ein paar steinige, steile bzw. abschüssige Passagen sowie ein kurzer Abschnitt auf eingewachsenem Pfad.
Einkehr: Schweizerhaus (schweizerhaus-restaurant.eatbu.com, Tel. +49 367 30399112); mehrere Lokale in Schwarzburg.
Variante: Diese Tour lässt sich mit Tour 36 zu einer sehr langen Rundwanderung oder einer Zweitagestour mit Übernachtung in Bad Blankenburg kombinieren (↗ 750 m | ↘ 750 m | 27.2 km). Um von Tour 35 zu Tour 36 zu wechseln, müssen wir direkt vor der Schwarzabrücke (kurz vor ❸) am breiten Querweg rechts abbiegen, Richtung Bad Blankenburg.
Tipp: Das restaurierte Zeughaus von Schloss Schwarzburg ist mit der historischen Waffensammlung ebenso sehenswert wie der Kaisersaal (schloss-schwarzburg.com).

In **Schwarzburg** ❶ gehen wir mit dem Haltestellenhäuschen im Rücken links die Straße hinab, am Café Holub vorbei und links über die Schwarzabrücke. Dahinter folgen wir der Hauptstraße, passieren die Kirche und biegen bei der Pension Friedrichsthal rechts ab in die Brückengasse. An deren Ende überqueren wir erneut den Fluss und schwenken links in den Asphaltweg ein (Markierung: rotes Dreieck). Vorerst orientieren wir uns an dieser Markierung und halten uns an der Gabelung rechts hinauf, Richtung Schweizerhaus. Oben betreten wir durch das Tor den Forst-Botanischen Garten, wo wir einen Lageplan vorfinden. Wir sind durch Tor 1 gekommen, wollen den Park durch Tor 3 verlassen und können uns entweder selbst einen Weg dorthin suchen oder uns vom roten Dreieck leiten lassen (Achtung, es führt zuerst an zwei anderen Toren vorbei, bevor es Tor 3 erreicht!). Hinter Tor 3 steigen wir den markierten Pfad weiter bergauf. Vor dem Quer-

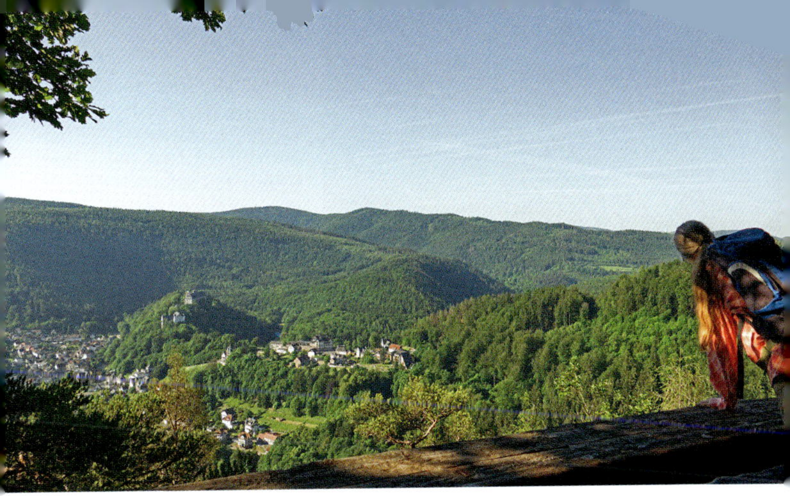

Aussicht vom Trippstein auf Schwarzburg mit dem Schlossberg.

pfad wenden wir uns mit der Markierung scharf nach rechts und haben es weniger steil. Oben kommen wir an der Aussichtsbank »Schwarzatalblick« vorbei und gehen weiter geradeaus Richtung Schweizerhaus. An der Gabelung halten wir uns links und erreichen den Wegweiser »Zum Botanischen Garten«. Hier führt unsere Tour später geradeaus weiter (Schild: Schweizerhaus 3 km), zuvor machen wir jedoch einen Abstecher von ca. 250 m einfacher Strecke nach rechts zur Hirschtränke (ohne Markierung): Den Abzweig zum Helenensitz ignorieren wir, da die Aussicht zugewachsen ist, und biegen nach weiteren ca. 100 m auf den Pfad rechts hinunter ab. Er bringt uns zum Aussichtspunkt **Hirschtränke** ❷, wo uns nicht nur schöner Blick auf Schwarzburg, Schwarzatal und Schloss erwartet, sondern auch Schutzhütten und Bänke.
Nun kehren wir zum Wegweiser »Zum Botanischen Garten« zurück und setzen unsere Tour fort (rotes Dreieck). Auf dem großen runden Platz, von dem mehrere Wege abzweigen, gehen wir geradeaus und an der Kreuzung »Viehruh« wenden wir uns nach rechts (Schild: Schweizerhaus 2,0 km). Bei erster Gelegenheit, jedoch erst nach ca. 1 km, schwenken wir am Wegweiser »Dürres Schild« links in den Pfad zum Schweizerhaus ein, der uns talwärts führt, und machen kurz darauf den kleinen Abstecher zur Schutzhütte »Dürres Schild«, bevor wir dem Pfad weiter abwärtsfolgen. Unten im Tal stoßen wir direkt vor der Brücke auf einen breiten Querweg, gehen über die Brücke und halten uns dann an der Landstraße links (ohne Markierung), am **Schweizerhaus** ❸ auf der anderen Straßenseite vorbei. Erst dahinter queren wir beim Parkplatz die Straße und nehmen den Weg bergan, der beim Gasthof eine scharfe Kehre links hinauf macht (Markierung: blaues

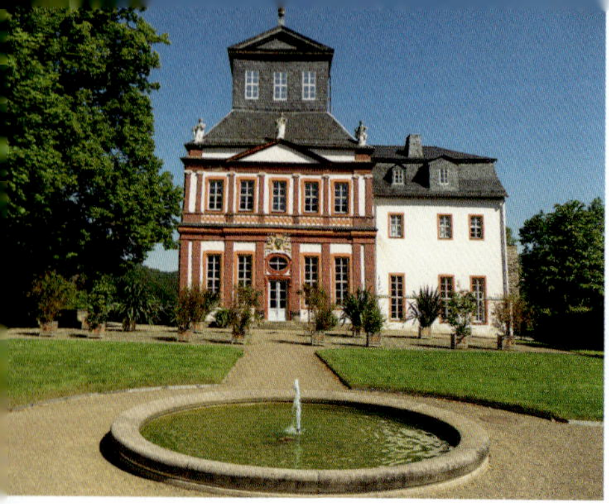

Dieses Gebäude beherbergt den prunkvollen Kaisersaal aus dem frühen 18. Jahrhundert.

»X«; Schild: Trippstein 3,8 km). Dieser Markierung folgen wir bis auf Weiteres. Es geht bergauf, bis wir beim **Wegweiser 155 Heinrich Cotta** 4 einen Querweg erreichen, in den wir links, Richtung Trippstein, einschwenken. Bei nächster Gelegenheit wählen wir den Querweg rechts hinauf (Schild: Trippstein 2,1 km) und gelangen zur Aussichtsbank samt Schutzhütte beim »Rolle« genannten Steilhang. Hier verlassen wir den Forstweg, um auf dem Pfad links neben der Schutzhütte geradeaus Richtung Trippstein weiterzugehen. Wir kreuzen einen Querweg und stoßen vor dem Denkmal »Suppenschüssel« auf einen zweiten, dem wir nach links – am Denkmal vorbei – folgen. Kurz darauf erreichen wir den Aussichtsfelsen **Trippstein** 5, wo uns eine Bank und die historische Schutzhütte »Borkenhütte« zum Genießen der besonders schönen Aussicht einladen.

Von hier setzen wir unseren Weg mit der Markierung blaues »X« fort (Schild: Schwarzburg 2,3 km). An der Kreuzung biegen wir links ab und halten uns auch an der Gabelung links, immer Richtung Schwarzburg. An der nächsten Gabelung wählen wir rechts die Brücke über die Schwarzatalbahn (Schild: Fasanerie 0,8 km), für deren Trasse um das Jahr 1900 herum von italienischen Gastarbeitern Durchbrüche in den Fels gehauen wurden. Dahinter nehmen wir den Pfad geradeaus hinauf (ohne Markierung) über die Streuobstwiese. Oben stoßen wir wieder auf den markierten Weg und folgen ihm links in den Wald hinein. An der Gabelung wenden wir uns nach rechts und sogleich auf den Pfad links der Natursteinmauer (ohne Markierung). Hier betreten wir die einstige **Fasanerie** 6, von der wir zur Rechten das kleine Jagdschloss von 1715 sehen. Der Pfad führt uns an Picknickbänken vorbei, dann rechts an einem Pferdestall vorüber, und ca. 100 m dahinter biegen wir am ersten Querweg links ab (ohne Markierung) und an der gleich folgenden Kreuzung wieder links. Beim Wegweiser »Sonnewalde« gehen wir geradeaus (Schild: Schwarzburg 2,4 km) und orientieren uns wieder am blauen »X«. Es führt uns an den Sonnewalder Wiesen entlang, wo ein Teich die Quelle markiert, die einst über hölzerne Leitungen Schloss Schwarzburg versorgte. Wir ignorieren den nächsten Abzweig rechts hinauf und halten uns an der gleich folgenden Gabelung links hinunter. Die Markierung kann hier eingewachsen sein. Wir ignorieren weitere Abzweige nach rechts und folgen dem Wegverlauf stetig abwärts. Die Markierung wird spärlicher, der

Weg eingewachsener, dann nutzen wir vorsichtig einen Fußgängerüberweg über das Gleis, um weiter auf dem zunächst eingewachsenen, bald aber wieder besseren Pfad abzusteigen. Schließlich erreichen wir im Tal einen Querweg, der uns rechts zum Hotel »Weißer Hirsch« bringt. Dort überqueren wir den Kreisel und wählen die Schlossstraße geradeaus, Richtung Schloss/Museum (ohne Markierung). Wir gehen durch das Schlosstor, halten uns direkt dahinter rechts hinauf und dann immer links der Schlossgebäude entlang, am **Kaisersaal** 7 und dem Barockpark vorbei, bis die Schlossstraße als Sackgasse endet. Hier nehmen wir die Stufen im Mauerdurchlass zur Linken und wenden uns dahinter sogleich nach rechts (ohne Markierung). Der Pfad führt uns den Burgberg hinunter und nach ca. 150 m sehen wir vor uns eine Bank, vor der wir der Rechtskurve folgen. Wir gehen weiter talwärts und gelangen zu einer Brücke, vor der wir links abbiegen (Schild: Schwarzburg Unterer Ort 1,2 km). Der Weg verläuft an der Schwarza entlang, bis wir den Zugang zum Bungalowplatz der Jugendherberge erreichen, vor dem wir uns links hinauf halten und an der kurz darauf folgenden Gabelung rechts (Schild: Schwarzburg 0,6 km). Erneut erreichen wir das Schwarzaufer und nutzen sogleich die nächste Brücke. Dahinter schwenken wir links in den Querweg ein. Er führt uns zum Parkplatz und weiter in den Ort hinein, wo sich an der ersten Querstraße gleich rechts der Ausgangspunkt in **Schwarzburg** 1 befindet.

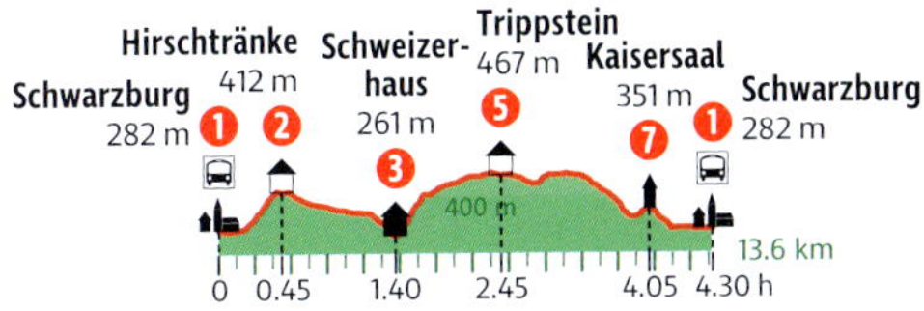

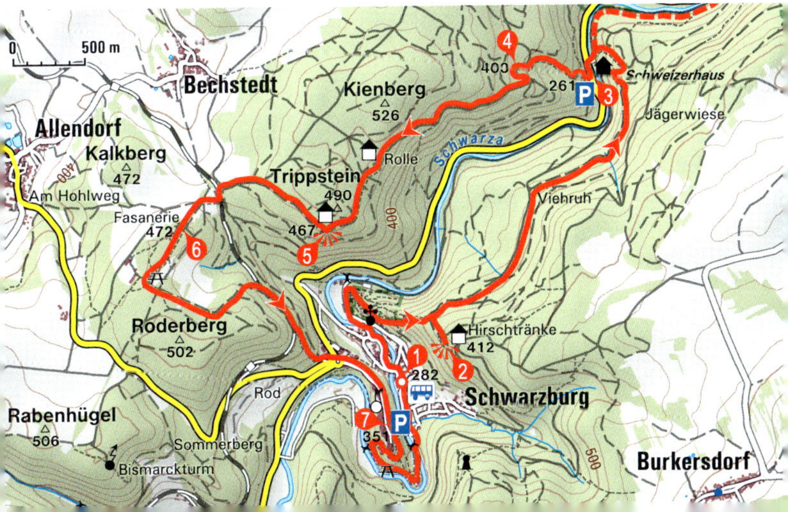

↗ 470 m | ↘ 470 m | 15.2 km

36 Schwarzatal bei Bad Blankenburg

4.45 h

Auf Waldpfaden zu vielen Felsen und herrlichen Fernblicken

An den Hängen des Schwarzatals erwarten uns etliche Felsformationen, von denen uns viele mit schöner Aussicht belohnen. Vom Berg Ebene haben wir sogar wunderbaren Fernblick in (fast) alle Richtungen. Ein sehr abwechslungsreicher – mal mediterran wirkender, mal von Laubbäumen dominierter – Wald und die Schwarza mit ihren Strudeltöpfen runden das Naturerlebnis ab.

Ausgangspunkt: Parkplatz Schwarzatal (P4) in Bad Blankenburg, 228 m (Navi: Dittersdorfer Weg 236, 07422 Bad Blankenburg).
ÖPNV: Bushaltestelle »Bad Blankenburg Chrysopras-Wehr« in KomBus Linie 302 (Neuhaus – Schwarzburg – Rudolstadt, Mo–Fr ca. 12x tgl., Sa/So 2x tgl.). Die Haltestelle befindet sich kurz hinter dem Parkplatz an der Tour, sodass direkt eingestiegen werden kann.
Anforderungen: Überwiegend Waldwege und -pfade, die über längere Strecken steinig, steil bzw. abschüssig oder eingewachsen sein können.
Einkehr: Schweizerhaus (schweizerhausrestaurant.eatbu.com, Tel. +49 367 30399112); mehrere Lokale in Bad Blankenburg.
Variante: Diese Tour lässt sich mit Tour 35 zu einer sehr langen Rundwanderung oder einer Zweitagestour mit Übernachtung in Schwarzburg kombinieren (↗ 750 m | ↘ 750 m | 27.2 km). Wer von Tour 36 zu 35 wechseln möchte, geht bei 5 einfach geradeaus weiter.
Tipp: Direkt beim Parkplatz wird unterhalb des Wehrs gern in der Schwarza gebadet. Mit etwas Glück können wir dort auch die Wasseramsel beobachten, wie sie zu den künstlich angelegten Bruthöhlen hinter dem Wasservorhang des Wehrs fliegt.

Vom Parkplatz beim **Wehr** 1 gehen wir an den Info-Tafeln vorbei zur Straße und links über die Schwarzabrücke (Schild: Griesbachfelsen). Dahinter kreuzen wir die Querstraße und folgen ihr nach links, an der Bushaltestelle »Chrysopras-Wehr« vorbei. Am Ende des Parkplatzes steigen wir die Stufen

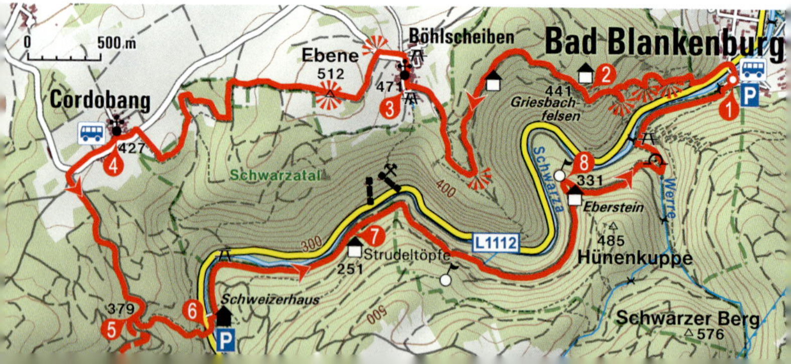

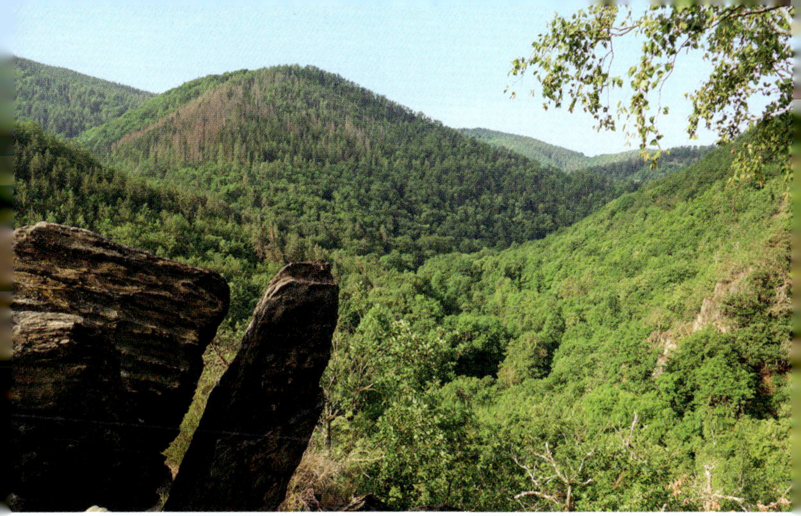

Ausblick vom Siegfriedfelsen ins Schwarzatal.

hoch in den Wald und halten uns an der Gabelung rechts, Richtung Griesbachfelsen. Der Pfad verläuft in Serpentinen bergauf, die wir beim Schild »Griesbachfelsen 1,3 km« geradeaus hinauf verlassen. Bald kommen wir an ersten Felsen aus Quarzit-Schiefer vorüber. Am Siegfriedfelsen haben wir einen ersten schönen Blick auf das Schwarzatal, und der bergan führende Pfad passiert bald weitere Felsen, von denen sich Ausblicke bieten. Die Beschilderung kündigt den Ebersteinblick an, doch der Abzweig selbst (linke Wegseite) ist nicht beschildert und ein Baumstamm liegt davor quer. Hier haben wir Aussicht auf das historische Jagdhaus Eberstein. Wir folgen dem Pfad weiter aufwärts und erreichen bei der Gerhard-Breuer-Schutzhütte eine Kreuzung, an der wir halb links weitergehen, Richtung Teufelstreppe, nachdem wir links am Aussichtspunkt **Griesbachfelsen 2** waren. Vorerst orientieren wir uns an der Markierung rotes Dreieck, und der Weg mündet in einen Querweg, in den wir links einschwenken. Die Schutzhütte »Teufelstreppe« befindet sich an einer Gabelung, an der wir den anfangs etwas

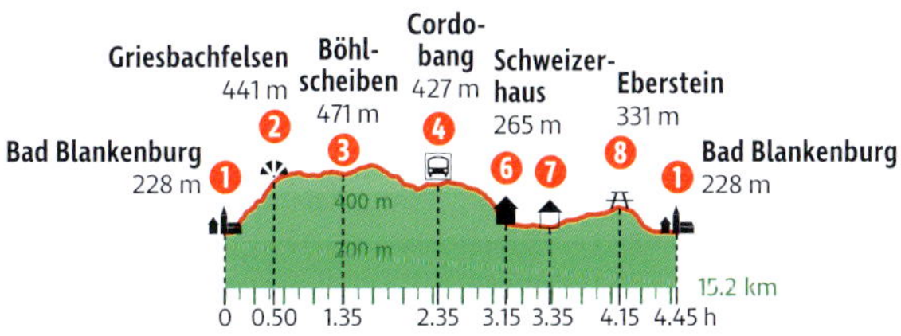

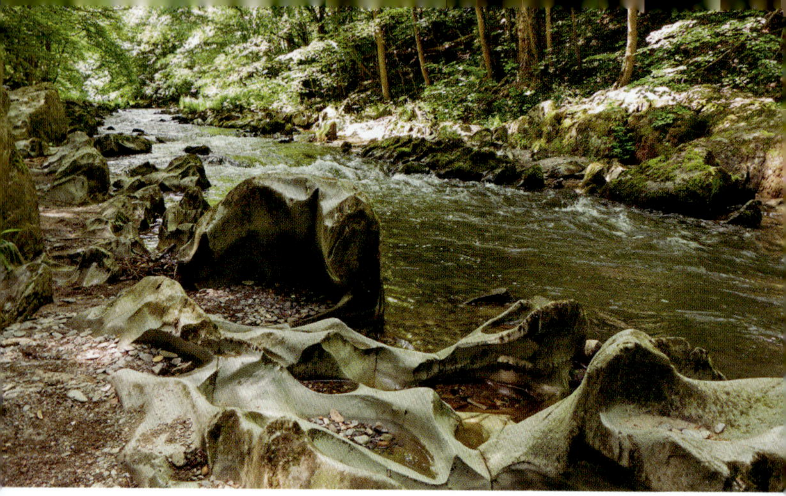

Die Strudeltöpfe im felsigen Schwarzaufer.

eingewachsenen Weg links hinunter wählen (Schild: Fürstenstand 0,8 km), aber zunächst statten wir dem Aussichtsfelsen hinter der Hütte einen Besuch ab. Wenn man anschließend auf dem Weg abwärts zur Hütte zurückblickt, kann man im Hang die großen Stufen erkennen, über die der Teufel ins Tal gestiegen sein soll. Wir gelangen an einen Querweg, dem wir nach links folgen. Von ihm haben wir bald Fernblick über Rudolstadt und den Kulmberg hinweg (erkennbar am Sendemast). Knapp vor dem Wegweiser »Am Fürstenstand« biegen wir auf den markierten Pfad rechts hinunter ab, können zuvor aber links einen kleinen Abstecher zum Aussichtspunkt machen. Wir stoßen auf einen Querweg, der uns links zu einer Kreuzung bringt, an der wir ebenfalls links gehen, nach Böhlscheiben. Der Weg führt uns in den Ort, wo wir beim einstigen Landgasthaus an einigen Picknickbänken vorbeikommen. Beim Teich in der Ortsmitte von **Böhlscheiben** 3 wenden wir uns nach rechts (Schild: Ebene 1 km), folgen der Straße an der Kirche vorbei zum Ortsrand und dort nach links, um ca. 100 m weiter auf den Weg nach links abzubiegen, Richtung Ebene. Wenn wir uns hier umdrehen, haben wir Blick auf Burg Greifenstein. Der Feldweg verläuft über den Berg Ebene, der uns beinahe rundum Fernblick bietet.
Nun geht es abwärts, am Waldrand entlang, dann erneut über die Feldflur zum Wegweiser »Richtung Ebene«. Hier nehmen wir links den Weg in den Wald (Schild: Cordobang 2 km), danach den ersten Abzweig rechts hinunter und betreten eine große Wiese, an der wir rechts hinabgehen. Beim Schild mit dem roten Dreieck wenden wir uns nach links, um die Wiese zur bereits sichtbaren Markierung an einem Baum hin zu überqueren. Hinter dem Gehölz schwenken wir links hinab in den Querweg ein, an der Kreu-

zung rechts und sogleich in den etwas eingewachsenen Pfad nach links. Er führt durch Wald zu einem Querweg, der uns links zu einer Wiese bringt, an der wir ein paar Schritte bis zum Wegweiser gehen, um von dort auf der schwer sichtbaren Fahrspur die Wiese zu überqueren. Sie geht in einen Feldweg zur Querstraße über. Dieser Straße folgen wir nach links durch den Ort, an der Bushaltestelle **Cordobang** 4 vorbei, Richtung Schweizerhaus und jenseits der Ortschaft weiter, bis wir sie auf einen Feldweg geradeaus verlassen können (Schild: Schweizerhaus 2,9 km). Von diesem Weg biegen wir sogleich links hinunter ab und tauchen bald in den Wald ein, wo wir uns an der ersten und an der zweiten Gabelung jeweils rechts halten. Beim Wegweiser wenden wir uns nach links, Richtung Schweizerhaus, an der Gabelung nach rechts und erreichen schließlich den **Wegweiser 155 Heinrich Cotta** 5. Wir schwenken in den Weg links hinab ein und orientieren uns nun an der Markierung blaues »X«. Der Weg verläuft stets talwärts zum **Schweizerhaus** 6, wo wir vorsichtig die Landstraße kreuzen und links zur Brücke zu gehen, um die Schwarza zu überqueren. Am anderen Ufer wählen wir den Weg links, am Fluss entlang, Richtung Bad Blankenburg, und können nun bis zum Ende der Tour der Markierung rotes Dreieck folgen. Bei der Schutzhütte mit Picknickbank hat die rauschende Schwarza **Strudeltöpfe** 7 in die Felsen gewaschen. Hier gabelt sich der Weg und wir halten uns rechts hinauf (Schild: Eberstein 3,4 km). Mit angenehmer Steigung geht es bergan zum **Jagdhaus Eberstein** 8, vor dem wir rechts abbiegen. Scharf rechts führt ein Pfad auf einen Aussichtsfelsen. Das Jagdhaus wurde 1844 im Stil einer maurischen Ruine erbaut und befand sich im Wildschweingatter der Schwarzburger Fürsten. Heute laden Bänke zum Verweilen ein, dann verläuft der Weg, an Mauern mit Kellergewölbe vorüber, talwärts und wir nehmen den ersten Abzweig links hinab Richtung Fischaufzucht. Unten folgen wir dem Querweg nach links, parallel zum Bach Werre. Zuvor können wir links oberhalb des Wegs einen Blick in eine Höhle werfen und den imposanten Felsen dahinter bewundern. Jenseits der Fischaufzucht mündet die Werre in die Schwarza. Hier biegen wir rechts ab, auf den Querweg an der Schwarza entlang, überqueren den Bach und passieren Picknickbänke. An der Kreuzung wenden wir uns nach links, gehen beim **Wehr** 1 über die überdachte Brücke und gelangen dahinter rechts hinauf zum Parkplatz.

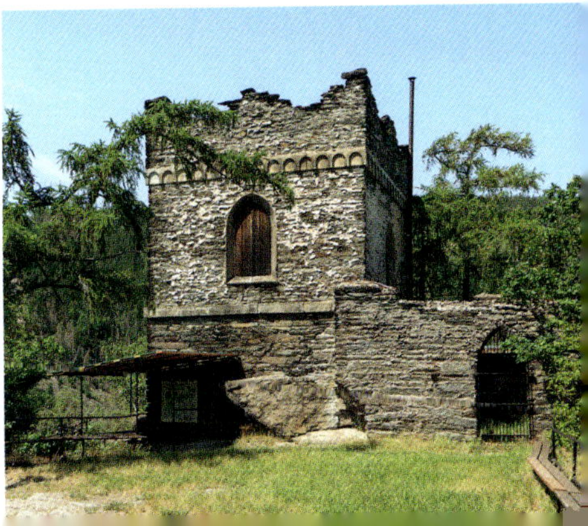

Hoch über der Schwarza erhebt sich das Jagdhaus Eberstein.

↗ 410 m | ↘ 410 m | 13.0 km

37 Burg Greifenstein bei Bad Blankenburg

4.15 h

Herrliche Fernblicke, naturnaher Wald und Orchideen am Wegrand

Durch abwechslungsreiche Landschaft geht es auf den Höhenrücken aus Kalkstein bei Bad Blankenburg hinauf. Hier gedeiht eine besondere Pflanzenwelt: Wir können Orchideen und den seltenen Diptam entdecken, während wir auf dem Kammweg begeisternde Fernsicht genießen. Auf dem Rückweg bietet sich ein Besuch der Falknerei auf Burg Greifenstein an.

Ausgangspunkt: Tourist-Info an der Stadthalle, Bahnhofstraße 23, Bad Blankenburg, 223 m. Parken auf dem Parkplatz P2 Stadthalle, (Navi: Wirbacher Str. 1, 07422 Bad Blankenburg). Mit dem Parkplatz im Rücken gehen wir an der Straße links über den Bahnübergang (oder durch die Unterführung) und folgen der Querstraße links über die Schwarza. Die Tourist-Info ist auf der rechten Straßenseite.
ÖPNV: Bahnhof in Bad Blankenburg (Erfurt und Saalfeld stdl.) sowie viele KomBus-Linien. Mit dem Bahnhof im Rücken folgen wir der Straße links über die Schwarza; Tourist-Info s. o.
Anforderungen: Überwiegend naturnahe Wirtschaftswege und Waldpfade, dabei auch steinige, steile bzw. abschüssige Passagen.
Einkehr: Burgschänke in der Burg Greifenstein (Mo Ruhetag, im Winterhalbjahr nur am Wochenende geöffnet, burgschänke-greifenstein.de, Tel. +49 36741 2588); mehrere Lokale in Bad Blankenburg.
Tipps: 1. Der leider meist verschlossene Baropturm wird im Sommerhalbjahr ca. jeden zweiten Sonntag geöffnet und bietet dann Panoramablick (Tel. +49 3672 312839). – 2. Der Eintritt in die Burgruine Greifenstein kostet wenig und wer etwas mehr ausgibt, kann bei einer Falknerei-Vorführung zusehen (burggreifenstein.de). – 3. In Bad Blankenburg liegt das Museum am Weg, das dem Pädagogen Friedrich Fröbel gewidmet ist (froebel-museum.de).

Auf dem Kammweg zum Rastplatz Fröbelblick.

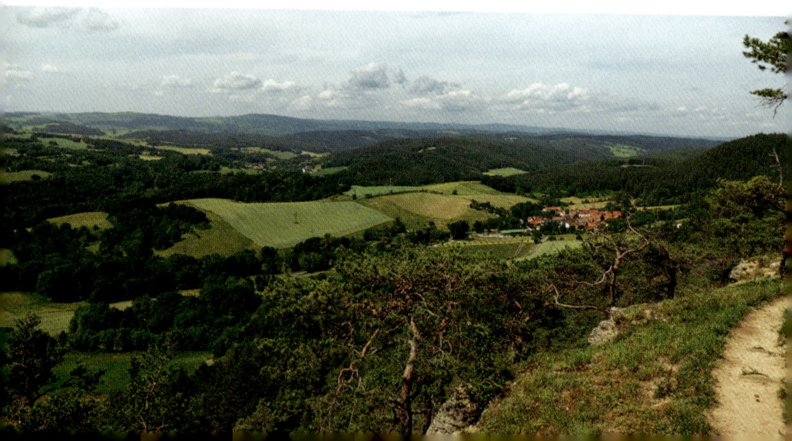

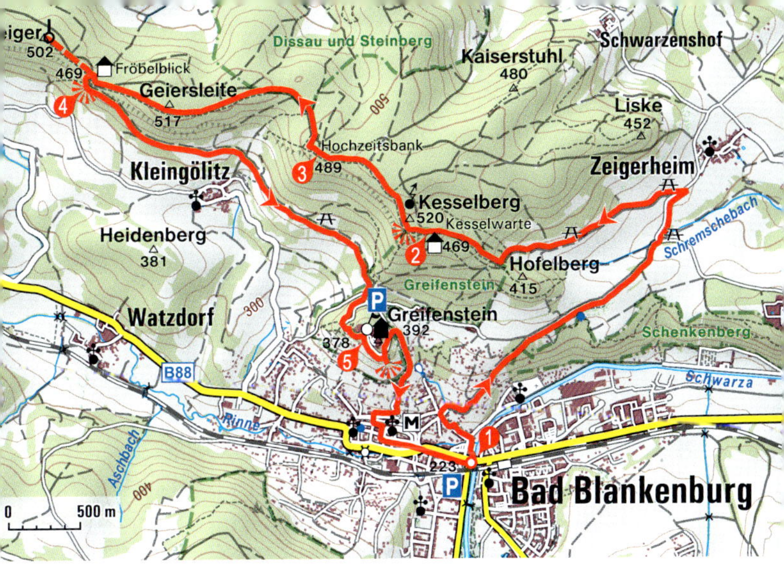

Mit Blick auf die Stadthalle/Tourist-Information von **Bad Blankenburg 1** gehen wir links daran vorbei und nehmen am Ende des Gebäudes die Brücke über den Bach. Dahinter wenden wir uns nach links, um in den ersten schmalen Durchlass rechts zwischen den Scheunen abzubiegen. Der Pfad bringt uns zwischen Gärten hindurch zu einer Querstraße, der wir nach rechts folgen, Richtung Zeigerheim. Die Asphaltstraße geht in einen Schotterweg über, der aufwärts durch eine Ferienhaussiedlung führt. Wir folgen vorerst der Markierung rotes Dreieck und erreichen am Ende eines Hohlwegs eine große Wiese, vor der wir rechts in den Querweg nach Zeigerheim einschwenken (zur Linken sehen wir den Turm von Burg Greifenstein). Durch eine Weißdornallee gelangen wir auf die Feldflur hinaus und halten uns an der Gabelung links hinab. Beim Wegweiser »Am Fasergipsbruch« können wir rechts einen Abstecher zu einer Picknickbank machen, bevor wir weiter geradeaus gehen (Markierung: blauer Punkt). Der Weg endet an einer Asphaltstraße, der wir links hinauf folgen (Schild: Zeigerheim 1,0 km). Bei erster Gelegenheit biegen wir jedoch scharf links ab, auf den Feldweg mit der Picknickbank (ohne Markierung). Nachdem er ein Gehöft passiert hat, verläuft er bald in einer Kurve rechts bergauf, aber wir gehen – ein paar Schritte nach rechts versetzt – geradeaus zwischen den Weidezäunen weiter und in den Wald hinein. Dort gabelt sich sogleich der Weg und wir halten uns links, kreuzen einen Querpfad und wenden uns kurz danach rechts den Drei-Städte-Weg hinauf (Markierung: roter Punkt). Ein Stück weiter oben haben wir beim Schild »Naturschutzgebiet« erneut die Wahl

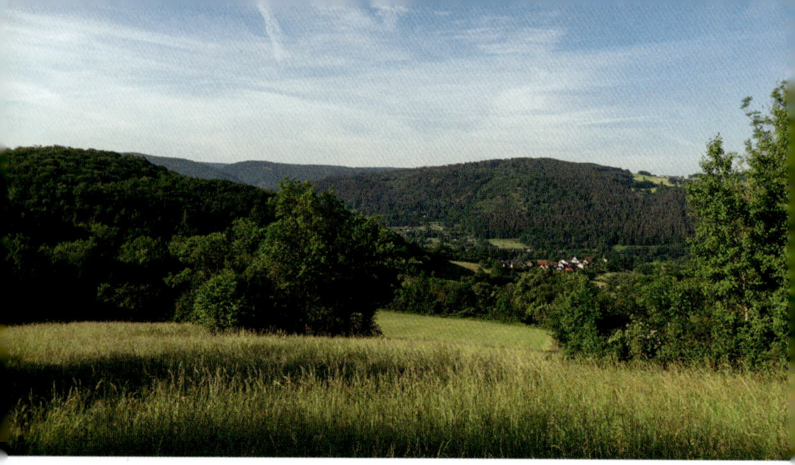

Die Wiesen auf dem Muschelkalk oberhalb von Kleingölitz sind Heimat seltener Arten.

und nehmen den linken Pfad (roter Punkt; Schild: Kammweg). Er führt uns bergan, bis wir die Kammhöhe erreichen – und kurz darauf die Schutzhütte **Kesselwarte** 2, mit schönem Blick über Bad Blankenburg, den Burgberg und das Schwarzatal.

Wir folgen dem Weg geradeaus weiter Richtung Fröbelblick (Markierung: roter Balken). Auf dem abzweigenden Pfad links können wir einen Abstecher zu einer etwas eingewachsenen Aussichtsbank machen, aber wir gehen rechts hinauf, denn der Kammweg bietet des Öfteren herrlichen Blick. Kiefern verleihen dem felsigen Kamm ein mediterranes Flair. Wir passieren die **Hochzeitsbank** 3, eine runde Bank um eine Lärche, an der tatsächlich eine Hochzeit stattfand. Nach weiteren ca. 100 m schwenkt der Kammweg nach rechts, was man leicht übersieht, da auch geradeaus ein Stück Pfad weiterführt. Hier biegen wir rechts ab (Schild: Kammweg) und gelangen an einen Querweg, dem wir links hinunter folgen (ohne Markierung). Wir ignorieren den beschilderten Abzweig zur Linken und nehmen erst ca. 200 m weiter den Pfad nach links (vom Hauptweg aus sind seine Markierung (roter Balken) und das Schild »Kammweg« schlecht zu sehen). Nach einer Weile

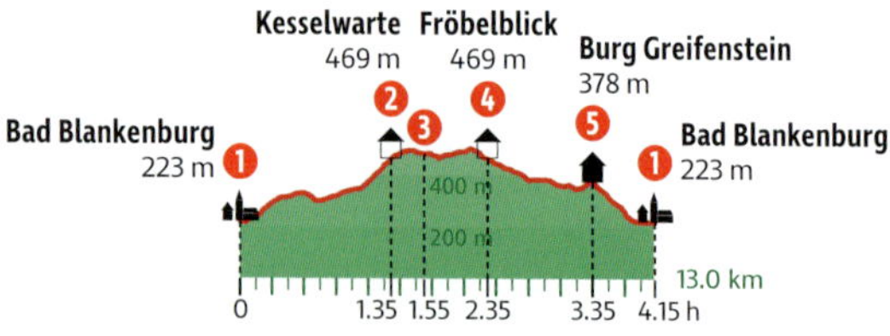

neigt er sich talwärts, und an der Gabelung, an der sich wieder Aussicht öffnet, halten wir uns links und wandern am Hang entlang, um den Fernblick zu genießen. Schon lädt uns der **Fröbelblick** ❹ mit Bänken und Schutzhütte zum Verweilen ein, bevor wir zur Kreuzung weitergehen. Unsere Tour verläuft hier auf dem breiten Weg links hinab, Richtung Greifenstein (blauer Punkt), aber zunächst können wir geradeaus einen Abstecher von ca. 500 m einfacher Strecke zum ca. 130 Jahre alten Baropturm machen.
Der Weg talwärts durchzieht erneut Kiefernwald, dann schwenkt er beim Wegweiser »Eselstränke« rechts hinab, doch wir halten uns weiter geradeaus (blauer Punkt; Schild: Greifenstein 2,0 km). Der Weg führt an einer Picknickbank mit Aussicht vorbei und schließlich, nach einer Rechtskurve, einen Wiesenhang hinunter zu einem Parkplatz. An der Straße gehen wir halb rechts zum nächsten Parkplatz hoch (Schild: »P« und »300 m«). Dort endet der Asphalt und wir wählen bei der Info-Tafel den Weg links hinauf zur Burg. Oben stößt er beim Tor von **Burg Greifenstein** ❺ auf einen weiteren Asphaltweg. Nun können wir die Burgruine besichtigen oder sogleich rechts hinunter abbiegen. Bei einem Wegweiser nehmen wir den Abzweig nach rechts, machen aber zunächst auf dem Pfad scharf rechts einen kurzen Abstecher zum Aussichtspunkt »Stadtblick«. Der breite Weg führt zu einer Kreuzung bei einer Bank, an der wir rechts hinuntergehen, und bei der nächsten Bank zur Rechten wählen wir den Pfad halb rechts, in die obere Stadt. Er mündet an einer Kreuzung in einen Weg geradeaus, dem wir talwärts folgen. Der bald mit Kopfsteinen gepflasterte Weg endet an einer Querstraße, an der wir uns rechts hinunter wenden, und vor der Konferenzhalle, einem großen Fachwerkgebäude, steigen wir links die Stufen hinab. Unten halten wir uns links und nehmen vor dem Friedrich-Fröbel-Museum rechts die Treppe in die Altstadt hinunter, wo uns die gepflasterte Straße geradeaus zum Marktplatz führt. Dort biegen wir links ab zur Tourist-Information und gelangen – immer geradeaus – zum Ausgangspunkt in **Bad Blankenburg** ❶ zurück.

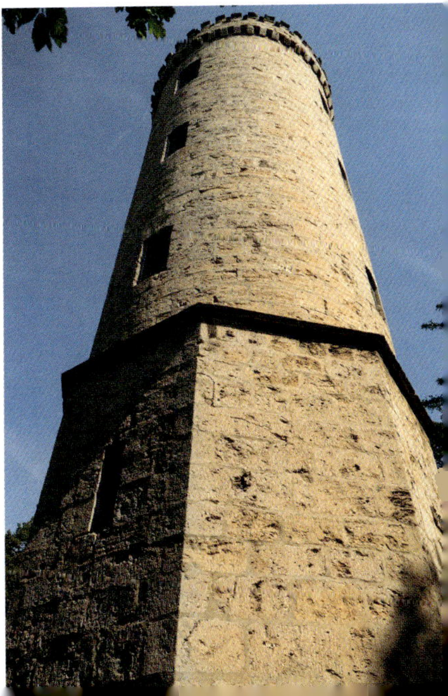

Abstecher zum Baropturm.

↗ 420 m | ↘ 420 m | 10.9 km

38 Über die Rudolstädter Riviera auf den Kulmberg

3.45 h

Sandsteinklippen, lichter Kiefernwald und viele Aussichtspunkte

Entlang der Saale führt die Tour zu den Sandsteinformationen bei Rudolstadt und auf die Schillerhöhe hinauf. Durch die Feldflur mit Weiden und Streuobstwiesen geht es nach Oberpreilipp und ins Naturschutzgebiet auf dem Kulmberg hoch. Dort erwarten uns schöne Pfade durch den mediterran anmutenden Kiefernwald, zahlreiche Aussichtsbänke und der Kulmturm mit herrlicher Fernsicht.

Ausgangspunkt: Parkplatz in Volkstedt an der Saale, neben dem Preilipper Steg, 199 m (Navi: Dr.-Hermann-Ludewig-Ring 14, 07407 Rudolstadt).
ÖPNV: Bushaltestelle »Unterpreilipp, Ludewigring« am Ausgangspunkt, KomBus Linie R (Rudolstadt – Bahnhof »Schwarza Nord«, Mo–Fr 7x tgl.). Alternativ Bahnhof »Rudolstadt-Schwarza« in Volkstedt (Halle, Saalfeld, Jena halbstdl.). In der Bahnhofsunterführung gehen wir nach rechts (Ausgang Volkstedt) und oben an der Straße wieder rechts. Dann links in den Dr.-Hermann-Ludewig-Ring, der uns zum Startpunkt führt.
Anforderungen: Über weite Strecken Naturpfade, teils steil und steinig.
Einkehr: Gondelstation (Mo/Di Ruhetag, gondelstation.de, Tel. +49 3672 354000); Kulmberghaus mit Biergarten (kulmberghaus.de, Tel. +49 3671 35156); mehrere Lokale in Volkstedt.
Wichtiger Hinweis: Der Weg an der Saale zu den »Riviera« genannten Klippen war in den letzten Jahren ab und an gesperrt! Bitte den aktuellen Stand bei der Tourist-Info Rudolstadt erfragen (Tel. +49 3672 486440). Bei Sperrung kann die Tour abgekürzt werden (s. Variante).
Variante: Die Variante startet als Rundweg in Oberpreilipp ❸ auf dem kleinen Dorfplatz vor der Kirche, wo auch geparkt werden kann (↗ 260 m | ↘ 260 m | 5.7 km).

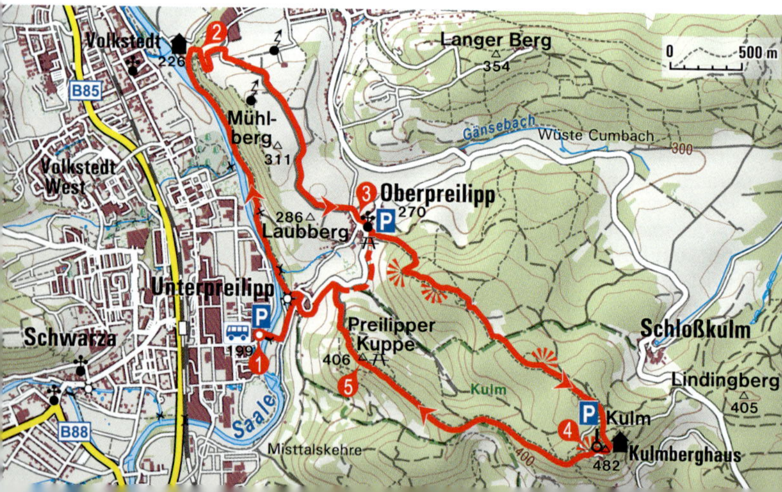

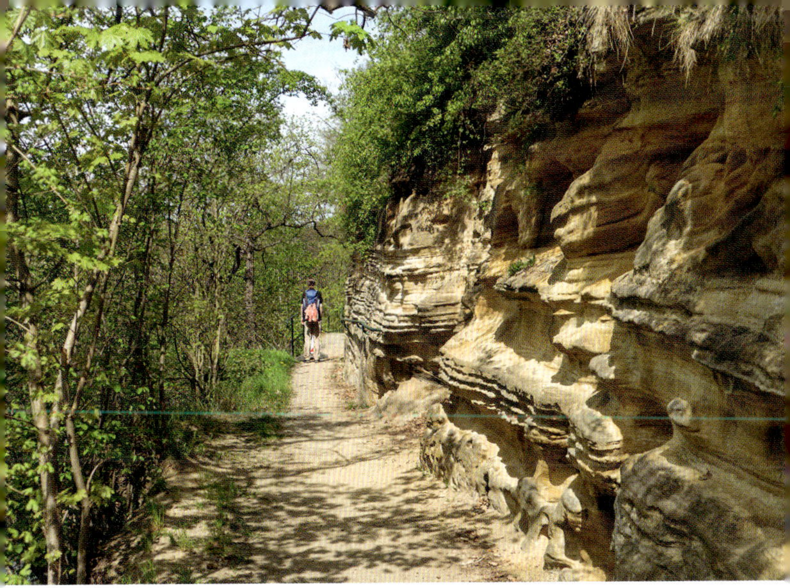

Bizarr ausgewaschener Buntsandstein an der »Rudolstädter Riviera«.

Vom Parkplatz in **Volkstedt** ❶ nehmen wir den Preilipper Steg über die Saale, gehen dahinter geradeaus über den Kanal und dann links die Straße hinauf und nach Unterpreilipp hinein. Nach der Rechtskurve biegen wir sogleich links auf den gepflasterten Weg ab und steigen die Stufen bergan. Oben wenden wir uns nach links und folgen vorerst der Markierung roter Punkt. Wir schwenken in den ersten Abzweig links ein, der uns ins Tal bringt und dort parallel zur Saale verläuft. Nachdem wir einen Bach überquert haben, halten wir uns geradeaus über die Kreuzung und die Stufen hinauf. Schließlich führt der Pfad am Fuß der Buntsandsteinklippen entlang, die »Rudolstädter Riviera« heißen, und endet vor dem Naturdenkmal »Stieleiche«, einer alten Eiche. Hier können wir links einen Abstecher zum Restaurant Gondelstation machen oder gleich die Stufen rechts hinauf nehmen (ohne Markierung), zur **Schillerhöhe** ❷. An dieser Stelle hat der Dichter gern die heute zugewachsene Aussicht auf Rudolstadt und die Saale genossen.

Wir steigen weiter bergauf zur Kreuzung mehrerer Pfade und wählen den zweiten nach rechts. Am Hang entlang passieren wir eine Aussichtsbank und stoßen auf ein Feld, das wir in weitem Bogen nach links umgehen. Wo der Feldweg links hinunterschwenkt, entscheiden wir uns für den weniger deutlichen Weg geradeaus und wenden uns gleich darauf auf dem Querweg nach rechts. Dieser Feldweg mündet in einen weiteren Querweg und

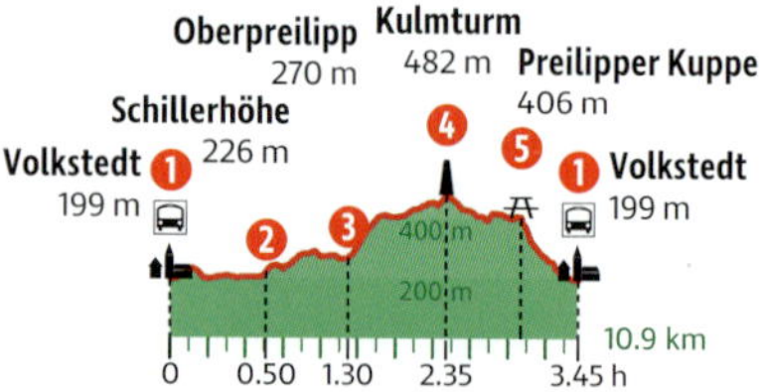

wir halten uns rechts aufwärts. Nun folgen wir dem Wegverlauf und der Schotter- weicht Asphaltbelag. Am Ortsrand biegen wir rechts ab und erreichen bei der Kirche den Dorfplatz von **Oberpreilipp** ❸. Hier startet auch die Variante. Wir gehen geradeaus weiter, mit der Kirche zur Linken, und verlassen die Straße auf den Wiesenweg links hinauf (Markierung: grüner diagonaler Balken). Er führt uns an den Drei Linden vorbei, die für Preilipp stehen, da der Name vom slawischen »pri lipy« (= Bei den Linden) abgeleitet ist. Hinter einer überdachten Picknickbank tauchen wir in den Wald ein. An der ersten Gabelung halten wir uns rechts und immer weiter bergauf, erst an der Bank am Aussichtspunkt »Kame« vorbei, dann an der Bank mit Blick auf das Schwarzatal. Auf der großen Lichtung setzen wir unseren Weg rechts am Waldrand entlang fort, passieren die Bank bei der »Biedern Linde«, die ein Bauer im 19. Jahrhundert als Wegmarke gepflanzt hat, und gehen in den Wald, Richtung Kulm (Markierung: »L« und grüner waagrechter Balken). Nach ca. 500 m lockt zur Linken der Aussichtspunkt »Teufelsbrücke«, bevor wir einen Parkplatz erreichen. Wir überqueren die

Auf der Schillerhöhe genoss einst der Dichter den Blick auf die Saale.

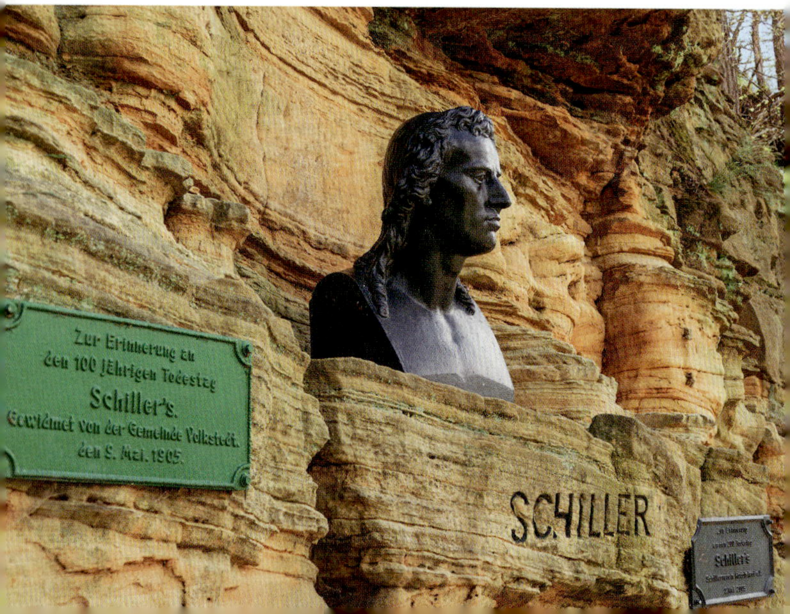

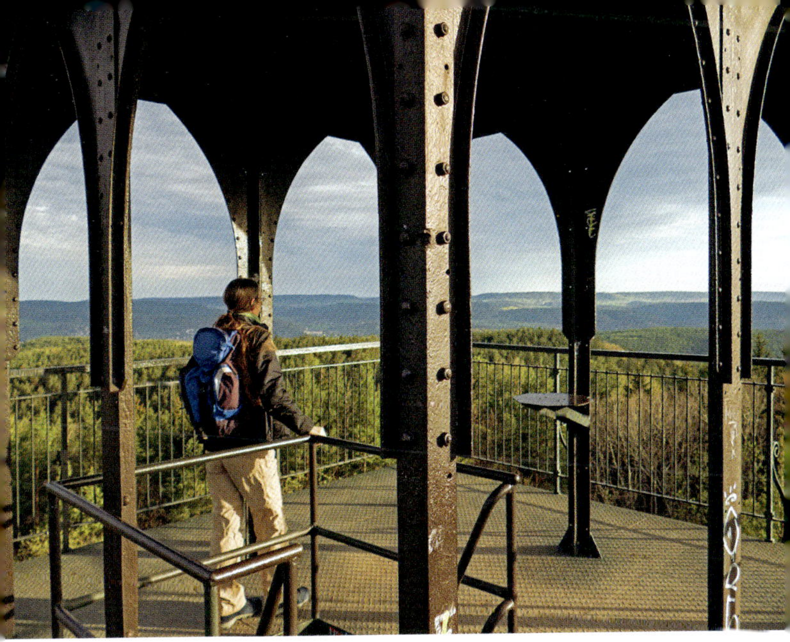

Der 20 Meter hohe Kulmturm ist einer der ältesten Stahlfachwerktürme Deutschlands.

Straße und wählen den Pfad geradeaus auf den Kulmberg. Oben erwartet uns der 1884 errichtete **Kulmturm** 4 mit Picknickbank und bestem Fernblick vom Frankenwald über das Schiefergebirge bis zum Thüringer Wald. Dann wenden wir uns mit dem Turm im Rücken nach links und umgehen auf dem Fahrweg den eingezäunten Funkmast. Wer im Kulmberghaus einkehren will, macht einen Abstecher nach links, bevor wir die Asphaltstraße kreuzen und den Pfad geradeaus wählen (»L« und roter Punkt; Schild: Saalfeld 5,9 km). An der Gabelung halten wir uns rechts und folgen vorerst dem roten Punkt. Die Kreuzung überqueren wir geradeaus hinauf, Richtung Preilipper Kuppe (die Markierung kann hier fehlen, taucht aber wieder auf). Auf der **Preilipper Kuppe** 5 lädt eine Picknickbank zum Verweilen ein. Anschließend nehmen wir den steilen Pfad abwärts, biegen bei erster Gelegenheit rechts ab und auf dem Querweg links die Stufen hinunter (roter Punkt). An ihrem Fuß wenden wir uns nach rechts und an der sogleich folgenden Gabelung links hinab. An der Asphaltstraße haben wir die Wahl: Wer die Variante vorzieht, geht hier nach rechts und gelangt zum Dorfplatz in **Oberpreilipp** 3 zurück. Alle anderen folgen der Straße nach links (ohne Markierung). Sie führt uns durch Unterpreilipp auf den bekannten Weg zu den beiden Brücken über die Saale in **Volkstedt** 1 zurück.

↗ 310 m | ↘ 310 m | 13.8 km

39 Zur Teufelsbrücke bei Saalfeld

4.00 h

Abwechslungsreiche Wanderung durch das Umland der Schokoladenstadt

Auf schönen Pfaden geht es in wunderbare Natur, die man in der Nähe einer größeren Stadt so nicht erwarten würde. Durch eine verwunschen wirkende Schlucht erreichen wir Anhöhen mit Fernblick. Ein besonderer Höhepunkt ist die »Teufelsbrücke«, ein Felsenbogen, der in der Steinzeit als Unterkunft diente. Im Naturschutzgebiet Bohlenwand führt uns der Rückweg entlang einer Steilklippe, die nahezu senkrecht 100 Meter tief zur Saale hin abfällt.

Ausgangspunkt: Bahnhof Saalfeld, 212 m (Navi: Kulmbacher Str. 23, 07318 Saalfeld). Dort auch kostenpflichtige Parkplätze. Den kostenlosen Parkplatz P6 erreicht man, vom Bahnhof kommend, in Richtung Innenstadt. Direkt vor der Saalebrücke links in die Hüttenstraße abbiegen.
ÖPNV: Bahnhof Saalfeld (u. a. Leipzig, Blankenstein, Nürnberg, Erfurt stdl.), sowie viele KomBus-Linien.
Anforderungen: Viele Pfade und Naturwege mit kurzen, etwas steileren Abschnitten.
Einkehr: Unterwegs keine; etliche Lokale in Saalfeld.
Tipp: Der Innenhof der Burgruine Hoher Schwarm ist 9–17 Uhr geöffnet.

Am Kreisel vor dem Bahnhof in **Saalfeld** ❶ folgen wir ebenso der Beschilderung »Rudolstadt« wie auch am zweiten Kreisel. Nachdem wir Gleise überquert haben, weist uns das Schild »Güterbahnhof« nach rechts und gleich darauf schwenken wir links in die Straße »Hinterm Bahnhof« ein. Hinter der Rechtskurve nehmen wir den abzweigenden Weg links und orientieren

Die Teufelsbrücke aus Zechstein ist das verbliebene Dach einer eingestürzten Höhle.

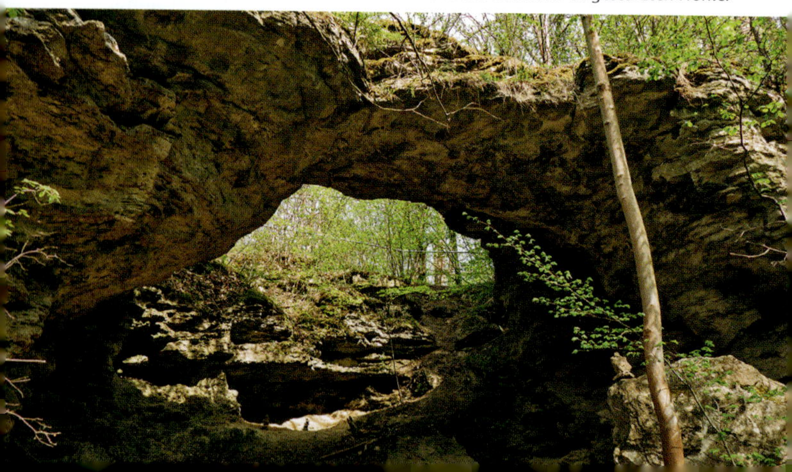

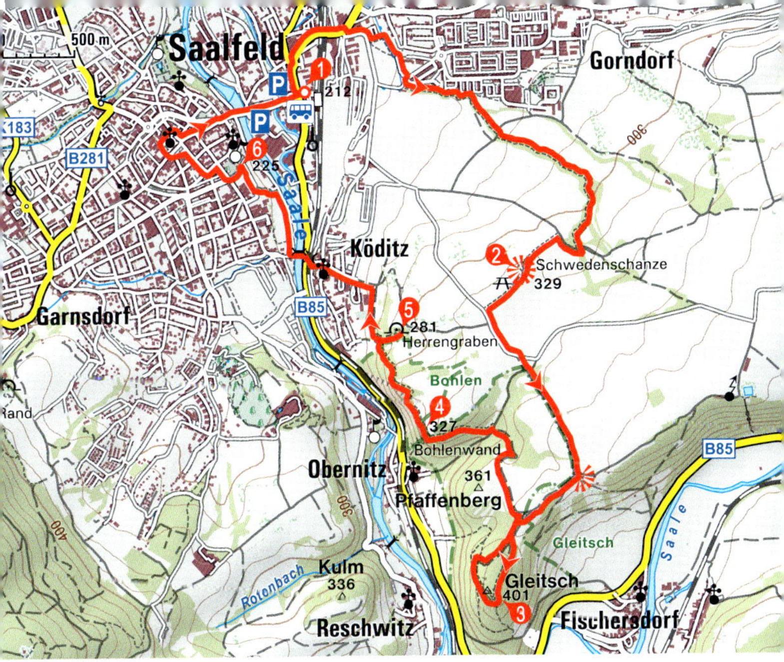

uns vorerst an der Markierung rotes Dreieck. Gleich nach der Brücke über einen schmalen Graben wählen wir rechts den mit Betonplatten, später mit Gittersteinen befestigten Weg. An seinem Ende biegen wir auf den kurzen Pfad rechts ab und folgen einem asphaltierten Wegabschnitt, überqueren die Straße und halten uns direkt vor den Garagen links. Ein Hohlweg führt uns durch die Schlucht und wir ignorieren zahlreiche Abzweige, kreuzen einen Fahrweg und passieren eine Picknickbank. Beim zweiten Fahrweg gehen wir nach rechts und lassen uns nun von der Markierung roter Kreis leiten. Nach ca. 200 m, hinter dem Hochbehälter zur Rechten, wählen wir den Wiesenweg nach links, den Drei-Städte-Weg. Bald darauf erreichen wir die überdachten Bänke auf der **Schwedenschanze** 2 und haben schönen Fernblick. Dann setzen wir unsere Tour auf dem Pfad fort, links am Häuschen vorbei, und stoßen auf einen Asphaltweg, auf dem wir ca. 400 m nach links gehen (ohne Markierung). Am zweiten Abzweig schwenken wir rechts hinab in den Schotterweg ein. Unten an der Kreuzung halten wir uns geradeaus hinauf und haben an der nächsten Kreuzung wunderbare Sicht ins Saaletal, bevor wir hier den ersten (!) Abzweig nach rechts nehmen und vorerst der Markierung grüner waagrechter Balken folgen. Schon 50 m vor dem Schild »Gleitsch 0,5 km« biegen wir halb links auf den Wiesen

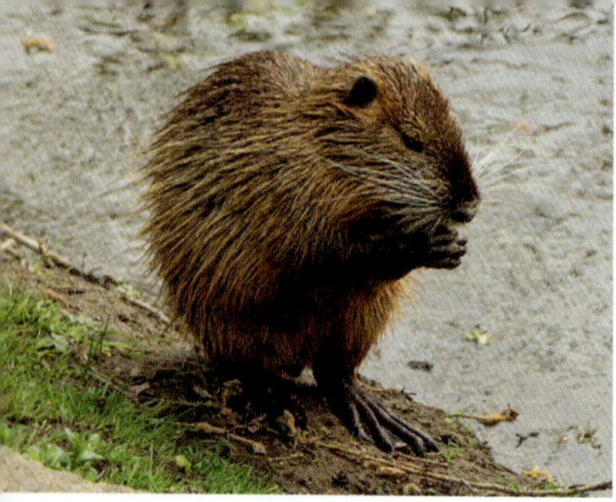

Nutria am Saaleufer.

weg ab. Bei der Gabelung am Waldrand halten wir uns links (Infotafel »Gleitsch«) und ignorieren alle Abzweige, bis wir zur **Teufelsbrücke** ❸ gelangen. Wir steigen zum Felsbogen hinab, denn von unten ist die Perspektive noch beeindruckender. Wir wählen direkt vor der Brücke den Pfad links und wandern entlang der Klippen. Der grüne Balken führt uns zunächst abwärts. Sobald der Pfad wieder eben wird, wenden wir uns auf dem anfangs unscheinbaren Waldweg rechts hinauf (ohne Markierung). Wir erreichen den Waldrand und nehmen zunächst den bereits bekannten Wiesenweg zurück, halten diesmal jedoch direkt auf das Schild »Gleitsch 0,5 km« zu. Beim Schild gehen wir links hinab und im Wald auf dem Querweg nach rechts, um sogleich – direkt vor der Bank – den Pfad links hinauf zu wählen. Bald wechseln wir auf den Pfad, der uns rechts steil aufwärts zu einer weiteren Bank führt und sich dann bergan durch den Wald schlängelt. Oben angekommen, gehen wir zuerst nach links, um gleich darauf in den Querweg rechts einzuschwenken (roter Punkt und grüner diagonaler Balken). Hier beginnt das Naturschutzgebiet **Bohlenwand** ❹. An den freigetretenen Stellen entlang des Pfads kann man Blicke in die Tiefe erhaschen, aber Vorsicht: Die Felswand fällt hier 100 Meter fast senkrecht ab! Unten sieht man die Schokoladenfabrik, die heute der Firma Stollwerck mit den Marken Alpia und Sarotti gehört.

Der Pfad führt uns entlang des Abgrunds talwärts zu einer Infotafel über das NSG Bohlen. Hier biegen wir rechts ab (roter Punkt) und am nächsten Querweg links (ohne Markierung), aber dort lohnt es sich, zuvor einen ca. 100 m langen Abstecher nach rechts zu unternehmen: Auf der linken Seite lässt sich dann in einer Sandsteinwand eine kleine **Höhle** ❺ entdecken. Zurück auf der Hauptroute, biegen wir bei

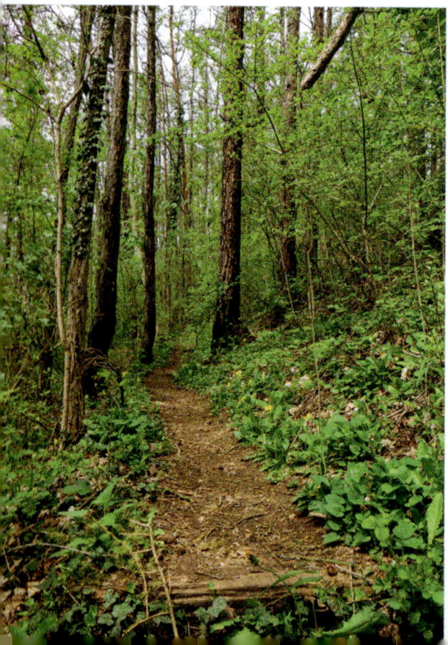

Waldpfad zur Bohlenwand.

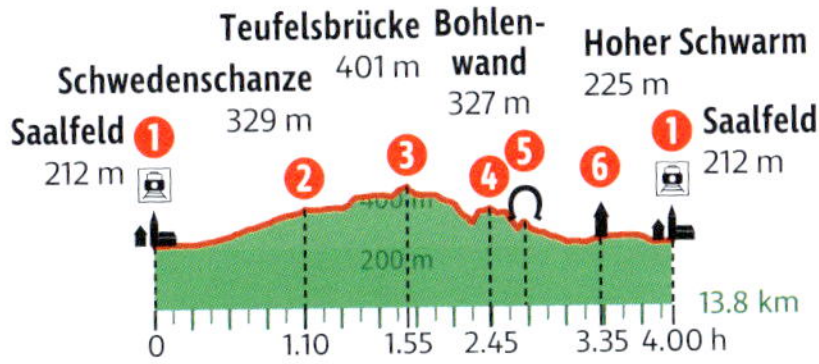

einer Bank auf den geschotterten Querweg links ab und folgen dem Wegverlauf in den Ort hinunter. Am Bahndamm wenden wir uns nach rechts und nutzen sogleich die Unterführung. Auf der anderen Seite überqueren wir bei der Fußgängerampel die Straße und die Saalebrücke. Jenseits der Brücke wählen wir rechts den Weg parallel zum Fluss. Direkt hinter den Sportplätzen gehen wir den Pfad links hinauf und schwenken rechts in die Asphaltstraße zur Burgruine **Hoher Schwarm** 6 ein. Nach der Erkundung der Burg wählen wir für eine kurze Besichtigung der Innenstadt bzw. zur Einkehr den Kiesweg links am Spielplatz und dem dreiköpfigen Drachen vorbei (in entgegengesetzter Richtung erreicht man über die Saalebrücke den Ausgangspunkt). An der Straße biegen wir rechts und dann links in die Schwarmgasse ab. Die nächste rechts, die Köditzgasse, führt uns zum Marktplatz samt schönem Rathaus. Wir überqueren den Platz nach schräg links, um in die Blankenburger Straße zu gehen. Der erste Abzweig rechts führt uns an der Johanniskirche vorbei, hinter dem Kirchengebäude rechts gelangen wir wieder zum Marktplatz. Dort nehmen wir gleich links die Saalstraße und kehren durch das Saaltor und über die Saalebrücke zum Bahnhof **Saalfeld** 1 zurück.

Im Schloss Kitzerstein ist heute eine Musikschule untergebracht.

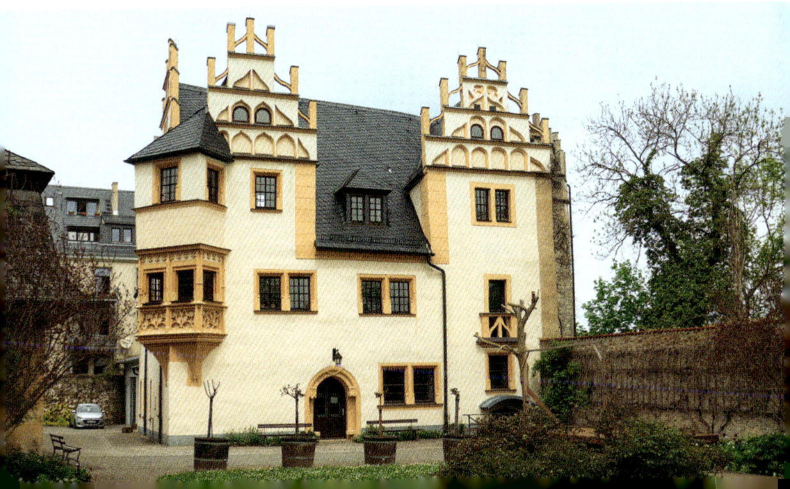

↗ 470 m | ↘ 470 m | 14.1 km

40 Hoch über dem Hohenwarte-Stausee

4.30 h

Herrliche Aussicht auf den Staudamm und das »Thüringer Meer«

Von Hohenwarte steigen wir durch den Wald zur Klinkhardshöhe hinauf, wo wir herausragenden Fernblick über die Staumauer, den See und das umgebende Schiefergebirge haben. Von hier oben wirken die weißen Ausflugsboote wie Spielzeug. Dann geht es hinab ans Seeufer zur Preßwitzer Spitze, bevor uns der Rückweg, an Bootsstegen vorbei, zu weiteren schönen Aussichtspunkten führt.

Ausgangspunkt: Bushaltestelle »Hohenwarte Ort«, 269 m (Navi: Preßwitzer Str. 20, 07338 Hohenwarte). Parken gegenüber am Straßenrand.
ÖPNV: KomBus Linie 546 (Altenbeuthen – Hohewarte – Saalfeld, Mo–So ca. 8x tgl.).
Anforderungen: Überwiegend leicht begehbare Wege, ein paar Pfade. Viele Anstiege, abschnittsweise etwas steiler.
Einkehr: Waldhotel am Stausee (waldhotel-am-stausee.de, Tel. +49 36732 363); Gasthof zum Saaletal nahe dem Ausgangspunkt (Mo/Di Ruhetag, Tel +49 36733 22229).
Tipp: Für Kinder gibt es Spielplätze in Hohenwarte und beim Waldhotel »Am Stausee«.
Variante: Die Wanderung lässt sich gut abkürzen, indem man vom Wegpunkt Waldhotel 4 direkt zum Wegpunkt Günther's Heil 7 geht (↗ 270 m | ↘ 270 m | 8.2 km).

In **Hohenwarte** 1 gehen wir mit dem Haltestellenhäuschen im Rücken nach rechts und bei erster Gelegenheit rechts hinauf zu einem Querweg, auf den wir links abbiegen (Markierung: »H3«). An dieser Markierung orientieren wir uns vorerst, und an der Gabelung bei der Bank mit dem Wegweiser halten wir uns rechts. Der Weg mündet in einen breiteren Querweg, in den wir rechts einschwenken. Wir bleiben rechts des Bachs und folgen dem Wegverlauf bergan. An der Kreuzung wenden wir uns nach rechts und passieren bald die Tannberg-Schutzhütte mit Blick auf die Talsperre Eichicht. Über die nächste Kreuzung gehen wir geradeaus, dann wählen wir den ersten Abzweig rechts (»H3«) und sogleich an der Kreuzung beim Wegweiser »Tannberg Süd« den Weg links. An der Gabelung halten wir uns rechts, auch am Querweg rechts hinauf, und folgen dem Wegverlauf bergan. Oben nehmen wir an der Kreuzung den Weg nach rechts. Er führt uns bald in einer

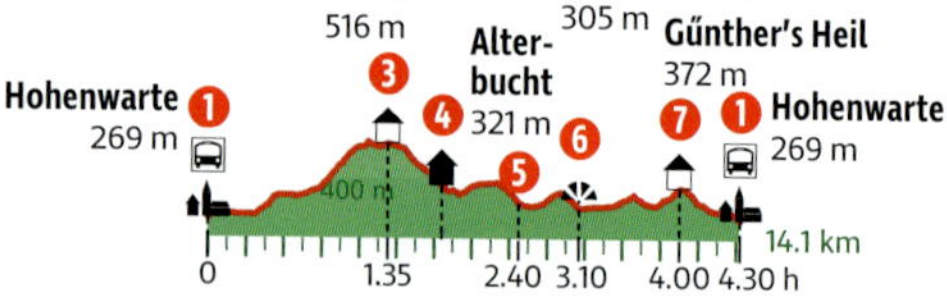

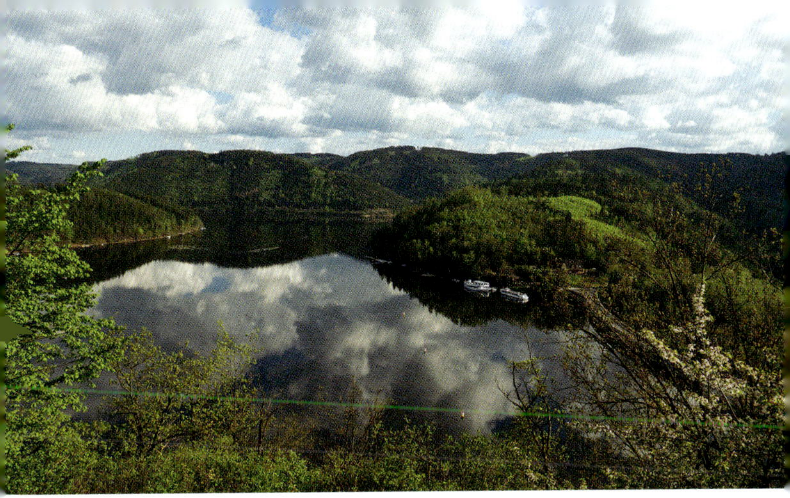

Aus der fünfmal aufgestauten Saale entstand eine Seenlandschaft, das Thüringer Meer.

Linkskurve bergauf, dann erreichen wir den Gedenkstein **Gustav's Ruh** ② und, wenige Meter weiter, Bänke mit schönem Blick auf den Stausee. Wir gehen auf dem Weg weiter, ignorieren den Abzweig links und wenden uns an der Gabelung nach rechts. Es geht an Picknickbänken mit Seeblick und am Aussichtspavillon **Klinkhardshöhe** ③ vorbei. An der Kreuzung beim Wegweiser »Römstatt« biegen wir rechts ab (Schild: Campingplatz Alter 6,3 km), an der folgenden links und am dritten Wegweiser rechts (»H3«). Nach der Rechtskurve nehmen wir – ca. 30 m vor dem kleinen Wasserhochbehälter – den abzweigenden Pfad links hinunter (ohne Markierung), kreuzen einen Querweg und in den nächsten schwenken wir nach rechts ein. Er führt uns direkt zum **Waldhotel** ④ und Restaurant »Am Stausee«.
Wer die kürzere Variante wählt, geht mit Blick auf das Hotel nach rechts zum Parkplatz, dort links, die Stufen neben dem Haus hinab (Markierung bis zum Ende der Wanderung: »H3«), folgt dem Pfad zum Aussichtspunkt

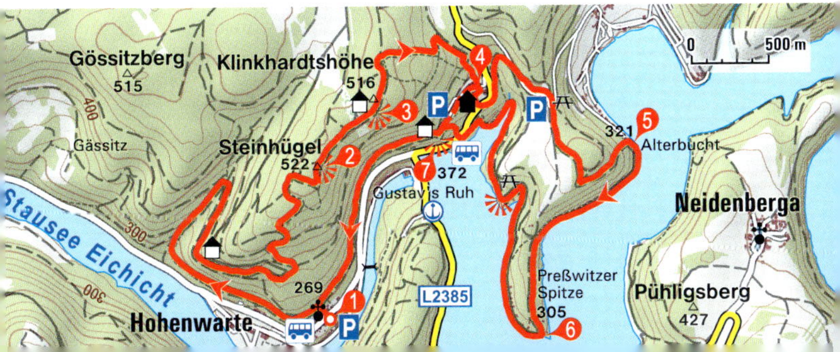

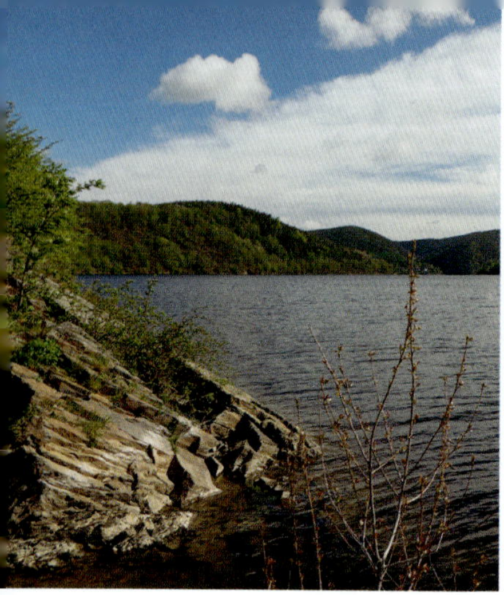

Die Preßwitzer Spitze ragt in den Stausee hinaus.

Günther's Heil 7 hinunter und steigt dort wieder in die Hauptroute ein.
Wer die längere Wanderung fortsetzen möchte, geht stattdessen wenige Meter nach links und biegt dann rechts ab, am Hotel vorbei (Markierung vorerst »H5«). Auf dessen Rückseite bringt uns links ein Pfad in Serpentinen zur Landstraße hinab, der wir ein kurzes Stück nach links folgen, um sie dann zum Wegweiser hin zu überqueren und den anfangs geschotterten Weg ins Tal zu nehmen. Wir passieren einen Wegweiser, überqueren einen Bach und halten uns stets bergauf, bis wir eine Landstraße erreichen. Sie gabelt sich und wir wählen die Straße links hinauf. Beim Parkplatz mit Picknickbank verlassen wir sie auf den Weg geradeaus am Waldrand entlang, und, kurz bevor der Wald endet, biegen wir links ab. Wir folgen dem bald talwärts führenden Wegverlauf, bis wir uns unten beim Wegweiser **Alterbucht** 5 nach rechts wenden, Richtung Klinkhardshöhe. Am See entlang steigen wir bergan, schwenken oben links in den Querweg ein und gelangen erneut zum Ufer hinab, wo wir wiederum auf einen Querweg stoßen. Hier machen wir einen kurzen Abstecher nach links, der Weg verjüngt sich zum Pfad und endet an der felsigen **Preßwitzer Spitze** 6, wo wir direkt am Wasser über den Stausee blicken.
Von dort kehren wir auf den Weg zurück, dem wir nun am Ufer entlang folgen. Er führt uns schließlich an einer Picknickbank mit Dammblick vorbei, an der Kreuzung wählen wir den Weg halb links hinunter. Wir queren einen Bach und halten uns geradeaus hinauf, dann oberhalb des Seeufers entlang. Der Pfad endet bei einer Bushaltestelle an der Landstraße, die wir kreuzen, um an ihr nach links zu gehen. Direkt vor einem Parkplatz biegen wir rechts auf den Pfad ab, der in Serpentinen aufwärts und dann zur Schutzhütte **Günther's Heil** 7 führt, die uns nochmals schönen Blick auf den Stausee bietet. Dahinter mündet der Pfad in einen Querweg, dem wir nach links folgen. Bis zum Ende der Tour orientieren wir uns wieder an »H3«. Wir kommen an einer Bank mit bestem Blick auf die Staumauer vorbei, halten uns stets geradeaus, auch über die Kreuzung, und schwenken erst danach in den ersten Abzweig links hinab ein, der uns direkt zum Ausgangspunkt in **Hohenwarte** 1 bringt.

↗ 340 m | ↘ 340 m | 12.3 km

3.45 h

Burg Ranis

41

Herrliche Natur und historische Stätten entdecken

Von Waldpfaden über weite Wiesen und felsige Anhöhen mit Aussicht bis hin zu alten Adelssitzen hat diese Wanderung viel zu bieten. Im Naturschutzgebiet Buchenberg erkunden wir das Gelände eines ehemaligen Kalksteinbruchs, wo seltene Orchideenarten blühen. Zu Füßen des Schlosses Brandenstein besuchen wir ein Wisentgehege und am Ziel erwartet uns die imposante Burg Ranis. In der Höhle unter den Burgmauern lebten bereits in der Steinzeit erste Menschen.

Ausgangspunkt: Bushaltestelle »Ranis – Unter der Burg«, 382 m. Gebührenpflichtiger Parkplatz direkt an der Bushaltestelle (Navi: Burg 1, 07389 Ranis); kostenloser Parkplatz gegenüber am Preißnitzberg (Richtung Thüringer Artenschutzzentrum).
ÖPNV: KomBus Linie 965 (Pößneck – Ranis, Mo–Fr ca. 7x tgl.), Linie 966 (Pößneck – Ranis – Schleiz, Mo–Fr ca. 15x tgl., Sa/So ca. 6x tgl.).
Anforderungen: Viele Wiesenwege und Waldpfade, die teils etwas Aufmerksamkeit erfordern.
Einkehr: Café im Schloss Brandenstein (im Sommer So geöffnet, schloss-brandenstein.de, Tel. +49 3647 420858 oder +49 171 7238050); mehrere Lokale in Ranis.
Tipps: 1. Sehenswert sind das Museum der Burg Ranis (museum-ranis.de) und 2. die Ausstellung im Thüringer Artenschutzzentrum u. a. mit Aquarien zur heimischen Tierwelt (ag-artenschutz.de).

Mit dem Rücken zur Bushaltestelle in **Ranis** 1 gehen wir nach links und an der Kreuzung ebenfalls links, Richtung Thüringer Artenschutzzentrum hinauf. Kurz bevor wir oben ankommen, biegen wir Richtung Hochbehälter links ab und wählen den Pfad geradeaus, am eingezäunten Garten entlang. Am Gedenkstein für den Widerstandskämpfer Magnus Poser vorbei, folgen wir dem Pfadverlauf und stoßen im Tal auf einen befestigten Weg, in den wir nach links einschwenken. Er endet an einem Querweg, wo wir Blick auf Schloss Brandenstein haben. Hier wenden wir uns nach links und erreichen einen Asphaltweg. Zur Linken sehen wir Burg Ranis, geradeaus das Schloss, aber wir folgen dem Asphaltweg nach rechts in den Talgrund, überqueren einen Bach und biegen dahinter sogleich auf den Pfad rechts ab. Er führt uns oberhalb des Bachlaufs entlang und mündet in einen Feldweg, in den wir scharf links einschwenken. Vorbei an Bänken geht es mit weitem Blick durch die Feldflur. Nachdem die Felswand des Buchenbergs in Sicht gekommen ist, folgen wir dem Querweg nach rechts. Nach ca. 800 m macht der Weg am tiefsten Punkt eine Kurve nach links. Hier biegen wir scharf links auf die Wiese ab. Der unscheinbare Wiesenweg verläuft zunächst parallel zum Gehölz auf seiner linken Seite. Die Wiese endet an einem Feld, an dessen linkem Rand wir geradeaus weitergehen, an einem **Steinkreis** 2 vorbei. Wir folgen dem Wegverlauf, erreichen im Tal eine Kreuzung mit Eisenbahnunterführung zur Rechten und wählen den Asphaltweg geradeaus. Er führt uns zu einem offenen Zauntor hinauf, dem Eingang zum einstigen Steinbruch auf dem **Buchenberg** ❸, in dem Dünge- und Baukalk gewonnen wurde. Dahinter – noch vor der Info-Tafel – halten wir uns links und steigen weiter die Anhöhe hinauf. Im heute unter Naturschutz stehenden Gelände gibt es viele Wege und einen Lehrpfad zu erkunden, doch wir biegen oben beim Querweg links und gleich darauf bei der Info-Tafel rechts ab. Dieser Weg bringt uns zur Felswand, vor der er sich gabelt; wir wenden uns nach rechts. Der Weg wird zum Pfad und führt uns entlang des früheren Zauns zu einem Feld, vor dem wir den rechts abzweigenden Pfad nehmen (der Einstieg kann eingewachsen sein). Er endet sogleich an einem Querweg, dem wir nach rechts folgen. Beim ersten Abzweig biegen wir links ab auf den von Hecken gesäumten Wiesenweg. Kurz vor dem Ortsrand von Krölpa, beim Schild »Landschaftsschutzgebiet«, wählen wir den Pfad scharf links. Auf ihm halten wir uns rechts hinauf, wo er deutlich ausgetreten ist. Im Trockenmagerrasen dieses Hangs entdecken wir im Sommer seltene Silberdisteln. Oben verliert sich der Pfad und wir gehen rechts zu den Felsen, wo er wieder sichtbar wird. Wir folgen ihm am Hang entlang zur Baumgruppe, dann links auf den Höhenrücken des **Pinsenbergs** ❹ hinauf. Der wenig ausgeprägte Wiesenweg verläuft über die Kuppe, verlässt dahinter das Naturschutzgebiet und stößt auf einen Feldweg, in den wir rechts einschwenken. Hinter einer asphaltierten Kreuzung mit Picknickbank biegen wir scharf rechts auf den Wiesenweg talwärts ab, doch zu-

Im 17. Jh. wurde Burg Ranis im Stil der Sächsischen Renaissance umgebaut.

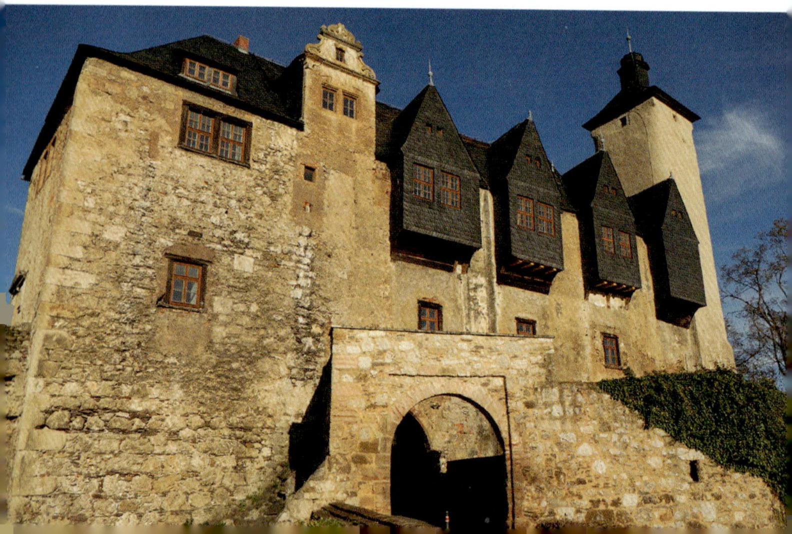

vor machen wir einen kurzen Abstecher geradeaus zum **Schloss Brandenstein** ❺. Es ist für die Öffentlichkeit nicht zugänglich, aber rechts am Schloss vorbei gelangt man zum Schlosscafé und kann auf Terrassen mit schönem Fernblick sitzen.

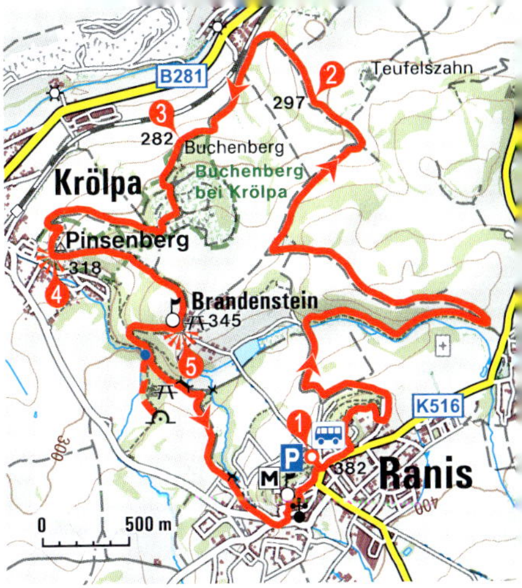

Der Wiesenweg wird zum Pfad und führt stetig bergab. Im Wald stoßen wir auf eine Weide, vor der wir uns scharf nach links wenden. Wo sich der Pfad gabelt, halten wir uns rechts hinunter und gelangen an einen Querweg im Talgrund. Hier können wir einen Abstecher über den Bach zur Herthahöhle hinauf machen (ca. 300 m einfache Strecke) oder sogleich nach links am Zaun des Wisentgeheges entlanggehen. Hinter einer Brücke passieren wir die Picknickbank, die zum Beobachten der Tiere einlädt, dann biegen wir am Ende des Zauns zur Rechten – bei der Bank und dem Wegweiser – rechts hinauf ab. Der Pfad geht bald in einen Wiesenweg über, dann in einen Feldweg. Wo er sich gabelt, wählen wir den linken Pfad. Wir überqueren einen gemauerten Graben, kommen am Klärwerk vorbei und kreuzen dahinter die Asphaltstraße, um auf dem Weg am Bach geradeaus weiterzugehen. Im Ort stoßen wir auf die Hauptstraße, halten uns links und schwenken gleich links in die August-Bebel-Straße ein. Bei nächster Gelegenheit nehmen wir links die Kirchgasse, gehen an der Kirche vorbei und dahinter scharf links, um nach nur ca. 20 m die Stufen zur Rechten hochzusteigen. Oben biegen wir rechts ab, gehen unter dem Haus hindurch, das über die Straße gebaut wurde, und direkt hinter dem Durchgang links mehrere Treppen hinauf. Der Weg führt an der Ilsenhöhle unter den Burgmauern vorbei. Die dort gefundenen Steinzeitwerkzeuge können im Burgmuseum besichtigt werden. Durch eine Unterführung erreichen wir die Zufahrt zur Burg. Wer sie besichtigen möchte, geht weiter hinauf, aber auch so lohnt es sich, wenigstens dem Aussichtspunkt kurz vor dem Eingang einen Besuch abzustatten.

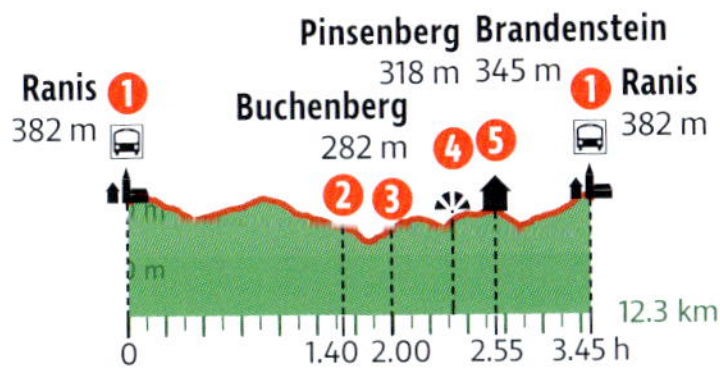

Ansonsten halten wir uns abwärts zum Ausgangspunkt in **Ranis** ❶, wobei wir zwischen dem Asphaltweg und dem Pfad links daneben wählen können.

TOP

42

↗ 340 m | ↘ 340 m | 13.8 km

Über den Drachenschwanz auf den Bockfelsen

4.15 h

Durch die fjordähnliche Landschaft am Hohenwarte-Stausee

Von Gössitz folgen wir einem idyllischen Bachtal zur Linkenmühle am Seeufer hinab, wandern auf Pfaden mit Seeblick durch den unter Naturschutz stehenden Wald an den Steilhängen und steigen schließlich zum Bockfelsen hinauf, der herrliche Sicht über mehrere Schleifen der aufgestauten Saale bietet.

Ausgangspunkt: Vor der Kirche in Gössitz, 485 m (Navi: Ortsstraße 65, 07389 Gössitz); Parken am Straßenrand.
ÖPNV: Bushaltestelle »Gössitz Ort«, KomBus Linie 966 (Pößneck – Ranis – Schleiz, Mo–Fr ca. 8x tgl.).
Anforderungen: Überwiegend leicht begehbare Wege und Pfade, aber auch steinige und abschüssige Abschnitte sowie eine Bachquerung am Hang, die erhöhte Trittsicherheit und etwas Kletterei erfordern.
Einkehr: Linkenmühle (linkenmuehle.de, Tel. +49 36483 20056); Restaurant Vier Jahreszeiten (Mo/Di Ruhetag, camping-neumannshof.de, Tel. +49 173 3981985).
Variante: Wenn man den reizvollen, aber schwierigen Pfad auf der »Drachenschwanz« genannten Landzunge auslässt, fällt die Bachquerung weg, sodass die Tour den Schwierigkeitsgrad »rot« erhält (↗ 260 m | ↘ 260 m | 10.9 km).

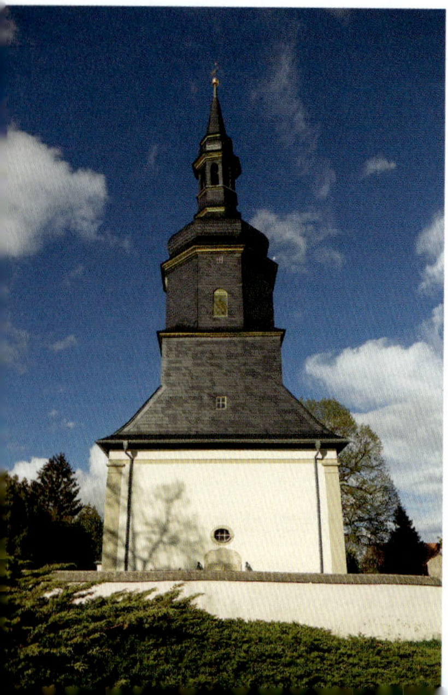

In **Gössitz** ❶ nehmen wir mit Blick auf die Kirche den Weg links an ihr vorbei, Richtung Linkenmühle. Er führt uns geradeaus in die Feldflur. Hinter dem Weiher auf der rechten Wegseite biegen wir rechts ab. Wir halten uns parallel zum Bachlauf und schließlich stetig bergab, bis wir unten in den geschotterten Querweg nach rechts einschwenken. Er bringt uns zu einer Asphaltstraße, an der wir geradeaus (nicht rechts hinauf!) gehen. Bald können wir einen Pfad entlang der linken Straßenseite nutzen und direkt vor den ersten Gebäuden der **Linkenmühle** ❷, beim Wegweiser »An der Autofähre«, haben wir die Wahl: Geradeaus sind es ca. 200 m zur Einkehr, unsere Tour führt jedoch halb

Wir starten bei der Kirche von Gössitz.

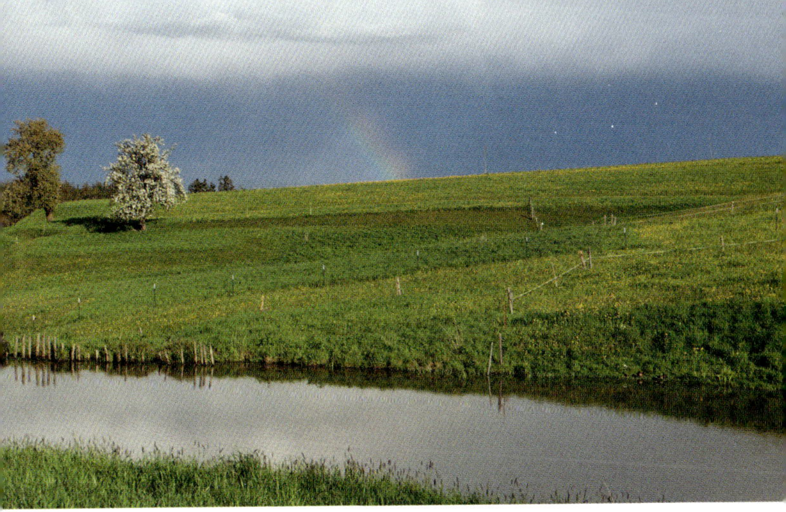

Regenbogen über den Wiesen zwischen Gössitz und Schieferberg.

rechts auf dem Hohenwarte-Stausee-Weg weiter, (Markierung: roter Punkt). Vorerst orientieren wir uns an dieser Markierung. An der gleich folgenden Gabelung nehmen wir den Wiesenweg rechts, kreuzen einen Querweg und halten uns bei der überdachten Picknickbank rechts, Richtung Neumannshof. Der Weg in den Steilhängen am See entlang wird abschnittsweise zum Pfad, und wir erreichen den Campingplatz **Neumannshof** ❸. Auf markierter Route (roter Punkt; Schild: CP Portenschmiede 7,2 km) durchqueren wir

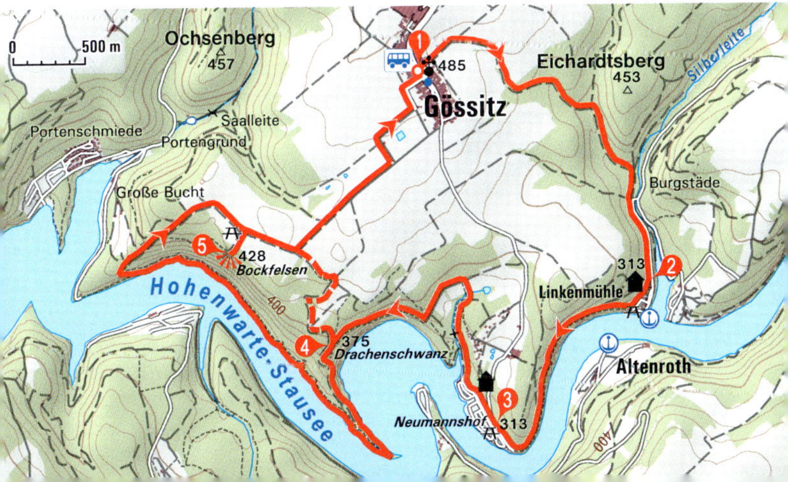

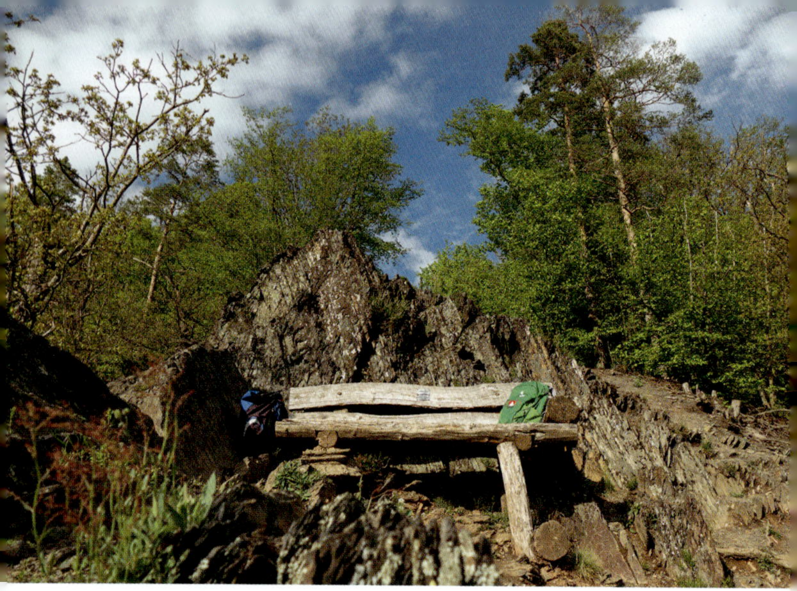

Aussichtsbank auf dem Bockfelsen.

das Campingplatzgelände, an überdachten Picknickbänken beim Kiosk vorbei, und dann auf einem Asphaltweg zum Restaurant, wo es auch einen Spielplatz gibt. Dahinter verlassen wir den Campingplatz und folgen erst dem Ufer, dann einem Bach, bleiben am ersten Abzweig beim Wegweiser »Boden« auf der rechten Bachseite und gehen geradeaus aufwärts. Am Ende des Waldwegs biegen wir links ab (Schild: Gössitz 2,1 km), überqueren eine Wiese und nehmen erneut den Querweg nach links, um dem markierten Wegverlauf zu folgen. Wir passieren eine Aussichtsbank rechts oberhalb des Wegs und steigen danach zum unter Naturschutz stehenden Trockenwald auf. Dahinter ignorieren wir den Abzweig nach rechts, halten uns geradeaus und erreichen kurz darauf den Wegweiser **»Drachenschwanz« 4**. Wer die Variante bevorzugt, geht hier weiter geradeaus (roter Punkt), bald am Waldrand entlang und auf die Feldflur hinaus, biegt an der ersten Kreuzung mit Bank und Wegweiser links ab, auf den Pfad bergan, und an der nächsten (Wegweiser »Am Weidersberg«) ebenfalls links. Der erste Abzweig links führt dann direkt zum **Bockfelsen**, s. unten.

Alle anderen biegen am Wegweiser »Drachenschwanz« scharf links ab (ohne Markierung), an der Schranke vorbei, folgen dem Fahrweg ganz hinunter und schwenken ca. 10 m vor dem Naturschutzgebietsschild scharf nach rechts. Es lohnt sich jedoch, vorher einen Abstecher geradeaus zu machen, um die Spitze des »Drachenschwanzes« zu erkunden.

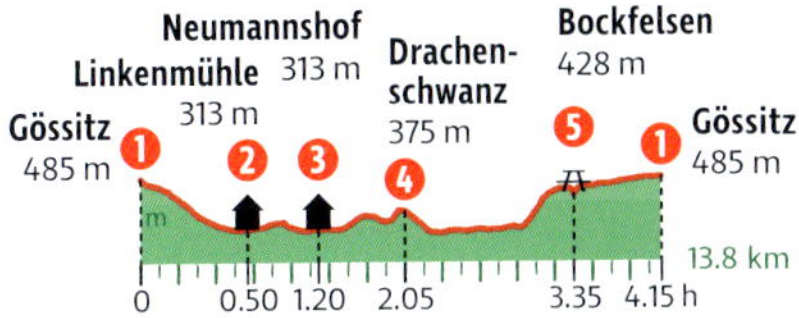

Nach dem Abbiegen wird der breite Weg immer schmaler und ist zum Abhang hin geneigt. Es folgt eine Bachüberquerung am Hang, die durch nassen Lehm rutschig sein kann und den Einsatz der Hände erfordert. An der anschließenden Gabelung halten wir uns rechts hinauf (roter Punkt). Beim Wegweiser »Bloßebene« gehen wir rechts auf dem Schotterweg bergan, Richtung CP Linkenmühle. Fast oben angekommen, gelangen wir zu einer Bank, von der früher ein direkter Pfad zum Bockfelsen führte. Leider war er zum Recherche-Zeitpunkt gesperrt, weshalb wir dem Fahrweg weiter aufwärts folgen und schließlich beim Wegweiser »Bockfelsen 0,1 km« rechts abbiegen. Vorbei an einer überdachten Picknickbank erreichen wir den beliebten **Bockfelsen** 5 mit hervorragendem Blick über das »Thüringer Meer«.

Danach kehren wir zum breiten Feldweg zurück und wenden uns nach rechts. Beim Wegweiser »Am Weidersberg« verlassen wir den Hohenwarte-Stausee-Weg und folgen dem Feldweg nach links (ohne Markierung). Schließlich nehmen wir den ersten asphaltierten Abzweig links und den nächsten rechts, in den Ort hinein. Dort biegen wir links ab und bei erster Gelegenheit rechts in den gepflasterten Weg, der uns direkt zur Kirche von **Gössitz** 1 zurückbringt.

Blick vom Bockfelsen auf die gestaute Saale.

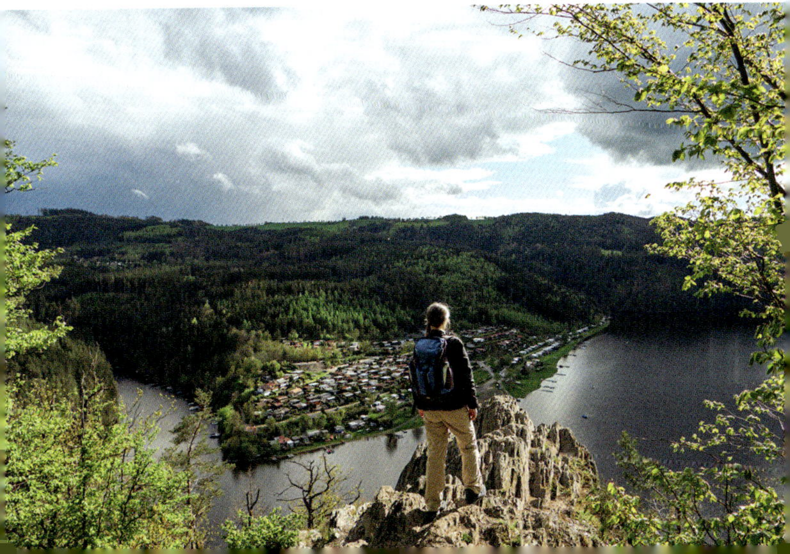

↗ 490 m | ↘ 490 m | 17.2 km

43 Die Teufelskanzel über der Saale

5.30 h

Herrliche Fernblicke, Naturpfade und eine kurze Fährüberfahrt

Auf dieser Tour erwarten uns mehrere schöne Aussichtspunkte mit Blick über die Flussschleifen und das Saaletal. Unterwegs laden Picknickbänke – mal direkt am Ufer, dann wieder hoch oben auf den felsigen Anhöhen – zum Verweilen ein, und von der Fähre aus sehen wir den Fluss noch einmal aus einer anderen Perspektive.

Ausgangspunkt: Parkplatz beim Kanu-Verleih hinter der Brücke an der Schulstraße, 307 m (Navi: Schulstr., 07924 Ziegenrück).
ÖPNV: Bushaltestelle »Ziegenrück Saalestr.«, KomBus Linie 620 (Bad Lobenstein – Ziegenrück, Mo–Fr ca. 7x tgl., Sa/So 2x tgl.), Linie 966 (Pößneck – Ziegenrück – Schleiz, Mo–Fr ca. 12x tgl., Sa/So 3x tgl.). Mit dem Haltestellenhäuschen im Rücken gehen wir nach links. An der Gabelung links halten, in die Paskaer Straße, dann links über die Brücke zum Ausgangspunkt.
Anforderungen: Überwiegend leicht begehbare Waldwege und -pfade, abschnittsweise jedoch auch steil, steinig oder ausgesetzt, was etwas Trittsicherheit erfordert.
Einkehr: Vorwerk Altenroth (vorwerk-altenroth.de, Tel. +49 36737 30300); Linkenmühle (linkenmuehle.de, Tel. +49 36483 20056); mehrere Lokale in Ziegenrück.
Wichtiger Hinweis: Die Tour ist nur zu den Fährzeiten der Mühlenfähre machbar, die ausschließlich im Sommerhalbjahr verkehrt! Der Fährbetrieb ist witterungs- und wasserstandsabhängig, daher immer beim Fährmann (Tel. +49 176 15463429) oder beim Service-Telefon des Betreibers KomBus (+49 3671 5251999, kombus-online.eu/angebote/Faehre/information) die aktuelle Lage erfragen.
Tipps: 1. In Ziegenrück kann man nach Vereinbarung zu einer Draisinenfahrt starten (thueringer-oberlandbahn.de) oder – 2. das Wasserkraftmuseum besuchen.

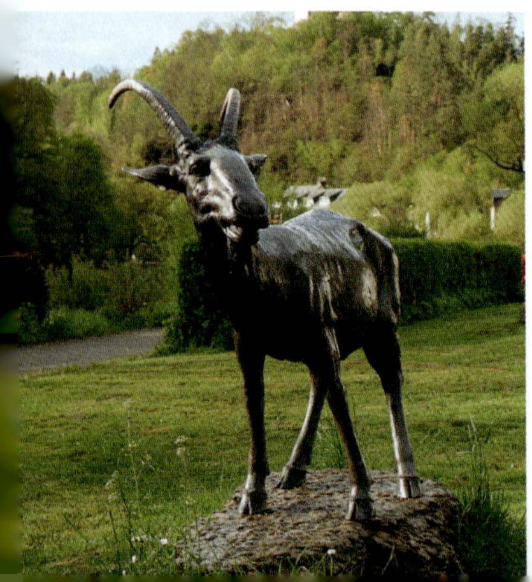

Vom Parkplatz in **Ziegenrück** ❶ gehen wir mit dem Fluss im Rücken nach links, Richtung Kriegsgräberstätte, ignorieren die ersten beiden Abzweige nach rechts und folgen dem Pfad am Flussufer entlang, der etwas eingewachsen sein kann. Schließlich steigt der Hauptpfad an und führt im Zickzack den Hang hinauf. Oben schwenken wir bei den überdachten Picknickbänken in den Schotterquerweg nach links ein (Markierung: grüner Punkt;

Das Wappentier von Ziegenrück.

Schild: Hemmkoppe 2,0 km) und folgen dem Wegverlauf. Der Weg wird zum Pfad und nach steilem Aufstieg passieren wir die Sängerhütte. Etwa 500 m weiter gibt es links oben bei der Bank schönen Blick auf Ziegenrück und die »Kemenate Ziegenrück« genannte Burg. An der Gabelung halten wir rechts hinauf zum Sendemast und dahinter links. Wir erreichen die **Hemmkoppe** ❷, wo uns eine überdachte Picknickbank und herrliche Aussicht erwarten. Von hier machen wir zunächst einen Abstecher von ca. 100 m weiter geradeaus und haben bei einer Bank zu beiden Seiten gleichzeitig Blick auf die Saale hinunter.

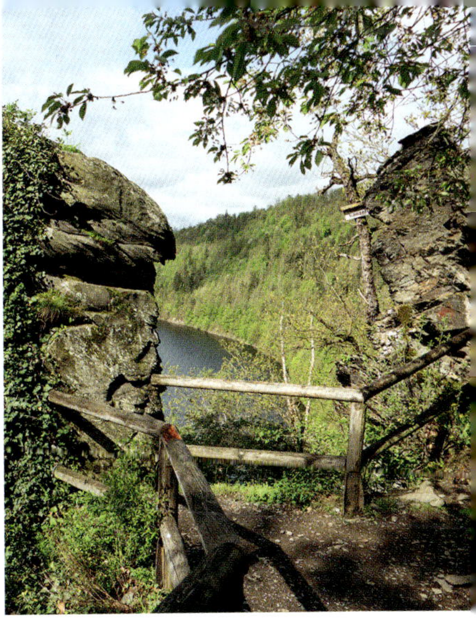

Die Teufelskanzel über der Saale.

Danach kehren wir zur Picknickbank zurück, gehen an ihr vorbei und steigen links hinab. Noch vor der Landstraße biegen wir scharf rechts ab, Richtung Schiffanlegestelle. Unten am Querpfad wenden wir uns nach links, Richtung Linkenmühle (Markierung: roter Punkt). Vorerst orientieren wir uns an dieser Markierung des Hohenwarte-Stausee-Wegs. Der Pfad verläuft oberhalb alter

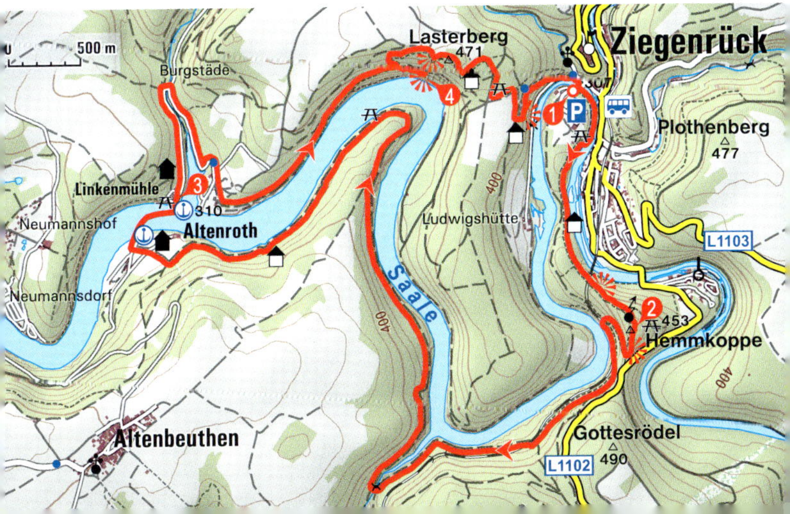

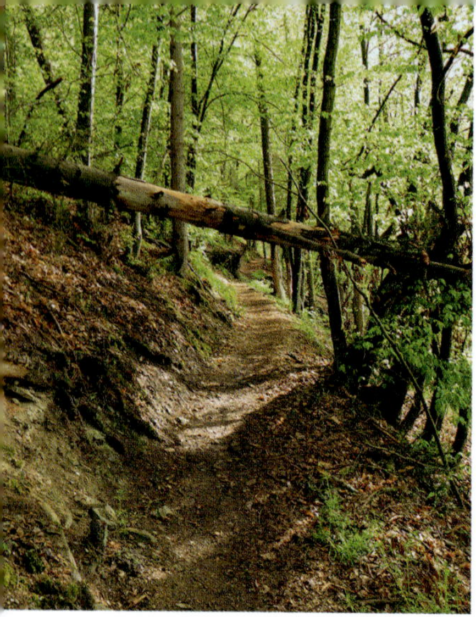

Auf dem Hohenwarte-Stausee-Weg.

Bahngleise entlang zu einem Bahnübergang, an dem wir die Gleise überqueren. Dahinter folgen wir dem Wegverlauf, nehmen die Brücke über den Otterbach und dahinter den Hohenwarte-Stausee-Weg weiter nach rechts. Über die Kreuzung halten wir uns geradeaus. Schließlich stoßen wir nach strammem Anstieg auf einen Querweg, auf den wir rechts hinunter abbiegen, Richtung Autofähre. Unten schwenkt der Weg nach links, wir folgen ihm um die Kurve und ignorieren dabei die beiden Abzweige zur Rechten. Erst an der gleich folgenden Gabelung halten wir uns rechts (roter Punkt), kommen an einer überdachten Picknickbank vorbei, die unten am Seeufer steht, und bald auch an einer Schutzhütte. Wir verlassen den Wald und beim Abzweig rechts hinab auch den Hohenwarte-Stausee-Weg (Wegweiser »Altenroth«; Markierung: »EB«). Auf dem Weg talwärts lädt rechts das Vorwerk Altenroth zur Einkehr ein, bevor wir eine schmale Asphaltstraße erreichen. Ihr folgen wir rechts zur Mühlenfähre hinab und lassen uns übersetzen.

Am anderen Ufer bringt uns der Weg zu einer Straße hinauf. Zur Linken können wir in der **Linkenmühle** ❸ einkehren, aber unsere Tour führt rechts auf dem Pfad an der Straße entlang weiter. Nach ca. 600 m zweigt rechts – kurz vor einem nicht asphaltierten Fahrweg – ein Pfad ab. Falls es der Wasserstand zulässt, können wir hier bereits durch eine Furt den Bach queren (roter Punkt) und am anderen Ufer rechts in die Asphaltstraße einschwenken. Wenn nicht, gehen wir geradeaus weiter und nutzen die Brücke (ohne Markierung), hinter der wir Richtung Campingplatz Linkenmühle rechts abbiegen. Die Straße verläuft am Ende halb rechts zur Schranke des Cam-

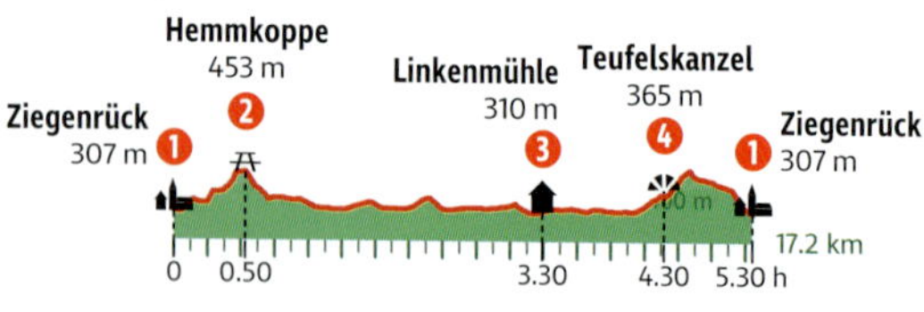

pingplatzes, aber wir wählen den Schotterweg geradeaus, gehen am Zaun entlang und lassen uns bis zum Ende der Wanderung vom roten Punkt leiten. Wo die Ferienanlage endet, folgen wir dem Weg am Ufer. Wir ignorieren den ersten Abzweig bergauf und erst dort, wo geradeaus eine Bank in Sicht ist, wechseln wir auf den Pfad links hinauf, Richtung Rühl-Hütte. Wir erreichen den Wegweiser »Teufelskanzel« und machen geradeaus einen kurzen Abstecher an der Bank vorbei: Der mit Stahlseilen gesicherte Pfad führt zur **Teufelskanzel** 4, markanten Felsformationen mit Blick auf eine Schleife der Saale.

Auf gleichem Weg kehren wir zum Hauptpfad zurück, um weiter bergan zu steigen (Schild: Fernsicht 0,5 km). Oben nehmen wir den Pfad rechts zum Aussichtspunkt mit Bank und Geländer, genießen den Blick und folgen dem Pfad weiter aufwärts zur Karl-Rühl-Hütte, die ebenfalls schöne Aussicht bietet. Nun führt uns der Pfad bergab und endet an einem Querweg am Hang, in den wir links einschwenken. Wir kreuzen mehrere Rückeschneisen, bevor wir an eine Wegkreuzung gelangen. Hier biegen wir rechts hinunter ab (roter Punkt) und ebenso am nächsten Querweg (Schild: Ziegenrück 1,3 km). Bei der überdachten Picknickbank halten wir uns links am Waldrand entlang, und an der Gabelung rechts, Richtung Reißertsruh. Beim Wegweiser mit Picknickbank gehen wir links, passieren die Schutzhütte Reißertsruh und folgen dem Pfad abwärts, an der Marienquelle vorbei. Unten führt uns der Asphaltweg rechts zurück zur Brücke am Ausgangspunkt in **Ziegenrück** 1.

Blick auf die Saaleschleife – vom Aussichtspunkt oberhalb der Teufelskanzel aus.

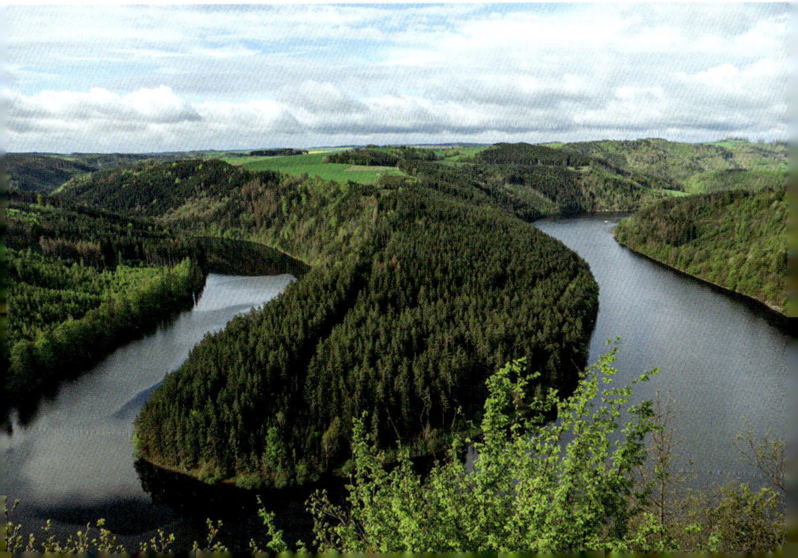

↗ 90 m | ↘ 90 m | 8.4 km

44 Plothener Teiche

2.00 h

Leichte Wanderung durch eine idyllische Seenlandschaft

Birken und alte Eichen spiegeln sich im Wasser der von Mönchen vor 900 Jahren angelegten Teiche, die heute Teil eines über 1000 ha großen Naturschutzgebiets sind. Unsere Tour führt mal durch Wald, mal am Ufer entlang und über Dämme mitten durch die Seen, auf denen Schwäne, Enten und Gänse schwimmen. Auch Zwerg- und Haubentaucher sowie zahlreiche Singvögel lassen sich im Schilfgürtel blicken.

Ausgangspunkt: Wanderparkplatz am Speicher Plothen, 476 m (Navi: N50.64601, E11.76477). Auf der Hauptstraße in Plothen bei der Gaststätte »Zum Plothenteich« rechts abbiegen (Schild: Dreba 3 km). Nach 740 m liegt der Parkplatz rechts.
ÖPNV: Bushaltestelle Plothen, KomBus Linie 821 (Schleiz – Plothen, Mo–Fr ca. 7x tgl.). Wir folgen der Hauptstraße (Schild: Festhalle), biegen vor der Gaststätte »Zum Plothenteich« rechts ab (Schild: Dreba 3 km) und erreichen den Ausgangspunkt (rechte Straßenseite).
Anforderungen: Fast ausschließlich befestigte Wald- und Feldwege.
Einkehr: Unterwegs keine; »Zum Plothenteich« in Plothen (Mo/Fr Ruhetag, zum-plothenteich.de, Tel. +49 36648 22243).
Tipp: In der Informationsstelle »Am Hausteich« kann man mehr über die Geschichte der Teiche und das Naturschutzgebiet erfahren (land-der-tausend-teiche.de/Service/Infostelle).

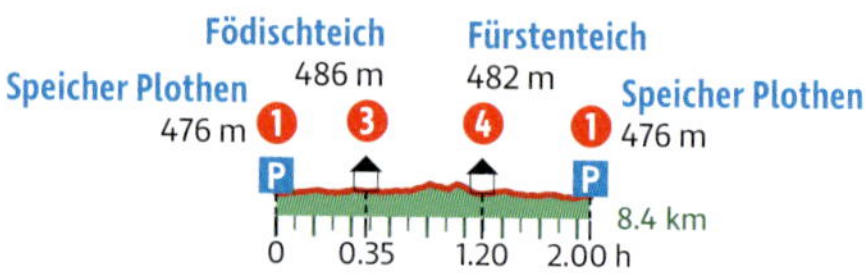

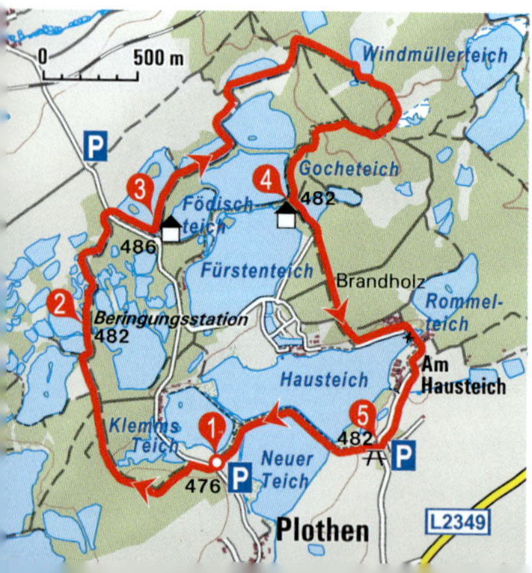

Vom Parkplatz am **Speicher Plothen** ❶ kehren wir zur Straße zurück und wählen den Wiesenweg nach rechts, der Richtung Knau parallel zur Straße verläuft. Nach ca. 100 m biegen wir noch vor dem Teich links ab, überqueren die Straße und nehmen den unscheinbaren Wiesenweg, der in den Wald führt. Im Wald wenden wir uns nach ca. 200 m nach rechts. Wir ignorieren alle Abzweige und schließlich mündet der Weg in einen breiten Schotterweg, auf dem wir weiter

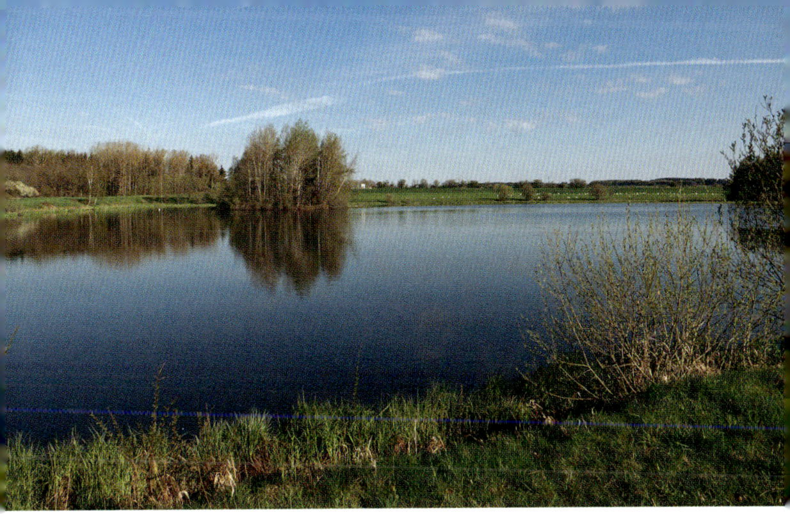

Wie alle Plothener Teiche wird auch der Große Rußteich fast nur durch Regenfälle gespeist.

geradeaus gehen. An der Gabelung halten wir uns rechts, passieren kurz darauf die **Beringungsstation** ❷ des Naturschutzbundes NABU und folgen dem Wegverlauf bis zur Gabelung vor einem See. Hier halten wir uns rechts und kreuzen bald eine Asphaltstraße, um uns dahinter nach rechts zu wenden. Auf der von der Fahrbahn abgewandten Seite der Hecke gehen wir parallel zur Straße. Am Ende des Teichs zur Linken wird der Wiesenpfad zum Schotterweg und führt uns nach links an der Schutzhütte am **Födischteich** ❸ vorbei. Wir orientieren uns vorerst an der Markierung gelber diagonaler Balken, ignorieren Abzweige, kommen am Teich »Kleine Hasenhohe« entlang und biegen beim »Große Hasenhöhe«-Teich links ab. Über eine Wiese schlängelt sich der Weg zum Teich »Großer Ruß«, wo wir uns nach rechts wenden (gelber diagonaler Balken), erst am See, dann am Wald entlang. Wir schwenken rechts in den Querweg ein, den 1000-Teiche-Rundweg, gehen an der sofort folgenden Gabelung links (ohne Markierung) und geradeaus bis zum Windmüller-Teich. Dort halten wir uns rechts am Ufer entlang, passieren einen kleineren Teich auf der rechten Wegseite und nehmen dahinter den Abzweig rechts in den Wald (Markierung: grüner diagonaler Balken). Auf der nächsten großen Lichtung geht es rechts am Waldrand entlang. Bei einer Info-Tafel biegen wir rechts auf den Querweg ab (grüner diagonaler Balken). Dieser Markierung folgen wir an der nächsten Kreuzung nach rechts, dann wählen wir den zweiten Abzweig links (Markierung: rotes Dreieck) und schwenken anschließend links in den Querweg ein (gleiche Markierung). Beim Schild »1000-Teiche-Rundweg« wenden wir uns nach rechts. Der Weg führt uns zum See hinab und dort links zur Schutz-

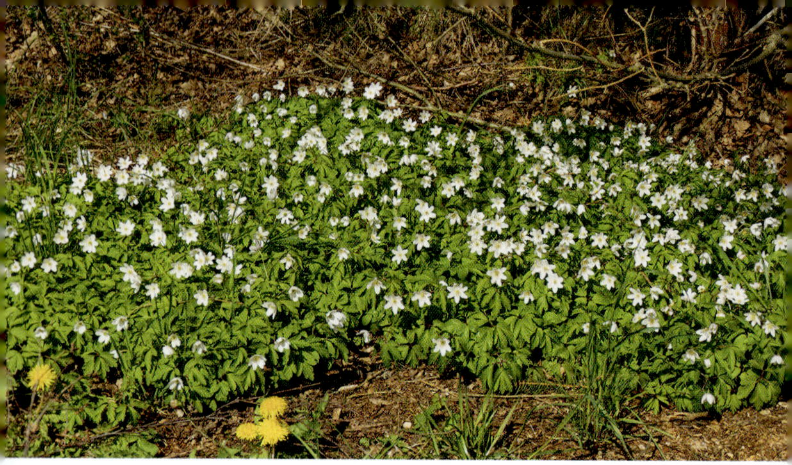

Im Frühling blühen auch hier die Buschwindröschen.

hütte am **Fürstenteich 4**. Hier biegen wir scharf links ab und lassen uns vorerst von der Beschilderung »1000-Teiche-Rundweg« bzw. dem gelben diagonalen Balken leiten. Sogleich stoßen wir auf einen weiteren Teich und halten uns an der Gabelung rechts. Wir folgen dem Wegverlauf, bis wir ans Ufer eines großen Sees gelangen, wo wir nach links gehen. Am Ende des Gewässers überqueren wir eine Brücke und halten uns hinter dem Campingplatz rechts am Zaun entlang, um oben rechts in den Schotterweg einzuschwenken. Er geht in einen Asphaltweg über und bringt uns zur Info-Stelle am **Hausteich 5**, wo wir mehr über die Plothener Teiche erfahren können. Vor der Info-Stelle biegen wir rechts auf den Schotterweg ab, auf dem wir über einen Damm ein historisches Pfahlhaus mit Ausstellung passieren. Das Gebäude aus dem 17. Jh. steht auf insgesamt 90 Lärchenpfeilern. Am Ende des Damms verlassen wir den nach rechts führenden Rundweg und gehen geradeaus zum Ausgangspunkt am **Speicher Plothen 1** zurück.

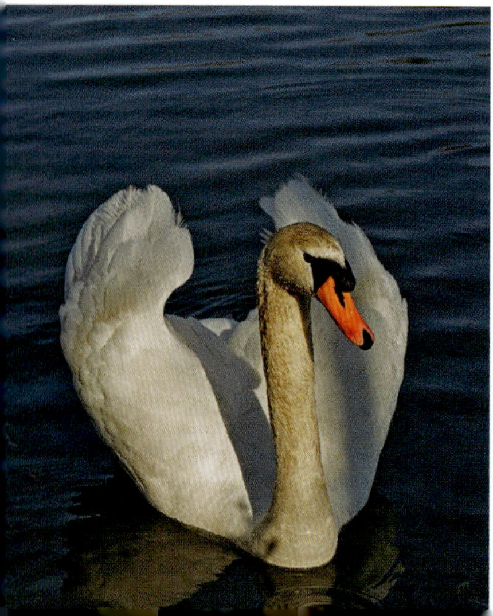

Höckerschwäne sind nur eine von zahlreichen, hier gesichteten Vogelarten.

↗ 250 m | ↘ 250 m | 7.1 km

2.15 h

TOP

45 Schloss Burgk an der Saale

Auf aussichtsreichen Pfaden hoch über den Saaleschleifen

Vom 43 m hohen Saaleturm mit weitem Panoramablick geht es zum malerisch gelegenen Schloss Burgk, der größten Burganlage des Thüringer Oberlands, und in den Sophienpark, von dem wir ins Saaletal absteigen. Anschließend wandern wir auf dem Jägersteig, einem schmalen Waldpfad am Steilhang über dem Fluss, und kehren auf dem Röhrensteig mit schönem Blick auf das Schloss oberhalb der Talsperre Burgkhammer zurück.

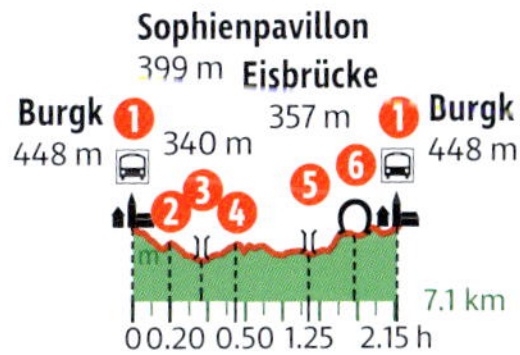

Ausgangspunkt: Bushaltestelle am Saaleturm am Ortsrand von Burgk, 448 m (Navi: N50.5568, E11.72127). Kostenpflichtiges Parken auf dem benachbarten Parkplatz.
ÖPNV: Bushaltestelle »Burgk Parkplatz«, KomBus Linie 611 (Schleiz – Burgk, Mo–Fr ca. 6x tgl.).
Anforderungen: Überwiegend Naturwege und -pfade, die abschnittsweise auch steinig oder ausgesetzt sind und daher Trittsicherheit erfordern.
Einkehr: Gasthof Zum Saaleblick (Mo–Do Ruhetag, zumsaaleblick.de, Tel. +49 3663 4603952); Schlossterrasse (Mo Ruhetag, schloss-burgk.de, Tel. +49 3663 402341).
Tipps: 1. Der Saaleturm ist kostenpflichtig, aber rund um die Uhr zugänglich. – 2. Auch sehr sehenswert ist Schloss Burgk mit Museum (schloss-burgk.de). – 3. Für die kleine Höhle am Röhrensteig Taschenlampe nicht vergessen!

In **Burgk** ❶ gehen wir die Straße in den Ort hinunter. Sie führt durch einen Torbogen auf den Dorfplatz vor dem Burgtor. Zur Linken locken hier bereits die Schlossterrassen zur Einkehr, aber wir halten uns geradeaus zum Haus mit dem Glockenturm und betreten durch das Tor den Burghof. Sollte das Tor geschlos-

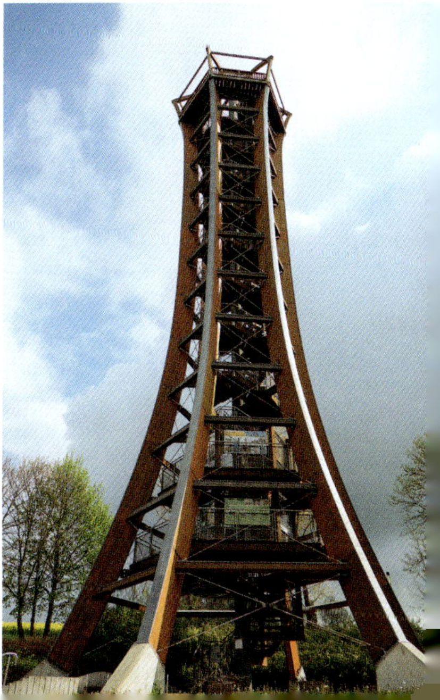

192 Stufen geht es im Saaleturm hinauf.

sen sein, biegen wir vorher bei der Info-Tafel links ab (Schild: Holzbrücke 1,2 km), halten uns hinter der Burg rechts und gelangen geradeaus in den Sophienpark. Ist das Tor geöffnet, gehen wir links am Schlossmuseum vorbei und durch die Pforte mit der Gittertür geradeaus zum Sophienpark weiter. Der Weg bringt uns im Schlosspark zum **Sophienpavillon** 2 aus der Rokoko-Zeit hinauf. Beim Pavillon wenden wir uns nach rechts, nehmen den Pfad in den Wald und halten uns sogleich an der Gabelung rechts. Auch an der Kreuzung biegen wir rechts ab. Immer talwärts gelangen wir unten an einen Querweg, in den wir nach rechts einschwenken. Am nächsten Querweg gehen wir erneut nach rechts und wandern nun in den Saaleauen. Bei der überdachten Picknickbank biegen wir links ab, nehmen die **Holzbrücke** 3 über die Saale und wenden uns dahinter nach links, Richtung Karolinenfield. Von hier haben wir schönen Blick aufs Schloss, das hoch über der Brücke thront.

Wo der Weg vor einem Bach vom Flussufer wegschwenkt, wählen wir die kleine Brücke und folgen weiter der Saale. Bald führt der Pfad bergan und verlässt schließlich das Saaletal nach rechts ins Hinterland, weshalb wir auf den Pfad links hinab wechseln und uns nun auf dem **Jägersteig** 4 befinden, einem teils schmalen, ausgesetzten Steig im bewaldeten Steilhang. Wir queren einen Bach und ignorieren bald darauf den Abzweig rechts hinauf. Der Jägersteig endet an einem Querweg, der uns links zu einer Asphaltstraße bringt, in die wir rechts einschwenken. Am Ende der Straße biegen wir links ab, um mit Blick zum Schloss hinauf über die **Eisbrücke** 5

Bei der Brücke über die Saale haben wir den schönsten Blick auf Schloss Burgk.

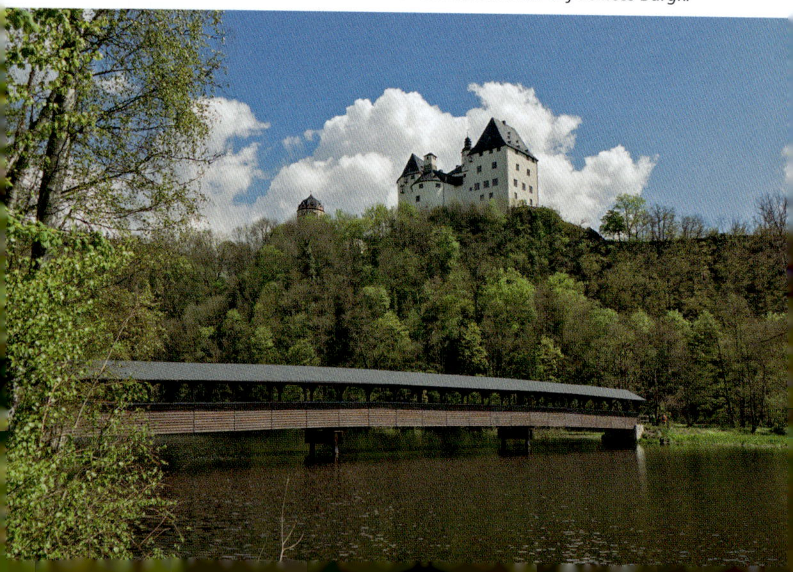

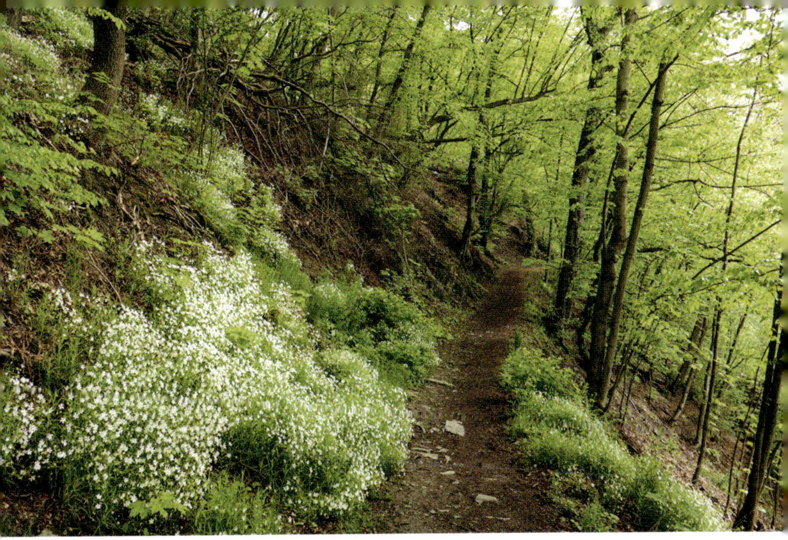

Frühlingswald am Röhrensteig.

zu gehen. Hinter der Brücke, bei der überdachten Picknickbank, können wir nach rechts einen 1,5 km langen Abstecher (einfache Strecke) zum Naturschutzgebiet Kobersfelsen machen, wo der Hängestieg entlang einer faszinierenden Felswand über der Saale den Höhepunkt bildet. Zum Zeitpunkt der Drucklegung dieses Buchs war der Weg allerdings gesperrt.

Unsere Hauptroute nimmt hinter der Brücke jedoch den ersten Abzweig links, Richtung Röhrensteig (Markierung: blaues »X«), in den Wald hinauf. An der Gabelung vor der Streuobstwiese halten wir uns rechts. Oben im Wald wenden wir uns am Querpfad nach rechts. Er mündet in einen breiteren Weg, dem wir links zu einem Abhang mit Holzgeländer folgen. Hier wählen wir den Pfad rechts, am Hang entlang. Nach ca. 150 m entdecken wir in den Felsen zur Rechten die Höhle am **Röhrensteig** 6. Der Eingang ist niedrig, aber im Inneren können Erwachsene fast aufrecht stehen und den etwa 10 m langen Stollen erkunden. Wir kommen am Aussichtspunkt über der Saaleschleife vorbei und kurz darauf an einer Picknickbank mit Fernblick. Der schöne Pfad endet am Ortsrand von Burgk, wo wir scharf rechts abbiegen, um den Asphaltweg – mit der Einkehr »Zum Saaleblick« zur Linken – hinaufzugehen. Er führt uns zum Ausgangspunkt in **Burgk** 1 zurück.

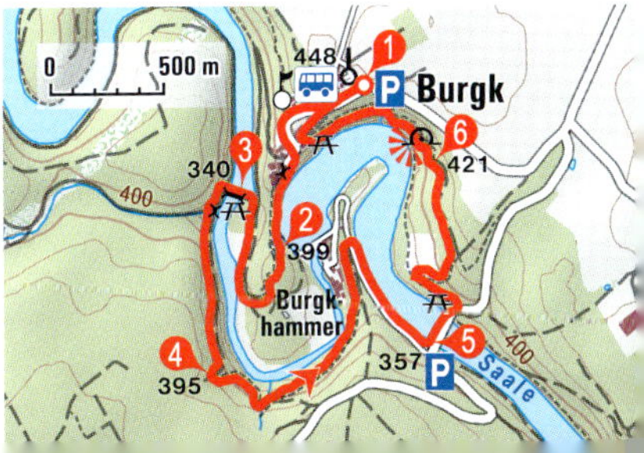

↗ 600 m | ↘ 600 m | 15.2 km

46 Burg Lauenstein und Thüringer Warte

5.15 h

Fantastische Fernsicht, schmale Steige und eine romantische Burg

Auf einsamen Pfaden erkunden wir zunächst mit Moos, Farn und Birken bewachsene Schieferhalden und entdecken im Loquitztal das Revier des Bibers, bevor wir zu Bayerns nördlichster Burg hinaufsteigen, die auch zu den schönsten gehört. Anschließend genießen wir vom Aussichtsturm auf dem Ratzenberg den Panoramablick über das Schiefergebirge mit dem Hohenwarte-Stausee.

Ausgangspunkt: Bahnhof in Probstzella, 349 m (Navi: Bahnhofstr. 1, 07330 Probstzella). Parken vor dem Bahnhof.
ÖPNV: Bahnhof Probstzella (Nürnberg stdl., Saalfeld und Leipzig zweistdl.). Zudem Bushaltestelle »Probstzella Bahnhof«, KomBus Linie 407 (Neuhaus – Probstzella, Mo–Sa 2x tgl.), Linie 547 (Gräfenthal – Probstzella – Saalfeld, Mo–Fr ca. 14x tgl.), Linie 555 (Lehesten – Probstzella, Mo–Fr ca. 4x tgl.).
Anforderungen: Befestigte Wege und viele Pfade, teils sehr steil und etwas ausgesetzt. Einige unmarkierte Pfade erfordern Orientierungssinn. Mehrere stramme An- und Abstiege, daher Kondition vonnöten.
Einkehr: Café in der Fischbachsmühle (lauensteiner.de, Tel. +49 9263 9450); mehrere Lokale in Lauenstein.
Tipps: 1. In der Confiserie Burg Lauenstein kann man Chocolatiers über die Schulter sehen und handgemachte Pralinen erwerben (lauensteiner.de). – 2. Auch von innen sehenswert ist die im Stil der Wartburg restaurierte Burg Lauenstein (schloesser.bayern.de/deutsch/schloss/objekte/lauenst.htm). – 3. Direkt am Ausgangspunkt informiert im Bahnhofsgebäude das DDR-Grenzbahnhof-Museum (grenzbahnhofmuseum.de).

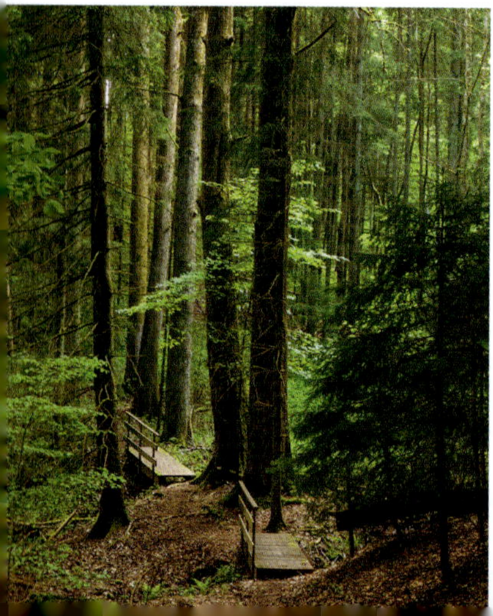

Mit dem Bahnhof von **Probstzella** ❶ im Rücken gehen wir an der Straße nach links, am Bauhaus-Hotel »Haus des Volkes« vorbei und dahinter rechts die Obere Gasse hinauf. Sie führt uns an der Kirche vorbei und wir biegen rechts in die Franz-Itting-Straße ab (Markierung: »L« für Lutherweg). Es geht bergauf, bis wir rechts in die Straße »Großgeschwendaer Berg« einschwenken können (Markierung: Bergmannssymbol Hammer und Schlegel). Wir folgen ihr geradeaus – erst auf Asphalt, dann auf Schotter – aus dem

Baumriesen am Pfad zur Burg.

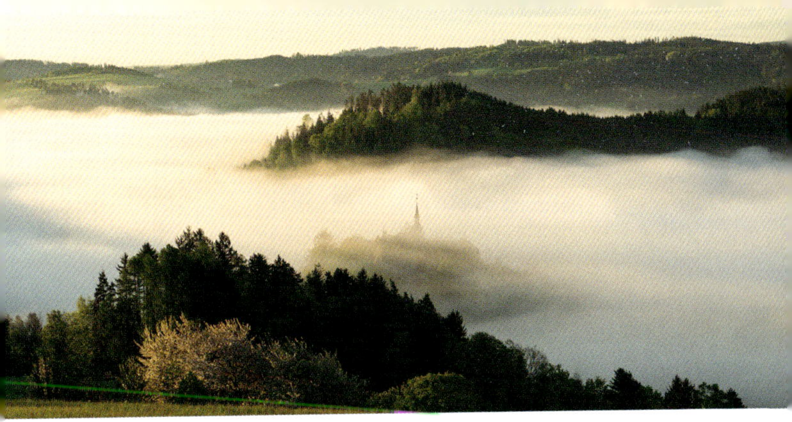

Burg Lauenstein im Morgennebel.

Ort hinaus. Es geht parallel zum Hang, bis wir die Schieferhalde **»Friedrichshoffnung«** ❷ passiert haben. Erst dann nehmen wir ca. 75 m weiter den steilen Pfad links hinauf (ohne Markierung). Er kreuzt einen Querweg, wir steigen weiter bergan und biegen beim nächsten Querweg rechts ab. Nun kommen wir – mal oberhalb, mal unterhalb – an weiteren Schieferhalden vorbei und wahren angemessenen Sicherheitsabstand zu den Kanten, da Abrutschgefahr besteht. Der Weg verjüngt sich zum Pfad und an der Gabelung halten wir uns links hinauf. Schließlich erreicht der Pfad einen geschotterten Querweg, in den wir nach rechts einschwenken und die Schieferhalden verlassen. Nach ca. 500 m nehmen wir den Abzweig links hinunter, der uns durch den Wald zu einem Asphaltweg bringt, auf dem wir links hinuntergehen (Markierung: »L« und Bergmannssymbol). Hinter einer Linkskurve lockt auf der linken Wegseite ein Fischteich in Privatbesitz, wo wir mit Blick auf das Wasser rasten dürfen, bevor wir unseren Weg zur Kreuzung fortsetzen und den Schotterweg rechts hinab wählen, Richtung Falkenstein. Am Bach entlang, stoßen wir schließlich auf eine schmale Asphaltstraße, der wir nach rechts folgen. Sie führt uns links an der einstigen Hammermühle **Falkenstein** ❸ vorbei und dann links am Flüsschen Loquitz entlang, wo wir hinter dem Wehr eine Biberburg und vom Biber gefäll-

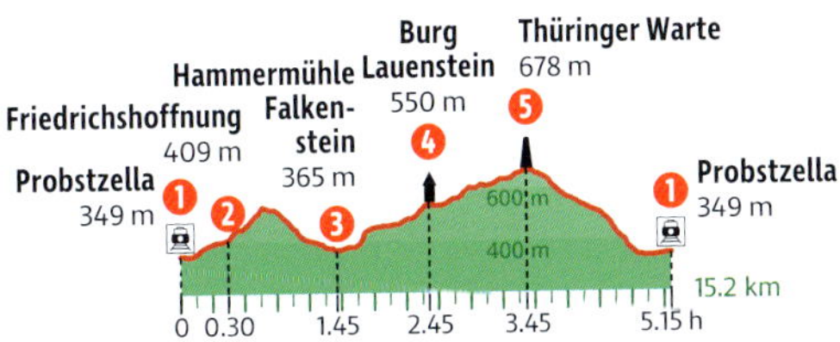

te Bäume entdecken. Bei der großen Brücke können wir geradeaus einen Abstecher zur Confiserie mit dem Café Fischbachsmühle machen, bevor wir über die Brücke gehen. Direkt dahinter überqueren wir vorsichtig die Landstraße, um den Pfad links hinauf zu nehmen (Markierung: Fischmühlen-Weg). Steil bergauf gelangen wir an eine Gabelung, an der wir uns links halten (nicht Richtung Probstzella!). Auf dem markierten Steig passieren wir eine Schutzhütte und kreuzen einen Querweg. Dann führt der Pfad über zwei Stege bei ein paar Baumriesen und schließlich gehen wir an der Gabelung weiter bergan geradeaus. Oben an der Straße wenden wir uns nach links zur **Burg Lauenstein** 4 hinauf. Die Burganlage, die im Mittelalter Stammsitz der Grafen von Orlamünde war, lädt zur Besichtigung ein, bevor wir sie durch den gegenüberliegenden Ausgang verlassen und in den Ort hinabgehen, wo wir auch einkehren können.
Unten setzen wir unsere Tour halb rechts auf der Dr.-Erhard-Messmer-Straße fort, Richtung Thüringer Warte, um dann rechts in die Probstzellaer Straße hinauf abzubiegen. Wir folgen der Vorfahrtsstraße bis zur Bushaltestelle »Springelhof« auf der rechten Straßenseite. Hier schwenkt die Straße nach links und wir wählen den Asphaltweg geradeaus, Richtung Probstzella, und gehen an einem Teich vorbei, bevor wir den Pfad links hinauf nehmen, den Wetzsteinmacher-Weg. An der unscheinbaren Gabelung halten wir uns links in den Wald. Jenseits des Waldstücks geht es durch Wiesen, bevor uns der Pfad rechts hinauf und erneut in den Wald führt, wo wir links in den Querweg einschwenken (Bergmannssymbol). Bei einer Picknickbank biegen wir rechts auf den Asphaltweg ab (Schild: Thüringer Warte 700 m).

Wie die Wartburg wurde auch Burg Lauenstein im Stil der Romantik restauriert.

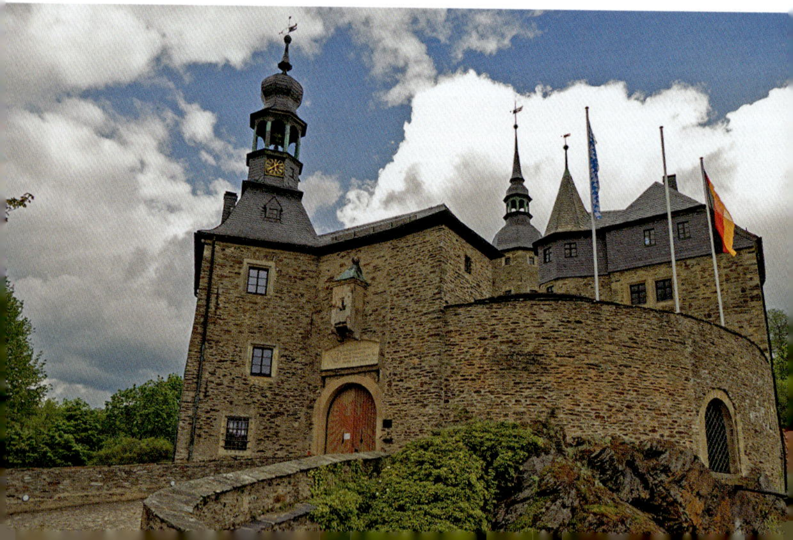

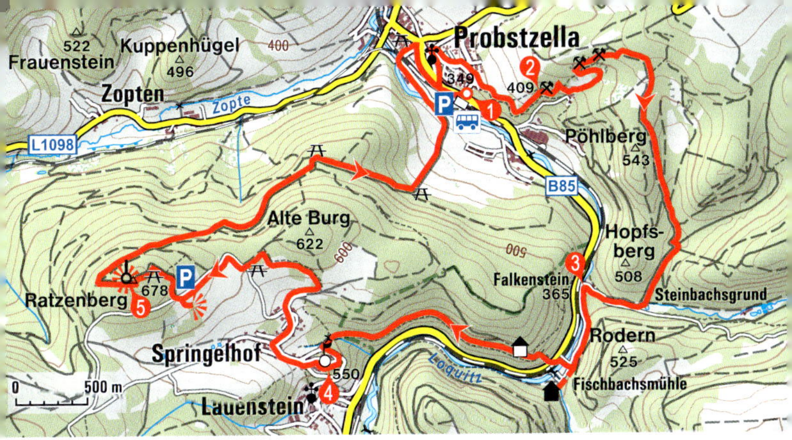

Er bringt uns zum Parkplatz der Thüringer Warte hinauf, vor dem wir noch einen Abstecher nach links zum bereits sichtbaren Aussichtspunkt mit Bänken und Liegen machen, um den besten Blick auf Burg Lauenstein zu genießen. Zurück beim Parkplatz nehmen wir den Asphaltweg in den Wald hinauf und erreichen den Aussichtsturm, der mit einer Picknickbank und fantastischer Fernsicht aufwartet. Die **Thüringer Warte 5**, 678 m, wurde 1963 vom damaligen Bundesminister für gesamtdeutsche Fragen eröffnet, da man von hier aus über die innerdeutsche Grenze blicken konnte.
Hinter dem Turm wählen wir den Weg geradeaus, ignorieren Abzweige nach rechts und nehmen erst den befestigten Querweg nach rechts, den Schieferpfad. Den nächsten geschotterten Querweg kreuzen wir, gehen weiter geradeaus (ohne Markierung), wählen den Weg talwärts und halten uns an der sogleich folgenden Gabelung halb links hinab. Nun befinden wir uns auf dem einstigen Grenzstreifen, dem Grünen Band. Den Abzweig nach rechts lassen wir aus, wenden uns an der nächsten Gabelung links hinunter und an der Kreuzung nach rechts. Nun folgen wir dem Wegverlauf, bis er an einem Querweg endet, auf dem wir links hinuntergehen und eine überdachte Picknickbank erreichen. Vor der Bank biegen wir rechts ab (Bergmannssymbol) und schwenken mit dem Weg rechts in den Kolonnenweg ein, den früheren Grenzpatrouillenweg, der sich immer steiler talwärts neigt. An der Gabelung halten wir uns halb links (Bergmannssymbol) und am nächsten Querweg links hinunter (Markierung: grüner Balken). Am Waldrand kommen wir an einer überdachten Picknickbank vorbei und wandern mit Blick auf Probstzella auf die Wiesen hinaus. Der Kolonnenweg mündet am Ortsrand in eine Straße, der wir zunächst über eine Brücke folgen, dann geradeaus und schließlich rechts durch die Bahnunterführung, bis sie an einer Querstraße endet. Hier biegen wir rechts in die Bahnhofstraße ab, die uns zum **Ausgangspunkt 1** zurückführt.

TOP

47

↗ 270 m | ↘ 270 m | 13.3 km

Schieferpark Lehesten und Altvaterturm

3.45 h

Historische Grenzsteine, lichte Birkenwälder und tiefe Seen

In aufgelassenen Schiefersteinbrüchen erwarten uns von Birken und dunklem Gestein umgebene Seen und ein spannendes Freilichtmuseum. Mit etwas Glück hören wir hier den Uhu rufen, der in der Felswand brütet. Am Schönwappenweg entdecken wir kunstvoll behauene Grenzsteine aus vergangenen Jahrhunderten, und hoch auf dem Wetzstein erhebt sich der markante Altvaterturm.

Ausgangspunkt: Parkplatz »Am Bahnhof« in Lehesten, 643 m (Navi: Am Bahnhof 10, 07349 Lehesten).
ÖPNV: Bushaltestelle »Lehesten Wartehalle«, KomBus Linie 555 (Probstzella – Lehesten, Mo–Fr ca. 4x tgl.), Linie 610 (Bad Lobenstein – Lehesten, Mo–Fr ca. 10x tgl., Sa/So 3x tgl.). Von der Haltestelle gehen wir die Hauptstraße (Obere Marktstraße) hinunter, biegen links in die Bahnhofstraße ab und folgen an ihrem oberen Ende der Vorfahrtsstraße nach rechts zum Ausgangspunkt am ehemaligen Bahnhof.
Anforderungen: Überwiegend leicht begehbare Wald- und Wirtschaftswege, streckenweise jedoch auch Wurzelpfade, die etwas Aufmerksamkeit erfordern.
Einkehr: Altvaterturm (Sa/So und feiertags geöffnet, gaststätte-altvaterturm.de, Tel. +49 176 41080096 oder +49 36653 264380); mehrere Lokale in Lehesten.
Tipps: 1. Im Schieferpark Lehesten werden Führungen zum historischen Schieferbergbau angeboten (schiefer-denkmal-lehesten.de), aber auch so lohnen Technisches Denkmal samt Naturschutzgebiet eine ausgiebigere Erkundung.
– 2. Aussichtsplattform und kleine Ausstellung des Altvaterturms sind nur zu den Öffnungszeiten der Gaststätte (gegen Eintritt) zugänglich.

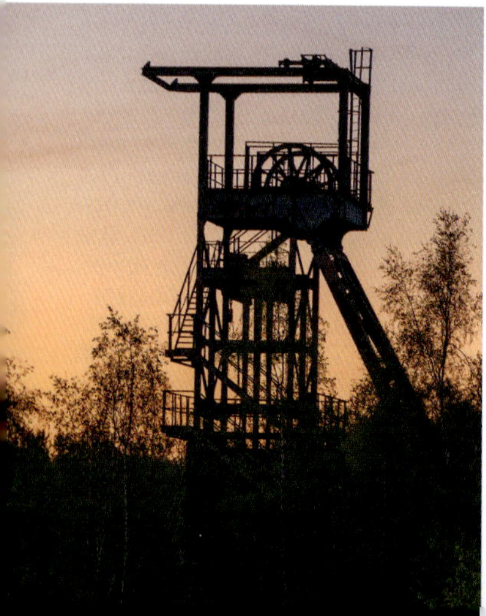

Vom Wegweiser beim Parkplatz in **Lehesten** ❶ folgen wir der Beschilderung zum Rennsteig die Straße entlang. Am Ende des Parkplatzes wenden wir uns links hinauf und direkt vor dem Firmengelände nach rechts, Richtung Schieferpark (Markierung: rotes Dreieck). Nach ca. 400 m können wir auf dem etwas anspruchsvolleren Pfad links hinauf einen Abstecher von ca. 200 m einfacher Strecke zu zwei kleinen Seen tief unten in alten Schiefersteinbrüchen machen, bevor wir auf

Der Förderturm, ein Relikt des Schieferbergbaus.

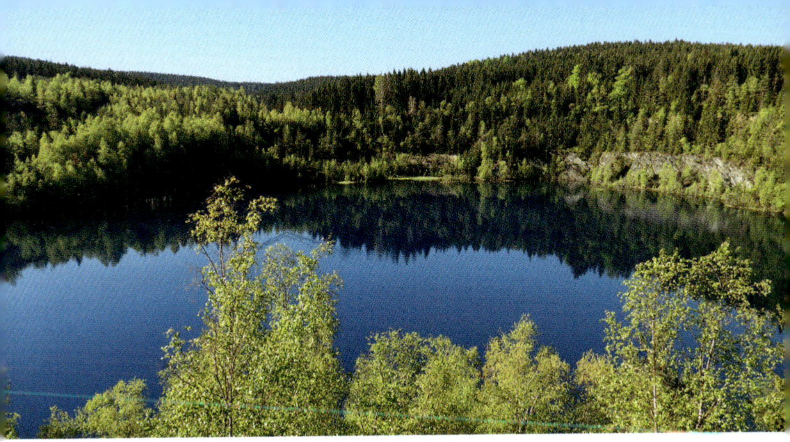

Unwirklich blauer Teil eines Naturschutzgebiets: der See in der gefluteten Tagebaugrube.

dem Hauptweg weitergehen. An der Gabelung wählen wir links den Weg zum Rennsteig, passieren ein Tor, nehmen an der nächsten Gabelung den rechten Weg und erreichen durch ein zweites Tor die Gebäude des früheren Schieferbergbaus **Staatsbruch** ❷. Als Technisches Denkmal zeugt er vom einst größten Schiefertagebau des Kontinents, während die Natur Teile des Geländes zurückerobert.
Wir gehen geradeaus auf den viereckigen Turm zu, halten uns vor diesem Gebäude halb links und betreten das Betonpodest links neben dem Turm. Es dient als Aussichtsplattform über die einstige Tagebaugrube, die heute einen 45 m tiefen See beherbergt. Dann kehren wir ca. 50 m auf selbem Weg zurück, gehen ein Stück nach rechts (Richtung Förderturm) und biegen noch vor dem Gebäude bei der Stele »Naturpark + Geopark« rechts ab. Der Weg verläuft am Rand des Tagebaus entlang, von dessen Kante wir angemessenen Abstand halten, und bietet kleine Abstecher zu Blicken über den See. Wir nehmen den ersten abzweigenden Weg nach rechts (Markierung: grünes Bergmannssymbol Hammer und Schlegel), der uns weiter um den See herumführt, an Steinmännchen und einem »Feenbaum« vorbei. Links rauscht unten die Loquitz, aber wir ignorieren Abzweige, bis wir auf einen Querweg stoßen, in den wir links einschwenken. Am tiefsten Punkt biegen wir rechts ab zum Wasser hinunter und steigen – sofern es der Wasserstand gestattet – gegenüber die Stufen hinauf. Sollte das nicht möglich sein, folgen wir dem Hauptweg weiter, der uns ebenfalls zum **Museumsareal** ❸ hinaufführt. Hier laden uns auch schöne Aussichtspunkte und Picknickbänke zum Verweilen ein. Am Wegweiser beim Miniaturdorf gehen wir Richtung Rennsteig und hinter der Schranke wählen wir den Pfad nach links (ohne Markierung). Am befestigten Querweg halten wir uns links, parallel zur Straße, und geradeaus über den kreuzenden Forstweg (Schild: zum

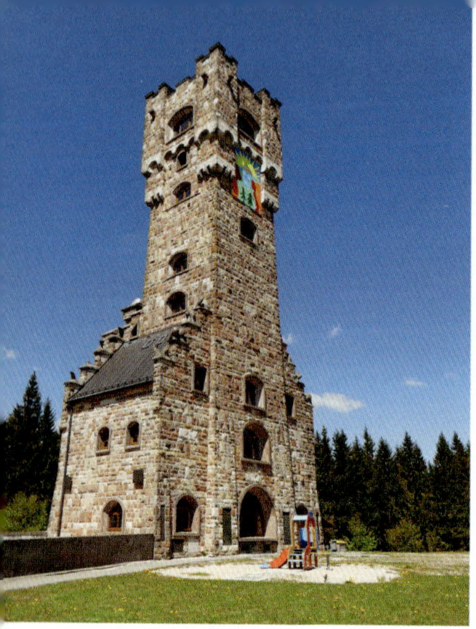

Das Vorbild für den Altvaterturm stand einst in Ostsudeten.

Rennsteig). Dahinter verlässt unser Weg die Straße in den Wald hinein (Schild: Lutherweg). Wir passieren den Abzweig zu einer Picknickbank und folgen dem Wegverlauf, bis wir den mit Lochbetonplatten befestigten Kolonnenweg, den einstigen Grenzweg, erreichen. Nun wenden wir uns nach links, Richtung Rennsteig, und bei erster Gelegenheit nach rechts auf den Luther- bzw. Kurfürstenstein-Weg. Am Ende des Lutherwegs entdecken wir einen ersten Grenzstein von 1727. Hier beginnt der **Schönwappenweg** 4 an der Grenze zwischen Thüringen und Bayern, denn versteckt am Wegrand finden wir weitere aufwendig mit Wappen geschmückte Steine.
Unsere Tour führt nach links, Richtung Altvaterturm, und der Pfad mündet bei einer Bank in einen Querweg, dem wir geradeaus folgen (Schild: Brennersgrün). Hinter dem Kleinen Bischofsstein wählen wir den Abzweig nach links (Markierung: »R 32«), kommen am Großen Bischofsstein vorbei und gehen an der Kreuzung geradeaus auf dem Rennsteig weiter, Richtung Kurfürstenstein-Schutzhütte. An der Gabelung beim Kurfürstenstein halten wir uns links und erreichen die **Kurfürstenstein-Hütte** 5. Hier kreuzen wir den Kolonnenweg und bleiben geradeaus auf dem Rennsteig (weißes »R«). Wo der Rennsteig rechts abzweigt, setzen wir unseren Weg ebenso geradeaus fort (ohne Markierung) wie an der folgenden Kreuzung (Schild: Wetzstein 1,7 km). Nach ca. 700 m verlassen wir den Schotterweg rechts hinauf, Richtung Wetzstein. Der Abzweig endet oben an einem Querweg, in den wir rechts abbiegen (ohne Markierung). Hinter zwei Linkskurven schwenken wir links in den Querweg ein und erreichen die Kuppe des Wetzsteins (792 m). Hier stand der 1902 errichtete Bismarckturm, bis er 1979 gesprengt wurde. Heute sind Betonreste eines Militärobjekts zu sehen, denn zu DDR-Zeiten war hier eine Kompanie zur Luftraumüberwachung stationiert.
Wir gehen weiter, nun bergab, halten uns links an den großen Stahltoren eines Bunkers vorbei und folgen dem Wegverlauf zur Wetzsteinhütte, wo überdachte Picknickbänke zur Rast einladen. Zur Rechten können wir einen Abstecher zu weiteren unterirdischen Bunkeranlagen machen, aber unsere Tour führt geradeaus, an der Straße entlang zum **Altvaterturm** 6. Zu seinen Füßen erwarten uns weitere überdachte Picknickbänke und auf

der Aussichtsplattform herrlicher Fernblick.

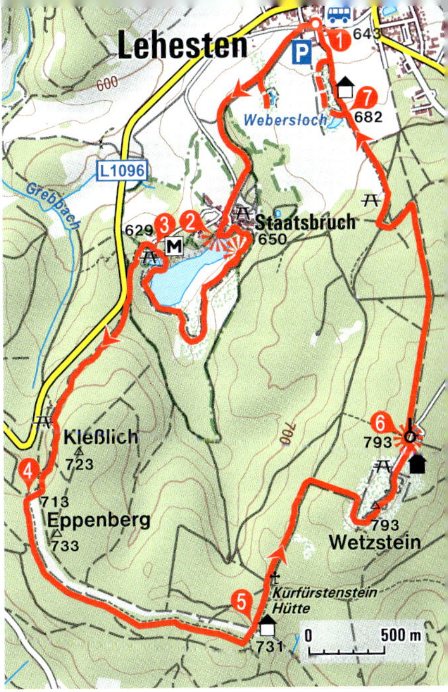

Wir überqueren die kleine Holzbrücke auf der linken Straßenseite, biegen direkt dahinter Richtung Lehesten rechts ab und nehmen bei der Info-Tafel zum Wintersport den Waldweg halb links. Bald darauf kreuzen wir einen geschotterten Querweg (Schild: Lehesten) und gelangen nach ca. 700 m an einen weiteren, auf dem wir ca. 200 m nach links gehen. Dann wenden wir uns nach rechts Richtung Schieferpark und stoßen sogleich auf einen befestigten Forstweg, in den wir rechts einschwenken (Schild: Lehesten). Nach ca. 200 m biegen wir bei der Picknickbank links auf den Wiesenpfad ab, der uns zwischen Wald und Weide nach Lehesten hinabführt. Der Pfad mündet in einen Schotterweg, dem wir geradeaus folgen. Wir kommen an schöner Aussicht auf einen Schiefertagebausee vorbei, das **Webersloch** 7. An der Gabelung machen wir links am See entlang einen Abstecher zum Wasser hinunter. Wer sich einen steilen, steinigen Abstieg von einer Schieferhalde zutraut (Schwierigkeitsgrad »rot« statt »blau«), geht hier noch weiter und steil nach rechts hinauf, oben auf dem Querweg rechts, dann am ersten Abzweig links (nicht scharf links hinab) und durch den skandinavisch anmutenden Birkenwald auf der Schieferhalde entlang, bis der Pfad steil hinunterführt und wir unten in den Hauptweg nach links einschwenken. Alle anderen machen nur den Abstecher zum See, bevor wir an der Gabelung den rechten Weg talwärts nehmen, weiter am Feld entlang. Wir passieren die große Schutzhütte »Luthers Blick«, die mit Picknickbank und Aussicht lockt, und folgen dem Weg weiter abwärts. Von links stößt die Variante über die Schieferhalde zu uns und wir gelangen unten im Ort an eine Asphaltstraße, die uns geradeaus nach **Lehesten** 1 zurückbringt.

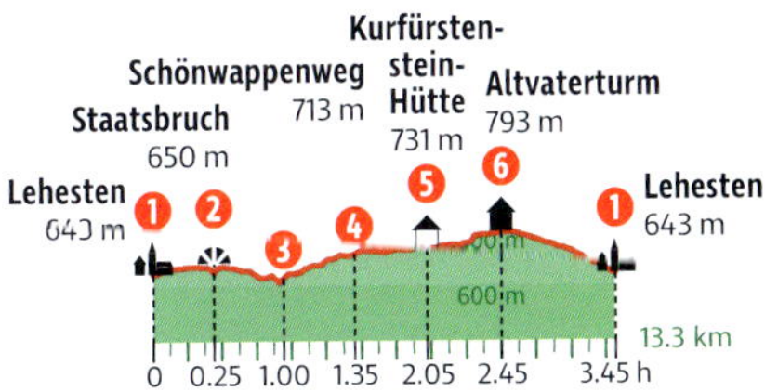

↗ 180 m | ↘ 180 m | 9.3 km

48 Vom Schlosspark Ebersdorf auf den Heinrichstein

2.45 h

Beeindruckende Bäume, ein »Urwaldpfad« und herrlicher Saaleblick

Hier machen wir einen Ausflug in die Romantik: Der im englischen Stil angelegte Landschaftspark wartet mit Wiesen, einem gewundenen Bachlauf, stillen Teichen, hohen Bäumen und mehreren Pavillons auf, und schon im 19. Jahrhundert blickte der Dichter Julius Sturm vom Heinrichstein über die Saaleschleife. Dorthin führt ein verwunschen wirkender Pfad durch naturbelassenen Wald. Und Kunstfreunde können im Park Skulpturen von Ernst Barlach entdecken.

Ausgangspunkt: Bushaltestelle »Ebersdorf Wartehalle« vor dem ehemaligen Schloss, 498 m (Navi: Lobensteiner Str. 3, 07929 Saalburg-Ebersdorf). Parken auf dem großen Parkplatz gegenüber dem Hotel Krone in ca. 50 m Entfernung.
ÖPNV: KomBus Linie 610 (Bad Lobenstein – Ebersdorf – Schleiz, Mo–Fr ca. 9x tgl., Sa/So 4x tgl.), Linie 620 (Bad Lobenstein – Ebersdorf – Ziegenrück, Mo–Fr ca. 12x tgl., Sa/So 2x tgl.).
Anforderungen: Überwiegend leicht begehbare Park- und Wirtschaftswege. Der Pfad zum Heinrichstein ist jedoch steinig und kann das Übersteigen von Baumstämmen erfordern.
Einkehr: Unterwegs keine; nahe dem Ausgangspunkt: Hotel und Gasthof Zur Krone (zurkrone-ebersdorf.de, Tel. +49 36651 87041).
Tipp: Der Park ist frei zugänglich. Am ersten Sonntag im Monat gibt es Führungen (Tourist-Info Saalburg-Ebersdorf, Tel. +49 36647 29080).

Malerisch schlängelt sich die Friesau durch den Schlosspark.

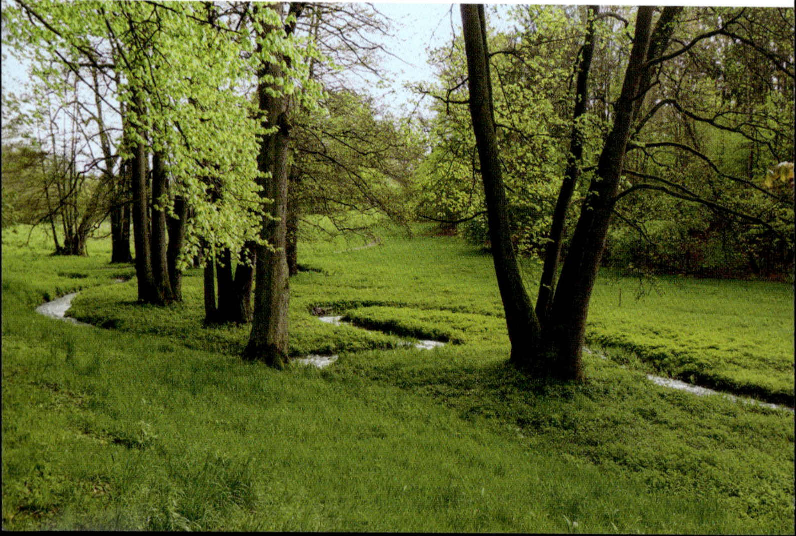

Von der Bushaltestelle in **Ebersdorf** ❶ gehen wir, mit dem einstigen Schloss im Rücken nach links und biegen sogleich links in die Spielstraße ab. Hinter dem Schloss wenden wir uns erneut nach links, halten uns geradeaus am Teich vorbei und dahinter rechts. Der Weg führt immer geradeaus, parallel zum Bach. Bald mäandert die Friesau durch die Wiese und wir passieren einen Pavillon, nehmen die Brücke über den Bach und erreichen das Teichhäuschen am **Pfotenteich** ❷, in dem große Karpfen schwimmen. Wir folgen dem Weg weiter und in großem Bogen fast gänzlich um den Teich herum, dann biegen wir an der Kreuzung rechts ab, gehen über die nächste geradeaus und an der Gabelung auf der Wiese nach rechts Richtung Barlach-Skulpturen. Nach ca. 150 m können wir rechts einen Abstecher zum von Ernst Barlach gestalteten Grabmal der Fürstenfamilie Reuß machen, bevor wir uns über die nächste Kreuzung geradeaus halten und hinter dem Teehäuschen links. Erneut folgen wir dem Wegverlauf, dann wenden wir uns an der Gabelung vor dem Holzzaun nach rechts und überqueren kurz darauf die Straße, um den Weg geradeaus zu wählen. Er endet schließlich vor einem Feld. Hier biegen wir links ab und gehen erneut geradeaus, bis wir auf eine Querstraße stoßen, in die wir rechts einschwenken. An ihrem Ende folgen wir dem Schotterweg geradeaus, an einem Teich vorüber und durch den Wald. Vor dem Haus beim Brunnen nehmen wir links die Brücke über die Friesau. Vor uns ist die **Poller-Hütte** ❸ in Sicht, zu der wir später zurückkehren, aber zuerst wenden wir uns direkt hinter der Brücke nach rechts, Richtung Lobenstein. Am plätschernden Bach

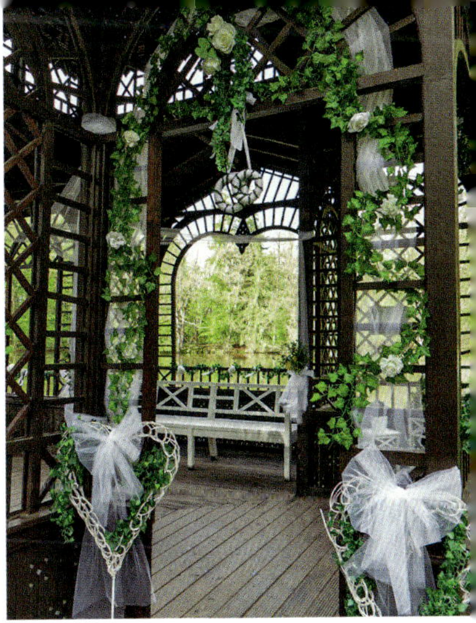

Das Teichhäuschen am Pfotenteich wird gern für Trauungen genutzt.

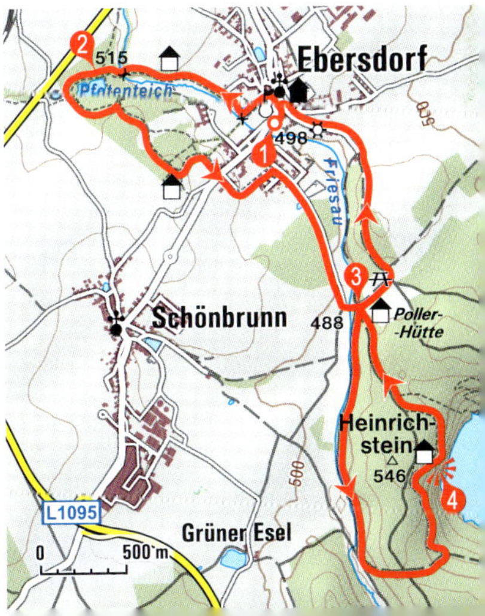

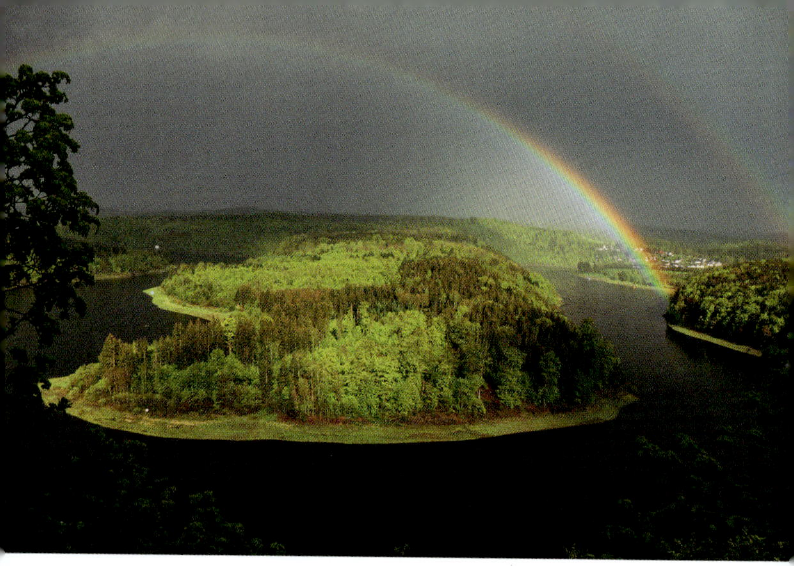

Ausblick vom Heinrichstein über die Saale.

entlang erreichen wir schließlich einen Querweg und halten uns links hinauf (Markierung: rotes Dreieck; Schild: Heinrichstein 0,5 km). Wir kreuzen einen Querweg, gehen ohne Markierung geradeaus und biegen bei erster Gelegenheit scharf links ab, Richtung Heinrichstein (rotes Dreieck). Der Pfad führt durch weitgehend unberührten Wald an den felsigen Hängen über der Saale. An der Kreuzung gelangen wir rechts (rotes Dreieck) zum Aussichtspunkt auf dem **Heinrichstein** ❹ hinab, wo uns eine Schutzhütte, Bänke und schöner Fernblick zum Verweilen einladen.
Wenn wir den Heinrichstein verlassen, gehen wir sogleich rechts hinauf Richtung Frankenwaldblick. An der gleich folgenden Gabelung machen wir rechts hinunter einen kurzen Abstecher auf den Kleinen Heinrichstein, bevor wir den linken Pfad wählen. Nach einer Weile mündet er in einen Querweg, in den wir rechts einschwenken (Schild: Ebersdorf) und dem Wegverlauf folgen, bis wir erneut die **Poller-Hütte** ❸ erreichen. Hier biegen wir rechts ab und am Querweg links, Richtung Ebersdorf. Wir passieren eine überdachte Picknickbank, halten uns am Ortsrand auf dem Asphaltweg weiter geradeaus und kommen an der Ruhmühle vorbei, die erstmals im Jahr 1612 erwähnt wird. Der Weg bringt uns direkt zum Ausgangspunkt in **Ebersdorf** ❶ zurück.

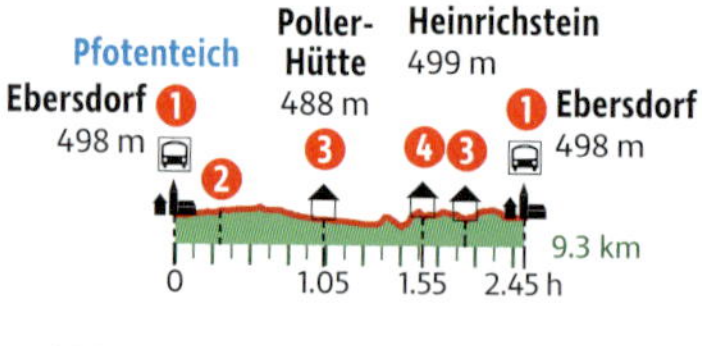

↗ 450 m | ↘ 450 m | 12.1 km

4.00 h

Höllental bei Blankenstein

49

Auf felsigen Steigen hoch über der Selbitz

Von Blankenstein, einem der beiden Endpunkte des berühmten Fernwanderwegs Rennsteig, führt uns die Tour zum über hundertjährigen Wiedeturm hinauf. Die schönsten Blicke über das Höllental bieten jedoch die Aussichtsfelsen, die wir über schmale Pfade an den bewaldeten Hängen erreichen. Der Teufelssteg über die rauschende Selbitz und der historische Bahnhof Blechschmidtenhammer runden die Wanderung ab.

Ausgangspunkt: Bahnhof in Blankenstein, 438 m (Navi: Absangerstr. 1, 07366 Blankenstein). Parken am Bahnhof.
ÖPNV: Bahnhof Blankenstein (Leipzig zweistdl.).
Anforderungen: Etwa hälftig breite Wege und steinige, teils ausgesetzte Pfade, sodass Trittsicherheit erforderlich ist.
Einkehr: Gasthaus Friedrich-Wilhelm-Stollen beim Schaubergwerk (Di–Do Ruhetag, friedrich-wilhelm-stollen.de, Tel. +49 9288 216); Gasthof Blechschmiedenhammer (Mo Ruhetag, blechschmiedenhammer.de, Tel. +49 9288 487); mehrere Lokale in Blankenstein.
Tipps: 1. Der Wiedeturm ist kostenfrei und stets zugänglich. – 2. Auf Kinder warten Spielplätze am Selbitzplatz und beim Schaubergwerk »Friedrich-Wilhelm-Stollen« (friedrich-wilhelm-stollen.de), in dem man auch auf Edelsteinsuche gehen kann.

Mit dem Rücken zum Bahnhof **Blankenstein** ❶ gehen wir an der Straße nach rechts und über den Bahnübergang (Markierung: weißes »R« für Rennsteig; Schild: Blankenstein Selbitzufer 0,3 km). Direkt hinter den Gleisen biegen wir rechts hinunter ab, Richtung Selbitzplatz, kreuzen eine Straße und steigen die Stufen hinab, an einer Infostelle für Wanderer vorbei. Unten gibt es links öffentliche Toiletten, unsere Tour folgt jedoch dem Fußweg geradeaus und dann rechts (»R«). Er führt zum Selbitzplatz, dem Start- bzw. Zielpunkt des Rennsteigs. Hier überqueren wir die Brücke sowie die Landstraße und nehmen dahinter – beim »Drehkreuz des Wanderns« und den Picknickbänken – den Asphaltweg halb rechts hinauf, Rich-

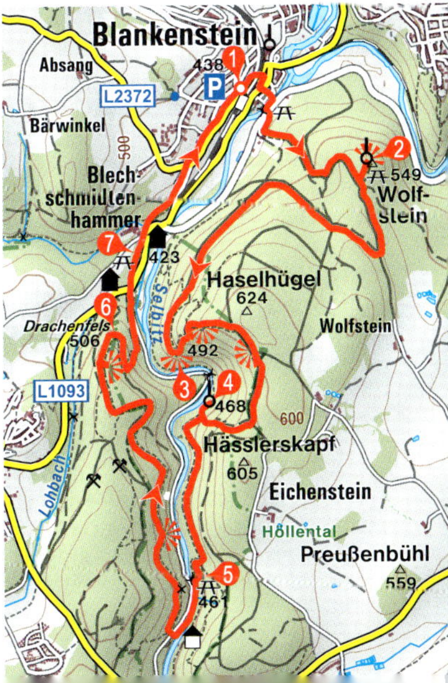

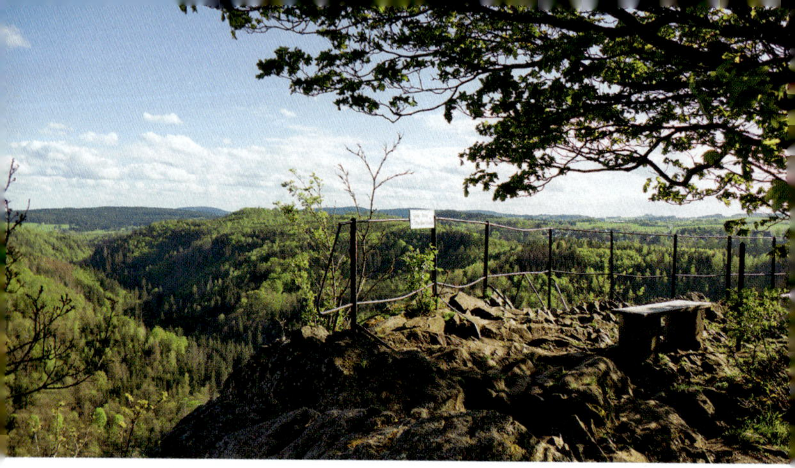

Auf dem Aussichtsfelsen König David hoch über dem Höllental.

tung Wiedeturm. Wo der Asphalt endet, halten wir uns an der Gabelung links (Markierung: »US 13«). Der Weg mündet in einen Querweg, auf dem wir geradeaus gehen (»US 13«). Weiter oben schwenken wir rechts in den nächsten Querweg ein und folgen dem Wegverlauf immer bergan, Richtung Wiedeturm. Schließlich erreichen wir eine große Kreuzung und wählen den Weg links, der uns zum 1903 erbauten **Wiedeturm** ❷ bringt. Auf ihm erwartet uns weite Sicht über Blankenstein und den Frankenwald, während zu seinen Füßen eine überdachte Picknickbank zur Rast einlädt.
Auf selbem Weg kehren wir zur Kreuzung zurück und halten uns nun geradeaus (»US 13«; Schild: König David 2,2 km). Am ersten Abzweig biegen wir rechts hinauf ab, in den Frankenweg (Markierung: »6«). Der schöne Wiesenweg durch jungen Mischwald endet an einem geschotterten Querweg, in den wir rechts hinab einschwenken (ohne Markierung). An der Kreuzung wenden wir uns nach links, Richtung Blechschmidtenhammer, und folgen dem Wegverlauf bergan. Nach ca. 800 m steigen wir den Pfad links hinauf, Richtung König David (»US 13«). An der Gabelung verlassen wir den markierten Pfad und gehen weiter geradeaus. Von dem schmalen Steig zweigt nach ca. 350 m rechts der kurze unmarkierte Abstecher zum Aussichtsfelsen **Hirschsprung** ❸ ab. Er trägt seinen Namen nach der Skulptur ein Stückchen unterhalb und bietet schönen Blick auf das Höllental und die Wasserfontäne des Kraftwerks.
Nun führt uns der Pfad aufwärts an einer Aussichtsbank vorüber, und kurz darauf nehmen wir rechts den unmarkiert abzweigenden Pfad auf den Aussichtsfelsen König David, der zwei Bänke mit herrlichem Fernblick bietet. Wir folgen dem Pfad an den Bänken vorbei und gelangen unten wieder auf den Hauptpfad, auf den wir rechts abbiegen, Richtung Issigau.

Vorerst orientieren wir uns nun an der Markierung »US 12«. In den Schotterquerweg schwenken wir nach rechts ein (Schild: Hölle 2,5 km) und am Wegweiser – bei einer Bank mit Blick auf die Selbitz – wählen wir den Abzweig rechts (Schild: Hölle 3,3 km). Er mündet in einen Schotterquerweg, auf dem wir nach rechts gehen. Beim nächsten Abzweig wenden wir uns scharf rechts hinunter, an der Kreuzung erneut rechts und steigen über die Stufen der Eichensteiner Treppe hinab ins Höllental (ohne Markierung). Unten erreichen wir den **Wasserturm** ❹ und nehmen den Röhrensteig nach links (Markierung: »US 11«). An der Kreuzung halten wir uns rechts hinab (Markierung: »O«) und folgen dem Wegverlauf über die Selbitzbrücke, den **Teufelssteg** ❺. Dahinter, bei der Picknickbank, schwenken wir links in den Asphaltweg ein, Richtung Felsenpfad. Wir passieren den Barfußpfad sowie eine Schutzhütte, in der wir nachlesen können, welche Sage dem Höllental zum Namen verhalf, bevor wir den ersten Abzweig nach rechts hinaufsteigen, Richtung Kesselfels (Markierung: »US 14«). Der schmale Pfad führt an Felsen aus vulkanischem Diabasgestein entlang. Über die Kreuzung bei der Info-Tafel gehen wir geradeaus (»US 14«), biegen am Querweg rechts hinauf ab und nehmen oben vor dem Fels den Pfad nach links (ohne Markierung). An der Gabelung halten wir uns rechts (Markierung: »US 12«) und dann geradeaus auf den Drachenfelsweg (»US 12«), bis zur Rechten drei Stufen auf den Kesselfels hinaufführen. Nachdem wir den Aussichtspunkt besucht haben, folgen wir dem Hauptpfad weiter. Ein Stück bergab machen wir zur Linken einen kurzen Abstecher auf den **Drachenfels** ❻, wo uns eine Bank mit schöner Sicht auf das Höllental erwartet. Dann lassen wir uns von der Markierung »US 12« talwärts leiten, biegen am ersten Abzweig nach links ab und gehen die Stufen hinunter Richtung Bahnhof Blechschmidtenhammer. Schließlich stoßen wir auf eine Landstraße, an der es links zur Einkehr und zum Schaubergwerk geht, während unsere Tour geradeaus führt. Auf dem Fußweg parallel zur Straße kommen wir am Naturpark-Infozentrum **Blechschmidtenhammer** ❼ im historischen Bahnhofsgebäude mit alter Lok vorbei. An der Kreuzung lädt rechts der Gasthof Blechschmiedenhammer zur Einkehr, aber wir halten uns geradeaus oberhalb der Straße und überqueren die Brücke. Der Weg endet an einer Straße, der wir links hinauf in den Ort hinein folgen, Richtung Tourist-Info. Die Straße mündet in eine Querstraße, die uns geradeaus zurück zum Bahnhof von **Blankenstein** ❶ bringt.

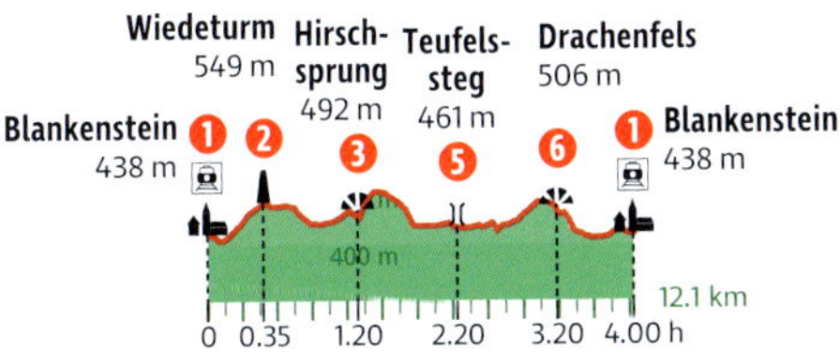

TOP

50 Auf dem Grünen Band in Hirschberg

↗ 350 m | ↘ 350 m | 13.6 km

4.15 h

Schöne Waldpfade und Aussichtspunkte über der Saale

Diese erlebnisreiche Grenzwanderung zwischen Thüringen und Bayern führt auf Waldwegen und -pfaden zu herrlichen Ausblicken über das Saaletal hinauf. Zwischendurch geht es auf dem Kolonnenweg entlang der einstigen innerdeutschen Grenze durch die Auwiesen und -wälder, und nach herausragendem Blick auf das Schloss von Hirschberg erwartet uns der Hängesteg an den Saalefelsen.

Ausgangspunkt: Parkplatz beim Kulturhaus in Hirschberg, 449 m (Navi: Gerberstr. 17, 07927 Hirschberg).
ÖPNV: Bushaltestelle »Hirschberg Kulturhaus«, KomBus Linien 710 und 721 (Schleiz – Hirschberg, Mo–Fr ca. 7x tgl., Sa/So 1x tgl.). Mit dem Haltestellenhäuschen im Rücken gehen wir nach links, am Kulturhaus vorbei und dahinter quer über den Vorplatz und den Parkplatz.
Anforderungen: Etwa hälftig breite Wege und – teils ausgesetzte – Pfade, sodass Trittsicherheit erforderlich ist.
Einkehr: Unterwegs keine; Gasthaus Marktstube in der Marktstraße in Hirschberg.
Tipp: In Hirschberg entwickelte sich in der ersten Hälfte des 20. Jahrhunderts aus einer kleinen Gerberei die größte Schuhsohlenlederfabrik Deutschlands, die 1992 die Produktion einstellte. Daran erinnert das Museum für Gerberei- und Stadtgeschichte (museum-hirschberg.de).

Vom Parkplatz nehmen wir, mit dem Kulturhaus von **Hirschberg** ❶ im Rücken, den Fußweg zum großen, hellen Gebäude hinunter, dem Museum für Gerbereigeschichte, wo wir Info-Tafeln und ein großes Gerbfass vorfinden. Hinter dem Museum gehen wir rechts zur Straße und dann links über die Brücke. Jenseits der Saale biegen wir bei erster Gelegenheit auf den Schotterweg links hinauf ab (Markierung: »US 61«). Vorerst orientieren wir uns an dieser Markierung und wählen an der Kreuzung den Pfad links, Richtung Lamitz. Wir stoßen auf einen Asphaltweg, in den wir rechts einschwenken, verlassen ihn aber am ersten Abzweig nach links zum Joditzer Saaleschleifenweg. Nun folgen wir dem Wegverlauf, bis wir vor einem Gehölz auf der rechten Wegseite (auf der linken gibt es eine Markierungsstele) nach rechts

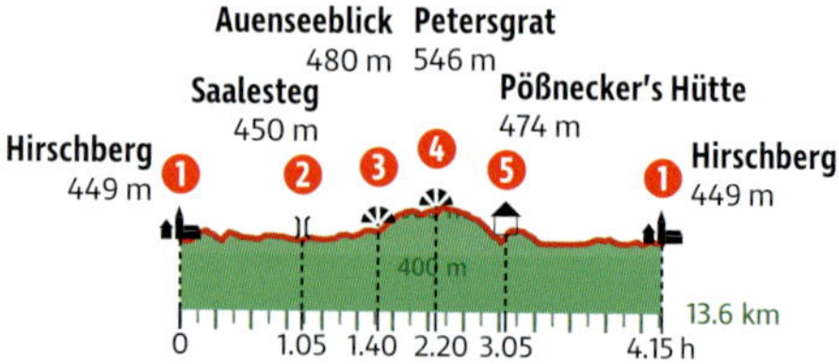

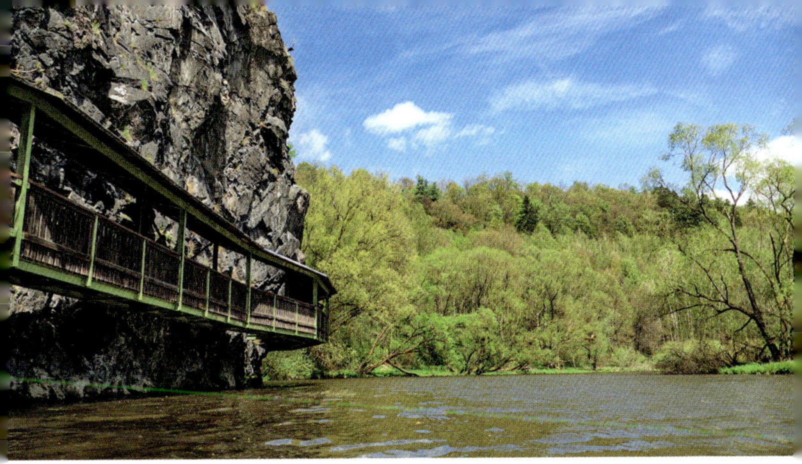

Kurz vor Hirschberg: der Hängesteg entlang der Saale.

abbiegen. Der Wiesenpfad führt zu einer kleinen Brücke hinunter. Direkt hinter dem Bach gehen wir an der Gabelung links bergan in den Wald und an der nächsten steil links hinauf zum ersten Aussichtspunkt (ohne Markierung). Wir folgen dem Pfad rechts auf den markierten Hauptpfad (»US 61«) zurück und wenden uns nach links. Der Pfad weitet sich zum Weg und verengt sich schließlich wieder, um uns rechts zu einem geschotterten Querweg hinaufzubringen, in den wir links einschwenken. Nach einer deutlichen Rechtskurve nehmen wir den Abzweig links, Richtung Hirschberg, und biegen bei erster Gelegenheit rechts ab zum Saalesteg Venzka – Joditz. Bald darauf überqueren wir auf dem **Saalesteg** ❷ den Fluss. Dahinter gehen wir geradeaus in den Wald und auf dem Querweg rechts (Schild: Auenseeblick 2,1 km). Nach ca. 300 m zweigen rechts zwei Wege ab: Wir wählen den zweiten, halb rechts Richtung Joditz. Er verläuft schließlich direkt am Saaleufer entlang, wo wir ihn auf den Pfad links hinauf verlassen (»US 61« und »3«). Der Steig führt uns oberhalb eines Wehrs und der Lamitzmühle vorbei und endet an einem Querpfad, auf den wir links abbiegen. Wir

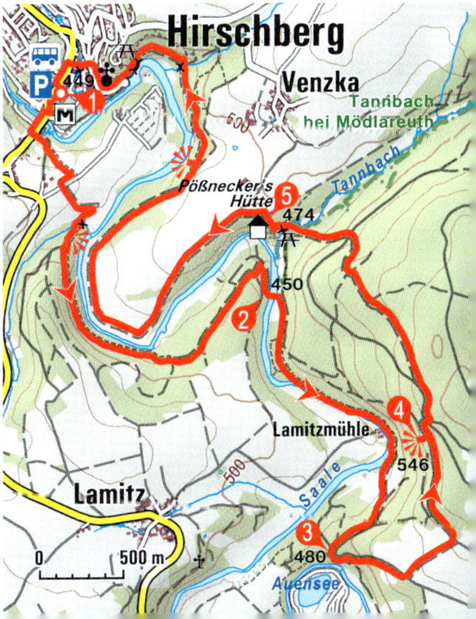

queren eine Wiese, nehmen oberhalb von ihr den Querweg rechts in den Wald und lassen uns von »US 61« sowie den Schildern »Auenseeblick« leiten. Nach einer Weile mündet der Schotterweg in einen Querweg, wir halten uns links hinauf und gelangen zum Aussichtspunkt **Auenseeblick** ❸. Wir gehen auf dem Schotterweg weiter bergan (Markierung nun vorerst »3«), auf die Feldflur hinaus. Erst nachdem der Weg asphaltiert ist, schwenken wir links in den Schotterweg bergauf ein. Bei einer Bank wenden wir uns auf dem Querweg nach links, zurück in den Wald. Hier folgen wir dem Wegverlauf und ignorieren alle Abzweige (auch den mit »3« markierten!), bis wir auf der linken Wegseite den Stollenbrunnen passiert haben. Danach nehmen wir den Abzweig links zum Aussichtspunkt **Petersgrat** ❹ hinunter. Hoch über einer Saaleschleife bietet er herrliche Sicht auf eine Bilderbuchlandschaft.
Nun bringt uns der Hauptweg weiter bergauf und oben am Querweg biegen wir links ab. Den sogleich folgenden Abzweig links hinunter lassen wir aus und halten uns an der nächsten Gabelung rechts hinauf. Vorerst orientieren wir uns wieder an der »3«. Wo der Weg rechts hinaufschwenkt, gehen wir geradeaus weiter und geradeaus über die nächste Kreuzung. Schließlich gelangen wir an eine Kreuzung mehrerer Wege und folgen der »3« halb links hinab. Unten erwarten uns eine überdachte Picknickbank, mehrere Wegweiser und ein Bachsteg. Wir wählen den Steg und dahinter den steilen Pfad geradeaus hinauf (ohne Markierung), der uns zu einem schönen Aussichtsfelsen und dem Picknickpavillon **Pößnecker's Hütte** ❺

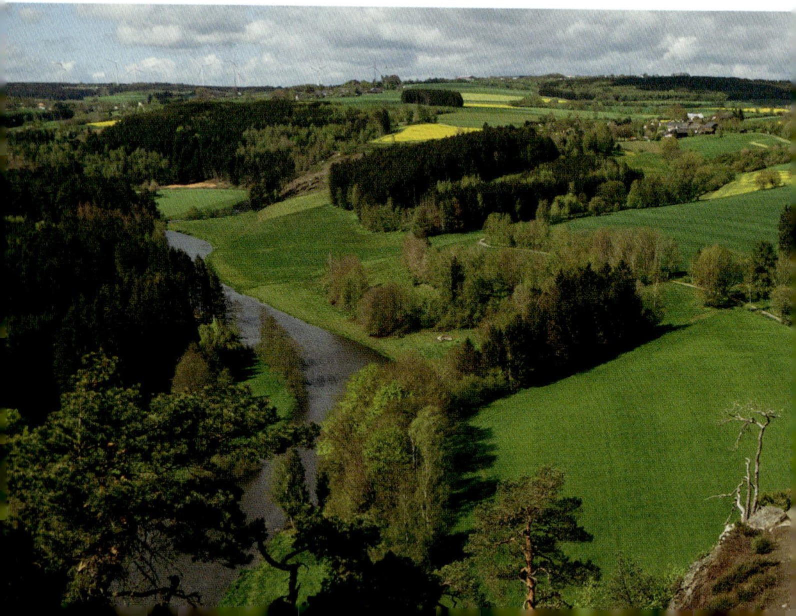

bringt. Dann steigen wir weiter bergan, stoßen auf einen Querweg – den Kolonnenweg der einstigen Grenztruppen – und wenden uns nach links (»US 61«). Auch an der Gabelung halten wir uns links (Markierung: »KAMM« über blauem Balken). Der Wegverlauf führt in die Saaleauen hinab und wieder bergauf. Kurz vor dem höchsten Punkt biegen wir links auf den Pfad in den Wald ab, Richtung Hirschberg (ab hier: »KAMM« über blauem Balken). Bald darauf machen wir links den kleinen Abstecher zu zwei Bänken, die mit Blick auf Saale und Hirschberger Schloss aufwarten (ohne Markierung), bevor wir dem Pfad weiter folgen. Hinter dem Steg halten wir uns rechts zum Wegweiser hinauf und biegen scharf links ab. Der Pfad führt erneut in die Auen hinab. Unten nehmen wir den Querweg nach rechts, überqueren einen Bach und schwenken dahinter links in den Kolonnenweg ein, den Saale-Orla-Weg. An der Saale entlang passieren wir eine überdachte Picknickbank und nutzen den originellen Hängesteg am Fuß der Felswand. Dahinter werfen wir einen Blick in die Wenzelshöhle, die nach dem böhmischen König Wladislaus (Wenzel) benannt ist, und gehen geradeaus in den Ort. Beim Rathaus biegen wir rechts ab, folgen der Marktstraße hinauf, wo das Gasthaus zur Einkehr einlädt. Bei erster Gelegenheit wählen wir den Fußweg links hinunter, überqueren die kleine Brücke und gelangen geradeaus zu einer Querstraße, die uns links zurück zur Bushaltestelle und dem Ausgangspunkt in **Hirschberg** ❶ führt.

Herrlicher Blick vom Petersgrat.

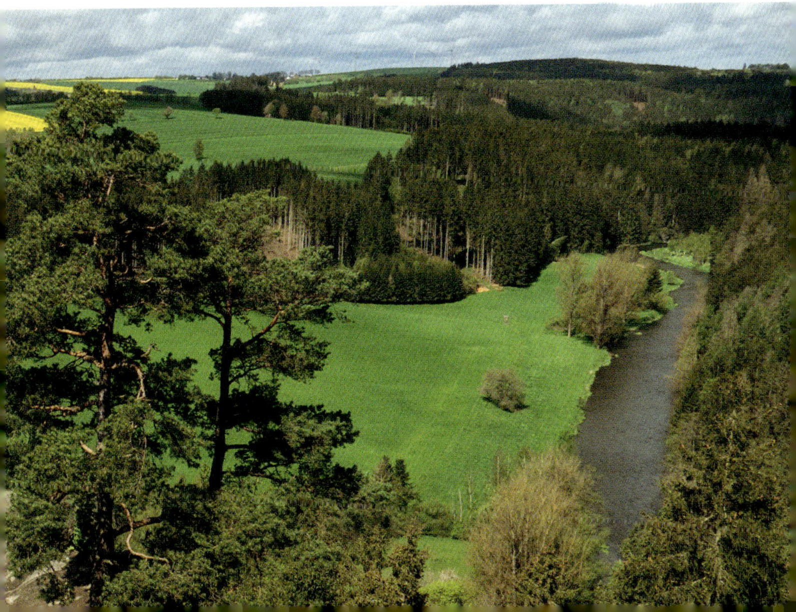

STICHWORTVERZEICHNIS

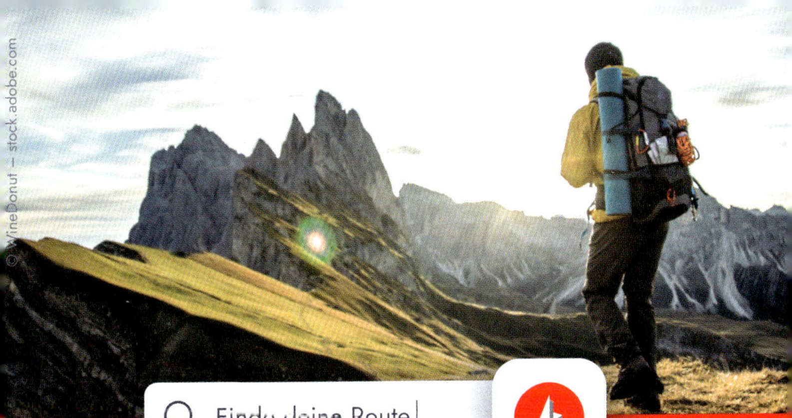

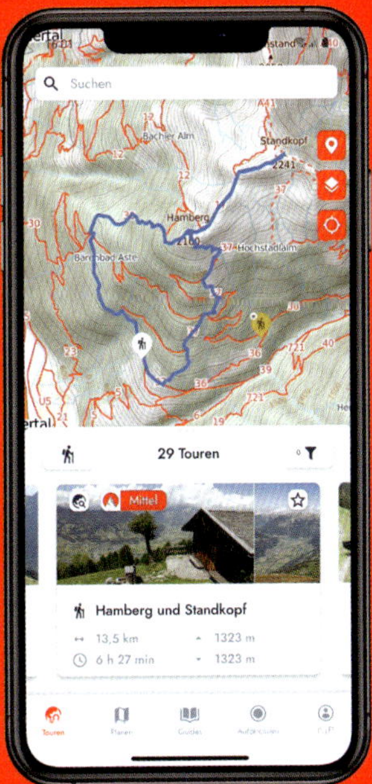
Suchen
Standkopf
Hamberg
Hochstadlalm
29 Touren
Mittel
Hamberg und Standkopf
13,5 km
1323 m
6 h 27 min
1323 m

Umschlagbild: Schöner Pfad durch den Eselsgrund (Tour 28).

Bild im Innentitel: Burg Ranis wurde bereits im Jahr 1084 zum ersten Mal urkundlich erwähnt (Tour 41).

Bild Seite 38/39: Herbststimmung auf den Hörselbergen.

Bild Seite 146/147: Ausblick vom Fehrenberg.

Alle Fotos von den Autor:innen.

Kartografie:
50 Wanderkärtchen im Maßstab 1:50.000
Geodaten © OpenStreetMap und Mitwirkende,
kartografisches Design: Freytag & Berndt Prag, freytagberndt.cz;
zwei Übersichtskarten im Maßstab 1:600.000 und 1:1.000.000
© Freytag & Berndt, Wien

Werk-Nr.: 4047

7., vollständig neu bearbeitete Auflage 2023

ISBN 978-3-7633-4605-9

FSC www.fsc.org MIX Papier | Fördert gute Waldnutzung FSC® C147178

Wir freuen uns über jeden Korrekturhinweis zu diesem Wanderführer!
Bitte per E-Mail an: leserzuschrift@rother.de

ROTHER BERGVERLAG · Keltenring 17 · D-82041 Oberhaching
Tel. +49 89 608669-0 · rother.de